Mwynhau Dysgu Iaith

Yr awduron

Mae **Elaine Weitzman**, MEd, yn batholegydd iaith a lleferydd ac yn gyfarwyddwr gweithredol Canolfan Hanen, sy'n cael eu cydnabod ledled y byd fel arloeswyr mewn darparu rhaglenni ymyrraeth iaith gynnar sy'n canolbwyntio ar deuluoedd. Mae ganddi arbenigedd helaeth mewn patholeg iaith a lleferydd, hyfforddiant i rieni ac athrawon, ac addysg plentyndod cynnar. Mae hi'n goruchwylio datblygiad rhaglenni hyffordi rhieni ac athrawon Canolfan Hanen ac yn cynnal ymchwil ar y cyd â Phrifysgol Toronto. Drwy ei gwaith yn paratoi *Learning Language and Loving It - The Hanen Program® for Early Childhood Educators/Teachers* ac adnoddau atodol, mae hi wedi dwyn ynghyd hanfodion dysgu iaith gyda dull sy'n canolbwyntio ar y plentyn ym maes addysg plentyndod cynnar.

Mae **Janice Greenberg**, BSc, DSP, yn batholegydd iaith a lleferydd ac yn rheolwr rhaglen *Learning Language and Loving It- The Hanen Program® for Early Childhood Educators/Teachers* yng Nghanolfan Hanen. Mae hi wedi gweithio gyda rhieni ac athrawon ac ymgynghori â nhw ers blynyddoedd lawer ac mae wedi cymhwyso ei phrofiad helaeth i ddatblygiad parhaus y rhaglen Learn*ing Language and Loving It*. Mae hi'n darlithio'n helaeth ar ddull Hanen o feithrin sgiliau iaith a llythrennedd plant mewn lleoliadau plentyndod cynnar. Mae hefyd yn hyffordi patholegwyr iaith a lleferydd a gweithwyr proffesiynol plentyndod cynnar ledled y byd.

Mwynhau Dysgu Iaith

Canllaw i hyrwyddo datblygiad cymdeithasol, iaith a llythrennedd plant mewn lleoliadau plentyndod cynnar

Elaine Weitzman a Janice Greenberg

Addaswyd gan Lydia Jones

Fersiwn Saesneg:

Learning Language and Loving It™
© Hanen Early Language Program, 2024.
First published by Hanen Early Language Program in English, 2002.

The Hanen Program®, The Hanen Centre and Logo® and Learning Language and Loving It® are registered trademarks owned by Hanen Early Language Program, Toronto, Canada.

The Hanen Centre, 1075 Bay Street, Suite 515, Toronto, Ontario, Canada M5S 2B1
Telephone: (+1) 416 921 10 73, www.hanen.org

Fersiwn Cymraeg:

Cyhoeddwyd yn Gymraeg yn 2024 gan CAA Cymru, Adeiladau'r Fagwyr, Llanfihangel Genau'r Glyn, Aberystwyth, Ceredigion SY24 5AQ

Mae CAA Cymru yn un o frandiau Atebol Cyfyngedig

© Hanen Early Language Program, 2024

Cyhoeddwyd y cyhoeddiad gwreiddiol yn Saesneg gan *The Hanen Early Language Program* yn 2002.

Rhaglen Hanen®. Mae *Hanen Centre* a'r logo® ynghyd â *Learning Language and Loving It*™ yn nodau masnach cofrestredig sy'n eiddo i'r *Hanen Early Language Program*, Toronto, Canada

The Hanen Centre, 1075 Bay Street, Suite 515, Toronto, Ontario, Canada M5S 2B1
Ffôn: (+1) 416 921 10 73, www.hanen.org

Addaswyd gan Lydia Jones
Arlunwaith gan Ruth Ohi, Christine Tripp a Kathryn Adams
Dyluniwyd y gwreiddiol gan Counterpunch / Linda Gustafson, Peter Ross
Dyluniwyd y fersiwn Gymraeg gan Owain Hammonds

Ein diolch cywiraf i Shoned Davies, Swyddog Addysg, Cyngor Llyfrau Cymru am ei chymorth hynaws a pharod gyda pharatoi rhestrau o lyfrau Cymraeg a dwyieithog addas ar gyfer gweithredu'r strategaethau.

Ni chaniateir atgynhyrchu unrhyw ran o'r cyhoeddiad Cymraeg hwn na'i drosglwyddo ar unrhyw ffurf neu drwy unrhyw fodd, electronig neu fecanyddol gan gynnwys llungopïo, recordio neu drwy gyfrwng unrhyw system storio ac adfer, heb ganiatâd ysgrifenedig y cyhoeddwr.

ISBN: 978-1-80106-408-8

Cyhoeddwyd ar ran Llywodraeth Cymru gyda chydweithrediad Canolfan Hanen/*The Hanen Centre*® .

Ariennir gan
Lywodraeth Cymru
Funded by
Welsh Government

Cynnwys

Diolchiadau gan yr awduron

Yn yr amser sydd wedi mynd heibio ers argraffiad cyntaf y llyfr hwn, mae llawer o bethau wedi newid, ond mae llawer o bethau wedi aros yr un fath.

Rydym dal i fod yn ffodus o gael gweithio gyda chydweithwyr sydd wedi cyfrannu cymaint at *Learning Language and Loving It* – The Hanen Program® for Early Childhood Educators ac i'r llawlyfr hwn. Rydym yn arbennig o ddiolchgar i Fern Sussman, a wnaeth gyfraniad mor werthfawr i ddatblygiad cynnar y rhaglen *Learning Language and Loving It* am ei chyfraniad gwerthfawr parhaus. Diolch hefyd i reolwyr eraill y rhaglen – Cindy Earle, Jan Pepper, a Barb Wylde am eu diddordeb a'u mewnbwn. Hoffem hefyd ddiolch i Luigi Girolametto, athro cyswllt yn yr adran Patholeg Lleferydd ym Mhrifysgol Toronto, a weithiodd mewn partneriaeth â ni i ymchwilio i'r rhaglen *Learning Language and Loving It*. Cynhyrchodd yr ymchwil hwn ganlyniadau diddorol gan ysgogi trafodaethau pellach a'n galluogi i fireinio'r rhaglen.

Gwnaeth staff swyddfa Hanen, yn enwedig Vilia Cox, Tom Khan, Kamila Lear, a Penny Tantakis, pob ymdrech posib i'n helpu i gwblhau'r prosiect. Mae pob un yn chwarae rhan bwysig wrth ein helpu i ledaenu'r adnodd newydd hwn. Ni allem ddymuno cael gweithio gyda thîm mwy brwdfrydig ac ymroddedig. Mae Bwrdd Cyfarwyddwyr Canolfan Hanen wedi bod yn hynod gefnogol i'n hymdrechion i barhau i ddatblygu a diweddaru adnoddau newydd. Rydym wir yn gwerthfawrogi ymrwymiad parhaus holl aelodau'r bwrdd: Edmund Clarke, Frank Copping, Elizabeth Milne, Juli Morrow, Derek Nelson, ac Enid Varga. Hoffem ddiolch yn arbennig i Jim Wooder, cadeirydd Bwrdd Cyfarwyddwyr Canolfan Hanen, am ei ddiddordeb di-ffael yn ein prosiectau newydd a'i gefnogaeth iddynt. Mae ei arweinyddiaeth wedi arwain y ganolfan trwy gyfnod o dwf a newid eithriadol.

Mae'r tîm cynhyrchu o weithwyr proffesiynol a'n helpodd i wneud y llyfr mor ddarllenadwy, yn hygyrch ac yn ddeniadol wedi bod yn eithriadol. Mae Linda Gustafson, ein dylunydd o Counterpunch, yn gallu gweithio'n dawel dan bwysau ac mae ganddi ddawn i sicrhau bod geiriau cyffredin yn dod yn fyw ar y dudalen. Gweithiodd Susan Goldberg, ein golygydd rhagorol, a Matthew Sussman, ein prawf ddarllenydd craff, yn galed i wneud y testun yn ddarllenadwy ac i gysoni ein defnydd anghyson o atalnodi. Mae ein darlunwyr, Ruth Ohi a Christine Tripp, wedi dod â'r lleoliad plentyndod cynnar yn fyw gyda'u darluniau hardd, cyn i Kathryn Adams roi lliw a dimensiwn ychwanegol iddynt.

O'r cychwyn cyntaf, mae'r llyfr hwn wedi elwa ar fewnbwn llawer o addysgwyr plentyndod cynnar ysbrydoledig ac ymroddedig, yn enwedig Elaine Everett, Shanley Pierce, a Joan Arruda. Er nad ydym wedi cadw mewn cysylltiad dros y blynyddoedd, mae eu gwybodaeth a'u hymagwedd at addysg plentyndod cynnar yn parhau i gael eu hadlewyrchu drwy'r llyfr hwn.

Yn olaf, hoffem ddiolch i Ayala Manolson, sylfaenydd The Hanen Centre. Mae ei gweledigaeth o helpu plant i ddysgu cyfathrebu trwy hyfforddi ac addysgu eu gofalwyr yn cael ei hadlewyrchu yn y llyfr hwn.

Hoffai Elaine Weitzman ddweud ...

Maen nhw'n dweud na allwch chi ddewis eich teulu, ond byddwn i wedi dewis fy rhai i, beth bynnag. Rwy'n ffodus i gael dwy chwaer wych, Margie ac Adele, sy'n gefnogol ac yn rhoi gwên ar fy wyneb pan fydd angen hynny arnaf. Gallaf ddibynnu bob amser ar fy chwaer yng nghyfraith, Sheila, sydd mor agos at chwaer ag y gallai unrhyw un fod, i helpu, er mai hi yw'r person prysuraf rwy'n ei adnabod. Mae cariad ac anogaeth gyson fy mam, Annette Schneider, yn arbennig.

I fy mhlant gwych, Joanne a Kevin – a oedd bob amser gartref pan gafodd y llyfr hwn ei ysgrifennu'n wreiddiol ond nad ydynt gartref yn aml erbyn hyn – mae eich cariad, eich cwmnïaeth a'ch hiwmor yn gwneud bod yn fam i chi yn un o gysuron mwyaf bywyd. Ac i fy ngŵr, Irvine, sy'n gwneud popeth yn bosibl ac sy'n cadw bywyd mor ddiddorol, dydy 'diolch' ddim yn cyfleu'r hyn rwyf am ei ddweud – a does gen i ddim ffordd o ddweud y cyfan. Diolch i chi gyd.

Hoffai Janice Greenberg ddweud ...

Hoffwn ddiolch i fy ngŵr, David, a'm merched, Laura a Carly, am eu cariad a'u cefnogaeth ddiddiwedd yn ystod yr oriau niferus a dreuliais wrth y cyfrifiadur yn ysgrifennu'r llyfr hwn. Hoffwn hefyd ddiolch i fy rhieni, Rose a Jack Rosen, am fy annog bob amser i wneud fy ngorau.

Nodyn ar y defnydd o 'ef' a 'hi'

Defnyddir 'ef' a 'hi' ym mhenodau'r llyfr hwn. Er mwyn symlrwydd, cyfeirir at yr athrawes bron bob amser fel 'hi.' Fodd bynnag, i gydnabod yr athrawon gwrywaidd ym maes Addysg Plentyndod Cynnar, bydd y darllenydd yn sylwi bod rhai o'r darluniau a'r enghreifftiau yn dangos athrawon gwrywaidd.

Mwynhau Dysgu Iaith

Cyflwyniad

Y cysylltiad rhwng profiadau plentyndod cynnar a llwyddiant academaidd

Nododd cyfarwyddwr mewn lleoliad cyn mynd i'r ysgol yn Toronto yn ddiweddar:

> *Fel addysgwyr plentyndod cynnar, ein cyfrifoldeb ni yw rhoi'r profiadau, y wybodaeth a'r sgiliau gorau i bob plentyn ym mhob maes datblygu fel y gallwn baratoi'r plentyn hwnnw ar gyfer oes o lwyddiant.*

Erbyn hyn, mae cydnabyddiaeth eang mai blynyddoedd cynnar bywyd plentyn yw'r rhai mwyaf hanfodol ar gyfer datblygiad yr ymennydd. Mae hyn yn golygu y bydd ansawdd profiadau plentyn mewn lleoliadau plentyndod cynnar yn cyfrannu'n sylweddol at lwyddiant y plentyn hwnnw mewn bywyd yn y pen draw. Fel athrawes/athro plant ifanc, bydd yr hyn a wnewch a sut yr ydych yn ei wneud yn cael effaith ar unrhyw blentyn yn eich ystafell ddosbarth. Nawr bod plant ag anghenion arbennig yn cael eu cynnwys mewn lleoliadau plentyndod cynnar arferol, mae eich her hyd yn oed yn fwy.

Yn yr ychydig flynyddoedd y bydd plant yn eu treulio mewn lleoliadau plentyndod cynnar, mae angen iddyn nhw ddatblygu sylfaen gref mewn dau faes datblygiad hanfodol:

- **sgiliau cymdeithasol** – fel y gallan nhw sefydlu a chynnal perthynas effeithiol, a
- **sgiliau iaith** – fel y gallan nhw gyfathrebu'n effeithiol a llwyddo ym mhob maes dysgu academaidd.

Os edrychwch ar unrhyw un o gwricwla academaidd ysgolion elfennol heddiw mewn gwledydd fel Canada, yr Unol Daleithiau, a'r Deyrnas Unedig, fe welwch eu bod yn seiliedig ar y disgwyliad y bydd plant sy'n dechrau yn yr ysgol yn bump neu chwech oed yn:

- gallu defnyddio iaith at amryiaeth o ddibenion, fel gofyn ac ateb cwestiynau, rhannu syniadau a gwybodaeth, damcaniaethu, a dychymgu;
- defnyddio sgiliau cyfathrebu a sgwrsio priodol gyda chyfoedion ac oedolion;
- a bod ganddyn nhw eirfa sy'n cynyddu a'u bod yn gallu defnyddio brawddegau o hyd a chymhlethdod cynyddol.

Dyma rai yn unig o'r gofynion ar gyfer llwyddiant ym mlynyddoedd cynnar yr ysgol ac ar gyfer datblygiad llythrennedd, sydd â chysylltiad mor gryf â datblygiad iaith.

Mae'r canllaw hwn yn cynnwys y wybodaeth ar gyfer paratoi plant ar gyfer llwyddiant gydol oes fel ffrindiau, cyfathrebwyr, darllenwyr, ysgrifenwyr a dysgwyr. Darllenwch ymlaen – a byddwch yn dysgu sut i annog plant i fod yn bartneriaid sgwrsio gweithredol a sut y gallwch chi greu'r mathau o ryngweithio a sgyrsiau sy'n hybu eu sgiliau iaith ac yn cyfoethogi eu dealltwriaeth o'r byd. Darllenwch am sut i helpu plant i ddatblygu perthynas â chyfoedion, sy'n hanfodol ar gyfer iechyd meddwl ac ar gyfer dysgu. Byddwch yn darganfod ffyrdd o annog plant i ddefnyddio iaith i ddychmygu, trafod, cynllunio a datrys problemau. Gan adeiladu ar y sgiliau iaith hanfodol hyn, byddwch yn gweld pa mor agos y mae iaith a llythrennedd yn cydberthyn a sut y gallwch baratoi plant ar gyfer meithrin llythrennedd, gan ddechrau yn ystod babandod.

Mae'r dull plentyn-ganolog hwn o hwyluso datblygiad cymdeithasol, iaith a llythrennedd plant yn tarddu o *Learning Language and Loving It / Mwynhau Dysgu Iaith – The Hanen Program® for Early Childhood Educators and Preschool Teachers*, rhaglen hyfforddi ddwys a gynigir ar y safle gan therapyddion iaith a lleferydd ardystiedig Hanen i athrawon mewn lleoliadau plentyndod cynnar. Mae'r llyfr hwn yn darparu canllawiau hawdd eu defnyddio ar gyfer integreiddio'r dull hwn o weithio mewn rhyngweithiadau a gweithgareddau bob dydd fel y gall plant fynd i'r ysgol wedi'u harfogi ar gyfer dysgu gydol oes.

Mwynhau Dysgu Iaith

Cyflwyniad i'r Canllawiau Arsylwi

Mae pedwar Canllaw Arsylwi yn y llyfr hwn: ar ddiwedd pennod 1, pennod 2, pennod 6, a phennod 9. Mae pob Canllaw Arsylwi wedi'i gynllunio i'ch helpu chi i ddefnyddio'r wybodaeth yn y bennod i ddod yn fwy ymwybodol o alluoedd ac anghenion plant unigol.

Mae'r Canllaw Arsylwi ym mhennod 1 ('Sut mae'r plentyn yn rhyngweithio ag athrawon a chyfoedion,' tudalen 26) yn eich helpu i nodi arddull sgwrsio plentyn a'r sefyllfaoedd y mae ef neu hi fwyaf a lleiaf rhyngweithiol ynddyn nhw.

Mae'r Canllaw Arsylwi ym mhennod 2 ('Camau datblygiad iaith y plentyn,' tudalen 54) yn eich helpu i nodi cam datblygiad iaith plentyn a'i allu i ryngweithio'n gymdeithasol. Os oes gan y plentyn allu geiriol, bydd y canllaw yn cyfeirio eich arsylwadau o'i sgiliau iaith mynegiannol a derbyngar.

Mae'r Canllaw Arsylwi ym mhennod 6 ('Sut mae'r plentyn yn rhyngweithio ag athrawon a chyfoedion,' tudalen 218) yn eich helpu i nodi gallu plentyn i ryngweithio â chyfoedion.

Mae'r Canllaw Arsylwi ym mhennod 9 ('Camau datblygiad chwarae esgus,' tudalen 317) yn eich helpu i nodi lefel chwarae esgus plentyn.

Os ydych yn pryderu am allu plentyn i gyfathrebu, rydym yn argymell yn gryf eich bod yn cwblhau'r Canllawiau Arsylwi hyn. Yn y penodau sy'n dilyn, mae llawer o'r wybodaeth wedi'i rhannu'n adrannau sy'n ymdrin ag anghenion plant yn ôl eu camau datblygiad iaith a'u harddulliau sgwrsio. Drwy gwblhau'r Canllawiau Arsylwi ym mhenodau 1 a 2, byddwch yn gwybod pa adrannau o'r llyfr sydd fwyaf perthnasol i blant unigol yn eich dosbarth.

Noder: Gellir llungopïo pob Canllaw Arsylwi.

Edrych yn fanwl ar gyfathrebu

Mae Rhan 1 y llyfr hwn yn edrych yn fanwl ar gyfathrebu.

Ym mhennod 1, rydym yn cael 'Golwg ar ryngweithio mewn lleoliadau plentyndod cynnar' ac yn archwilio arddulliau sgwrsio plant a'r rôl y mae athrawon yn eu chwarae wrth ryngweithio â'r plant. Rydym yn gweld sut mae athrawon a phlant yn effeithio ar ymddygiad rhyngweithiol ei gilydd, a beth sy'n digwydd i blant na allan nhw neu nad ydyn nhw'n cymryd rhan lawn yn y rhyngweithiadau beunyddiol hollbwysig hynny.

Ym mhennod 2, 'Camau datblygiad iaith: mae siarad yn cymryd amser', rydym yn edrych ar gamau cyfathrebu a datblygiad iaith fel eich bod yn gwybod beth i'w ddisgwyl gan blant o wahanol oedrannau a chyfnodau. Wrth i chi ddarllen rhannau 2, 3, a 4 o'r llyfr hwn, bydd y wybodaeth am gamau datblygiad iaith yn eich helpu i gymhwyso'r wybodaeth i'r plant yr ydych yn gweithio gyda nhw.

Ymlaen â'r darllen felly darllenwch ymlaen. Wrth edrych yn fanwl ar gyfathrebu, rydych chi'n cymryd cam cyntaf pwysig i helpu plant i ddod yn gyfathrebwyr medrus.

Golwg ar ryngweithio mewn lleoliadau plentyndod cynnar

Mae cymaint y gall plentyn ei ddysgu am gyfathrebu gan athro gofalgar.

A. Meithrin perthynas sy'n meithrin ymddiriedaeth a chyfathrebu

Mae André, sy'n 19 mis oed, yn blentyn newydd yng Nghanolfan Gofal Plant Heulwen. Ar ei ddiwrnod cyntaf, mae ei fam ar fin gadael – ac mae'n gwybod hynny! Mae'n gafael ynddi'n dynn, ac yn cicio a sgrechian pan fydd yn gadael. Mae Maria, athrawes André, yn ei godi ac yn ceisio ei gysuro, ac yn cael ei chicio!

Beth ddylai Maria ei wneud nesaf? Beth yw'r ffordd orau o drin plentyn sy'n newydd i'r feithrinfa, yn ofnus iawn, ac yn ansicr o'i amgylchedd?

Mae'n werth meddwl amdano, oherwydd bydd yr hyn y bydd Maria yn ei wneud nesaf yn gwneud gwahaniaeth enfawr i André – sut y bydd yn teimlo am y fethrinfa, sut y bydd yn teimlo amdano'i hun, a sut y bydd yn tyfu ac yn datblygu yn yr amgylchedd newydd.

Gallai Maria gysuro André am ychydig ac yna gadael llonydd iddo i weld beth fydd yn ei wneud.

Neu fe allai hi dreulio peth amser yn chwarae gydag ef fel y gallan nhw ddechrau datblygu perthynas a gall André ddysgu ymddiried ynddi.

Mae Maria yn penderfynu chwarae.

Mae plentyn newydd yn dod i'r feithrinfa – ac mae'n ofnus ac yn ofidus.

Mwynhau Dysgu Iaith

Mae Maria yn mynd ag André draw at y bwrdd tywod. Ar ôl ychydig, mae'n tawelu ac yn dechrau tywallt tywod, gan ddefnyddio bwced bach.

'O,' meddai Maria, 'rwyt ti'n tywallt tywod!'

Mae hi'n gwneud yr un peth, ac yna'n stopio i'w wylio.

Mae'n pwyntio at ei bwced, fel pe bai'n dweud wrthi, gwna hynny eto!

Mae hi'n gofyn, 'Fy nhro i i dywallt y tywod?' 'Iawn!'

Ac mae Maria yn tywallt tywod allan o'i bwced. Mae hyn yn troi'n gêm, gyda Maria ac André yn cymryd eu tro yn tywallt tywod allan o'u bwcedi. Wrth iddyn nhw chwarae gyda'i gilydd, gan wenu a chwerthin, mae André yn edrych yn dra gwahanol i'r plentyn gofidus y gadawaodd ei fam 20 munud ynghynt. Hyd yn oed pan fydd Maria yn ei adael i roi sylw i rai plant eraill, mae'n parhau i chwarae'n fodlon.

Yn y dyddiau nesaf, mae Maria ac André yn chwarae'r gêm tywallt tywod eto ychydig o weithiau. Wrth i André ddod yn fwy cyfforddus yn ei amgylchedd newydd, mae'n dechrau cyfathrebu â'r athrawon eraill yn ogystal â'r plant eraill. Mae nawr yn dweud 'Tyw!' (ar gyfer 'tywod') pan mae eisiau i Maria chwarae gydag ef!

Ydy Maria yn sylweddoli cymaint y mae André wedi'i ennill wrth ryngweithio â hi? Efallai nad yw hi wedi meddwl llawer amdano – mae hi'n falch iawn ei fod yn hapusach o lawer! Os edrychwn yn agosach ar faint mae André wedi'i ennill, fodd bynnag, gallwn ddechrau gwerthfawrogi pa mor bwysig yw'r mathau hyn o ryngweithio o ddydd i ddydd, nid yn unig i ddatblygiad cymdeithasol ac ieithyddol plant, ond i'w teimladau amdanyn nhw eu hunain ac am fod mewn lleoliad ar gyfer y blynyddoedd cynnar. Dilynodd Maria ei greddf wrth benderfynu sut i ryngweithio ag André, ond mewn gwirionedd cyflawnodd y ddau amod sy'n tanio'r broses o feithrin cyfathrebu a dysgu iaith:

- **rhyngweithio** a
- **gwybodaeth**.

Mae cymaint y gall plentyn ei ddysgu am gyfathrebu gan athro gofalgar!

Rhyngweithio

Mae cyfathrebu a dysgu iaith yn digwydd o fewn y sgwrsio o ddydd i ddydd sy'n digwydd rhwng plant a'u gofalwyr ac, ymhen amser, y sgwrsio gyda'u cyfoedion. Rhaid i'r rhyngweithio hwn fod yn bleserus ac yn digwydd yn aml a dylai barhau dros gyfnod estynedig o amser (gorau po hiraf). Yn bwysicaf oll, dylai'r plentyn gymryd rhan weithredol yn y sgyrsiau hyn – dim ond trwy gyfathrebu â sgwrswyr profiadol y gall ddysgu sut i ddod yn sgwrsiwr ei hun. Dim ond os daw'r rhyngweithio yn gyntaf y gellir dysgu iaith – fel yn achos André, gan fod ei ryngweithio â Maria yn ystod y gêm tywallt tywod wedi bod yn hwyliog ac wedi para'n hir.

Gwybodaeth

Wrth ryngweithio, mae plant angen eu partneriaid sgwrsio i roi gwybodaeth iddyn nhw sy'n ymwneud â thestun y sgwrs. Rhaid i'r wybodaeth hon fod yn berthnasol ac yn briodol i lefel iaith y plentyn er mwyn iddo allu ei defnyddio i adeiladu ar yr hyn y mae eisoes yn ei wybod. Daliodd Maria ati i ddweud y gair 'tywod' pan oedd hi ac André yn tywallt y tywod. Dywedodd hi'r gair dro ar ôl tro, yn syml ac yn glir. Clywodd André y gair cymaint o weithiau pan oedd yn chwarae gyda'r tywod fel ei fod yn gallu deall mai dyna oedd enw'r stwff yr oedd yn ei roi yn ei fwced a'i dywallt.

Nid yw gwybod gair, fodd bynnag, yn ddigon o gymhelliant i blentyn ei ddefnyddio. Mae'n rhaid iddo gael rheswm dros ei ddefnyddio. Yn yr achos hwn, dywedodd André 'tywod' oherwydd ei fod wir eisiau i Maria chwarae gydag ef. Mae defnydd André o'r gair 'tywod' yn enghraifft wych o'r ffaith mai'r awydd i ryngweithio ag eraill yw'r cymhelliant mwyaf pwerus ar gyfer cyfathrebu.

Dyma sut mae dysgu iaith yn gweithio. Yn gyntaf, rhaid cael rhyngweithio cadarnhaol rhwng plentyn ac oedolyn. Yna, gall y plentyn ddefnyddio'r wybodaeth a ddarperir gan yr oedolyn i ehangu ei sgiliau iaith o fewn y rhyngweithio parhaus.

Crëodd Maria amgylchedd dysgu iaith delfrydol ar gyfer André. Yn ogystal, rhoddodd ei chynhesrwydd a'i hymatebolrwydd y cymhelliant a'r hyder yr oedd eu hangen arno i gyfathrebu â hi ac ag eraill yn ei amgylchedd newydd rhyfedd.

Dyma'r math o amgylchedd sydd ei angen ar bob plentyn mewn lleoliadau plentyndod cynnar – amgylchedd lle byddan nhw'n cael eu meithrin a lle mae cyfleoedd ar gyfer rhyngweithio cadarnhaol, pleserus trwy gydol y dydd yn cael eu darparu iddynt.

Mae angen hyd yn oed mwy o'r cyfleoedd hyn ar blant sydd ag oediad iaith.

Dyma'r heriau sy'n eich wynebu fel addysgwr plentyndod cynnar.

B. Yr her o gynnwys plant gydag anghenion arbennig

Mae'r her o ddarparu amgylchedd sy'n ceisio annog plentyn i fod yn rhyngweithiol hyd yn oed yn fwy pan fo plentyn ag angenhion arbennig, fel oediad iaith neu oedi o ran datblygiad. Yn aml, mae rhieni plant ag anghenion arbennig yn cael eu cynghori i anfon eu plant i feithrinfa neu ganolfan gofal plant arbennig fel y gallan nhw fod gyda phlant sy'n dilyn patrwm nodweddiadol o ddatblygu. Mae llawer yn tybio y bydd plentyn sydd ag oedi datblygiadol yn datblygu gwell sgiliau cymdeithasol ac iaith dim ond trwy fod yn yr un amgylchedd â'u cyfoedion sy'n dilyn patrwm nodweddiadol o ddatblygu. Fodd bynnag, mae athrawon mewn lleoliadau plentyndod cynnar yn gwybod nad yw hyn yn wir o reidrwydd.

Mae Justin, sy'n dair oed, wedi bod yn ystafell ddosbarth meithrinfa Sheila ers mis yn unig. Yn wahanol i'r plant eraill yn yr ystafell ddosbarth, sy'n gallu siarad mewn brawddegau, mae Justin yn cyfathrebu'n bennaf trwy bwyntio, defnyddio ystumiau, a gwneud synau. Mae'n gallu dweud ychydig eiriau, fel 'mwy,' 'mynd,' a 'car,' ond anaml y mae'n eu defnyddio. Mae rhieni Justin yn gobeithio y bydd ei iaith yn gwella nawr ei fod gyda phlant eraill yn ddyddiol.

Er ei bod yn ymddangos bod Justin wedi setlo yn y feithrinfa, mae'n dal i dreulio'r rhan fwyaf o'i amser yn chwarae ar ei ben ei hun. Anaml y mae'n mynd at y plant eraill ac maen nhw'n tueddu i'w anwybyddu. Mae'n mynd at Sheila pan fydd eisiau rhywbeth neu angen cymorth, ond yn aml mae hi'n cael trafferth deall beth mae ei synau a'i ystumiau'n eu golygu. Pan fydd hi'n eistedd ac yn chwarae gydag ef, mae'n bywiocáu, yn enwedig wrth y bwrdd dŵr. Mae'n mwynhau rhoi cwpanaid o ddŵr iddi, a bydd hi'n esgus ei yfed. Mae hyd yn oed yn dweud 'mwy' a 'fed' (am 'yfed') yn ystod y gêm hon. Bydd Justin yn eistedd am ychydig bach gyda'r plant eraill yn ystod cyfnodau cerddoriaeth a stori, ond nid yw'n cymryd rhan yn y gweithgareddau ac mae ei sylw'n crwydro ymhen ychydig funudau.

Erbyn hyn, mae gan Sheila brofiad personol o'r myth cyffredin am gynhwysiant – sef unwaith y bydd plentyn ag unrhyw oediad o ran datblygiad yn cael ei roi mewn lleoliad arferol, bydd yn dysgu sgiliau newydd dim ond trwy fod gyda phlant o'r un oedran. Mae ei harsylwadau wedi'u cadarnhau gan ymchwil, sydd wedi dangos:

- mae plant sydd ddim yn gallu cyfathrebu'n hawdd â'u cyfoedion yn aml yn cael eu hynysu neu'n cael eu gwrthod, yn enwedig os yw'r oedi'n fwy difrifol
- mae cyfoedion sy'n datblygu'n nodweddiadol yn llai tebygol o ddewis plentyn ag oediad iaith i chwarae gydag ef
- mae plant ag anghenion arbennig yn fwy tebygol o ryngweithio â'u hathrawon na phlant eraill pan fyddan nhw mewn grŵp, ac
- os yw'r plentyn ag anghenion arbennig yn cael ei gynnwys gan y plant eraill, yn aml dim ond mewn rôl oddefol neu amhriodol y mae hynny. Er enghraifft, gall plentyn ag anghenion arbennig gael ei gynnwys yn y 'tŷ bach twt' yn y feithrinfa, ond bob amser fel y babi heb fawr o gyfleoedd i gyfathrebu.

Pennod 1 – Golwg ar ryngweithio mewn lleoliadau plentyndod cynnar

Mae gallu plentyn i gael ei gynnwys yn dibynnu ar ei sgiliau cymdeithasol a chyfathrebu. Heb sgiliau cyfathrebu da, ni all plant fel Justin drafod yn effeithiol i gael chwarae gyda'u hoff degan neu ddysgu i aros eu tro mewn gweithgaredd. Gallan nhw droi at ddulliau symlach, fel cydio, tynnu neu wthio – ymddygiad na fydd yn ennyn eraill i fod yn ffrindiau gyda nhw! Hyd yn oed pan fydd plentyn ag oediad o ran datblygiad yn ceisio rhyngweithio â'i gyfoedion, mae'n aml yn cael ei anwybyddu ganddyn nhw. Ac yn wahanol i blant â sgiliau cyfathrebu mwy datblygedig, efallai na fydd plentyn ag anawsterau cyfathrebu yn dal ati yn ei ymdrechion i ymuno â grŵp o blant os na fydd ei ymgais gyntaf yn llwyddiannus. Wedi'r cyfan, pam mentro cael eich gwrthod dro ar ôl tro? Am y rhesymau hyn, mae plentyn ag oediad o ran datblygiad yn llawer mwy tebygol o symud tuag at yr oedolion mwy amyneddgar ac ymatebol yn yr ystafell, fel y gwnaeth Justin.

> Edrych ar ôl dy frawd. Dwi'n mynd i weithio.

Mae ymchwil hefyd yn dangos nad yw plant yn tyfu allan o'r anawsterau hyn wrth iddyn nhw fynd yn hŷn. Os na chânt gymorth i ddatblygu perthnasoedd cymdeithasol mewn lleoliad fel cylchoedd meithrin, maen nhw'n fwy tebygol o barhau i gael trafferth cyd-dynnu â'u cyfoedion pan fyddan nhw'n dechrau'r ysgol.

Mae angen cymorth penodol a chyson iawn ar blentyn ag anghenion arbennig i ddod yn aelod gweithgar a chyfranogol o'r ystafell ddosbarth. Mae cynnwys plentyn ag anghenion arbennig yn llwyddiannus mewn lleoliad nodweddiadol yn dibynnu i raddau helaeth ar sut rydych chi, yr addysgwr plentyndod cynnar, yn cefnogi ei ddatblygiad a'i ryngweithio ag eraill.

Mae Justin yn Gyfathrebwr tair oed gydag oediad iaith. Mae Sara a Julie yn hapus i'w gynnwys yn eu chwarae, ond maen nhw bob amser yn rhoi rôl y babi iddo, heb fawr o gyfle i gyfathrebu.

Mwynhau Dysgu Iaith

C. Edrych yn fanylach ar fathau gwahanol o sgwrsio sydd gan blant

Er mwyn darparu amgylchedd i blant sy'n hybu hunan-barch a dysgu iaith, mae angen i ni fod yn ymwybodol o'u gwahaniaethau unigol. Gallwn ddysgu llawer am allu plant i ryngweithio ag eraill trwy arsylwi'n agosach arnyn nhw yn ystod eu sgyrsiau o ddydd i ddydd.

Dychmygwch eich bod mewn ystafell ddosbarth ddychmygol mewn methrinfa yn ystod amser chwarae rhydd a'ch bod yn arsylwi plant yn chwarae a chyfathrebu gyda'i gilydd a gyda chi.

Mae Begw, sydd bob amser yn gwenu ac yn llawn egni, yn rhedeg i fyny atoch chi ac yn dangos ei hesgidiau newydd i chi. Mae hi'n dweud eu bod yn arbennig oherwydd eu bod yn goleuo yn y tywyllwch. Yna mae'n galw ar ei ffrind ac yn rhedeg i ffwrdd i chwarae gyda hi.

Mae Cai, sy'n brysur yn adeiladu tŵr yn yr ardal blociau, yn chwarae gyda thri o blant eraill. Maen nhw i gyd wedi ymgolli yn eu chwarae. Bob hyn a hyn maen nhw'n cynnig ambell sylw i'w gilydd ar ryw agwedd o'r hyn maen nhw'n wneud.

Yn yr ardal chwarae dramatig, mae grŵp o bedwar o blant yn chwarae 'Doctor.' Maen nhw'n cael trafodaeth frwd ynglŷn â pha fath o driniaeth sydd ei hangen ar y 'claf'. Ar ôl llawer o ddadlau a thrafod, maen nhw i gyd yn cytuno bod angen meddyginiaeth a thriniaeth ar y claf.

Mae Erin, sy'n blentyn tawel, unig, yn gwylio'r grŵp yn chwarae 'Doctor' o bell. Ar ôl ychydig, mae hi'n dod i eistedd wrth eich ymyl ac yn dangos ei doli i chi.

Mae Meical, sydd ag oedi datblygiadol, yn syllu i'r to, heb gymryd unrhyw sylw o'r plant eraill. Nid yw'n ymateb pan fyddwch chi'n ei gyfarch, ac anaml y mae'n ymateb pan fydd unrhyw un yn siarad ag ef.

Heb i chi sylweddoli, rydych yn debygol o ryngweithio'n wahanol gyda phob un o'r plant hyn oherwydd eu gwahanol arddulliau sgwrsio, sydd wedi esblygu o'r amser y cawsant eu geni. Mae pob plentyn yn cael ei eni gyda'i bersonoliaeth ei hun, ac mae gan bob rhiant neu ofalwr ei ffordd ei hun o gyfathrebu â phlentyn yn seiliedig ar y bersonoliaeth unigryw honno. Ymhen amser, mae'r plentyn a'r gofalwr yn datblygu ffordd o ryngweithio â'i gilydd, fel dau bartner dawns yn cydlynu eu symudiadau. O fewn y rhyngweithiadau hyn, mae gofalwyr yn dod yn ddrych i'r plentyn, gan adlewyrchu eu hargraffiadau o'i allu i gyfathrebu. Maen nhw'n rhoi adborth ar ba mor dda mae'r plentyn wedi anfon neges (Pan fydd rhiant yn dweud, 'O, rwyt ti eisiau dy botel!' mae'r babi sy'n crio yn gwybod bod ei neges wedi'i deall yn glir) ac a gafodd y neges dderbyniad da (Pan fydd rhiant yn dweud, 'Am wên fawr! Rwyt ti mor hapus!' mae'r babi'n gwybod bod ei wên yn ffordd o gael y gofalwr i wenu, yn ogystal â llawer o synau bywiog!).

Mae arddulliau sgwrsio plant yn esblygu wrth iddyn nhw weld eu hunain trwy lygaid pobl eraill ac, yn ddiweddarach yn eu plentyndod, wrth gymharu eu hunain ag eraill. O'r miloedd o'r rhyngweithiadau mae plant yn eu cael gyda'u gofalwyr, brodyr a chwiorydd, a chyfoedion, maen nhw'n casglu lluniau mewnol ohonyn nhw eu hunain, y maen nhw'n eu gludo mewn albwm lluniau dychmygol yn eu pennau. O'r lluniau hyn, maen nhw'n ffurfio eu barn eu hunain ohonyn nhw eu hunain fel cyfathrebwyr.

Mae Begw a'r grŵp sy'n chwarae 'Doctor' yn edrych fel cyfathrebwyr hyderus ac mae'n ymddangos bod ganddyn nhw luniau mewnol cadarnhaol ohonyn nhw eu hunain. Ac er nad yw Cai yn rhyngweithiol pan mae wedi ymgolli yn ei dasgau adeiladu, yn gyffredinol mae'n ymddangos yn blentyn cymdeithasol, hyderus.

Fodd bynnag, efallai bod arddull Erin yn dweud wrthych mai ei llun mewnol yw rhywun nad yw'n disgwyl cael ymateb cadarnhaol gan eraill. Ac mae'n ymddangos bod arddull Meical yn dweud wrthych mai prin y mae'n darlunio ei hun fel cyfathrebwr o gwbl.

Mae deall arddulliau sgwrsio plant yn rhoi gwell dealltwriaeth i ni o pam mae rhai plant yn cyfathrebu mor naturiol a pham mae eraill yn ei chael hi mor anodd.

Adnabod y pedair arddull sgwrsio

Wrth nodi arddull sgwrsio plentyn, ystyriwch ddwy agwedd bwysig ar ei ryngweithio ag eraill:
- A yw'n mynd at eraill yn ddigymell ac yn **cychwyn** rhyngweithio?
- A yw'n **ymateb** pan fydd eraill yn rhyngweithio ag ef?

Yn gyffredinol, byddwch yn sylwi:
- Mae rhai plant yn **cychwyn** rhyngweithio'n rhwydd – nid yw eraill yn gwneud hynny.
- Mae rhai plant yn barod i **ymateb** yn ystod cyfnod rhyngweithio tra bod eraill ddim yn ymateb.

Trwy edrych ar ba mor aml y mae plant yn cychwyn rhyngweithio ac yn ymateb yn ystod rhyngweithiadau, gallwn nodi pedair arddull sgwrsio wahanol, pob un yn disgrifio'r ffordd y mae plentyn yn rhyngweithio y rhan fwyaf o'r amser. Mae'n bwysig cofio, fodd bynnag, y gall arddull sgwrsio plentyn amrywio yn dibynnu ar y sefyllfa a gyda phwy y maen nhw'n rhyngweithio.

Disgrifir arddulliau sgwrsio isod yn nhermau cyfathrebu bwriadol a phwrpasol plentyn ag eraill. Fodd bynnag, nid yw babanod ifanc iawn sy'n datblygu'n nodweddiadol, a rhai plant hŷn ag oedi difrifol yn eu datblygiad eto wedi dysgu cychwyn rhyngweithio neu ymateb i eraill yn fwriadol. Yn yr achosion hyn, gallwn gael rhyw syniad o'u harddulliau sgwrsio yn y dyfodol trwy edrych ar ba mor aml y maen nhw'n dangos diddordeb mewn eraill neu'n ymddangos fel eu bod yn ceisio cael sylw trwy wneud synau, newid mynegiant yr wyneb, neu berfformio gweithred. Er nad yw'r synau a'r gweithredoedd hyn yn cael eu perfformio gyda phwrpas clir, maen nhw'n dal i fod yn arwyddion o ymwybyddiaeth y plentyn o ryngweithio ag eraill a'i ddyhead i wneud hynny. Maen nhw hefyd yn rhoi cipolwg clir i ni ar sut fath o arddull sgwrsio fydd gan y plentyn.

Y Pedair Arddull Cyfathrebu

1. Y Plentyn Cymdeithasol

2. Y Plentyn Amharod

3. Y Plentyn â'i Agenda Personol

4. Y Plentyn Goddefol

1. Y Plentyn Cymdeithasol

Mae'r plentyn cymdeithasol yn cychwyn rhyngweithio'n gyson ac yn ymatebol iawn i ysgogiadau eraill. Hyd yn oed yn ystod babandod cynnar, mae plant cymdeithasol yn cychwyn rhyngweithio i dynnu sylw atyn nhw eu hunain. Mae rhai plant cymdeithasol yn rhyngweithio'n rhydd mewn unrhyw sefyllfa, ond mae eraill yn fwy cymdeithasol â'u cyfoedion nag ydyn nhw gyda'u hathrawon, neu i'r gwrthwyneb.

Os bydd gan y plentyn oediad iaith, gall y plentyn cymdeithasol fod yn araf i siarad neu'n anodd ei ddeall, ond nid yw hyn yn ei atal rhag rhyngweithio ag eraill. Fodd bynnag, efallai ei fod yn llai aeddfed yn gymdeithasol na'i gyfoedion.

2. Y Plentyn Amharod

Anaml y bydd y plentyn amharod yn cychwyn rhyngweithiadau ac yn aml bydd y tu allan i weithgareddau grŵp a rhyngweithiadau. Efallai y bydd yn cymryd amser hir i 'gynhesu' ac ymateb i chi pan fyddwch chi'n mynd ato. O gael amser a chyfle, bydd yn rhyngweithio â chi ac athrawon eraill, ond efallai y bydd rhyngweithio â chyfoedion yn fwy anodd iddo.

Os bydd ganddo oediad iaith, gall amharodrwydd y plentyn hwn i gychwyn rhyngweithio fod yn gysylltiedig â'i anhawster ieithyddol. Efallai ei fod yn amharod i ryngweithio ag eraill oherwydd na all wneud ei hun yn ddealladwy, neu efallai nad yw eto wedi dysgu cyfathrebu'n briodol mewn sefyllfaoedd cymdeithasol. Fodd bynnag, mae plentyn amharod fel arfer yn ymateb pan fydd eraill yn gwneud ymdrech i ryngweithio ag ef.

3. Y Plentyn ag Agenda Personol

Mae'r plentyn sydd ag agenda personol yn treulio llawer o amser yn chwarae ar ei ben ei hun, gan ymddangos nad oes ganddo ddiddordeb mewn rhyngweithio ag oedolion a chyfoedion. Efallai y bydd yn cychwyn rhyngweithio pan fydd angen rhywbeth arno, ond mae'n aml yn gwrthod neu'n anwybyddu eich ymdrechion i ymgysylltu ag ef. Gall plant sy'n datblygu'n nodweddiadol fynd trwy'r cyfnod annibynnol pan maen nhw eisiau 'gwneud fel y maen nhw eisiau.' Fodd bynnag, maen nhw'n dal i fwynhau rhyngweithio ag eraill mewn rhai sefyllfaoedd cymdeithasol.

4. Y Plentyn Goddefol

Anaml y bydd y plentyn goddefol yn ymateb neu'n cychwyn rhyngweithiadau, gan ddangos ychydig o ddiddordeb yn y gwrthrychau neu'r bobl o'i gwmpas. Gall fod yn anodd iawn cael gwên ganddo neu ei gael i gymryd rhan mewn unrhyw fath o ryngweithio chwareus. Os mai dyma arddull gyson y plentyn o ryngweithio, mae'n adlewyrchu oedi datblygiadol.

Mae'n naturiol bod athrawon yn cael eu heffeithio gan arddulliau cyfathrebu plant

Os cymerwch amser i feddwl am y gwahanol blant yn eich ystafell ddosbarth, byddwch yn sylweddoli nad ydych yn rhyngweithio yn yr un ffordd â phob un ohonyn nhw.

Sut mae arddulliau sgwrsio plant yn effeithio arnoch chi? I wybod mwy, gofynnwch y cwestiynau canlynol i chi'ch hun:

- Pa blant ydw i'n rhyngweithio fwyaf â nhw?
- Pa blant ydw i'n mwynhau rhyngweithio â nhw fwyaf?
- Beth yw eu harddulliau sgwrsio?
- Pa blant ydw i'n rhyngweithio â nhw leiaf?
- Beth yw eu harddulliau sgwrsio?

Efallai y byddwch chi'n synnu neu ddim yn synnu i ddarganfod mai'r plant sy'n cael y sylw mwyaf gennych chi yw'r plant **cymdeithasol**. Mae'n bwysig deall pam.

Maen nhw'n cael sylw gennych chi oherwydd maen nhw'n mynnu hynny (mewn ffordd neis iawn, wrth gwrs!). Maen nhw'n cychwyn rhyngweithio â chi drwy'r amser – ac yn naturiol, rydych chi'n ymateb. Maen nhw'n gwneud i chi deimlo'n dda oherwydd maen nhw'n ddiddorol ac yn ddifyr, ac mae'n naturiol i rywun ymateb yn gadarnhaol i bobl sy'n gwneud i ni deimlo'n dda.

Ond beth am y plant sydd ddim yn mynnu sylw neu sy'n mynnu hynny mewn ffyrdd negyddol? Gan ei bod yn anodd rhyngweithio â'r plant hyn, unwaith eto mae natur ddynol yn codi'i phen – nid ydyn nhw am ymgysylltu â chi, felly rydych chi'n llai tebygol o ymgysylltu â nhw, ac yn y pen draw byddwch yn rhyngweithio llai gyda nhw. Ar ben hynny, pan fyddwch chi'n rhyngweithio â nhw, gall y rhyngweithio fod yn gyfyngedig i siarad am bethau anghenrheidiol, fel a oes angen iddyn nhw fynd i'r toiled neu a ydyn nhw eisiau mwy o sudd. Gall y rhyngweithio cyfyngedig hwn ddigwydd gyda phlant sydd ag oediad iaith neu gyda'r rhai nad oes ganddyn nhw yr hyder i gyfathrebu'n rhydd. O ganlyniad, mae'r plant hyn yn colli'r sgyrsiau gwych a gewch chi gyda'u cyfoedion cymdeithasol am eu teuluoedd, eu ffrindiau, eu barn a'u profiadau – sgyrsiau sy'n magu hyder ac yn hybu dysgu iaith.

> **I blant sydd ddim yn ymwneud â rhyngweithio cymdeithasol aml, mae'r canlyniadau'n amlwg – mae ganddyn nhw lai o gyfleoedd na'u cyfoedion cymdeithasol i ddatblygu sgiliau cymdeithasol ac iaith.**

I blant nad ydyn nhw'n ymwneud â rhyngweithio aml, mae'r canlyniadau'n amlwg – maen nhw'n cael llai o gyfle na'u cyfoedion i ddatblygu sgiliau cymdeithasol ac ieithyddol. Hefyd, mae eu canfyddiadau negyddol ohonyn nhw eu hunain fel cyfathrebwyr yn cael eu cadarnhau. Efallai y byddan nhw'n meddwl, 'Dydw i ddim yn gyfathrebwr da. Felly, dydw i ddim yn cael eu sylw nhw.' Mae hyn yn gallu arwain at ganlyniadau negyddol pellgyrhaeddol.

Mae angen cymorth ar blant sy'n amharod neu'n oddefol, neu sydd â'u hagenda eu hunain, i ddod yn bartneriaid sgwrsio mwy gweithredol. Dydi hi ddim yn dasg hawdd. Mewn sawl achos, mae'n golygu helpu'r plant i newid eu barn amdanyn nhw eu hunain fel cyfathrebwyr.

Felly dyma gyfle i'r athro, yr athrawes neu'r cymhorthydd dosbarth i newid pethau …

CH. Mae athrawon yn chwarae llawer o rolau yn ystod rhyngweithio â phlant

Mae'r ffordd rydych chi'n rhyngweithio â phlant unigol yn debygol o amrywio. Mae hyn yn dibynnu ar bob plentyn a phob sefyllfa. Fe welwch eich bod yn mabwysiadu sawl rôl wahanol trwy gydol y dydd. Meddyliwch am eiliad pa rai o'r rolau athro canlynol rydych chi'n eu chwarae pan fyddwch chi'n rhyngweithio â phlant, oherwydd gall eich rôl chi olygu bod y rhyngweithio yn llwyddo neu'n methu.

1. Rôl y Cyfarwyddwr

Yn y rôl hon, mae'r athrawes yn cadw rheolaeth dynn dros y plant a'u gweithgareddau. Mae hi'n treulio llawer o'i hamser yn gwneud awgrymiadau, yn rhoi cyfarwyddiadau, ac yn gofyn cwestiynau. Mae ei hymddygiad yn dweud wrth blant nad oes disgwyl iddyn nhw gychwyn sgwrs, dim ond i ymateb yn ôl y cyfarwyddyd. Er bod angen i athrawes gyfarwyddo plant am rywfaint o'r amser, os mai dyma yw ei phrif rôl, mae'n ei gwneud hi'n anodd iawn i blant fod yn ddigymell a chwarae rhan weithredol mewn rhyngweithiadau.

> Rho'r bloc oren ar ben yr un coch ...

Mae athrawon yn aml yn ymgymryd â rôl Cyfarwyddwr gyda phlant sydd ag oediad iaith, yn enwedig pan fyddan nhw'n canolbwyntio ar ddysgu sgiliau newydd a 'chael y plentyn i siarad.'

> Helô Mr Pyped! Dwed helô wrth fy mhyped i! Mae wedi dod i dy weld ...

2. Rôl y Diddanwr

Yn y rôl hon, mae'r athrawes yn chwareus ac yn hwyliog ond mae'n gwneud y rhan fwyaf o'r siarad a chwarae, a phrin yw'r cyfleoedd i blant gymryd rhan weithredol yn y rhyngweithio. Mae athrawon yn aml yn chwarae rôl Diddanwr gyda phlentyn sydd ag oediad iaith neu gyda phlant sydd ag arddulliau sgwrsio goddefol neu amharod. Os mai anaml y mae plentyn yn cychwyn sgwrs neu'n ymateb yn ystod gweithgareddau, mae'n naturiol i athro roi cynnig ar beth bynnag sydd ei angen arno i gael ymateb!

Pennod 1 – Golwg ar ryngweithio mewn lleoliadau plentyndod cynnar

3. Rôl yr Amserwr

Yn y rôl hon, mae'r athro yn rhuthro trwy weithgareddau ac arferion bob dydd er mwyn cadw at yr amserlen. Mae amserlenni prysur yn amlwg mewn dosbarthiadau prysur mewn cylchoedd meithrin ac mewn lleoliadau gofal plant, ond gall rôl yr Amserwr arwain at ryngweithio cyfyngedig iawn.

Gall athrawon fod yn Amserwr gyda phlant ag anghenion arbennig a all gael anhawster i gadw i fyny gyda'r plant eraill.

4. Rôl yr Athro sy'n Rhy Dawel

Yn y rôl hon, mae'r athro yn eistedd gyda'r plant, ond prin yn rhyngweithio â nhw, hyd yn oed pan fyddan nhw'n cychwyn rhyngweithio.

Mae athrawon yn aml yn cymryd y rôl Rhy Dawel gyda phlant sydd â'u hagenda eu hunain, gan fod yn well gan y plant hyn chwarae ar eu pennau eu hunain yn aml.

5. Rôl y Cynorthwywr

Yn y rôl hon, mae'r athrawes yn meddwl na all y plentyn fynegi ei hun felly mae'n siarad drosto neu'n cynnig cymorth cyn iddo ddangos unrhyw angen amdano. Gall hyn adlewyrchu awydd athro i helpu plentyn neu i leihau ei rwystredigaeth, ond y canlyniad yn y pen draw yw bod y plentyn yn dysgu peidio â disgwyl llawer ohono'i hun.

Mae athrawon yn aml yn mabwysiadu rôl Cynorthwywr gyda phlant sydd ag oediad iaith oherwydd bod y plant hyn yn cael cymaint o anhawster i gyfleu eu negeseuon.

Mwynhau Dysgu Iaith

6. Rôl y Canmolwr

Yn y rôl hon, mae'r athrawes yn rhoi llawer o ganmoliaeth i'r plentyn ac yn mynd yn gyffrous iawn pan fydd plentyn yn cyflawni tasg, boed fawr neu fach. Mae hi'n dweud y gair 'Da' yn aml: 'Gwaith da!' 'Ti'n eistedd yn daclus iawn!' 'Siarad da!' Mae hi'n gredwr cryf mewn atgyfnerthu cadarnhaol. Mae'n ymddangos bod plant yn cael pleser o'i chanmoliaeth. Mae hi'n canmol pob un o'r plant yn ei hystafell ddosbarth, ond yn enwedig y rhai sy'n gyfathrebwyr amharod neu sydd ag oedi datblygiadol.

Anfantais canmoliaeth yw y gall plant ddod yn rhy ddibynnol arno ac efallai na fyddan nhw'n datblygu eu cymhelliant eu hunain i ddysgu sgiliau newydd neu i ymgymryd â heriau newydd. Yn ogystal, mae Canmolwyr fel arfer yn gorffen y sgwrs gyda'u canmoliaeth – anaml y bydd y rhyngweithio'n parhau ar ôl i'r plentyn gael gwybod pa mor dda y mae wedi gwneud.

7. Rôl y Partner Ymatebol

Yn y rôl hon, mae'r athro yn ymwybodol o allu, anghenion a diddordebau'r plant. Mae'n ymateb gyda chynhesrwydd ac yn dangos diddordeb ymhob plentyn, sy'n eu hannog i gymryd rhan weithredol mewn rhyngweithiadau, gyda hi a chyda'u cyfoedion.

Ar wahanol adegau, byddwch yn chwarae rolau gwahanol – yn dibynnu, er enghraifft, ar y math o blentyn rydych yn rhyngweithio â nhw, a faint o blant sydd gyda chi, ar eu hymddygiad cyffredinol, ar yr amser sydd ar gael i chi, ac ar eich hwyliau!

Pa rôl ydych chi'n ei chwarae y *rhan fwyaf* o'r amser?

Nid yw rôl athrawon ac arddulliau plant bob amser yn cyfateb

Pan nad yw rôl yr athrawes ac arddull sgwrsio'r plentyn yn cyfateb, nid yw'r athro a'r plentyn byth yn cysylltu mewn gwirionedd. Nid yn unig y mae'r ddau yn teimlo'n rhwystredig, ond nid yw potensial y plentyn i ddysgu iaith yn cael ei gyflawni.

Mae'n bwysig sylweddoli bod arddulliau sgwrsio plant yn effeithio'n sylweddol ar y rôl y mae athrawon yn eu chwarae. Pan nad yw plant yn ymatebol a phan nad ydyn nhw'n cyfathrebu'n ddigymell, mae'n naturiol i gyfarwyddo, cwestiynu, diddanu a'u helpu mewn ymdrech i danio rhyngweithiad. Ond anaml y mae'r tactegau hyn yn gweithio! Mewn gwirionedd, gallan nhw gael yr effaith groes i'r un a ddymunir – yn aml iawn, mae'r plentyn yn cyfathrebu hyd yn oed yn llai!

Gadewch i ni edrych ar brosesau meddwl athrawon a phlant 'anodd eu cyrraedd' wrth i'r athrawon geisio gwneud cyswllt:

Y Cyfarwyddwr a'r Plentyn Goddefol

Y Cynorthwywr a'r Plentyn Amharod

Y Diddanwr a'r Plentyn
â'i Agenda ei Hun

Yr unig rôl sy'n rhoi'r anogaeth a'r gefnogaeth sydd eu hangen ar blant yn gyson i ddysgu cyfathrebu yw'r rôl ymatebol.

Mewn penodau diweddarach byddwn yn trafod sut i fabwysiadu'r rôl hon gyda phob plentyn, waeth beth fo'u harddulliau sgwrsio.

Crynodeb

Mewn lleoliadau plentyndod cynnar, mae athrawon yn gyfrifol am greu amgylcheddau sy'n meithrin perthnasoedd cryf a hyrwyddo dysgu iaith. Gall y rhyngweithio rhwng athrawon a phlant fod yn amrywiol ac yn gymhleth. Mae rhyngweithiadau yn dibynnu ar arddulliau sgwrsio plant, ar y rôl y mae'r athro yn ei chwarae, ac ar allu plant i chwarae gyda chyfoedion. Trwy fod yn ymwybodol o sut mae partneriaid mewn rhyngweithiad yn effeithio ar ei gilydd, gall athrawon arsylwi ar y rhyngweithio yn eu hystafelloedd dosbarth i weld a yw angen pob plentyn am ryngweithio aml, pleserus yn cael ei ddiwallu. Mae'r wybodaeth a geir o'r arsylwadau hyn yn helpu athrawon i sicrhau bod pob plentyn yn dod yn aelod cyfranogol llawn o'r grŵp.

Canllaw Arsylwi 1: Sut mae plentyn yn rhyngweithio gydag athrawon a chyfoedion

Gadewch i ni dybio bod gan blentyn yn eich ystafell ddosbarth sgiliau iaith a sgiliau cymdeithasol sy'n ymddangos yn anaeddfed i'w oedran. Efallai eich bod wedi sylwi bod y plentyn yn dawel iawn ac nad yw'n rhyngweithio llawer gyda chi na'i gyfoedion. Ond efallai os byddwch chi'n arsylwi arno'n agosach, fe fyddwch chi'n gweld bod yna rai sefyllfaoedd lle mae'r plentyn yn rhyngweithio. Er eich bod yn gwybod beth yw ei wendidau o ran ei allu i ryngweithio ag eraill, a ydych chi'n gallu nodi rhai o gryfderau'r plentyn?

Mae'r canllaw hwn wedi'i gynllunio i'ch helpu i edrych yn agosach ar ryngweithiadau plentyn mewn lleoliad cyn mynd i'r ysgol, cylchoedd methrin neu ganolfannau plentyndod cynnar. Cyn i chi ddechrau arsylwi, cofiwch arsylwi ar y plentyn mewn nifer o sefyllfaoedd gwahanol dros gyfnod estynedig o amser. Gall cyfathrebu a rhyngweithio plentyn amrywio o ddydd i ddydd, o weithgaredd i weithgaredd, ac o bartner sgwrsio i bartner sgwrsio. Gall ffactorau eraill ddylanwadu ar faint neu gyn lleied y mae plentyn yn rhyngweithio: bydd salwch, diffyg cwsg, a phroblemau gartref i gyd yn effeithio ar ei awydd a'i allu i gyfathrebu. Felly byddai'n ddoeth arsylwi ar y plentyn mewn nifer o wahanol sefyllfaoedd, y tu mewn a'r tu allan, a chynnal eich arsylwadau dros nifer o ddyddiau.

Canllaw Arsylwi 1: Sut mae plentyn yn rhyngweithio gydag athrawon a chyfoedion

Enw'r plentyn: ....

Oedran adeg yr arsylwad hwn:...

Iaith gyntaf y plentyn:...

Gallu'r plentyn i siarad Cymraeg (os yw'r plentyn yn llafar):...

Dyddiad: ....

1. Arsylwi ar arddull sgwrsio'r plentyn

Rwy'n meddwl mai arddull sgwrsio (enw'r plentyn) .... ydy arddull (efallai y byddwch am ddewis mwy nag un):

- ☐ Cymdeithasol oherwydd ei fod/bod yn cychwyn ac yn ymateb yn aml i ymdrechion pobl eraill
- ☐ Amharod oherwydd yn anaml y mae'n cychwyn, ond mae'n ymateb i ymdrechion pobl eraill
- ☐ Agenda ei hun oherwydd efallai ei fod/bod yn cychwyn, ond yn anaml yn ymateb i ymdrechion pobl eraill ac mae'n ymddangos bod yn well ganddo/ganddi fod ar ei ben/ei phen ei hun
- ☐ Goddefol oherwydd prin ei fod/bod yn cychwyn neu'n ymateb i ymdrechion pobl eraill

Os yw arddull sgwrsio'r plentyn yn amharod, yn oddefol, neu ag agenda ei hun, mae'n rhyngweithio'n well gyda:

- ☐ Athrawon
- ☐ Cyfoedion
- ☐ Dim un o'r rhain

2. Arsylwi ar ryngweithiadau'r plentyn ag athrawon

Enwau'r athrawon y mae'n cyfathrebu fwyaf â nhw:

Y sefyllfaoedd lle mae'n cyfathrebu FWYAF ac yn rhyngweithio'n fodlon ag athro:

Y sefyllfaoedd lle mae'n cyfathrebu ac yn rhyngweithio LEIAF ag athro:

Noder: Gellir llungopïo pob Canllaw Arsylwi.

Mwynhau Dysgu Iaith

3. Arsylwi ar ryngweithiadau'r plentyn â chyfoedion

Gyda pha blant mae'r plentyn yn rhyngweithio amlaf?

Yn ystod pa weithgareddau mae'r plentyn FWYAF rhyngweithiol gyda'i gyfoedion?

Yn ystod pa weithgareddau mae'r plentyn LEIAF rhyngweithiol gyda'i gyfoedion?

4. Crynodeb yr Arsylwadau

Mae'n ymddangos bod y bobl, y gweithgareddau a'r sefyllfaoedd canlynol yn gwneud cyfathrebu a rhyngweithio yn fwy pleserus neu hylaw i .... (enw'r plentyn).

Os ydych chi eisiau helpu plentyn i ddod yn fwy rhyngweithiol gydag athrawon a chyfoedion, darllenwch Ran 2 (penodau 3, 4, 5, a 6).

Noder: Gellir llungopïo pob Canllaw Arsylwi.

Llyfryddiaeth

Asher, S., Oden, S. & Gottman, J. (1977). Children's friendships in school settings. Yn L. Katz (Gol.), *Current topics in early childhood education*. Norwood, NJ: Ablex.

Barnes, S., Gutfreund, M., Satterly, D. & Wells, G. (1983). Characteristics of adult speech which predict children's language development. *Journal of Child Language*, 10, 65–84.

Bell, R.Q. & Harper, L.V. (1977). *Child effects on adults*. Hillsdale, NJ: Erlbaum. Briggs, D.C. (1975). Your child's self-esteem. Efrog Newydd: Doubleday.

Charlesworth, R. (1983). *Understanding child development*. Albany: Delmar.

Conti-Ramsden, G. (1985). Mothers in dialogue with language-impaired children. *Topics in Language Disorders*, 5(2), 58–68.

Ervin-Tripp, S. (1991). Play in language development. Yn B. Scales, M. Almy, A. Nicolopoulou & S. Ervin-Tripp (Gol.), *Play and the social context of development in early care and education* (tt. 84–97). Efrog Newydd: Teachers College Press.

Fey, M.E. (1986). *Language intervention with young children*. San Diego, CA: College Hill Press.

Ginsberg, H. & Opper, S. (1969). *Piaget's theory of intellectual development: An introduction*. Englewood Cliffs, NJ: Prentice Hall.

Guralnick, M. (1981). Peer influences on the development of communicative competence. Yn P. Strain (Gol.), *The utilization of classroom peers as behavior change agents* (tt. 31–68). Efrog Newydd: Plenum.

Guralnick, M. (1990). Peer interactions and the development of handicapped children's social and communicative competence. Yn H. Foot, M.J. Morgan & R.H. Shute (Gol.) *Children helping children* (tt. 275–305). Efrog Newydd: John Wiley & Sons.

Halliday, M. (1975). *Learning how to mean*. Llundain: Edward Arnold.

Honig, A. (2002). *Secure relationships: Nurturing infant/toddler attachment in early care settings*. Washington, DC: National Association for the Education of Young Children.

Johnson, J.E., Christie, J.F. & Yawkey, T.D. (1987). *Play and early childhood development*. Glenview, IL: Scott, Foresman.

La Greca, A.M. & Stark, P. (1986). Naturalistic observations of children's social behavior. Yn P.S. Strain, M. Guralnick & H.M. Walker (Gol.), *Children's social behavior: Development, assessment and modification* (tt. 181–217). Efrog Newydd: Academic Press.

Lieven, E.M. (1978). Conversations between mothers and young children: Individual differences and their possible implication for the study of language learning. Yn N. Waterson & C. Snow (Gol.), *The development of communication* (tt. 173–187). Chichester: John Wiley & Sons.

McLean, J., & Snyder-McLean, L.A. (1978). *A transactional approach to early language training*. Columbus, Ohio: Charles E. Merrill.

Parten, M.B. (1932). Social participation among preschool children. *Journal of Abnormal and Social Psychology*, 27, (tt. 243–269).

Rubin, K.H. & Ross, H.S. (Gol.), (1982). *Peer relationships and social skills in childhood*. Efrog Newydd: Springer-Verlag.

Rubin, K. (1986). Play, peer interaction and social development. Yn A.W. Gottfried a C. Caldwell Brown (Gol.), *Play interactions: The contribution of play materials and parental involvement to children's development*.

Mwynhau Dysgu Iaith

Proceedings of the eleventh Johnson and Johnson Pediatric Round Table (tt. 163–174). Lexington, MA: Lexington Books.

Smilansky, S. & Shefatya, L. (1990). *Facilitating play: A medium for promoting cognitive, socio-emotional and academic development in young children*. Gaithersburg, MD: Psychosocial and Educational Publications.

Snow, C.E. (1984). Parent-child interaction and the development communicative ability. Yn R.L. Schiefelbusch & J. Pickar (Gol.), *The acquisition of communicative competence* (tt. 69–107). Baltimore: University Park Press.

Sponseller, D. & Lowry, M. (1974) Designing a play environment for toddlers. Yn D. Sponseller (Gol.), *Play as a learning medium* (tt. 81–109). Washington, DC: National Association for the Education of Young Children.

Tiegerman, E. & Siperstein, M. (1984). Individual patterns of interaction in the mother-child dyad: Implications for parent intervention. *Topics in Language Disorders*, 4(4) (tt. 50–61).

Tomlinson-Keasy, C. (1985). *Child development: Psychological, sociocultural and biological factors*. Homewood, IL: The Dorsey Press.

Wetherby, A. (1991). *Profiling communication and symbolic abilities: Assessment and intervention guidelines*. Presentation at Toronto Children's Centre, Toronto, Ontario.

Mwynhau Dysgu Iaith

Camau datblygiad iaith: mae siarad yn cymryd amser

Mewn cwta bum mlynedd, mae plant sy'n datblygu'n nodweddiadol yn gwneud cynnydd anhygoel yn eu gallu i ddefnyddio iaith.

A. Taith bum mlynedd anhygoel o 'waaaaa!' i 'pan fydda i'n tyfu i fyny, dwi eisiau bod yn beilot.'

Mewn cwta bum mlynedd, mae plant sy'n datblygu'n nodweddiadol yn gwneud cynnydd anhygoel yn eu gallu i ddefnyddio iaith. Maen nhw'n datblygu o ddefnyddio cyfathrebu di-eiriau (anfon negeseuon trwy synau, gweithredoedd, cyswllt llygad, mynegiant wyneb, ac ystumiau) i ddefnyddio cyfathrebu geiriol neu iaith lafar, sef y sgil mwyaf cymhleth y mae pobl yn ei ddatblygu.

Er bod y rhan fwyaf o fabanod yn dweud eu geiriau cyntaf pan fyddan nhw tua 14 mis oed, maen nhw'n dechrau dysgu am gyfathrebu o'u genedigaeth. Mae sylfeini cyfathrebu a chymryd tro yn datblygu yn y flwyddyn gyntaf hollbwysig honno.

Unwaith y bydd plant yn dechrau siarad, mae ganddyn nhw lawer i'w ddysgu o hyd am iaith a sut i'w defnyddio. Mae angen blynyddoedd i ddatblygu a mireinio dealltwriaeth, sgiliau sgwrsio, gramadeg, geirfa, a'r gallu i ddefnyddio iaith fel arf ar gyfer meddwl a dysgu.

> Mae'n bwysig bod yn gyfarwydd â chamau datblygiad iaith fel eich bod chi'n gwybod nid yn unig beth i'w ddisgwyl gan blant – boed ag oediad iaith neu beidio – ym mhob cam, ond hefyd sut i'w helpu i symud ymlaen i'r camau nesaf.

Mae'r dasg o ddatblygu iaith yn llawer anoddach i blant ag oediad iaith. Mae rhai plant ag oediad iaith yn symud ymlaen trwy'r un camau datblygiad iaith â phlant sy'n datblygu'n nodweddiadol, ond yn arafach. Gall plant eraill fynd yn 'sownd' ar gam penodol a chael anhawster symud ymlaen i'r un nesaf. Fodd bynnag, mae rhai plant yn datblygu iaith mewn ffyrdd gwahanol iawn oherwydd eu hanawsterau arbennig. Er enghraifft, efallai y bydd plant ag Anhwylder Sbectrwm Awtistiaeth yn gallu defnyddio geiriau, ond maen nhw'n eu defnyddio'n bennaf i wneud cais am rhywbeth. Yn aml, nid yw'r ystyron y maen nhw'n eu cysylltu â rhai geiriau yn rhai confensiynol, gan arwain at ddryswch i'r gwrandäwr.

Cyn i chi ddysgu am y camau hyn, fodd bynnag, mae'n bwysig deall hanfodion cyfathrebu. Yn y bennod hon, byddwch yn dysgu:

- pam mae plant yn cyfathrebu,
- sut mae plant yn cyfathrebu, a
- gwahanol gamau cyfathrebu a datblygiad iaith.

B. Mae plant, fel oedolion, yn cyfathrebu am nifer o wahanol resymau

Pan fyddwn yn meddwl am gyfathrebu, mae angen inni fynd y tu hwnt i 'sut' – yr ystumiau, synau, a geiriau – a dadansoddi 'pam': y rhesymau y defnyddir yr ystumiau, y synau a'r geiriau hynny. Er enghraifft, gallwch ddefnyddio gair fel 'pys' am nifer o resymau – i ofyn am bys, i ymateb i gwestiwn am ba lysieuyn yr hoffech ei fwyta, i fynegi ffieidd-dod wrth feddwl am eu bwyta, neu i fynegi pleser o'u gweld ar eich plât. Fel y gwelwch, mae yna lawer o resymau dros gyfathrebu, ac mae'n rhaid i blant ddysgu'r holl resymau hyn, yn ifanc iawn.

Mae cyfathrebu yn sicr yn ein galluogi i fodloni ein hanghenion corfforol. Fodd bynnag, y rheswm pwysicaf dros gyfathrebu yw er mwyn bodloni ein hanghenion cymdeithasol. Mae gan bobl angen cryf iawn i gysylltu ag eraill a rhannu teimladau, syniadau a phrofiadau. Pan fyddwn ni'n hapus, yn drist, yn gyffrous neu'n rhwystredig, yn aml mae angen i ni siarad â rhywun amdano. Unwaith y byddwn wedi gwneud hynny, rydym yn profi teimlad o foddhad mawr.

> **Pan fyddwn yn meddwl am gyfathrebu, mae angen inni fynd y tu hwnt i 'sut' – yr ystumiau, synau, a geiriau – a dadansoddi 'pam' y defnyddir yr ystumiau, y synau a'r geiriau hynny.**

Yn ogystal â bodloni ein hangen i gysylltu ag eraill, mae gan iaith swyddogaeth hollbwysig arall. Mae'n arf ar gyfer meddwl, dysgu, a datrys problemau. Gydag iaith, gallwn ystyried dewisiadau eraill, rhesymu, dychmygu, cynllunio, rhagweld, a dod o hyd i atebion i broblemau. Bob dydd, rydyn ni'n gwneud cannoedd o fân benderfyniadau ac yn datrys cannoedd o broblemau bob dydd gan ddefnyddio iaith yn ein pennau.

Ffordd hawdd o werthfawrogi'r holl resymau pam ein bod yn cyfathrebu yw meddwl yn ôl am yr holl alwadau ffôn rydych wedi'u gwneud dros y dyddiau diwethaf. Mae'n siwr bod gennych chi nifer o resymau gwahanol dros wneud y galwadau hynny, a disgrifir y rhain ar y dudalen nesaf. Fe welwch fod babanod a phlant ifanc yn cyfathrebu am yr un rhesymau â chi. Nid ydyn nhw'n gwneud hyn mor effeithiol â chi ac efallai y byddan nhw hyd yn oed yn ei wneud heb eiriau, ond mae eu pwrpas wrth gyfathrebu yr un peth â'ch un chi.

Pam mae pobl yn cyfathrebu?

1. I wneud cais

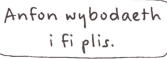

> Anfon wybodaeth i fi plis.

> Dan!

> Mwy o SUDD! Wyt ti eisiau mwy o SUDD?

2. I brotestio am rywbeth (cwyno, gwrthod)

> Dwi'n flin na wnest ti drafferthu i ...

> WAAA!

3. I gyfarch neu adael rhywun

> Roeddwn i eisiau dwend hwyl fawr!

> Hwyl fawr!

4. I ymateb i gyfathrebiad person arall

> Diolch! Fyddwn i wrth fy modd yn dod.

> Beth mae dy fabi eisiau ei fwyta?

> Bisged.

Mwynhau Dysgu Iaith

5. I ofyn am wybodaeth (cwestiwn)

> Pryd ddylwn i fod yno?

> A?

> Camera ydy hwnna. Mae hi'n tynnu dy lun.

6. I feddwl, cynllunio, a datrys problemau

> Efallai ddylen ni weld pwy sydd â diddordeb yn gyntaf, ac yna trefnu cyfarfod.

> Wna i weiddi 'TÂN', ac yna rhaid i ti ddod a dwend, BLE MAE'R TÂN, a'i ddiffodd.

7. I rannu teimladau, syniadau a diddordebau

> Wnei di ddim credu beth ddigwyddodd i fi heddiw!

> 'Drycha beth wnes i!

Unwaith y byddwch chi'n dod yn ymwybodol o sut a pham mae plant yn cyfathrebu, rydych chi'n gallu adnabod yn well y math o gefnogaeth sydd ei angen ar bob plentyn

Er enghraifft, mae'n rhaid i ferch dwy a hanner oed sy'n cyfathrebu dim ond pan fydd angen cymorth arni ddechrau rhyngweithio'n gymdeithasol chwareus os ydy hi am ddefnyddio iaith fel arf cymdeithasol.

Ar y llaw arall, bydd angen math gwahanol o gymorth ar ferch tair oed sy'n gymdeithasol ond sy'n siarad trwy ddefnyddio brawddegau cymysglyd ac anodd i'w deall. Gan fod y ferch hon yn gallu rhyngweithio'n gymdeithasol â chi yn rhwydd, bydd eich ffocws yn ystod y rhyngweithiadau hyn ar ddarparu modelau iaith iddi a fydd yn ei helpu i ddysgu ffyrdd mwy aeddfed o fynegi ei hun.

C. Mae plant yn cyfathrebu mewn nifer o wahanol ffyrdd

Yn ystod camau cynnar datblygiad iaith, mae cyfathrebu di-eiriau yn gyffredin iawn. Mae'r rhain yn cynnwys:

* synau
* gweithredoedd
* cyswllt llygaid
* mynegiant yr wyneb
* ystumiau.

Wrth iddyn nhw ddatblygu, mae plant yn dysgu defnyddio cyfathrebu geiriol gan ddefnyddio:

* geiriau sengl
* cyfuniadau o eiriau
* brawddegau.

Sudd. Wyt ti eisiau diod o sudd?

Mae Maria yn ei chael hi'n anodd dweud geiriau oherwydd anawsterau echddygol llafar (h.y. anodd dweud geiriau). Mae hi'n dewis y llun o'r sudd ac yn ei roi i'w hathrawes, Tanya, i ofyn am ddiod.

Mae'r rhan fwyaf o blant yn datblygu'n eithaf llyfn o gyfathrebu di-eiriau i gyfathrebu geiriol neu iaith lafar. Pan fydd plant yn dechrau siarad am y tro cyntaf, maen nhw fel arfer yn defnyddio cyfuniad o weithredoedd, ystumiau a geiriau. Fodd bynnag, cyn hir geiriau fydd y ffordd ddewisol (a mwyaf effeithiol) o gyfathrebu. Fodd bynnag, mae cyfathrebu di-eiriau bob amser yn rhan bwysig o gyfathrebu. Hyd yn oed fel oedolion, rydym yn parhau i gyfathrebu'n ddi-eiriau – byddem yn ei chael yn amhosibl siarad ag eraill heb wneud ystumiau â'n dwylo, gan ddefnyddio mynegiant yr wyneb, a newid goslef!

Pan nad ydy plentyn yn datblygu lleferydd gweithredol, o bosibl oherwydd anawsterau echddygol llafar, dylech gynnig dull arall o gyfathrebu. Byddai hyn yn cynnwys ystumiau llaw, arwyddion, neu luniau os ydy'r plentyn yn gallu deall bod ystyr i air, arwydd neu lun. Po fwyaf y bydd plentyn yn deall geiriau, gorau oll fydd ei allu i ddefnyddio'r ffurfiau eraill hyn o gyfathrebu.

Gall cyfathrebu di-eiriau gan ddefnyddio arwyddion neu luniau helpu'r plentyn i fynegi ei anghenion a lleihau ei rwystredigaeth. Gall plentyn ddefnyddio arwydd, er enghraifft, i ofyn am 'fwy' neu i ofyn am degan neu weithgaredd. Gall plentyn arall ddysgu pwyntio at lun yn gyflym, neu roi cerdyn llun i oedolyn, er mwyn gwneud cais neu ateb cwestiwn. Pan fydd cyfathrebu'n fwy gwerth chweil i blant ac yn llai rhwystredig, efallai y byddan nhw'n cael eu hysgogi i gyfathrebu mwy, ac mewn amrywiaeth ehangach o ffyrdd. Weithiau, er enghraifft, gall plant gyfuno defnydd cyfyngedig o lefaru â lluniau neu arwyddion. (Yn yr achosion hyn, cyfeirir at y ffurf ddi-eiriau o gyfathrebu fel dull estynedig, yn hytrach na dull amgen, gan ei fod yn ychwanegu at, yn hytrach na disodli, lleferydd. Wrth i'r plentyn aeddfedu a datblygu lleferydd, gall ymhen amser ddisodli dull cyfathrebu estynedig â lleferydd.)

CH. Chwe cham cyfathrebu a datblygiad iaith

Mae'r tudalennau canlynol yn disgrifio chwe cham y mae datblygiad plant nodweddiadol yn mynd drwyddo wrth i'w hiaith ddatblygu. Bydd ymwybyddiaeth o sut a pham y mae plentyn yn cyfathrebu ym mhob cam yn rhoi syniad da i chi o beth yw'r cam nesaf a sut y gallwch ei helpu i gyrraedd yno. Mae'r ystodau oedran canlynol yn cynrychioli'r hyn y gellir ei ddisgwyl mewn plant sy'n datblygu'n nodweddiadol. Mae plant ag oediad iaith hefyd yn dilyn y dilyniant hwn o ddatblygiad ond gallan nhw aros yn hirach ar gamau unigol ac efallai na fyddan nhw o reidrwydd yn dod yn Ddefnyddwyr Brawddegau Hwyrach yn y blynyddoedd cyn-ysgol.

Cam 1: Darganfyddwyr (genedigaeth i 8 mis)

Mae'r babi yn mynd o gyfathrebu'n atblygol i fod â gwir ddiddordeb mewn eraill ac eisiau sylw. Nid yw'n gwybod eto sut i anfon negeseuon yn uniongyrchol at berson arall i gael yr hyn y mae ei eisiau.

Dwi'n crio, yn gwenu, gwneud synau a syllu –
Beth ydw i'n ei feddwl tybed wrth wneud hynny?

Cam 2: Cyfathrebwr (8 i 13 mis)

Mae'r babi yn anfon negeseuon pwrpasol yn uniongyrchol at eraill gan ddefnyddio cyfuniad o edrychiad llygaid, mynegiant wyneb, synau, ac ystumiau. Mae'r plentyn yn dod yn fwy cymdeithasol.

Gyda synau, edrychiadau a 'stumiau, dwi'n siarad â thi.
Nawr helpa fi i ddysgu gair neu dri.

Cam 3: Defnyddiwr Geiriau Cyntaf (12 i 18 mis)

Mae'r babi yn dechrau deall y cod iaith ac yn dechrau defnyddio geiriau sengl.

O'm genau nawr daw geiriau lu
A dy waith di yw rhoi mwy i fi.

Cam 4: Cyfunwr (18 i 24 mis)

Mae geirfa'r plentyn yn ehangu'n sydyn, ac mae'n dechrau cyfuno geiriau. Mae'r plentyn yn cymryd mwy o ran mewn sgwrs.

Rwy'n cyfuno geiriau a dechrau cael sgwrs –
Ac angen i thithau wneud hynny, wrth gwrs!

Cam 5: Defnyddiwr Brawddegau Cynnar (2 i 3 oed)

Mae'r plentyn yn symud ymlaen o ddefnyddio cyfuniadau dau air i frawddegau pum gair a gall nawr gynnal sgyrsiau byr.

Fy ngeiriau a brawddegau sy'n tyfu bob dydd –
Caf hwyl yn adrodd straeon yn rhydd.

Cam 6: Defnyddiwr Brawddegau Hwyrach (3 i 5 oed)

Mae'r plentyn yn defnyddio brawddegau hir, cymhleth a gall gynnal sgyrsiau.

Wedi dysgu siarad a chymryd fy nhro.
Rhaid siarad i ddysgu, gwnaf hynny bob tro.

Cam 1
Darganfyddwr

Dwi'n crio, yn gwenu, gwneud synau a syllu –
Beth ydw i'n ei feddwl tybed wrth wneud hynny?

Mae plant sy'n datblygu'n nodweddiadol yn Ddarganfyddwyr hyd at tua wyth mis. Mae gan ddarganfyddwyr ddiddordeb mewn eraill (maen nhw'n edrych arnoch chi, yn gwneud synau, ac yn gwenu arnoch chi), ond nid ydyn nhw eto'n anfon negeseuon yn uniongyrchol at eu gofalwyr. Mae hyn oherwydd nad ydyn nhw'n gwybod eto y gall eu hymddygiad effeithio ar eraill a gwneud iddyn nhw ymddwyn mewn ffyrdd arbennig. Rydych chi, y gofalwr, yn dehongli ymddygiad y babi fel pe bai wedi cyfathrebu am reswm penodol. Er enghraifft, os bydd y babi yn digwydd edrych tuag at symudyn (*mobile*), efallai y byddwch yn dweud, 'O, wyt ti am i mi ei weindio eto' ac rydych chi'n ei weindio. Eich ymateb chi fydd yn y pen draw yn arwain y plentyn i ddod i'r casgliad, 'Hei! Pan dwi'n ymddwyn mewn ffyrdd arbennig, mae'n gwneud i bobl wneud y pethau rydw i eisiau iddyn nhw eu gwneud!'

Pan fydd Darganfyddwyr ag oediad iaith ...
Gall plentyn ag oedi sylweddol o ran iaith fod yn Ddarganfyddwyr. Mae plant sy'n aros yn y cam Darganfyddwr yn hirach na phlant sy'n datblygu'n nodweddiadol fel arfer yn wynebu oedi cysylltiedig o ran eu datblygiad gwybyddol ac echddygol.

Pam mae Darganfyddwyr yn cyfathrebu?
Mae'r Darganfyddwr yn mynegi teimladau trwy ymddygiadau rydych chi'n eu dehongli fel:
- protest, gwrthod, arwyddion o drallod neu anfodlonrwydd
- cais am weithred neu wrthrych, neu wrthrychau, neu
- diddordeb mewn eraill neu ymwybyddiaeth o eraill.

Yn ddiweddarach, dehonglir ymddygiadau fel:
- ceisiadau am arferion chwarae cymdeithasol, fel Pi–Po, neu
- galwadau am sylw.

Sut mae Darganfyddwyr yn cyfathrebu?

* I ddechrau, mae'r Darganfyddwr yn defnyddio ymatebion atblygol i anghenion corfforol trwy grio, ffysian, edrych, symud i ffwrdd, gwenu, mynegiant wyneb amrywiol, defnyddio synau tebyg i lafariaid, symudiadau'r corff, a newidiadau llais (cryfder a thraw).
* Yn ddiweddarach, mae gallu'r Darganfyddwr i edrych ar beth neu bwy maen nhw eisiau, i symud tuag at a/neu estyn am wrthrychau, ac i ddefnyddio amrywiaeth o synau yn gwneud eu hymddygiad yn llawer haws i ofalwyr ei ddehongli.
* Mae parablu (llinynnau hir o gytseiniaid a llafariaid yn cael eu hailadrodd yn ddiddiwedd – e.e. 'dadadadadadada') fel arfer yn dechrau tua chwech neu saith mis.

Sut mae Darganfyddwyr yn rhyngweithio?

* I ddechrau, mae'r Darganfyddwr yn gwenu ar wynebau sy'n gwenu ac yn gwneud synau cŵian yn ôl ac ymlaen.
* Erbyn pedwar mis, maen nhw'n magu diddordeb mewn cael a chynnal eich sylw trwy edrych, gwenu, a gwneud synau i'ch cyfeiriad.
* Maen nhw'n dechrau ymddiddori mewn gemau cymryd tro cymdeithasol fel Pi-Po a Rhwyfo'r Cwch, ac maen nhw'n cymryd tro trwy wenu, chwerthin, gwneud synau, a symud eu corff i roi gwybod i chi eu bod am i'r gêm barhau.
* Yn raddol maen nhw'n dechrau ymddiddori mewn teganau a gall ymddangos fel pe bai nhw'n colli diddordeb mewn pobl (er nad ydyn nhw wedi gwneud hynny!).
* Ar ôl tua chwe mis, mae'n bosibl y bydd eu cyswllt llygad â chi yn lleihau hyd nes y byddan nhw'n dysgu sut i edrych yn ôl ac ymlaen rhyngoch chi a'u teganau.

Beth mae Darganfyddwyr yn ei ddeall?

* Mae'r Darganfyddwr yn deall ciwiau di-eiriau fel ystumiau, goslef, a'r sefyllfa gyffredinol. Er enghraifft, maen nhw'n cyffroi pan fyddwch chi'n gofyn, 'Wyt ti eisiau mynd am dro?' wrth i chi godi'r plentyn a phwyntio tuag at bram y babi.
* Dydy'r plentyn ddim yn deall ystyr geiriau.

Camau nesaf

Mae Darganfyddwr yn dod yn Gyfathrebwr pan fydd y plentyn yn:

* cyfathrebu'n uniongyrchol ag oedolion a hynny gyda nod mewn golwg, gan ddisgwyl ymateb, a
* dechrau datblygu sylw ar y cyd – hynny yw, y gallu i rannu ffocws gyda gofalwr a chael gofalwr i ddilyn ei ffocws.

Cam 2
Cyfathrebwr

Gyda synau, edrychiadau a 'stumiau, dwi'n siarad â thi.
Nawr helpa fi i ddysgu gair neu dri.

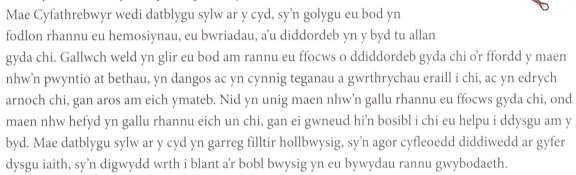

Mae plant sy'n datblygu'n nodweddiadol yn Gyfathrebwyr rhwng tua wyth i 13 mis. Mae cyfathrebwyr yn anfon negeseuon at eraill gyda nod mewn golwg – maen nhw'n gwybod beth maen nhw eisiau ei ddweud a'u bod nhw'n gallu cael canlyniadau trwy anfon negeseuon yn uniongyrchol at bobl eraill. Maen nhw hefyd yn gymdeithasol iawn, gan gyfathrebu â chi oherwydd ei fod yn bleserus, nid yn unig oherwydd eich bod yn darparu'r pethau y maen nhw eu heisiau. Mae Cyfathrebwyr wedi datblygu sylw ar y cyd, sy'n golygu eu bod yn fodlon rhannu eu hemosiynau, eu bwriadau, a'u diddordeb yn y byd tu allan gyda chi. Gallwch weld yn glir eu bod am rannu eu ffocws o ddiddordeb gyda chi o'r ffordd y maen nhw'n pwyntio at bethau, yn dangos ac yn cynnig teganau a gwrthrychau eraill i chi, ac yn edrych arnoch chi, gan aros am eich ymateb. Nid yn unig maen nhw'n gallu rhannu eu ffocws gyda chi, ond maen nhw hefyd yn gallu rhannu eich un chi, gan ei gwneud hi'n bosibl i chi eu helpu i ddysgu am y byd. Mae datblygu sylw ar y cyd yn garreg filltir hollbwysig, sy'n agor cyfleoedd diddiwedd ar gyfer dysgu iaith, sy'n digwydd wrth i blant a'r bobl bwysig yn eu bywydau rannu gwybodaeth.

Pan fydd Cyfathrebwyr ag oediad iaith …
Gall plentyn hŷn ag oediad iaith fod yn Gyfathrebwr. Mae plant sydd ag oediad iaith ac sy'n aros yn y cam Cyfathrebwr yn hirach na phlant sy'n datblygu'n nodweddiadol yn cael anhawster dysgu defnyddio geiriau. Maen nhw'n parhau i gyfathrebu â synau, mynegiant wyneb, ac ystumiau. Weithiau, mae eu gallu i ddeall iaith yn llawer mwy datblygedig na'u gallu i fynegi eu hunain gan ddefnyddio lleferydd, sy'n ei gwneud hi'n haws i chi gyfathrebu â nhw.

Pam mae Cyfathrebwyr yn cyfathrebu?
Mae plant yn y cam Cyfathrebwr yn cyfathrebu am amrywiaeth o resymau, y rhan fwyaf ohonyn nhw'n resymau cymdeithasol. Maen nhw'n cyfathrebu er mwyn:
- cyfarwyddo neu reoli eich ymddygiad trwy brotestio neu ofyn am weithred neu wrthrych
- rhyngweithio am resymau cymdeithasol (prif bwrpas cyfathrebu), trwy ofyn am weithgarwch cymdeithasol (e.e. Pi-Po), galw am sylw, gofyn am gysur, dangos cyflawniad, neu gyfarch, a
- sefydlu sylw ar y cyd trwy dynnu sylw at wrthrychau, digwyddiadau neu bobl; labelu; neu ofyn am wybodaeth trwy synau a phwyntio (dyma ddechrau'r cam o ofyn cwestiynau).

Sut mae Cyfathrebwyr yn cyfathrebu?

◆ Mae'r Cyfathrebwr yn defnyddio ystumiau confensiynol sy'n hawdd eu hadnabod ac yn hawdd eu deall, fel pwyntio, ysgwyd eu pen am 'na,' a chwifio dwylo am 'hwyl fawr.'

◆ Erbyn naw mis, mae Cyfathrebwr yn gallu cyfuno ystumiau â synau ac edrychiad llygaid, sy'n ei gwneud hi'n haws i chi ddeall yr hyn y maen nhw'n ceisio ei gyfleu.

◆ Yn 11 neu 12 mis, daw'r plentyn yn arbenigwr ar gyfuno gwahanol fathau o gyfathrebu di-eiriau. Os ydyn nhw angen rhywbeth, fe fyddan nhw'n pwyntio ac yn edrych ar y gwrthrych maen nhw ei eisiau, yn gwneud sŵn, ac yn edrych yn ôl ac ymlaen rhyngoch chi a'r gwrthrych wrth iddyn nhw ailadrodd y sŵn.

◆ Bydd y plentyn yn parhau i gyfathrebu heb eiriau nes i chi ymateb. Os nad ydych yn ymateb, efallai y bydd yn ychwanegu at ei neges drwy wneud sŵn gwahanol, newid y neges drwy ei hailadrodd yn uchel, neu strancio (sy'n cael ymateb fel arfer!).

◆ Mae cyfathrebwyr yn defnyddio synau fel pe bydden nhw'n eiriau – gall 'guh' olygu 'Drycha ar hwnna!'

◆ Efallai y byddan nhw'n dechrau defnyddio ychydig eiriau unigol.

◆ Efallai y byddan nhw'n cynhyrchu jargon – llinynnau hir o synau gyda goslef tebyg i oedolyn, na allwn ni ei ddeall!

Sut mae Cyfathrebwyr yn rhyngweithio?

◆ Mae plant yn y cam Cyfathrebwr yn cyfathrebu'n bennaf am resymau cymdeithasol, fel tynnu sylw at yr hyn maen nhw'n ei wneud neu bethau o ddiddordeb o'u cwmpas.

◆ Maen nhw'n gallu rhannu eich ffocws – gallwch chi edrych neu bwyntio at rywbeth a byddan nhw'n dilyn eich llygaid neu'r cyfeiriad rydych chi'n pwyntio ato.

◆ Gall cyfathrebwyr eich annog i ddilyn eu ffocws trwy bwyntio, gwneud synau, ac edrych arnoch i weld a ydych yn talu sylw! Mae hyn yn sefydlu sylw ar y cyd, sy'n hollbwysig ar gyfer datblygiad iaith.

◆ Mae cyfathrebwyr yn mwynhau gemau sy'n cynnwys dynwared synau a throsglwyddo gwrthrychau yn ôl ac ymlaen.

◆ Fe fyddan nhw'n cymryd eu tro gyda chyswllt llygaid, symudiadau, synau ac ystumiau wrth chwarae gyda theganau ac mewn arferion cymdeithasol, fel canu 'Rhwyfo'r Cwch.'

Beth mae Cyfathrebwyr yn ei ddeall?

- Nid yw cyfathrebwyr wedi datblygu gwir ddealltwriaeth o eiriau, er ei bod yn ymddangos eu bod yn deall llawer o'r hyn a ddywedir wrthyn nhw a'u bod yn gallu dilyn rhai cyfarwyddiadau. Fodd bynnag, maen nhw'n dibynnu ar giwiau clir gennych chi ar ffurf gweithredoedd, ystumiau, goslef, a'r sefyllfa gyffredinol.

- Erbyn 13 mis, mae'n debyg mai dim ond ychydig o enwau pobl neu wrthrychau y mae Cyfathrebwr yn ei ddeall.

Camau nesaf

Mae cyfathrebwyr yn dod yn Ddefnyddwyr Geiriau Cyntaf yn dechrau:

- dibynnu mwy ar eiriau a llai ar synau ac ystumiau i gyfleu eu negeseuon
- cyfathrebu ag arwyddion neu luniau os oes anawsterau penodol gyda chynhyrchu lleferydd, a
- cymryd rhan mewn sgyrsiau byr.

Cam 3
Defnyddiwr Geiriau Cyntaf

O'm genau nawr daw geiriau lu
A dy waith di yw rhoi mwy i fi.

Mae plant sy'n datblygu'n nodweddiadol yn dod yn Ddefnyddwyr Geiriau Cyntaf o tua 12 i 18 mis. Mae Defnyddwyr Geiriau Cyntaf yn dechrau trwy ddefnyddio un neu ddau o eiriau cyntaf yn unig, yn aml gydag ystumiau i ddechrau, ac yn symud ymlaen yn raddol i ddefnyddio tua 50 gair. Mae Defnyddwyr Geiriau Cyntaf yn datblygu'r gallu i gael sgyrsiau byr iawn gyda chi, er bod angen eich cefnogaeth arnyn nhw. Mae'n rhaid i chi symleiddio eich iaith a gofyn cwestiynau sy'n hawdd i'r plant hyn eu hateb er mwyn iddyn nhw gymryd eu tro yn y sgwrs. Mae hynny oherwydd bod Defnyddwyr Geiriau Cyntaf yn y camau cynnar iawn o ddysgu sut i ddod yn sgyrswyr. Mae dealltwriaeth o iaith (iaith dderbyngar) yn datblygu'n sylweddol yn ystod y cam hwn.

Codi!

Pan fydd Defnyddwyr Geiriau Cyntaf ag oediad iaith . . .

Gall plant hŷn ag oediad iaith fod yn Ddefnyddwyr Geiriau Cyntaf am gyfnod hirach o amser na phlant sy'n datblygu'n nodweddiadol. Gall plentyn fod ag oedi yn y ffordd y mae'n mynegi ei hun, ond gall ei ddealltwriaeth o iaith fod yn briodol i'w oedran. Neu, gall plentyn fod â'r un oedi yn ei iaith fynegiannol a'i ddealltwriaeth o iaith. Mae Defnyddwyr Geiriau Cyntaf ag oediad iaith yn cael anhawster i ehangu eu geirfa a symud o ddefnyddio geiriau sengl i gyfuniadau o eiriau. Yn lle hynny, maen nhw'n parhau i gyfathrebu, am gyfnod estynedig o amser, gyda geirfa fach o eiriau sengl ynghyd ag ystumiau ac ymadroddion wyneb. Oherwydd eu sgiliau llafar cyfyngedig, maen nhw'n cael anhawster i gymryd rhan mewn sgwrs. Gall eu defnydd o eiriau fod yn anghyson hefyd.

Mae'n bosibl y bydd rhai plant sydd ag oediad iaith difrifol yn cael anhawster i ddysgu dweud geiriau o gwbl. Fodd bynnag, os yw eu dealltwriaeth o iaith yn ddigonol, gallan nhw ddechrau cyfathrebu drwy ddefnyddio lluniau a/neu arwyddion yn lle hynny. Mae'r cynnydd y maen nhw'n ei wneud gan ddefnyddio lluniau neu arwyddion yn gysylltiedig â lefel eu dealltwriaeth.

Pam mae Defnyddwyr Geiriau Cyntaf yn cyfathrebu?

- Mae Defnyddwyr Geiriau Cyntaf yn cyfathrebu am yr un amrywiaeth o resymau â Chyfathrebwyr.
- Maen nhw'n siarad yn bennaf am ddigwyddiadau yn y presennol.

Sut mae Defnyddwyr Geiriau Cyntaf yn cyfathrebu?

- Mae Defnyddwyr Geiriau Cyntaf yn defnyddio tua 10 i 50 o eiriau unigol sy'n cyfeirio at bobl, gwrthrychau, a digwyddiadau o ddiddordeb. Mae rhai geiriau yn fersiynau symlach o eiriau oedolion (e.e. ystyr 'baba' yw 'potel').
- Mae geiriau penodol yn gallu cael gwahanol ystyron mewn gwahanol gyd-destunau. Er enghraifft, gallai 'Mam' fod yn gwestiwn ('Ai pwrs Mam ydy hwn?'), sylw ('Dyna ti, Mam.'), neu gais ('Coda fi, Mam.').
- Gall plentyn yn y cam hwn ddefnyddio geiriau'n rhy eang (e.e. defnyddir 'bow-wow' i gyfeirio at bob anifail) neu'n rhy gyfyng (e.e. defnyddir 'baba' i gyfeirio at ei photel ei hun yn unig).
- Gall ddechrau cyfathrebu ag arwyddion neu luniau os yw'n cael anawsterau penodol gyda gyda llefaru.

Sut mae Defnyddwyr Geiriau Cyntaf yn rhyngweithio?

- Fel Cyfathrebwyr, mae Defnyddwyr Geiriau Cyntaf yn cyfathrebu'n bennaf am resymau cymdeithasol – ond erbyn hyn maen nhw'n defnyddio geiriau yn hytrach na synau ac ystumiau yn unig.
- Bydd Defnyddiwr Geiriau Cyntaf yn dyfalbarhau os fydd y plentyn yn derbyn yr ymateb drwy ailadrodd ei hun, newid y neges, neu ddod o hyd i ffordd arall o gyfleu'r neges. Gelwir y strategaethau hyn ar gyfer cyfathrebu yn strategaethau 'atgyweirio'.

Beth mae Defnyddwyr Geiriau Cyntaf yn ei ddeall?

- Mae Defnyddwyr Geiriau Cyntaf yn dechrau deall enwau pobl a gwrthrychau cyfarwydd heb dderbyn ciw (fel chi'n pwyntio at y gwrthrych wrth i chi ddweud y gair).

Camau nesaf

Mae Defnyddwyr Geiriau Cyntaf yn dod yn Gyfunwyr gyda'r plentyn yn:

- dysgu mwy o eiriau o fewn cyfnod byr o amser
- cyfuno geiriau sengl yn ddilyniannau o ddau air (e.e. 'mwy sudd,' 'ci mawr') – proses sy'n dechrau pan fydd y plentyn yn defnyddio tua 50 o eiriau unigol
- defnyddio cyfuniadau o nifer o luniau neu arwyddion (os nad siarad yw eu prif ddull cyfathrebu), a
- cymryd mwy o ran mewn sgwrs, yn arbennig felly mewn pynciau lle maen nhw'n cychwyn y sgwrs.

Cam 4
Cyfunwr

Dwi'n cyfuno geiriau a dechrau cael sgwrs –
Ac angen i thithau wneud hynny, wrth gwrs!

Mae plant sy'n datblygu'n nodweddiadol yn dod yn Gyfunwyr rhwng 18 mis a 24 mis. Pan fydd gan blant tua 50 o eiriau unigol, mae eu geirfa'n tyfu'n sydyn, gan ehangu hyd at tua 200 o eiriau. Mae cyfunwyr yn dechrau cyfuno geiriau sengl yn frawddegau dau air, er ar y dechrau efallai y byddan nhw'n dal i ddefnyddio geiriau sengl yn aml.

Er bod Cyfunwyr yn dechrau cymryd mwy o ran mewn sgwrs, mae angen llawer o gefnogaeth arnyn nhw o hyd gan oedolion i gynnal y sgwrs.

Pan fydd Cyfunwyr ag oediad iaith ...

Gall plant hŷn ag oediad iaith fod yn Gyfunwyr hefyd. Maen nhw'n parhau i ddefnyddio geiriau sengl yn bennaf a chyfuniadau dau air syml. Mae'r plant hyn yn cael anhawster symud ymlaen i greu brawddegau hirach a mwy cymhleth. Gall eu sgiliau iaith derbyngar (dealltwriaeth o iaith) amrywio'n fawr. Gall rhai plant wneud cynnydd sylweddol yn eu gallu i ddeall iaith, tra gall sgiliau derbyngar plant eraill fod â'r un lefel o oedi â'u sgiliau mynegiannol.

Yn dibynnu ar faint maen nhw'n ei ddeall a pha mor fedrus yw'r oedolyn fel partner sgwrsio, gall y plant hyn gymryd rhan mewn sgyrsiau byr. Maen nhw'n gallu ychwanegu gwybodaeth newydd at bwnc a gallan nhw ofyn cwestiynau. Fodd bynnag, mae eu gallu llafar cyfyngedig yn golygu eu bod yn dal i gael anhawster ateb cwestiynau ac ymateb i sylwadau, gan ei gwneud hi'n debygol y bydd y sgwrs yn mynd ar chwâl yn aml.

Mae plentyn sy'n defnyddio lluniau neu arwyddion i gyfathrebu oherwydd anawsterau o ran eu lleferydd yn dod yn Gyfunwr pan fyddan nhw'n pwyntio at ddau lun neu'n cynhyrchu dau arwydd yn eu trefn i fynegi syniad (e.e., 'ci + bwyta').

Pam mae Cyfunwyr yn cyfathrebu?

- Mae Cyfunwyr yn cyfathrebu am yr un amrywiaeth o resymau â Chyfathrebwyr.
- Maen nhw'n siarad mwy am ddigwyddiadau yn y presennol nag am y gorffennol neu'r dyfodol.

Sut mae Cyfunwyr yn cyfathrebu?

- Mae geirfa Cyfunwyr yn tyfu'n gyflym o 50 o eiriau i tua 200 o eiriau.
- Maen nhw'n defnyddio brawddegau dau air (gan ddechrau fel arfer pan fydd ganddyn nhw tua 50 gair sengl) ond maen nhw'n parhau i ddibynnu ar eiriau unigol i ddechrau.
- Gall un frawddeg fod â gwahanol ystyron mewn gwahanol sefyllfaoedd (e.e., gall 'car mam' olygu 'Dyna gar Mam,' neu 'Mam, dwi eisiau mynd yn y car,' neu 'Es i adref yng nghar Mam.').
- Mae Cyfunwyr yn mynegi pethau negyddol trwy ddefnyddio'r geiriau 'na' neu 'dim,' fel arfer ar ddechrau'r frawddeg (e.e., 'dim ta ta').
- Maen nhw'n gofyn cwestiynau 'ie/na' trwy ddweud geiriau gyda goslef holi (e.e., 'Mynd ta ta?'), ac yn defnyddio geiriau cwestiwn 'Lle?' a 'Be 'di hwnna?'
- Os yw Cyfunwr yn defnyddio arwyddion neu luniau, mae'n pwyntio at ddau lun neu'n gwneud dau arwydd yn eu trefn i fynegi syniad (e.e., 'ci + bwyta').

Sut mae Cyfunwyr yn rhyngweithio?

- Mae Cyfunwyr yn dechrau cymryd rhan mewn sgyrsiau go iawn (ond byr). Maen nhw'n gallu darparu gwybodaeth newydd am bwnc rydych chi wedi'i gyflwyno neu byddan nhw'n gofyn cwestiwn am yr hyn rydych chi wedi'i ddweud. Fodd bynnag, gall yr ymateb i'ch cwestiynau a'ch sylwadau fod yn anghyson.

Beth mae Cyfunwyr yn ei ddeall?

- Mae Cyfunwyr yn deall llawer o eiriau y tu allan i'r cyd-destun (heb dderbyn ciw o'r sefyllfa). Er enghraifft, bydd Cyfunwr yn deall pan fyddwch chi'n dweud, 'Beth am i ni fynd i olchi dy ddwylo' pan nad ydych chi'n sefyll ger y sinc neu'n pwyntio at ddwylo'r plentyn.
- Mae Cyfunwyr yn deall cyfarwyddiadau syml (e.e., 'Rho sws i'r babi').
- Maen nhw'n pwyntio at luniau mewn llyfr (e.e., 'Dangosa'r llew i mi.').
- Maen nhw'n ateb cwestiynau syml (e.e., 'Ble mae dy flanced?').

Camau nesaf

Mae Cyfunwyr yn dod yn Ddefnyddwyr Brawddegau Cynnar sy'n:

- cyfuno mwy na dau air ar y tro cyn symud ymlaen yn raddol i frawddegau gramadegol mwy cyflawn – proses sy'n dechrau pan fydd tua hanner ymadroddion y plentyn yn cynnwys dau air
- cyfuno mwy na dau lun neu arwydd ar y tro (os nad lleferydd yw'r brif ffordd o gyfathrebu), a
- cymryd mwy fyth o dro mewn sgwrs, yn enwedig ynghylch pynciau y maen nhw'n eu cychwyn.

Cam 5
Defnyddwyr Brawddegau Cynnar

Fy ngeiriau a brawddegau sy'n tyfu bob dydd –
Caf hwyl yn adrodd straeon yn rhydd.

Babi yfed llaeth.

Mae plant sy'n datblygu'n nodweddiadol yn Ddefnyddwyr Brawddegau Cynnar rhwng dwy a thair oed. Mae Defnyddwyr Brawddegau Cynnar yn defnyddio brawddegau dau i bum gair. Maen nhw'n gallu cynnal sgyrsiau byr. Mae sgyrsiau gyda phlant yn y cam hwn yn fwy llwyddiannus pan fydd y plentyn yn cychwyn y sgwrs gan y bydd y pwnc hwnnw yn gyfarwydd iddyn nhw.

Pan fydd Defnyddwyr Brawddegau Cynnar ag oediad iaith ...

Gall plant hŷn ag oediad iaith fod yn Ddefnyddwyr Brawddegau Cynnar hefyd. Nid yw'r plant hyn yn dysgu'r rheolau gramadegol sydd eu hangen arnyn nhw yn rhwydd iawn. Bydd eu hangen i gynhyrchu brawddegau hirach. Dydyn nhw ddim yn defnyddio berfau a rhagenwau'n gywir (mae plant sy'n datblygu'n nodweddiadol hyd yn oed yn cael hyn yn anodd ar y dechrau) ac mae eu brawddegau yn parhau i fod yn fyr, yn syml, ac yn ramadegol anghyflawn. Maen nhw'n cael anhawster mynegi negeseuon mwy cymhleth a disgrifio digwyddiadau yn y gorffennol neu'r dyfodol. Oherwydd ei sgiliau llafar cyfyngedig, gall plentyn ag oedi sy'n Ddefnyddiwr Brawddegau Cynnar hefyd ei chael hi'n anodd cymryd tro mewn sgwrs. Gall dealltwriaeth o iaith fod ag oedi neu bod yn briodol i'w hoedran. Bydd lefel dealltwriaeth plentyn hefyd yn dylanwadu ar ba mor abl yw hi i gymryd rhan mewn sgyrsiau.

Pam mae Defnyddwyr Brawddegau Cynnar yn cyfathrebu?

- Mae Defnyddwyr Brawddegau Cynnar yn dechrau defnyddio iaith i ddeall ystyr a phwrpas. Maen nhw'n dechrau gofyn cwestiynau 'pam?', er na allan nhw eu hunain ateb cwestiynau 'pam?'.
- Maen nhw hefyd yn dechrau defnyddio iaith i adrodd straeon, er y gall y straeon y maen nhw'n eu hadrodd fod yn ddatgymalog ac yn anodd eu dilyn.
- Maen nhw'n dechrau defnyddio iaith yn ddychmygus.
- Maen nhw'n defnyddio iaith i fynegi teimladau.

Sut mae Defnyddwyr Brawddegau Cynnar yn cyfathrebu?

- ◆ Mae hyd brawddeg yn parhau i gynyddu hyd at tua phum gair.
- ◆ Daw brawddegau'n raddol yn fwy cywir yn ramadegol, wrth i'r plentyn yn y cam hwn ddechrau defnyddio:
  - arddodiaid (e.e., *yn* ac *ar*)
  - rhagenwau (Ar y dechrau, *fi*, ac yna *ef*, *hi*, *nhw*, *ni*)
  - berfau (berfau -io; geiriau helpu neu ategol fel mynd i, gorfod, eisiau, gallu; a ffurfiau gwahanol ar y ferf 'i fod,' fel *rydw i/dwi*, *rydyn ni'n* a *mae o'n*)
  - geiriau lluosog trwy ychwanegu *–au* at eiriau
  - y fannod (e.e., *y*)
  - ffurfiau negyddol (*ddim*, *nid*), sydd bellach yn cael eu defnyddio yng nghanol y frawddeg, yn hytrach nag ar y dechrau
  - cysyllteiriau (*a*), *a*
  - cwestiynau gyda geiriau fel *lle*, *pam*.

Sut mae Defnyddwyr Brawddegau Cynnar yn rhyngweithio?

- ◆ Erbyn tair blwydd oed, gall Defnyddwyr Brawddegau Cynnar fynd â'r sgwrs i gyfeiriadau gwahanol a thros gyfnod mwy estynedig.
- ◆ Mae'r plant yn gwybod bod saib yn y sgwrs yn arwydd iddyn nhw gymryd tro.
- ◆ I ddechrau, mae'n haws trafod rhywbeth y mae Defnyddwyr Brawddegau Cynnar wedi'i gychwyn na thrafod rhywbeth rydych chi'n ei gychwyn.

Beth mae Defnyddwyr Brawddegau Cynnar yn ei ddeall?

- ◆ Mae Defnyddwyr Brawddegau Cynnar yn deall sawl cysyniad gwahanol.
- ◆ Maen nhw'n dilyn cyfarwyddiadau dau gam.
- ◆ Maen nhw'n dilyn straeon syml mewn llyfrau.

Camau nesaf

Mae Defnyddwyr Brawddegau Cynnar yn dod yn Ddefnyddwyr Brawddegau Hwyrach, sy'n gallu:

- ◆ defnyddio brawddegau mwy cyflawn yn ramadegol, a
- ◆ cymryd hyd yn oed mwy o ran mewn sgwrs, yn ymwneud â phynciau y maen nhw am eu cychwyn a phynciau y mae eraill am eu cychwyn.

Cam 6
Defnyddwyr Brawddegau Hwyrach

Wedi dysgu siarad a chymryd fy nhro,
Rhaid siarad i ddysgu, gwnaf hynny bob tro.

> Wnes i ddangos fy llun i Cindy, mae hi wedi'i roi ar y wal!

Mae plant sy'n datblygu'n nodweddiadol yn Ddefnyddwyr Brawddegau Hwyrach rhwng tair a phump oed. Mae Defnyddwyr Brawddegau Hwyrach yn defnyddio brawddegau hir, cymhleth a gallan nhw gynnal sgyrsiau am gyfnodau estynedig o amser.

Pam mae Defnyddwyr Brawddegau Hwyrach yn cyfathrebu?

Mae plant yn y cam hwn yn defnyddio iaith i feddwl, dysgu a dychmygu. Er enghraifft, maen nhw'n defnyddio iaith i gynllunio beth maen nhw'n mynd i'w wneud, rhagweld beth fydd yn digwydd nesaf, adrodd ar bethau maen nhw wedi'u profi neu wedi'u profi yn y gorffennol, ac i greu sefyllfaoedd dychmygol.

Daw straeon (naratifau) yn rhan reolaidd o sgwrs y Defnyddiwr Brawddegau Hwyrach – mae'n disgrifio digwyddiadau o'i phrofiadau ei hun ac yn adrodd straeon dychmygol.

Mae straeon plant tair oed yn fyr (un neu ddwy frawddeg) ac yn adrodd am ddigwyddiadau diweddar iawn – yn aml mae angen gofyn cwestiynau i ddarganfod yn union pwy neu beth mae'r stori yn sôn amdano. Mae straeon ar gyfer plant pedair oed yn hirach (pedair neu bum brawddeg mwy cymhleth) ac yn debygol o ymwneud â digwyddiad yn y gorffennol. Mae'r plentyn yn y cam hwn yn gwybod sut i adrodd stori dda – mae'n ei chyflwyno, yn darparu gwybodaeth gefndir (e.e., ble y digwyddodd, pwy oedd yn gysylltiedig), ac yn rhoi manylion am yr hyn a ddigwyddodd a sut daeth y stori i ben. Mae plentyn pump oed yn ychwanegu mwy o fanylion am y lleoliad ac yn gorffen y stori gyda chanlyniad terfynol neu ryw ddisgrifiad neu werthusiad o'r sefyllfa.

Sut mae Defnyddwyr Brawddegau Hwyrach yn cyfathrebu?

- Yn y cam hwn, mae'r rhan fwyaf o frawddegau'r plentyn yn fwy na phedwar gair.
- Mae gramadeg yn dod yn fwy cymhleth a chywir yn raddol.
- Mae rhai gwallau gramadegol yn parhau wrth i'r plentyn geisio dod o hyd i reol gyffredinol y gellir ei chymhwyso i bob gair mewn cyd-destun gramadegol penodol (e.e., 'Os ydyn ni'n dweud 'Siaradais', 'Eisteddais,' ac 'Enillais,' pam ddim dweud, 'Cerddedais'?)
- Mae plant yn y cam hwn yn defnyddio brawddegau cymhleth sy'n cysylltu dau syniad neu fwy. Ar y dechrau, maen nhw'n defnyddio *a* i gysylltu brawddegau cyn symud ymlaen i *ac yna*, *oherwydd*, *beth*, *pryd*, *ond*, *hynny*, *os*, ac *felly*.

Mwynhau Dysgu Iaith
© 2024, *Hanen Early Language Program*. Cedwir pob hawl.

- Maen nhw'n ffurfio brawddegau gyda berfau fel *meddwl*, *dymuno*, *credu*, *gobeithio*, *cofio*, ac *esgus*.
- Maen nhw'n defnyddio rhagenwau (*fy*, *dy*, *ei*, *ein*, ac *eu*) yn gywir.
- I ddechrau, mae Defnyddiwr Brawddegau Hwyrach yn gwrthdroi trefn berfau ac enwau i ffurfio cwestiynau (e.e., 'Beth ti yn gwneud?').
- Erbyn tair blynedd a hanner, mae cwestiynau'n swnio'n debycach i gwestiynau oedolion (e.e., 'Beth ti yn gwneud?' yn dod yn 'Beth wyt ti'n gwneud?').
- Maen nhw'n dechrau defnyddio berfau cynorthwyol (fel *mae*, *ydy*, *gallu*, *gwneud*, a *bydd*) mewn cwestiynau, fel bod, er enghraifft, 'Ti'n helpu fi?' yn dod yn 'Wnei di helpu fi?' a 'Hi'n sâl?' yn dod yn 'Ydy hi'n sâl?'
- Yn y cam hwn, mae plant yn defnyddio ffurfiau mwy datblygedig o'r negyddol. Erbyn eu bod yn dair a hanner, maen nhw'n defnyddio *ddim*, *na all*, *na wna*, ac *nid yw*. Erbyn eu bod yn bedair oed, maen nhw'n defnyddio *neb*, *dydy*, a *dim byd* a'r ffurf amser gorffennol *doedd*.
- Mae'r eirfa erbyn hyn wedi cynyddu i hyd at 5,000 o eiriau!

Sut mae Defnyddwyr Brawddegau Hwyrach yn rhyngweithio?
- Mae Defnyddwyr Brawddegau Hwyrach yn gallu cymryd mwy o ran mewn sgwrs, ac mae sgyrsiau'n hirach – hyd yn oed y rhai ar bynciau yr ydych chi'n eu cychwyn.
- Maen nhw'n ymwybodol iawn o bwysigrwydd saib fel arwydd ar gyfer newid siaradwr.
- Mae plant yn y cam hwn yn dweud 'Ie' neu'n nodio i gydnabod yr hyn rydych chi'n ei ddweud.
- Efallai na fyddan nhw bob amser yn rhoi tro i chi, yn enwedig os ydyn nhw'n dweud rhywbeth o ddiddordeb mawr wrthych. Weithiau dydyn nhw ddim yn ymateb i bwnc rydych chi wedi'i gyflwyno, neu'n newid y pwnc i rywbeth sydd o ddiddordeb iddyn nhw.
- Mae Defnyddwyr Brawddegau Hwyrach yn dyfalbarhau wrth geisio cychwyn a chynnal sgwrs.
- Maen nhw'n galw neu'n gweiddi i gael sylw eu gwrandäwr cyn dechrau siarad.
- Maen nhw'n aros yn agos at y gwrandäwr ac yn cadw cyswllt llygaid i gadw ei sylw.

Beth mae Defnyddwyr Brawddegau Hwyrach yn ei ddeall?
- Mae'n ymddangos bod Defnyddwyr Brawddegau Hwyrach yn deall popeth.
- Erbyn eu bod yn bump oed, maen nhw'n dilyn stori ac yn deall cwestiynau cymhleth fel 'Beth fyddai'n digwydd pe bai dim glaw?' a 'Sawl ffordd sydd yna o ddidoli'r botymau yma?'

Camau nesaf
Mae Defnyddwyr Brawddegau Hwyrach yn:
- parhau i ffurfio brawddegau cynyddol gymhleth,
- dod yn fwy medrus wrth ddefnyddio iaith fel arf ar gyfer meddwl, dysgu a dychmygu,
- yn dod yn storïwyr mwy soffistigedig.

Camau iaith ac arddulliau sgwrsio

Gall dau blentyn yn yr un cam iaith ryngweithio'n wahanol iawn oherwydd gwahaniaethau yn eu harddulliau sgwrsio. (Gweler Pennod 1 am ddisgrifiad mwy cyflawn o arddulliau sgwrsio.) Er enghraifft, gall Cyfathrebwr sydd ag arddull sgyrsiol gymdeithasol gychwyn yn aml gyda synau ac ystumiau a bydd yn hawdd iawn ei annog i ryngweithio'n gymdeithasol.

Fodd bynnag, gall Cyfathrebwr sydd ag arddull sgwrsio amharod gychwyn yn llai aml a rhyngweithio'n bennaf mewn ymateb i'ch cwestiynau a'ch cyfarwyddiadau. Er bod y ddau blentyn hyn yn Gyfathrebwyr, bydd angen i chi addasu'r ffordd rydych chi'n rhyngweithio â nhw i ymateb i'w gwahanol arddulliau sgwrsio. Fe gewch chi fwy o wybodaeth am addasu'r ffordd rydych chi'n rhyngweithio ym Mhennod 3.

Mae pob un o'r plant hyn yn Gyfathrebwyr, ond maen nhw'n rhyngweithio'n wahanol iawn oherwydd gwahaniaethau yn eu harddulliau sgwrsio.

Mae gan Shona arddull gymdeithasol ac mae'n mwynhau cynnig sbageti i'w hathrawes ei flasu.

Mmmm, sbageti!

Mae gan Gwenno arddull amharod ac mae'n cychwyn rhyngweithiad yn llai aml.

Mae gan Osian arddull oddefol. Mae'n arsylwi ar y plant eraill ond nid yw'n cymryd rhan yn y gweithgaredd.

Mae gan Mabon ei agenda ei hun ac mae'n well ganddo chwarae ar ei ben ei hun.

Mwynhau Dysgu Iaith

Crynodeb

Mae cyfathrebu yn dechrau ar enedigaeth ac yn parhau i ddatblygu trwy gydol plentyndod hyd at fod yn oedolyn ifanc. Mewn babandod, mae plant yn dysgu bod eu hymddygiad yn cael effaith ar eraill. O'r sylweddoliad hwnnw mae cyfathrebu bwriadol (ond yn dal yn ddi-eiriau) yn esblygu, sy'n ffurfio'r sylfaen ar gyfer y dyfodol. Hyd yn oed mewn babandod, mae plant yn darganfod grym a phleser cyfathrebu cymdeithasol. O ganlyniad i'r rhyngweithio o ddydd i ddydd gyda gofalwyr mae'r plentyn yn meithrin ei sgiliau iaith. Mae iaith lafar yn datblygu ac yn cael ei mireinio rhwng un a phum mlwydd oed. Erbyn hynny, mae plant yn gallu cael sgyrsiau hir a defnyddio iaith i ennill gwybodaeth, i feddwl, ac i ddychmygu. Mae plant sydd ag oediad iaith yn cymryd mwy o amser i gyflawni'r camau datblygu iaith ac mae eu lleferydd yn aml yn llai aeddfed na lleferydd plant sy'n datblygu'n nodweddiadol. Efallai na fydd rhai plant sydd ag oedi gwybyddol difrifol yn symud ymlaen y tu hwnt i un o gamau cynnar datblygiad cyfathrebu. Bydd angen i eraill nad ydyn nhw'n gallu datblygu lleferydd oherwydd anawsterau echddygol ddysgu defnyddio dulliau eraill, fel arwyddion neu systemau lluniau, i fynegi eu hunain.

Canllaw Arsylwi 2:
Camau datblygiad iaith y plentyn

Bydd y Canllaw Arsylwi hwn yn eich helpu i nodi:

- cam datblygiad iaith y plentyn yn seiliedig ar sut a pham y mae'n cyfathrebu (iaith fynegiannol) a'r hyn y mae'n ei ddeall (iaith dderbyngar), a
- ei allu/gallu i gymryd rhan mewn rhyngweithiadau cymdeithasol.

Enw'r plentyn: ....

Oedran adeg yr arsylwad hwn: ....

Iaith gyntaf y plentyn: ....

Gallu'r plentyn i siarad Cymraeg (os yw'r plentyn yn llafar): ....

Dyddiad: ....

Ar gyfer Darganfyddwyr a Chyfathrebwyr (cyn i iaith ddatblygu)

A. Pa mor aml ac am ba resymau mae'r plentyn yn cyfathrebu?

Arsylwch ar y plentyn mewn nifer o wahanol sefyllfaoedd dros gyfnod o ddyddiau i weld pa mor aml y mae ef/hi yn cyfathrebu am y rhesymau a restrir isod. Cofiwch – Nid yw Darganfyddwyr yn cyfathrebu'n fwriadol eto. Rhaid i ofalwyr ddehongli pam eu bod yn cyfathrebu.

Pam?	Pa mor aml?			
	Aml	Weithiau	Ddim yn aml	Byth
I brotestio				
I ofyn am wrthrych neu weithred				
I ofyn am drefn gymdeithasol				
I alw am sylw				
I ymateb pan fyddwch chi'n siarad ag ef/hi				
I ofyn am gysur				
I ddangos ei hun neu dynnu sylw at ei hun				
I dynnu sylw at bobl, pethau neu ddigwyddiadau (sylw)				
I labelu (dweud gair, defnyddio llun neu arwydd)				
I ofyn am wybodaeth (drwy ddefnyddio goslef holi)				

Noder: Gellir llungopïo pob Canllaw Arsylwi.

B. Cam datblygiad iaith y plentyn

Pan fydd y plentyn yn cyfathrebu, nodwch **sut** mae ef/hi yn anfon ei neges a pham mae ef/hi yn cyfathrebu – yna edrychwch ar y golofn llc mae'r SUT a PAM yn croestorri.

SUT \ PAM	I brotestio	I ofyn am wrthrych neu weithred	I ofyn am drefn gymdeithasol	I alw am sylw	I ymateb pan fyddwch chi'n siarad ag ef/hi	I ofyn am gysur	I ddangos ei hun neu dynnu sylw at ei hun	I dynnu sylw at bobl, pethau (sylw)	I labelu (dweud gair, llun neu arwydd)	I ofyn am wybodaeth (drwy ddefnyddio goslef holi)
Darganfyddwr *										
Crio, ffysian										
Edrych										
Gwenu										
Yn gwneud synau tebyg i lafariaid neu amrywiaeth o synau cytseiniaid a llafariaid										
Newid traw/cryfder y llais										
Gwneud symudiadau â'r corff										
Newid mynegiant yr wyneb										
Chwerthin										
Estyn/symud tuag at										
Cyfathrebwr										
Edrych ar berson i wneud cyswllt llygaid										
Pwyntio										
Gwneud ystumiau (e.e., chwifio llaw, ysgwyd pen)										
Pantomeimio (actio beth mae e/hi eisiau ei ddweud)										
Cyfuno pwyntio, cyswllt llygaid, a gwneud synau										
Gwneud synau sydd ag ystyr arbennig										
Defnyddio geiriau sengl										

Cofiwch – mae angen i chi ddehongli ar gyfer y Darganfyddwr.

Noder: Gellir llungopïo pob Canllaw Arsylwi.

C. Sut mae'r plentyn yn rhyngweithio

- ☐ gwneud synau i gymryd tro bob yn ail
- ☐ gyda diddordeb pendant mewn denu eich sylw
- ☐ ymgysylltu'n hawdd pan fyddwch chi'n chwarae gemau fel Pi–po
- ☐ cychwyn gemau fel Pi-po
- ☐ tynnu sylw atyn nhw eu hunain a phethau o'u cwmpas yn yr amgylchedd
- ☐ gallu rhannu eich ffocws a'ch cael i roi sylw i'r hyn y mae ganddo/ganddi ddiddordeb ynddo drwy ddefnyddio cyswllt llygaid, synau, ystumiau a symudiadau a thrwy bwyntio
- ☐ rhyngweithio â chi wrth chwarae gyda theganau

Crynodeb o arsylwadau ar gyfer Darganfyddwyr a Chyfathrebwyr

a) **Mae'r plentyn:**

- ☐ yn Ddarganfyddwr
- ☐ yn Gyfathrebwr

b) **Mae ei allu/gallu i gyfathrebu a chymryd tro yn ymddangos:**

- ☐ uwchlaw lefel ei oedran
- ☐ ar lefel ei oedran
- ☐ ychydig yn is na lefel ei oedran
- ☐ ymhell islaw lefel ei oedran

Sylwadau:

Ar gyfer Defnyddwyr Geiriau Cyntaf, Cyfunwyr, a Defnyddwyr Brawddegau Cynnar a Hwyrach (ar ôl i iaith ddatblygu)

A. Sut mae'r plentyn yn cyfathrebu (iaith fynegiannol)

Mae'r plentyn yn siarad gan ddefnyddio:

- ☐ geiriau sengl
- ☐ brawddegau dau air
- ☐ brawddegau tri gair a mwy
- ☐ brawddegau hir, cymhleth

Mae gramadeg y plentyn yn ymddangos:

- ☐ ar lefel ei oedran
- ☐ ychydig yn is na lefel ei oedran
- ☐ fel bod cryn dipyn o oedi

Mae'r plentyn yn defnyddio'r mathau canlynol o gwestiynau:

- ☐ datganiadau gyda goslef gynyddol (e.e., 'Mae gen i rai?')
- ☐ Cwestiynau Ble, Beth, a Pwy
- ☐ Cwestiynau Pam
- ☐ Cwestiynau Pryd a Sut
- ☐ dim cwestiwn wedi'i ofyn

B. Pam mae'r plentyn yn cyfathrebu?

Mae'r plentyn yn defnyddio iaith i:

- ☐ ofyn am rhywbeth
- ☐ sarad am yr hyn sy'n digwydd ar hyn o bryd
- ☐ siarad am y presennol, yn ogystal â'r hyn ddigwyddodd yn y gorffennol a'r hyn sydd i ddod yn y dyfodol
- ☐ meddwl, cynllunio, trafod, a dychmygu
- ☐ adrodd stori

C. Beth mae'r plentyn yn ei ddeall (iaith dderbyngar)?

Mae'r plentyn yn gallu deall:

☐ ychydig eiriau sy'n cysylltu gyda phobl a gwrthrychau cyfarwydd

☐ nifer gweddol fawr o eiriau a chyfarwyddiadau syml (heb unrhyw ystumiau na chliwiau)

☐ llawer o syniadau a chysyniadau gwahanol, cyfarwyddiadau dwy ran, a straeon byrion

☐ cysyniadau haniaethol, cwestiynau cymhleth, straeon gyda phlot

CH. Sut mae'r plentyn yn rhyngweithio?

Mae eich sgyrsiau gyda'r plentyn:

☐ yn anodd i'w cynnal ac anaml y byddan nhw'n para am fwy nag un neu ddau dro

☐ yn para'n hirach pan fydd y plentyn yn cychwyn y rhyngweithio

☐ yn fyr iawn, ond bydd y plentyn yn ymateb i'ch sylwadau/cwestiynau

☐ yn para tua thri neu bedwar tro yr un, ac yn hirach os mai ef/hi sy'n cychwyn y sgwrs

☐ yn gallu para am gyfnod o amser

Mwynhau Dysgu Iaith

© 2024, *Hanen Early Language Program*. Cedwir pob hawl.

Crynodeb o arsylwadau ar gyfer Defnyddwyr Geiriau Cyntaf, Cyfunwyr, a Defnyddwyr Brawddegau Cynnar a Hwyrach

a) **Mae'r plentyn yn:**
- ☐ Defnyddiwr Geiriau Cyntaf
- ☐ Cyfunwr
- ☐ Defnyddiwr Brawddegau Cynnar
- ☐ Defnyddiwr Brawddegau Hwyrach

b) **Mae sut mae'r plentyn yn cyfathrebu (iaith fynegiannol) yn ymddangos:**
- ☐ uwchlaw lefel ei oedran
- ☐ ar lefel ei oedran
- ☐ ychydig yn is na lefel ei oedran
- ☐ ymhell islaw lefel ei oedran

c) **Mae dealltwriaeth (iaith dderbyngar) y plentyn yn ymddangos:**
- ☐ uwchlaw lefel ei oedran
- ☐ ar lefel ei oedran
- ☐ ychydig yn is na lefel ei oedran
- ☐ ymhell islaw lefel ei oedran

ch) **Mae rhyngweithio cymdeithasol yn ymddangos:**
- ☐ uwchlaw lefel ei oedran
- ☐ ar lefel ei oedran
- ☐ ychydig yn is na lefel ei oedran
- ☐ ymhell islaw lefel ei oedran

Sylwadau:

Llyfryddiaeth

Bloom, L. & Lahey, M. (1978). *Language development and language disorders*. John Wiley & Sons.

Bowerman, M. (1979). The acquisition of complex sentences. In P. Fletcher & M. Garman, (Gol.), *Language acquisition* (tt. 285–306). Caergrawnt: Cambridge University Press.

Brown, R. (1983). A first language: The early stages. Cambridge: Harvard University Press. Bruner, J. (1974/1975). From communication to language – A psychological perspective. *Cognition*, 3, 255–287.

Bruner, J. (1975). The ontogenesis of speech acts. *Journal of Child Language*, 2, 1–19.

Carter, A.L. (1979). Prespeech meaning relations: An outline of one infant's sensorimotor morpheme development. Yn P. Fletcher & M. Garman, (Gol.), *Language acquisition* (tt. 71–92). Caergrawnt: Cambridge University Press.

Clark, E. (1979) Building a vocabulary: Words for objects, actions and relations. Yn P. Fletcher & M. Garman, (Gol.), *Language acquisition* (tt. 149–160). Caergrawnt: Cambridge University Press.

Crystal, D. (1986). *Listen to your child*. Middlesex: Penguin Books.

Garman, M. (1979). Early grammatical development. Yn P. Fletcher & M. Garman, (Gol.), *Language acquisition* (tt. 177–208). Caergrawnt: Cambridge University Press.

Griffiths, P. (1979). Speech acts and early sentences. Yn P. Fletcher & M. Garman, (Gol.), *Language acquisition* (tt. 105–120). Caergrawnt: Cambridge University Press.

McLean, J., & Snyder-McLean, L.A. (1978). *A transactional approach to early language training*. Columbus, Ohio: Charles E. Merrill.

Olswang, L., Stoel Gammon, C. & Coggins, T. (1987). *Assessing linguistic behavior: Assessing prelinguistic and early linguistic behavior in developmentally young children*. Seattle: University of Washington Press.

Owens, R.E. (1984). *Language development*. Columbus, Ohio: Bell & Howell.

Prizant, B.M. (1988). *Early intervention: Focus on communication assessment and enhancement*. Gweithdy a gyflwynwyd yn Toronto, Ontario.

Reilly, J.S., Zukow, P.G. & Greenfield, P.M. (1984). Facilitating the transition from sensorimotor to linguistic communication during the one-word period. Yn A. Locke & E. Fischer (Gol.), *Language Development* (tt. 107–131). Llundain: Croom Helm.

Schaffer, H.R. (1984). *The child's entry into a social world*. Llundain: Academic Press.

Smutny, J.F., Veenker, K. & Veenker, S. (1989). *Your gifted child*. Efrog Newydd: Ballantine Books.

Tamir, L. (1984). Language development. New directions. Yn A. Locke & E. Fischer (Gol.), *Language Development* (tt. 13–20). Llundain: Croom Helm.

Trevarthen, C. Hubley, P. (1978). Secondary intersubjectivity: Confidence, confiding and acts of meaning in the first year. Yn A. Lock (Gol.), *Action, gesture and symbol: The emergence of language*. (tt. 183–229) Efrog Newydd: Academic Press.

Umiker-Seboek, D.J. (1979). Preschool children's intraconversational narratives. *Journal of Child Language*, 6, 91–109.

Vygotsky, L. (1962). *Thought and language*. Cambridge: MIT Press.

Wetherby, A., Cain, D., Yonclas, D. & Walker, V. (1986). *Intentional communication in the emerging language of normal infants*. Seminar a gyflwynwyd yn American Speech and Hearing Association Annual Convention, Detroit, Michigan.

Wetherby, A. (1991). *Profiling communication and symbolic abilities: Assessment and intervention guidelines.* Cyflwyniad yn Toronto Children's Centre, Toronto, Ontario.

Wetherby, A. (1991b). Profiling pragmatic abilities in the emerging language of young children. Yn T.M. Gallagher, (Gol.), *Pragmatics of language: Clinical practice issues* (tt. 249–281). San Diego, CA: Singular.

Cynnwys pob plentyn i sicrhau bod pob plentyn yn rhyngweithio

Mwynhau Dysgu Iaith

Rhaid i athrawon mewn lleoliadau gofal plant, meithrinfeydd a Chylchoedd Methrin sicrhau bod pob plentyn yn cael cyfleoedd i ryngweithio ag eraill trwy gydol y dydd.

Mae plant sy'n cymysgu'n dda ag eraill yn creu'r cyfleoedd hyn drostyn nhw eu hunain. Ond mae angen help ar blant sydd heb ddatblygu'r sgiliau cyfathrebu a chymdeithasol angenrheidiol er mwyn iddyn nhw hefyd fod â'r gallu i ryngweithio.

Yn rhan 2, cewch gyngor ar sut i gynnwys pob plentyn a helpu pob un i ryngweithio gyda chi a chyda chyfoedion.

Mae pennod 3, 'Gadael i'r plentyn arwain,' yn cynnwys gwybodaeth ymarferol ar sut i hwyluso rhyngweithio, gyda hyd yn oed y plant mwyaf swil ac anodd eu cyrraedd.

Ym mhennod 4, 'Cymryd tro gyda'n gilydd: helpu plant i ddod yn bartneriaid sgwrsio,' byddwch yn darganfod ffyrdd naturiol o ddatblygu gallu plant i gymryd eu tro wrth ryngweithio a sgwrsio.

Ym mhennod 5, 'Annog rhyngweithio mewn sefyllfaoedd grŵp: addasu eich gweithgareddau a'ch arferion,' rydym yn edrych ar sut i hyrwyddo rhyngweithio a sgwrsio yn ystod gweithgareddau prysur a gweithgareddau grŵp.

Mae pennod 6, 'Ymbellhau: meithrin rhyngweithio rhwng cyfoedion,' yn disgrifio'r math o amgylchedd ffisegol sy'n annog rhyngweithio rhwng cyfoedion a'r hyn y gallwch chi ei wneud i helpu plant sy'n ynysig yn gymdeithasol i ymwneud mwy â'u cyfoedion.

Nid yw cynnwys plant yn beth anodd iawn. Yr hyn sydd ei angen arnyn nhw yw amgylchedd ysgogol, partner sgwrsio â diddordeb gwirioneddol a digon o gyfleoedd ar gyfer cyfathrebu ystyrlon.

Mwynhau Dysgu Iaith

Gadael i'r plentyn arwain

Pan fydd athrawon yn rhoi cyfle i blant, mae plant yn fwy parod i gychwyn rhyngweithio.
Yna gall athrawon ddilyn arweiniad y plant.

A. Mae plant sy'n arwain yn cael yr iaith sydd ei hangen arnyn nhw

Mae plant sy'n cychwyn rhyngweithio yn aml yn ennyn diddordeb eu hathrawon mewn rhyngweithiadau cymdeithasol ac yn creu'r amodau delfrydol ar gyfer dysgu iaith eu hunain – pan fydd eu hathrawon yn ymateb iddyn nhw.

Gadewch i ni edrych ar yr hyn sy'n digwydd pan fydd Rhiannon, dwy oed, yn codi pluen ac yn ei dangos i Nia, ei hathrawes.

Rhiannon: Drycha Nia! (Rhiannon yn sefydlu sylw ar y cyd.)
Nia: O, mae gen ti bluen! (Mae Nia yn ymatebol ac yn rhoi enw'r gwrthrych i Rhiannon.)
Rhiannon: Puen! (Mae Nia wedi rhoi gwybodaeth syml a chlir i Rhiannon am y gwrthrych sydd o ddiddordeb iddi, felly mae Rhiannon yn talu sylw manwl ac yna'n dynwared y gair 'pluen.')
Nia: Ie, pluen, pluen aderyn. (Mae ymateb Nia wedi rhoi'r patrwm cywir i Rhiannon ar gyfer y gair 'pluen,' yn ogystal â rhywfaint o wybodaeth newydd.)
Rhiannon: Aderyn y tu allan? (Mae Rhiannon yn gofyn am ragor o wybodaeth.)
Nia: Ie, mae'r bluen yma wedi dod o aderyn tu allan.

Efallai nad yw Nia yn sylweddoli hynny, ond mae hi'n hynod o ymatebol. Rhiannon gychwynnodd y rhyngweithio ac fe ymatebodd Nia – yn syth, yn gynnes, a gyda diddordeb. Mae hi'n dilyn arweiniad Rhiannon, yn siarad am yr hyn sydd o ddiddordeb i Rhiannon. O ganlyniad, mae **rhyngweithio** yn digwydd yn eithaf naturiol. Yn ogystal, mae Nia yn rhoi **gwybodaeth** i Rhiannon sy'n briodol i'w lefel iaith. Fel hyn, mae Rhiannon yn gallu deall a dysgu o eiriau Nia. Y canlyniad? Mae iaith Rhiannon yn ffynnu. Mae'n hawdd gweld bod *plant sy'n arwain yn cael yr iaith sydd ei hangen arnyn nhw.*

Er hynny, nid yw dysgu iaith bob amser yn digwydd fel hyn yn naturiol. Er enghraifft, ni fydd yn digwydd yn naturiol os yw'r athro yn ceisio darparu **gwybodaeth** heb wneud yn siŵr bod **rhyngweithio** wedi'i sefydlu yn gyntaf. Os yw'n ceisio defnyddio diddordeb Rhiannon fel cyfle i brofi gwybodaeth y plentyn am adar a phlu, neu ddysgu lliwiau plu iddi, bydd Rhiannon yn colli diddordeb – a bydd y cyfle i ddysgu yn cael ei golli. Gall hyd yn oed plentyn cymdeithasol golli diddordeb os yw'r athro yn ceisio ei haddysgu neu ei phrofi, a'r cyfan y mae am ei wneud yw rhannu ei diddordeb am bluen.

Nid yw Rhiannon yn cael unrhyw drafferth i gychwyn sgwrs, ond mae hyn yn anodd i lawer o blant, yn enwedig y rhai sydd ag oediad iaith. Pan nad oes gan athrawon lawer o arweiniad i'w ddilyn, mae'n anoddach fyth sefydlu rhyngweithio. Rydym wedi gweld eisoes sut mae cyfathrebu'n chwalu os yw'r plentyn yn cyfrannu rhy ychydig a'r athro naill ai'n cyfrannu gormod neu'n peidio â threulio llawer o amser yn rhyngweithio â'r plentyn o gwbl.

Pan fydd cyfathrebu'n chwalu, dydy'r plentyn ddim yn gallu atgyweirio hynny. Dim ond chi, yr oedolyn, sy'n gallu cynnig yr arweiniad a chreu cyfleoedd i blant gychwyn rhyngweithio.

Mwynhau Dysgu Iaith

Ildio'r awenau

Mae gadael i'r plentyn arwain yn gallu swnio'n syml, ond mae'n haws dweud na gwneud.

I rai athrawon, nid dod o hyd i gyfleoedd i adael i'r plentyn arwain yw'r broblem fel arfer, ond yn hytrach newid patrymau rhyngweithio hirsefydlog, yn ogystal â newid syniadau am beth yw rôl athro mewn gwirionedd. Disgwylir i athrawon addysgu. Yn draddodiadol, mae'r rôl honno wedi cael ei hystyried fel 'arllwys' gwybodaeth i blant, gan lenwi eu hymennydd â geiriau, cysyniadau a gwybodaeth. Erbyn hyn, mae'r dull hwn wedi newid. Mae addysgu bellach wedi dod yn fwy plentyn-ganolog. Mae ildio'r awenau yn rhan o ddull addysgu sy'n canolbwyntio ar y plentyn, sy'n golygu caniatáu i blant ddewis testunau sgwrsio ac adeiladu ar eu diddordebau. Mae ildio'r awenau yn rhan bwysig o fod yn rhan o'r bartneriaeth sy'n arwain at sgwrsio.

Mae'n anodd ildio'r awenau ...

... ond mae'n gallu bod yn brofiad hwyliog.

Mae rhesymau da dros ildio'r awenau ac annog plant i arwain y ffordd. Mae plant yn elwa'n fawr pan fydd athrawon yn ildio'r awenau, gan gynnwys:

- ymdeimlad o bŵer a phleser o gyfathrebu
- mwy o hunan-barch a hunanhyder
- yr awydd i gychwyn y rhyngweithio mewn sefyllfaoedd eraill, a
- llawer mwy o gyfleoedd i ddysgu iaith.

Rhoi llai o bwyslais ar gael y plentyn i siarad

Mae nifer o athrawon yn gweithio gyda phlant sy'n gallu siarad ond anaml y byddan nhw'n gwneud hynny. Mae rhyngweithio â'r plant hyn yn gallu bod yn rhwystredig. Fodd bynnag, ni fydd ceisio gwneud iddyn nhw siarad trwy ofyn cwestiynau neu gofyn iddyn nhw ddynwared geiriau yn datrys y broblem! Mae plant yn sensitif iawn i bwysau o'r fath. Maen nhw'n gwybod pryd rydych chi wir yn rhyngweithio â nhw a phryd rydych chi'n rhyngweithio dim ond i'w cael i siarad. Ac os yw eich ffocws yn unig ar gael plentyn i siarad, rydych mewn perygl o golli sylw'r plentyn.

Mae'r grym sy'n arwain at gyfathrebu yn dod o'r awydd i gysylltu ag eraill a theimlo'r boddhad sy'n deillio o'r cysylltiad hwnnw. Felly, eich her fel athro yw creu amgylcheddau sy'n annog plant i gyfathrebu oherwydd eu bod nhw eisiau cyfathrebu. Nid cyfathrebu yw siarad oherwydd bod rhywun arall eisiau i chi siarad.

Mae pwyso ar blentyn i siarad yn gwneud iddo siarad llai!

Mae plentyn sydd ddim yn cychwyn rhyngweithio yn aml iawn angen amser i chwarae gyda chi a sefydlu cysylltiad. Ar y dechrau, efallai na fydd y plentyn yn siarad o gwbl. Cyn belled â'ch bod yn dilyn ei harweiniad, fodd bynnag, a'i bod yn rhyngweithio trwy edrych arnoch chi a rhannu gweithgaredd, mae'r plentyn yn gweld pwrpas mewn cyfathrebu – mae'r plentyn yn creu cysylltiadau cymdeithasol. Os ydych chi'n amyneddgar ac yn cymryd y ffocws oddi ar siarad, bydd y plentyn yn siarad yn y pen draw – oherwydd bod gan y plentyn rywbeth y mae wir angen ei ddweud. Yna, mae'r llwyfan wedi'i osod ar gyfer dysgu iaith.

Syrpreis! Pan does dim pwysau ...

... ac mae gan y plentyn rhywbeth i'w ddweud, mae'n ei ddweud yn naturiol.

B. Gwylio, Disgwyl a Gwrando (GDG) – neu'r GwDihŵ Gall!

Mae gadael i'r plentyn arwain yn dechrau gyda:

Gwylio, **Di**sgwyl
a **G**wrando.
Y **GwDi**hŵ **G**all!

… neu yn Saesneg:

Observe
Wait
Listen™

Gwylio, disgwyl a gwrando yw'r allwedd i annog plant i gyfathrebu â chi. Maen nhw'n arfau effeithiol iawn ar gyfer agor y drws i ryngweithio – hyd yn oed gyda'r cyfathrebwyr mwyaf amharod.

Gwylio

Mae gwylio yn golygu canolbwyntio ar blentyn fel y gallwch weld yn union beth sydd gan y plentyn ddiddordeb ynddo neu beth mae'n ceisio'i ddweud wrthych.

Fel oedolion, rydyn ni'n fwy ymwybodol o sŵn na chyfathrebu di-eiriau. Bydd babanod a phlant sy'n gwneud digon o sŵn – drwy wneud synau, dweud geiriau, neu grio – yn cael ein sylw. Ond nid yw rhai plant, yn enwedig y rhai ag arddulliau sgwrsio amharod neu oddefol, wedi darganfod sut i ddefnyddio eu lleisiau i gael sylw. Dydyn nhw chwaith heb ddatblygu'r hyder i'w defnyddio. I'r plant hyn, mae cyfathrebu'n gallu bod yn gynnil iawn. Fodd bynnag, os cymerwch amser i arsylwi, byddwch yn gallu gweld yr hyn y maen nhw'n ei 'ddweud.'

Roedd Debbie yn eistedd ar y llawr gyda Jerome, bachgen 11 mis oed tawel iawn. Er iddi geisio chwarae gydag ef, roedd hi'n teimlo nad oedd e'n ymateb o gwbl – roedd yn curo ei flociau heb wneud unrhyw synau o gwbl.

Mae angen gwylio'r plentyn yn ofalus, Debbie! Ar ôl i Jerome guro ei flociau, edrychodd arnoch chi deirgwaith i weld eich ymateb. Dyna sut oedd Jerome yn ceisio cyfathrebu â chi!

Mae plant ag oedi difrifol neu allu echddygol cyfyngedig yn gallu cael anhawster i wneud synau neu i symud eu cyrff. Rhaid i chi wylio'r plentyn yn ofalus iawn i sylwi ar symudiadau cynnil neu newidiadau yn safle'r corff neu fynegiant wyneb. Mae'r arwyddion hyn yn gallu dangos diddordebau plentyn neu ei ffordd nhw o geisio cael eich sylw. Bydd Canllaw Arsylwi 2, ym mhennod 2, yn eich helpu i adnabod y symudiadau cynnil hyn, sef dechrau cyfathrebu.

Mae Carys yn dangos llyfr lluniau am anifeiliaid i Seren, tair oed, sy'n Ddarganfyddwr â pharlys yr ymennydd difrifol. Mae'n ymddangos bod gan Seren arddull sgwrsio goddefol. Mae ganddi symudiad pen cyfyngedig iawn a rheolaeth wael ar ei breichiau ar gyfer estyn neu bwyntio. Mae hi hefyd yn cael anhawster gwneud synau. Gan na all Seren bwyntio at y lluniau nac ateb cwestiynau Carys, nid yw Carys yn siŵr a oes gan Seren wir ddiddordeb yn y llyfr.

Mae'n bwysig gwylio'n ofalus, Carys! Mae llygaid Seren yn pefrio ac mae hi'n gwenu ac yn ymestyn ei choesau bob tro y byddwch chi'n dangos y llun hwnnw o gi iddi. Mae ganddi wir ddiddordeb yn y llyfr. Er na allwch fod yn siŵr pam ei bod hi'n hoffi'r llun hwnnw, gallwch ei ddangos iddi yn amlach – a dod o hyd i luniau eraill o gŵn i weld a yw hi'n hoffi'r rheini hefyd.

Mae Seren, sydd â pharlys yr ymennydd, yn dangos bod ganddi ddiddordeb yn y llun o'r ci trwy wenu ac ymestyn ei choesau.

Disgwyl – rhowch gyfle i'r plentyn gychwyn sgwrs!

Mae disgwyl i'r plentyn gychwyn sgwrs yn rhoi'r cyfle iddi fynd yn gyntaf.

Wrth ddisgwyl, rydych chi'n rhoi amser i'r plentyn gychwyn neu i gymryd rhan mewn gweithgaredd. Rydych chi, i bob pwrpas, yn rhoi'r neges hon iddi: 'Ti sy'n rheoli – dwi'n gwybod dy fod yn gallu cyfathrebu a dwi'n disgwyl i ti gyfathrebu. Felly, ti sy'n penderfynu beth wyt ti am ei wneud neu ei ddweud. Fe wna i roi digon o amser sydd ei angen arnat ti.'

 *Roedd Lora yn ceisio cael Mari, merch tair oed swil iawn, i siarad yn ystod gweithgaredd synhwyraidd gyda hufen eillio. Felly gofynnodd hi lawer o gwestiynau: 'Pa liw yw e, Mari? Sut mae'n teimlo? Beth wyt ti'n mynd i'w wneud ag ef?' Ni chafwyd ymateb gan Mari.*

Arhoswch, Lora! Rhowch amser i Mari archwilio'r deunyddiau ac i gychwyn rhyngweithio! Wrth aros, mae angen i chi:

- roi'r gorau i siarad,
- pwyso ymlaen, a
- edrych yn ddisgwylgar.

Pan fydd Mari yn cychwyn (a bydd hi, pan fydd hi'n cael y cyfle i chwarae gyda'r hufen eillio yn ei ffordd ei hun), mae angen i Lora ddilyn ei harweiniad, ac yna aros eto i'w hannog i gychwyn.

Mae disgwyl nid yn unig yn annog plant i gychwyn rhyngweithio; mae hefyd yn rhoi amser iddyn nhw ymateb i gwestiwn neu gais.

Mae astudiaethau o ryngweithio rhwng oedolion a phlant wedi dangos bod oedolion yn rhoi tua eiliad i blant ymateb i gwestiynau. Ar ôl un eiliad, mae'r oedolyn yn ailadrodd neu'n aralleirio'r

Wrth aros, wrth i chi wylio, gwrando, a disgwyl, rydych yn rhoi cyfle i'r plentyn gychwyn rhyngweithio!

Mwynhau Dysgu Iaith

cwestiwn neu'n rhoi'r ateb. Un eiliad yn unig! Mae angen llawer mwy nag eiliad ar y rhan fwyaf o blant i brosesu cwestiynau a llunio ymatebion. Mewn gwirionedd, efallai na fyddwn am annog ymatebion cyflym ymhlith plant. Mae rhai astudiaethau wedi dangos bod plant sy'n adfyfyriol ac yn meddwl cyn ymateb yn gwneud yn well yn yr ysgol na'r rhai sy'n ymateb yn gyflym ac yn fyrbwyll.

Disgwyl yw un o'r strategaethau pwysicaf i'w ddefnyddio gyda phlant sydd ag oediad iaith gan na fyddan nhw efallai yn gallu cadw i fyny â chyflymder arferol y sgwrs. Mae'n bosibl y bydd y plant hyn yn gallu rhyngweithio'n llawer amlach ac yn fwy parod i wneud hynny pan roddir amser iddyn nhw gychwyn. Yn ogystal, maen nhw'n llawer mwy tebygol o ymateb i gwestiwn neu sylw pan fyddwch yn rhoi digon o amser iddyn nhw. Yn aml, nid ydym yn disgwyl i blant ag oediad iaith ymateb. O ganlyniad, efallai y byddwn yn aros am ymateb am eiliad yn unig cyn ateb y cwestiwn ein hunain, a thrwy hynny amddifadu plant o'r cyfle i fynegi eu hunain. Mae'n bwysig peidio â gorwneud rôl yr Helpwr wrth ryngweithio â phlant sydd ag oediad iaith – mae helpu gormod yn dweud wrth blant nad ydym yn disgwyl iddyn nhw gyfathrebu.

Os oes angen i chi atgoffa eich hun i ddisgwyl ymateb, meddyliwch am y dull disgwyl-i-weld:

- Cyfrwch i 10.
- Cadwch eich dwylo oddi ar y gweithgaredd.
- Edrychwch yn ddisgwylgar a phwyswch ymlaen.
- Peidiwch â siarad nes bod y plentyn yn cychwyn neu'n dangos yr hyn y mae ganddi ddiddordeb ynddo.

Wrth gwrs, unwaith y bydd y plentyn yn cychwyn, byddwch yn ymateb gyda diddordeb a brwdfrydedd. Yna byddwch chi'n disgwyl eto i'r plentyn ymateb!

Gwrando

Mae gwrando yn golygu rhoi sylw manwl i'r hyn y mae'r plentyn yn ei ddweud er mwyn i chi allu ymateb yn briodol.

Pan fyddwch chi'n gwrando ar blentyn, rydych chi'n rhoi gwybod iddi fod yr hyn y mae'n ei ddweud yn bwysig – ac mae hynny'n rheswm da iddi barhau â'r sgwrs.

Mae gwrando gweithredol yn golygu peidio â thorri ar draws plentyn a pheidio â chymryd yn ganiataol eich bod yn deall yr hyn y mae'n ceisio'i ddweud cyn iddi orffen siarad.

 *Roedd Christine, sy'n bedair oed, yn gwneud collage gyda nwdls lliw wedi'u coginio. Cododd ddarn bach o nwdl, a oedd wedi'i gyrlio i siâp 'U', a'i ludo ar ei phapur. Yna dangosodd y collage i'w hathrawes, Amy.*

'Dyna sled,' meddai Christine.

Meddai Amy, heb wrando mewn gwirionedd, 'Ie, a pha liw yw e?'

'Coch,' atebodd Christine – a throi i ffwrdd.

Gwrandewch yn astud, Amy! Dywedodd Christine rywbeth rhyfeddol o ddychmygus, ond fe golloch chi hynny. Pe baech chi wedi gwrando ac yna'n dweud, 'Sled! Sled bach i'r holl forgrug adeg y Nadolig!' byddech wedi cael sgwrs hir gyda hi.

Mae'n anodd siarad pan nad yw'r 'gwrandäwr' yn gwrando mewn gwirionedd.

Mae yna fwy o hwyl i'w gael pan fydd yr athrawes yn gwrando o ddifrif!

C. Wyneb yn wyneb

Wrth ryngweithio â'r plentyn cofiwch fynd lawr i lefel y plentyn ei hun. Gwnewch yn siŵr eich bod chi wyneb yn wyneb fel y gallwch chi edrych yn uniongyrchol i lygaid eich gilydd.

Pam mae hyn mor bwysig? I blentyn, mae bod wyneb yn wyneb â chi yn ychwanegu at werth y rhyngweithio. Mae'n dod â chi'n agosach at y plentyn, yn gorfforol ac yn emosiynol, ac yn gwneud i'r plentyn deimlo eich bod yn rhan o'r rhyngweithio. Mae cyswllt wyneb yn wyneb yn arbennig o ysgogol i blant sydd ag arddulliau sgwrsio amharod neu eu harddull arbennig eu hunain. Pan fyddwch chi'n gosod eich hun wyneb yn wyneb â phlentyn 'anodd ei gyrraedd', efallai y bydd yn eich synnu trwy ryngweithio am amser hir. Fe fyddwch yn sylwi ar synau cynnil, mynegiant wyneb, a gweithredoedd Darganfyddwr yn haws os gallwch chi edrych yn uniongyrchol i'w llygaid.

Dyma rai syniadau ar gyfer bod wyneb yn wyneb:

- Rydych chi'n eistedd ar y llawr; mae'r plentyn yn eistedd ar gadair fach.
- Rydych chi'n gorwedd ar eich stumog; mae'r plentyn (yn enwedig babi) yn eistedd ar y llawr.
- Rydych chi'n gorwedd ar eich ochr gyda'r plentyn yn eistedd ar y llawr.
- Rydych chi'n eistedd ar y llawr gyda'ch pengliniau wedi'u plygu i fyny; mae'r babi yn gallu eistedd ar eich pengliniau.

Os oes angen i blentyn eistedd mewn sedd arbennig neu mewn cadair olwyn i'w gynnal, efallai y bydd angen i chi fod yn greadigol i ddod o hyd i safle wyneb yn wyneb. Efallai y bydd angen i chi ddod o hyd i gadair i chi'ch hun ar yr uchder cywir, neu efallai ddod o hyd i sedd arall i'r plentyn, un a fydd yn ei gosod ar lefel well ar gyfer rhyngweithio.

Does dim byd tebyg i fod wyneb yn wyneb.

CH. Dilyn arweiniad eich plentyn

Pan fyddwch chi'n dilyn arweiniad plentyn, rydych chi'n sylwi ar ei ddiddordebau ac yn gweithio ar hynny. Dim ots pa mor anodd y gall rhyngweithio â phlentyn fod, mae'n rhaid i ni gredu bod gan y plentyn rywbeth i'w rannu, rhywbeth i'w ddweud. Dim ond yr amgylchiadau cywir sydd ei hangen arnyn nhw. Felly dechreuwch ag agwedd gadarnhaol. Yn lle canolbwyntio ar yr hyn nad yw'r plentyn yn ei wneud neu'n gallu ei wneud, canolbwyntiwch ar yr hyn y gall neu neu y gallai ei wneud – os ydych chi'n dilyn arweiniad y plentyn.

Y ffordd orau o ddilyn arweiniad plentyn yw dangos diddordeb yn yr hyn sydd o ddiddordeb iddyn nhw. Gallwch ymateb i unrhyw fath o ysgogiad gan y plentyn: edrychiad, gwên, cynnig o degan, bys wedi'i bwyntio at wrthrych o ddiddordeb, sylw, neu gwestiwn. Os nad yw plentyn yn cychwyn rhyngweithiad yn uniongyrchol gyda chi, dilynwch ei harweiniad trwy adeiladu ar ei gweithredoedd.

Dydy o ddim yn edrych arna i nac yn gwneud unrhyw synau nac yn ymateb i'w enw.

Yn hytrach na bod yn rhwystredig os na fydd plentyn yn gallu gwneud rhywbeth ...

Er enghraifft, fe allech chi ymuno yn ei chwarae gyda thegan. Yr hyn sydd bwysicaf yw eich bod yn ymateb yn syth ac yn gynnes i'w diddordeb, a'ch bod yn dangos fod ganddoch chi ddiddordeb yn y pwnc. Bydd yr union ffordd y byddwch yn dewis ymateb i blentyn yn dibynnu ar ei cham iaith a'r hyn y mae'n ei 'ddweud' wrthych.

... canolbwyntiwch ar yr hyn y gallai ei wneud
pe byddech yn dilyn ei arweiniad.

Os ydw i wyneb yn wyneb, dwi'n gallu ei ddynwared, efallai y bydd e'n ...

I ddilyn arweiniad y plentyn, gallwch:

- efelychu neu ddynwared;
- dehongli;
- gwneud sylw;
- ymuno yn y chwarae.

Nid yw'r strategaethau hyn yn cael eu defnyddio fesul un. Fe fyddwch chi'n eu defnyddio gyda'i gilydd mewn cyfuniadau amrywiol trwy gydol y cyfnod rhyngweithio. Meddyliwch amdanyn nhw fel eitemau mewn bwffe. Gallwch eu dethol, eu dewis a'u cyfuno yn ôl yr angen.

Dynwared

Mae dynwared yn un o'r strategaethau mwyaf ysgogol y gallwch ei defnyddio i annog plentyn i ryngweithio â chi. Pan fyddwch chi'n dynwared, rydych chi'n dilyn arweiniad y plentyn trwy wneud yn union yr hyn y mae'n ei wneud ac yn ei ddweud. Rydych chi'n copïo ei gweithredoedd, synau, mynegiant wyneb, neu eiriau.

Mae llawer o athrawon wedi cael eu synnu gan yr hyn a elwir yn blant 'anymatebol' sy'n bywiogi ac yn rhyngweithio pan fyddan nhw'n cael eu dynwared. Rhowch gynnig ar ddynwared plentyn amharod, goddefol, neu un sydd ag arddull sgwrsio ei hun ac efallai y byddwch yn gweld plentyn gwahanol yn dod i'r amlwg. Er y byddwch yn debygol o fod wedi hen ddiflasu ar y gêm cyn i'r plentyn wneud hynny, ceisiwch beidio â stopio na newid y gêm yn rhy fuan. Mae'r hyn sy'n ddiflas i oedolyn yn gallu bod yn ddechrau ar brofiad hwyliog i blentyn.

Mae dynwared yn digwydd mewn ffurfiau gwahanol i blant yn ystod gwahanol gamau o ddatblygiad cyfathrebu.

Mae Darganfyddwyr yn mwynhau pan fyddwch chi'n dynwared symudiadau eu corff, gweithredoedd, mynegiant wyneb, ac yn enwedig eu synau a'u paraplu. Maen nhw'n aml yn eich dynwared chi'n ôl!

Mae Cyfathrebwyr wrth eu bodd pan fyddwch chi'n dynwared eu gweithredoedd a'u synau. Byddan nhw'n parhau i berfformio'r weithred neu'r sain yr ydych wedi'i ddynwared er mwyn cadw eich sylw.

Bydd Defnyddwyr Geiriau Cyntaf yn cael llawer o bleser pan fyddwch chi'n efelychu eu gweithredoedd, eu synau, ac yn enwedig eu hymdrechion cyntaf ar eiriau. Byddan nhw'n llawer mwy tebygol o barhau â sgwrs ar ôl i chi eu dynwared.

Defnyddir dynwared yn llai aml gyda Chyfunwyr a Defnyddwyr Brawddegau Cynnar neu Hwyrach. Fodd bynnag, mae hyd yn oed plant â sgiliau iaith uwch yn ymateb yn gadarnhaol os ydyn nhw'n gweld chi'n gwneud beth maen nhw'n ei wneud, yn enwedig os oes ganddyn nhw arddulliau sgwrsio amharod, goddefol neu eu harddull eu hunain.

Ba-ba-ba!

Ba-ba-ba!

Defnyddiwch y dull Gwylio, Disgwyl, Gwrando, yna dynwared – mae babanod yn meddwl fod hynny'n wych!

Dehongli

Fel gofalwr, eich tasg yw dehongli neges plentyn trwy roi mewn geiriau yr hyn y credwch ei bod yn ei olygu. Dyma ffordd bwerus o roi gwybod i'r plentyn ei bod wedi cael ei chlywed a'i deall.

Dehongli ar gyfer y Darganfyddwr: 'rhoi ystyr i'r neges'

Nid yw Darganfyddwr yn deall iaith eto ac nid yw wedi datblygu'r gallu i anfon negeseuon yn uniongyrchol atoch eto. Felly, mae angen i chi ddehongli ei hymddygiad fel pe bai'n ystyrlon ac yn fwriadol – a hynny drwy gynnig adborth brwdfrydig. Er efallai na fydd y plentyn yn deall yr hyn rydych chi'n ei ddweud, rydych chi'n ei drin fel pe bai ei hymddygiad yn fwriadol. Bydd hi'n darganfod y gall ei hymddygiad wneud i bethau ddigwydd, a bod ei synau, ei chrïo, ei hedrychiad, a symudiadau'r corff yn wir yn cyfathrebu.

Er enghraifft, os yw merch fach yn edrych ar degan, dilynwch ei llygaid i weld beth mae ganddi ddiddordeb ynddo a dywedwch, 'O, rwyt ti'n hoffi'r gwningen honno!' Yna rhowch y tegan iddi. Os bydd hi'n tisian, fe allech chi ddweud, 'O diar! Am disian mawr!' Os bydd hi'n gwneud synau wrth aros i gael ei thynnu allan o'i chadair wthio, fe allech chi ddweud, 'Ie, dwi'n gwybod. Rwyt ti eisiau mynd allan o dy gadair wthio.' Os bydd hi'n codi ei chôt, fe allech chi ddweud, 'Dyna dy gôt. Rwyt ti eisiau gwisgo dy gôt.'

Pan fydd Mira yn codi ei chôt, mae ei hathrawes, Rhea, yn dehongli ei hymddygiad i olygu bod Mira eisiau gwisgo ei chôt.

Dyna dy gôt.
Wyt ti eisiau gwisgo dy gôt?

Pennod 3 – Gadael i'r plentyn arwain

Dehongli ar gyfer y Cyfathrebwr:
ei ddweud 'fel y byddai hi'n ei ddweud pe gallai'

Defnyddir dehongli ychydig yn wahanol gyda Chyfathrebwyr, sy'n defnyddio seiniau ac ystumiau i anfon negeseuon bwriadol yn uniongyrchol atoch chi. I ddysgu sut i anfon negeseuon gyda geiriau (neu arwyddion neu luniau os nad yw'r plentyn yn gallu datblygu lleferydd), mae Cyfathrebwr angen ichi ddehongli ei negeseuon trwy 'ei ddweud fel y byddai hi'n ei ddweud pe gallai.' Pan fyddwch chi'n dehongli trwy ddarparu'r geiriau, mae'r Cyfathrebwr yn clywed model iaith y mae hi'n gallu dysgu ohono.

Pan fydd plentyn yn ei chael yn anodd iawn cynhyrchu geiriau, bydd dehongli ei neges yn cynnwys cyfuniad o'r canlynol:

- ◆ 'ei ddweud fel y byddai hi'n ei ddweud pe gallai' a
- ◆ defnyddio arwydd priodol, neu bwyntio at gerdyn llun neu ei roi i'r gofalwr.

Mae'r cyfuniad hwn yn rhoi model iaith i'r plentyn y mae'n gallu dysgu ohono yn ogystal â dull cyfathrebu di-eiriau y mae'n gallu ei ddefnyddio i gyfathrebu yn y dyfodol agos.

Iawn, aros am eiliad, wnai i nôl peth i ti …

Da!

Yn hytrach na dweud wrth y plentyn beth fyddwch chi'n ei wneud …

… gadewch iddo eich clywed yn 'cyfieithu' ei neges, gan ei dweud fel y byddai ef yn ei ddweud pe gallai.

Da!

Mwy o SUDD! Rwyt ti eisiau mwy o SUDD!

Mwynhau Dysgu Iaith

Dehongli ar gyfer Defnyddiwr Geiriau Cyntaf: ei ddweud 'fel y byddai hi'n ei ddweud pe gallai' hyd nes y mae'n gallu ei ddweud ei hun

Mae Defnyddiwr Geiriau Cyntaf yn parhau i gyfathrebu â seiniau ac ystumiau wrth iddi ddysgu defnyddio geiriau. Dylech barhau i ddehongli ei negeseuon di-eiriau trwy 'ei ddweud fel y byddai hi'n ei ddweud pe gallai' neu, ar gyfer plant ag anawsterau lleferydd, trwy ddangos ffordd arall i gyfathrebu, fel defnyddio arwydd neu lun.

Cofiwch siarad yn araf ac yn glir ac aros ar ôl i chi orffen. Efallai y byddwch chi'n lwcus ac y bydd y plentyn yn ailadrodd eich geiriau neu eich gweithredoedd!

Mae anawsterau echddygol geneuol Alexander yn ei gwneud hi'n anodd iddo ddweud geiriau. Mae ei athrawes yn dehongli ei neges trwy 'ei ddweud fel y byddai ef yn ei ddweud pe gallai' a dangos ffordd arall iddo gyfathrebu – trwy bwyntio at lun.

Gwneud sylw

Rydyn ni i gyd yn hoffi teimlo bod rhywun yn gwrando arnom ni. Nid yw plant yn eithriad. Pan fyddwch chi'n gwneud sylwadau wrth ymateb i ysgogiad plentyn, mae hi'n gwybod eich bod chi wedi derbyn ei neges a bod gennych chi ddiddordeb yn y neges – ac ynddi hi. Ar yr un pryd, rydych chi'n rhoi gwybodaeth iddi y mae'n gallu dysgu ohoni.

Mae llawer o athrawon yn ymateb i ysgogiad plentyn trwy ofyn cwestiwn yn hytrach na thrwy wneud sylw. Mae'n ymddangos bod gan gwestiwn neu gyfarwyddyd well siawns na sylw o gael ymateb yn ôl gan blentyn, ond mae gormod o gwestiynau a chyfarwyddiadau yn gallu diflasu plentyn, yn enwedig os yw'n teimlo ei bod yn cael ei phrofi a'i bod dan bwysau i ymateb. Mae sylwadau, ar y llaw arall, yn mynegi eich diddordeb ac yn annog plentyn i ryngweithio â chi. Gallan nhw hefyd ddarparu gwybodaeth ddiddorol y bydd plentyn am ymateb iddi. Os nad yw plentyn yn ymateb i sylw, gallwch chi bob amser newid y sylw i gwestiwn neu aralleirio'r hyn rydych chi wedi'i ddweud. Gan nad yw sylwadau angen ymateb mor glir â chwestiynau a chyfarwyddiadau, mae plant yn gallu cymryd amser i ddysgu sut i ymateb iddyn nhw. Gydag ymarfer, fodd bynnag, byddan nhw'n dysgu.

Ymateb mewn ffordd sy'n dangos i'r plentyn bod gennych chi ddiddordeb.

Mwynhau Dysgu Iaith

Wrth wneud sylwadau, dylech:

- ymateb ar unwaith – neu gallech golli eich cyfle;
- ystyried y pethau y mae gan y plentyn ddiddordeb ynddyn nhw – neu rydych chi'n debygol o golli diddordeb y plentyn;
- ymateb gyda chynhesrwydd a brwdfrydedd – a bydd hynny'n meithrin hyder ac awydd y plentyn i ryngweithio; ac
- aros i weld a fydd y plentyn yn ymateb i'r hyn rydych wedi'i ddweud. Mae angen amser ar rai plant i feddwl cyn ymateb.

Wrth roi sylwadau, ddylech chi ddim:

- ymateb trwy ddweud 'gwaith da' neu 'siarad da' (mae hyn yn dod â sgwrs i ben);
- siarad yn rhy hir – byddwch yn fyr ac arhoswch i'r plentyn ymateb.

Dangosodd Sara i Maria fod gwallt ei dol yn wlyb. Dilynodd Maria ei harweiniad ond gofynnodd gwestiwn anodd, nad oedd Sara eisiau ei ateb.

> Beth wyt ti'n ei wneud Sara?

> Dydy hi ddim yn gallu gweld beth ydw i'n ei wneud?

> Golcha ei gwallt ochr yma nawr.

> Dydw i ddim eisiau golchi'r ochr yna.

Nid oedd Sara eisiau ymateb i gyfarwyddyd chwaith.

Bydd gan dy ddoli wallt mor lân!

Hi'n edrych yn neis!

Ymuno yn y chwarae

Pan fydd plant yn chwarae, y ffordd orau o ddilyn eu harweiniad yw ymuno, yn enwedig os ydych chi'n ymddwyn fel plentyn eich hun! Bydd y math o blentyn y byddwch yn ei actio yn dibynnu ar gam iaith ac arddull sgwrsio plentyn. Er y gallech deimlo fod ymuno a chwarae yn her, mae'n gallu bod yn ddefnyddiol iawn i blant sy'n Ddarganfyddwyr neu blant sydd ag arddulliau sgwrsio amharod, goddefol neu eu harddull sgwrsio eu hunain.

Pan fyddwch chi'n ymuno ac yn chwarae gyda phlentyn sydd ag arddull sgwrsio amharod, rydych chi'n adeiladu ar ei ddiddordebau ac yn tynnu'r sylw oddi ar siarad. Chwarae gyda'ch gilydd a chael hwyl yw'r prif ffocws – ac mae hyn yn aml yn agor y drws i sgwrs.

Mae'n bosibl na fydd plentyn ag arddull sgwrsio goddefol (gan amlaf plant ag oediad iaith sy'n Ddarganfyddwyr) yn cynnig sawl gweithred neu ysgogiad posibl i'w dilyn. Efallai y bydd angen i chi ddechrau trwy greu cyfleoedd i annog y plentyn i gymryd yr awenau. Gallai awgrymiadau a geir yn ddiweddarach yn y bennod hon ar 'Helpu'r Plentyn i Arwain' fod yn ddefnyddiol.

Efallai mai ymuno yn y chwarae ydy'r ffordd orau o annog plentyn ag arddull sgwrsio ei hun i ennyn diddordeb ynoch chi.

Ymuno â Darganfyddwr

Mae Darganfyddwr yn gallu bod yn blentyn ifanc neu'n blentyn hŷn ag oedi sylweddol o ran iaith. Gan mai nifer cyfyngedig o ddiddordebau sydd gan Ddarganfyddwyr ac nad ydyn nhw eto wedi dysgu rhannu'r diddordebau hyn gyda chi, mae'n aml yn anodd ymuno a chwarae gyda nhw. Weithiau, efallai y bydd gan Ddarganfyddwr gymaint o ddiddordeb mewn archwilio tegan neu wrthrych fel ei bod yn ymddangos ei bod yn anwybyddu eich ymdrechion i gael ei sylw. Peidiwch â chymryd yr ymddygiad hwn yn bersonol! Y cyfan y mae'n ei olygu yw ei bod yn gallu canolbwyntio ei sylw ar un peth yn unig ar y tro ac yn cael anhawster gyda sylw ar y cyd, gan nad yw'n gallu canolbwyntio ar berson a gwrthrych ar yr un pryd.

Mae angen i chi chwilio am ffordd i gymryd rhan mewn gweithgareddau Darganfyddwr. Gall hyn olygu ymyrryd yn ysgafn ar ei chwarae unigol a'i droi'n ryngweithio dwyffordd cadarnhaol. Efallai na fydd rhai plant yn rhy hapus am eich ymyriad i ddechrau. Gyda rhywfaint o ddyfalbarhad chwareus ar eich rhan, fodd bynnag, gellir troi gweithgaredd unigol yn ryngweithio.

Gallwch chi helpu Darganfyddwr i ddysgu rhannu ei diddordebau mewn gwrthrych neu weithgaredd gyda chi a datblygu sylw ar y cyd os wnewch chi:

- ymateb i hyd yn oed y cyswllt llygad byrraf,
- cael ei sylw trwy ddangos diddordeb gweithredol a dynwared pryd bynnag y bo modd,
- siarad yn fywiog am yr hyn mae hi'n ei wneud, defnyddio geiriau 'hwyliog' i dynnu ei sylw, a phwyntio at y teganau,
- adeiladu ar ei ffocws trwy wneud y gêm yn fwy diddorol,
- troi gweithred ar siawns yn gêm,
- chwarae'r gêm 'rwyt ti'n ei roi i mi ac yna rydw i'n ei roi i ti'.

Ymateb i hyd yn oed y cyswllt llygad byrraf

Mae yna lawer o gamau ar y ffordd i ddatblygu sylw ar y cyd. Yr un pwysicaf yw pan fydd plentyn sy'n chwarae gyda thegan neu wrthrych arall yn dechrau edrych i gyfeiriad yr oedolyn – hyd yn oed am eiliad yn unig. Mae'r foment hon yn ddechrau rhannu profiad: mae fel petai'r plentyn yn dweud, 'Wyt ti'n gweld hyn?' neu 'Wyt ti'n dal yma?'. Dangoswch gyffro pan fydd y plentyn yn edrych i fyny arnoch chi. Ymatebwch gyda sylw bywiog, fel pe bai hi wedi dweud rhywbeth wrthych chi mewn gwirionedd. Fe allech chi ddweud, 'Mae hwnna'n floc braf i'w gnoi', neu 'Ydw, rydw i'n dy wylio di' – beth bynnag sy'n dod i'r meddwl mewn ymateb i'r edrychiad cyflym hwnnw.

Cael sylw'r plentyn trwy fod yn ddiddorol iawn a dynwared pryd bynnag y bo modd

Os yw plentyn wedi ymgolli yn ei chwarae ac nad yw'n edrych i fyny arnoch chi o gwbl, mae'n rhaid i chi wneud eich hun yn ddigon diddorol i gael ei sylw. Gallwch ddynwared ei synau a'i symudiadau – mae hynny'n aml yn ei hannog i'ch dynwared yn ôl. Gallwch hefyd alw ei henw neu wneud sŵn hwyliog, ddiddorol (e.e., canu cân, chwibanu, gwneud synau chwythu swnllyd, dynwared sŵn y tegan y mae hi'n chwarae ag ef) i'w hatgoffa eich bod chi yno. Efallai y bydd hi wedyn yn edrych i fyny arnoch chi. Unwaith y bydd hi'n gwneud hynny, byddwch yn barod i symud ymlaen i'r cam nesaf.

Siarad yn fywiog am yr hyn y mae'r plentyn yn ei wneud a phwyntio at y teganau

Defnyddiwch oslef y llais wrth i chi siarad yn fywiog tra bod y plentyn yn parhau i chwarae gyda thegan. Er enghraifft, ceisiwch gyfleu cyffro a disgwyliad os oes rhywbeth diddorol ar fin digwydd gyda'r tegan. Os yw bloc ar fin disgyn, gallwch chi ddweud, 'O o ... mae'n mynd i DDISGYN!' Gwnewch sylwadau bywiog os yw tegan yn gwneud sŵn, 'Www! Am sŵn mawr!' Efallai y bydd y plentyn yn edrych arnoch chi'n sydyn pan fyddwch chi'n gwneud hyn, a dyna'n union lle mae'r broses hon o sylw ar y cyd yn dechrau. Dylech hefyd bwyntio at wrthrychau wrth i chi wneud sylwadau fel, 'O, dyna'r bloc mawr!' neu 'Drycha, mae'r gwningen yn dweud Helô!' er mwyn i'r plentyn wybod pa wrthrych rydych chi'n siarad amdano.

Mae'r sylwadau hyn yn tynnu sylw'r plentyn atoch chi ac at y gweithgaredd. Mae'r pwyntio yn helpu'r plentyn i ganolbwyntio ar y gwrthrych ac arnoch chi – y person sy'n pwyntio. Yn y pen draw, bydd hi'n dysgu dilyn eich bys wrth i chi bwyntio, cam allweddol arall ar y ffordd i sylw ar y cyd.

Ffordd wych o gael sylw plentyn yw defnyddio 'geiriau hwyliog' mewn ffordd fywiog. Mae geiriau hwyliog yn apelio at blant oherwydd eu bod yn hwyl i wrando arnyn nhw ac yn aml yn hawdd eu dynwared. Er enghraifft mae'r geiriau hwyliog canlynol yn siŵr o wneud i Ddarganfyddwyr wenu: 'O o' (pan fydd rhywbeth yn disgyn neu'n diflannu), 'Bwm!' (pan fydd rhywbeth yn bangio), a 'Shhhh' (am gwsg neu dawelwch).

 Mae Meical yn blentyn dwy flwydd oed sydd ag oedi sylweddol yn ei ddatblygiad, gan gynnwys ei ddatblygiad iaith. Mae'n chwarae'n dda ar ei ben ei hun gyda thegan pop-yp o anifail sy'n neidio i fyny, ond nid yw'n ymateb o gwbl i Nia, ei athrawes, pan fydd hi'n ceisio ymuno yn y gweithgaredd. Mae Nia yn penderfynu gorwedd ar ei stumog gyferbyn â Meical. Mae hi'n gwneud sylwadau anogol wrth i Meical wthio'r botymau, fel, 'O, rwyt ti'n gwthio'r botwm yna! Gwthia'n galed!' ac yn gor-ymateb gyda syndod, gan ddweud 'Pop!' bob tro mae anifail arall yn neidio i fyny. Cyn hir, mae Meical yn edrych i fyny ar Nia ar ôl iddi ddweud, 'Pop!' Yna mae'n dechrau rhagweld ymateb Nia drwy edrych arni cyn gynted ag y bydd yn gwthio'r botwm. Mae Nia'n dweud 'Pop!' yn fywiog ac mae Meical yn gwenu o glust i glust. Trwy ymuno â Meical wrth iddo chwarae a defnyddio 'geiriau hwyliog,' mae Nia yn ei helpu i ddatblygu sylw ar y cyd.

Adeiladu ar ffocws y plentyn trwy wneud y gêm yn fwy diddorol

Ymunwch â chwarae'r plentyn trwy adeiladu ar ei ffocws fel eich bod chi'n dod mor ddiddorol neu'n fwy diddorol na'r tegan.

Arsylwch y plentyn yn ofalus yn gyntaf. Unwaith y byddwch chi'n gweld beth mae hi'n ei wneud gyda'r tegan:

- **dechreuwch ddynwared ei gweithredoedd**. Yn hytrach na disgwyl i'r plentyn rannu ei thegan gyda chi, ceisiwch ddynwared gyda thegan tebyg. Neu, gallwch geisio dynwared gweithred y tegan gyda'ch dwylo (e.e., symud eich dwylo i fyny ac i lawr i ddynwared symudiadau'r jac-yn-y-bocs). Os oes gan blentyn ddiddordeb mewn gosod gwrthrychau mewn llinell neu eu pentyrru, gallwch geisio ychwanegu eich gwrthrych chi at y pentwr neu'r llinell.

- **symudwch y tegan fel petai'n fyw** (e.e., esgus gwneud i anifail tegan neidio i fyny ac i lawr, neu 'hedfan' bloc i fyny yn yr awyr mewn modd chwareus).
- **gwnewch eich hun yn rhan o'r tegan** (e.e., os oes gan y plentyn ddiddordeb mewn cwpan, rhoi'r cwpan ar eich pen a gadael iddo syrthio i ffwrdd yn chwareus. Defnyddiwch air 'hwyliog' fel 'Wps!')

1. Mae Maria yn edrych ar Alexa yn tynnu blociau allan o fasged ac yn eu taflu ar y llawr.

2. Mae Maria yn chwareus yn cymryd un o'r blociau y mae Alexa wedi'u taflu o'r neilltu.

3. Mae Alexa yn gwylio wrth i Maria wneud ei hun yn rhan o'r tegan trwy osod y bloc ar ei phen.

4. Mae Alexa yn chwerthin yn uchel pan fydd Maria yn esgus tisian, gan achosi i'r bloc syrthio oddi ar ei phen. Llwyddodd Maria i droi chwarae unigol Alexa yn ryngweithio dwyffordd trwy adeiladu ar ei ffocws a chreu gêm llawn hwyl.

Troi gweithred siawns yn gêm

Weithiau, y ffordd orau o ymuno â Darganfyddwr yw creu gêm siawns y mae'r plentyn yn ei chyflawni trwy wneud rhywbeth diddorol neu ddynwared yr hyn y mae'r plentyn yn ei ddweud neu'n ei wneud.

 Roedd Jodi yn bwydo Rafael, babi wyth mis oed. Wrth iddi bwyso i mewn yn agos i roi llwyaid o fwyd iddo, estynnodd allan a thapio ei boch. Cydiodd Jodi yn ei fysedd ac esgus eu bwyta, ac yna'u gollwng. Gwenodd Rafael ac estyn allan eto. Unwaith eto, gafaelodd Jodi yn ei fysedd, gan esgus eu bwyta – 'Iym iym!' Aeth y gêm hon ymlaen am sawl munud, ac roedd Rafael wrth ei fodd.

Mae gan gemau creadigol, wedi'u creu o weithredoedd syml, y potensial i ddysgu llawer iawn i'r plentyn am sylw ar y cyd – a faint o hwyl sydd i'w gael drwy ryngweithio ag athrawon.

Chwarae'r gêm 'rwyt ti'n ei roi i mi ac yna rydw i'n ei roi i ti'

Pan fydd plentyn yn dal gwrthrych, gallwch ymuno trwy roi eich llaw allan i ofyn iddi ei roi i chi. Efallai y bydd yn rhaid i chi gymryd y gwrthrych oddi wrthi ac yna ei roi yn ôl yn syth. Gall y gêm rhoi a chymryd hon fynd ymlaen am oriau. Mae'n ysgogol iawn i'r plentyn ar ôl iddi weld yn union sut i chwarae. Gallwch wneud y gêm rhoi a chymryd yn hwyl trwy ochneidio'n uchel bob tro y bydd y plentyn yn rhoi'r tegan yn ôl i chi.

Mae'r plentyn yn dysgu rhai pethau hanfodol o'r gêm hon. Maen nhw'n dysgu estyn, sef y cam cyntaf tuag at ddatblygu ystum estyn ystyrlon. Mae hi hefyd yn dysgu ei bod hi'n gallu rhyngweithio â chi a gwrthrych ar yr un pryd – dechrau dysgu rhannu profiadau.

Dim ots os ydy'r Darganfyddwr yn fabi chwe mis oed neu'n blentyn dwy flwydd oed ag oediad iaith, mae'r gêm rhoi a chymryd hon yn rhan bwysig o ddysgu sut i gyfathrebu.

Ymuno â Chyfathrebwr

Gallwch ymuno â Chyfathrebwr os ydych yn:
- Chwarae ochr yn ochr â'r plentyn ac yn aros i weld a ydych chi'n cael gwahoddiad i ymuno
- Dynwared beth mae'r plentyn yn ei wneud
- Ymuno drwy chwarae gêm y mae'r plentyn yn ei hadnabod yn dda

Chwarae ochr yn ochr â'r plentyn ac yn aros i weld a ydych chi'n cael gwahoddiad i ymuno

Ymunwch â chwarae'r Cyfathrebwr trwy eistedd wrth ei hochr yn gyntaf ac aros i weld a ydych chi'n cael gwahoddiad i ymuno. Efallai y bydd y gwahoddiad yn gynnil iawn, fel gwên, newid yn safle'r corff, neu edrychiad. Cyn gynted ag y bydd hi'n cychwyn, ymunwch.

Cofiwch wylio, disgwyl a gwrando wrth i chi ymuno fel eich bod yn gwybod beth yw ffocws y plentyn. Peidiwch â chael eich temtio i newid y ffocws ac i ddechrau gwneud rhywbeth gwahanol i geisio tynnu ei sylw oddi wrth yr hyn y mae'n ei wneud. Mae'r manteision a ddaw o ymuno yn wych pan fyddwch chi'n adeiladu ar ffocws plentyn. Bydd wrth ei bodd yn rhyngweithio â chi ac efallai y bydd y chwarae'n parhau am amser hir.

Dynwared beth mae'r plentyn yn ei wneud

Mae dynwared yn un o'r ffyrdd mwyaf pwerus o ymuno â phlentyn. Yn aml, pan fyddwch chi'n dynwared plentyn, bydd hi'n eich dynwared yn ôl ar unwaith, gan ddechrau gêm sy'n parhau yn ôl ac ymlaen am gryn dipyn. Er enghraifft, os gwelwch Gyfathrebwr yn gollwng gwrthrychau i fwced (gweithgaredd maen nhw wrth eu bodd yn ei wneud), gafaelwch mewn rhai darnau eich hun a chymerwch eich tro yn gollwng blociau i fwced wrth ei hochr. Efallai y bydd hi'n dechrau sylwi ar yr hyn rydych chi'n ei wneud ac efallai y bydd hi'n gwylio i weld a fyddwch chi'n gollwng eich bloc i'ch bwced ar ôl iddi ollwng ei bloc hi. Os ydych chi'n amyneddgar, efallai y bydd hi hyd yn oed yn dechrau defnyddio'ch bwced neu gynnig ei bwced i chi.

Ymuno drwy chwarae gêm y mae'r plentyn yn ei hadnabod yn dda

Gellir ymgysylltu â rhai plant 'anodd eu cyrraedd' yn eithaf hawdd os ydych yn chwarae gêm y maen nhw wrth eu bodd yn ei chwarae. Bydd hyd yn oed plant hŷn ag oediad iaith wrth eu bodd os byddwch chi'n chwarae 'Dwi'n mynd i dy ddal di' neu'n rholio'r bêl yn ôl ac ymlaen gyda nhw. Mae'r gemau hyn yn hawdd i'w chwarae oherwydd eu bod mor syml ac ailadroddus (gweler pennod 4 am ragor o wybodaeth am weithgareddau cymdeithasol) ac oherwydd eu bod yn egnïol ac yn llawer o hwyl. I ddechrau, efallai y bydd ymuno yn golygu eich bod yn cychwyn y gêm fel y gall plentyn ymuno â chi. Yn fuan, fodd bynnag, y plentyn fydd yr un i gychwyn y gêm a'ch cael chi i ymuno â hi!

Mae Jac bellach yn gwybod sut i gychwyn y gêm cuddio – a sut i gael Nancy i ymuno.

Ymuno â Defnyddwyr Geiriau Cyntaf, Cyfunwyr, a Defnyddwyr Brawddegau Cynnar

Pan fyddwch chi'n ymuno â chwarae plant sy'n datblygu iaith ac yn cymryd rhan mewn chwarae 'esgus', mae gennych chi lawer o gyfleoedd i annog ac ymestyn y chwarae. Yn y camau hyn, efallai na fyddwch am ddynwared chwarae plentyn yn unig. Yn lle hynny, actiwch fel plentyn eich hun! Chwaraewch rôl esgus ochr yn ochr â'r plant. Os ydych chi'n creu sefyllfa hwyliog, bydd y plant yn rhyngweithio â chi am gyfnodau hirach – a byddwch yn cael mwy o gyfle i roi modelau iaith iddyn nhw sy'n cyd-fynd â'u diddordebau.

Felly, beth am ymuno, actio ychydig fel plentyn, a chael hwyl. Ond cofiwch beidio â chymryd drosodd y chwarae. Daliwch ati i wylio, disgwyl a gwrando i annog plant i barhau i gychwyn rhyngweithio.

Ymuno â Defnyddiwr Brawddegau Hwyrach

Mae Defnyddiwr Brawddegau Hwyrach yn gallu siarad am bynciau mwy haniaethol nad ydyn nhw'n rhan o'r hyn sy'n digwydd ar y pryd. Ar y pwynt hwn, mae'n bosibl y bydd sgyrsiau'n datblygu'n eithriadol o dda. Efallai y byddwch chi'n trafod pwnc nad oes ganddo unrhyw gysylltiad â'r gweithgaredd chwarae dan sylw. Mae hyn yn dderbyniol – mae'n arwydd o ddefnydd cynyddol soffistigedig o iaith y Defnyddiwr Brawddegau Hwyrach. Ar yr adegau hyn, efallai na fydd ymuno yn y chwarae mor bwysig ag eistedd gyda'r plentyn a 'sgwrsio.' Cofiwch – dilynwch arweiniad y plentyn a siaradwch am yr hyn sydd o ddiddordeb i'r plentyn.

Mae sgyrsiau yn gallu datblygu'n eithriadol gyda Defnyddwyr Brawddegau Hwyrach.

D. Gwylio cymryd tro yn datblygu

Pan fyddwch chi'n gwylio, yn disgwyl ac yn gwrando – ac yn dilyn arweiniad y plant – byddwch chi'n cael mwy o hwyl gyda nhw a bydd eich rhyngweithio'n para llawer hirach. Byddwch chi'n darganfod eich bod chi a'r plant yn ymateb, yn eithaf digymell, yn eich tro i'ch gilydd. Rydych chi, mewn gwirionedd, yn cymryd tro.

Mae cymryd tro ychydig fel dau berson yn cymryd tro ar si-so. Mewn sgwrs, fodd bynnag, mae'r ddau berson yn cymryd eu tro i anfon a derbyn negeseuon. Gall tro olygu siarad, ond nid oes angen iddyn nhw wneud hynny. Gall tro fod yn edrychiad, sain, pwyntio, arwydd, gair, brawddeg, stori, neu gyfuniad o unrhyw rai o'r rhain.

Mae plant yn elwa'n fawr o'r rhyngweithio chwareus, digymell â chi pan fydd y cyfleoedd yn cynyddu. Maen nhw nid yn unig yn dysgu iaith, ond yn darganfod beth sydd ei angen i fod yn bartner sgwrsio (ac mae angen llawer!). Bydd helpu plant i ddod yn fwy effeithiol wrth gymryd tro yn cael ei drafod yn fanylach ym mhennod 4.

Pan fyddwch chi'n gwylio, disgwyl a gwrando, ac yn dilyn arweiniad y plentyn, bydd cymryd tro yn datblygu.

DD. Helpu plentyn i arwain
– rhoi reswm i gyfathrebu ac yna aros

Weithiau, nid yw gwylio, disgwyl a gwrando ar blentyn yn ddigon i'w hannog i gychwyn rhyngweithio. Efallai y bydd plant sydd ag arddull sgwrsio goddefol, amharod neu eu hagenda eu hunain angen i chi greu'r amgylchedd i'w cymell i ryngweithio a chyfathrebu. Mae angen hyn amlaf ar blant ag oediad iaith sylweddol.

Y rheol gyffredinol ar gyfer rhoi rheswm i blentyn gyfathrebu yw: crëwch y sefyllfa, gadewch i'r plentyn gychwyn, ac yna crewch y sefyllfa eto i weld a allwch chi annog y plentyn i ryngweithio ymhellach.

Dylech gynnwys cyfleoedd i blant gychwyn sgwrsio a chyfathrebu mewn gweithgareddau grŵp:

- Rhowch rywbeth rydych chi'n gwybod y mae'r plentyn yn ei hoffi o fewn ei golwg, ond allan o'i chyrraedd
- Cyflwynwch deganau anodd eu gweithio sy'n annog y plentyn i ofyn am help
- Gwnewch yr annisgwyl
- Cynigiwch bethau fesul tipyn
- Cynigiwch ddewisiadau
- Arhoswch i weld beth fydd y plentyn yn ei wneud: dylech osgoi rôl yr helpwr

---

Rhowch rywbeth rydych chi'n gwybod y mae'r plentyn yn ei hoffi o fewn ei golwg, ond allan o'i chyrraedd.

Er enghraifft:
- Rhowch hoff degan ar silff allan o gyrraedd y plentyn.
- Yn ystod amser egwyl, rhowch fwyd fel *Cheerios* neu gracers mewn bocs plastig clir sy'n anodd ei agor.
- Yn ystod gweithgaredd celf, cynigiwch botel lud sy'n anodd ei hagor.

Unwaith y byddwch chi wedi creu'r sefyllfa, pwyswch i mewn, edrychwch yn ddisgwylgar, ac arhoswch yn dawel i'r plentyn roi gwybod i chi ei bod hi eisiau'r gwrthrych. Efallai y bydd hi'n edrych ar y gwrthrych, yn estyn amdano, yn pwyso i'w gyfeiriad, neu'n edrych yn gyffrous pan fydd yn ei weld. Dehonglwch ei gweithredoedd yn syth! 'O, ti eisiau'r jac-yn-y-bocs!' wrth i chi ei roi iddi.

Cyflwynwch deganau anodd eu gweithio sy'n annog y plentyn i ofyn am help

Mae teganau anodd eu gweithio yn annog rhyngweithio gan fod angen eich help ar blant i wneud iddyn nhw weithio ac maen nhw'n llawn cymhelliant i chwilio am y cymorth hwnnw. Yn ddibynnol ar allu'r plentyn, gallwch naill ai arddangos y tegan ac aros i weld a fydd hi'n gofyn ichi ailadrodd y weithred, neu gynnig y tegan i'r plentyn ac aros i weld a fydd hi'n gofyn am help.

Mwynhau Dysgu Iaith

Gallwch roi cynnig ar degan weindio, tegan gwasgu, tegan pop-yp, chwrligwgan, bocs cerddoriaeth neu degan arall sy'n gwneud sŵn, balŵns, neu swigod.

Mae teganau weindio fel arfer yn ddigon ysgogol i gael hyd yn oed y cyfathrebwr mwyaf amharod i gychwyn rhyngweithio. Weindiwch y tegan weindio fel ei fod yn symud neu'n neidio am ychydig eiliadau (dydych chi ddim am iddo symud am gyfnod rhy hir). Pan fydd yn stopio mae angen DISGWYL! Pwyswch i mewn, gwyliwch a disgwylwch i'r plentyn roi gwybod i chi ei bod am i'r gwrthrych symud eto. Yn dibynnu ar gam datblygiad ei chyfathrebu, efallai y bydd hi'n estyn amdano, yn symud yn gyffrous, yn codi'r gwrthrych, yn ei gyffwrdd, neu'n edrych arno. Dywedwch, 'Mwy o neidio!' a weindiwch y tegan yn gyflym eto sawl tro.

Mae Jennifer yn Gyfathrebwr dwy flwydd oed gydag oedi datblygiadol. Mae hi weithiau'n gofyn drwy ddefnyddio sŵn neu ystum. Fodd bynnag, mae ganddi arddull sgwrsio goddefol ac anaml y mae'n cychwyn unrhyw gyfathrebu yn y feithrinfa. Mae ei hathrawes, Melanie, wedi sylwi bod Jennifer â diddordeb mewn gwylio'r plant eraill yn chwarae gyda swigod ond nid yw'n gwneud dim i ymuno â'r gweithgaredd.

Melanie! Defnyddiwch y swigod i roi rheswm i Jennifer gyfathrebu. Eisteddwch wyneb yn wyneb â hi a chwythu swigen. Yna, arhoswch i weld beth mae'n ei wneud nesaf. Os yw Jennifer eisiau swigen arall, efallai y bydd hi'n symud ei chorff, yn edrych arnoch chi, yn gwneud sŵn, neu'n ymestyn neu'n gwenu – a gallwch chi ddilyn pob cam trwy chwythu swigen arall.

Mae Jennifer yn gwylio Melanie yn chwythu'r swigod ond dydy hi ddim yn cychwyn, felly ...

Mwy o swigod?

Mwy

... mae Melanie yn aros ac yn gofyn, 'Mwy o swigod?' er mwyn annog Jennifer i gyfathrebu.

Gwnewch yr annisgwyl

Mae gwneud rhywbeth annisgwyl yn gallu denu sylw plentyn a chael ymateb. Er enghraifft:

- Gwnewch rywbeth gwirion fel rhoi ei het ar eich pen. Arhoswch i weld beth mae hi'n ei wneud.
- Gwnewch gamgymeriadau yn fwriadol, fel cynnig dilledyn i blentyn sy'n perthyn i rywun arall. Gallwch hefyd geisio 'wisgo' dilledyn yn y lle anghywir. Meddyliwch beth allai plentyn ei ddweud a'i wneud os ydych yn rhoi ei esgid ar ei law! Cynigiwch fwyd i'r plentyn nad yw'n ei hoffi neu nad yw'n ei ddisgwyl, fel moronen ar gracer yn lle caws. Gwyliwch am ei ymateb.

Pan fyddwch chi'n gwneud yr annisgwyl, efallai y bydd yn rhaid i chi aros yn ddisgwylgar am nifer o eiliadau i roi cyfle i'r plentyn ymateb. Mae'n bwysig peidio â siarad gormod wrth aros – a pheidio â rhoi'r gorau i aros os nad yw'r plentyn yn ymateb ar unwaith. O gael amser, bydd y rhan fwyaf o blant yn ymateb. Os yw plentyn yn cychwyn rhyngweithio yn ddi-eiriau, dehonglwch trwy ddweud beth rydych chi'n meddwl y byddai'n ei ddweud pe bai'n gallu: 'Dyna het Sara! Nid het Jenny yw hi – het Sara yw hi!'

Cynigiwch bethau fesul tipyn

Gwnewch hi'n hawdd i blentyn wneud sawl cais trwy beidio â rhoi gormod o unrhyw beth iddyn nhw ar unwaith. Mae'r plentyn yn gallu gofyn am sudd chwe gwaith os ydych chi'n rhoi ychydig yn unig iddi ar y tro. Os ydych chi'n dosbarthu offer ar gyfer chwarae gyda chlai, rhowch un teclyn iddi ac arhoswch iddi ofyn am yr un nesaf.

Cynigiwch ddewis

Yn hytrach na rhoi rhywbeth i'r plentyn, gadewch iddyn nhw ddewis – a chyfathrebu yn y broses. Mae'n well dechrau gyda dim ond dau ddewis ar y tro, gan gynnig i ddechrau un peth y mae'r plentyn yn ei hoffi ac un peth nad yw'r plentyn yn ei hoffi. Daliwch y dewisiadau o flaen y plentyn ac aros iddyn nhw ymateb. Fe allech chi:

- gynnig dewis o fwydydd amser egwyl
- gadael i'r plentyn ddewis pa ddillad i'w gwisgo gyntaf – cap neu fenig? – neu
- cynnig dewis o deganau.

Arhoswch i weld beth fydd y plentyn yn ei wneud: dylech osgoi rôl yr helpwr

Ceisiwch osgoi ymyrryd yn rhy gyflym pan fydd angen cymorth ar blentyn gyda gweithgareddau pob dydd cyfarwydd. Yn lle hynny, arhoswch i weld beth fydd y plentyn yn ei wneud neu'n gofyn amdano. Er enghraifft, arhoswch i weld beth fydd y plentyn yn ei wneud pan:

- mae angen cau botwm neu glymu careiau esgidiau
- mae'r plentyn eisiau mynd allan ac mae angen agor y drws
- mae angen troi'r golau ymlaen
- mae'r plentyn yn sefyll wrth y sinc ar fin golchi ei dwylo, ond nid yw'r tap wedi'i droi ymlaen, neu
- mae rhywbeth wedi'i ollwng ar y llawr.

Mwynhau Dysgu Iaith

E. Gosod terfyn ar derfynau

Gallai ymddangos yn rhyfedd bod gosod terfynau yn ymddangos mewn pennod o'r enw 'Gadael i'r plentyn arwain.' Efallai ei bod yn ymddangos nad yw gosod terfynau yn effeithio fawr ddim ar ddatblygiad iaith. Ac eto, mae'r ffordd y mae'r terfynau hyn yn cael eu gosod, a'r sefyllfaoedd y maen nhw'n cael eu gosod ynddyn nhw, yn gallu cael effaith sylweddol ar faint o ryngweithio sy'n digwydd rhwng yr athro a'r plentyn a faint o ryngweithio sydd rhwng y plentyn â'i gyfoedion.

Nid yw'r drafodaeth hon yn ymwneud ag ymddygiad sy'n amlwg yn anniogel, yn ymosodol neu'n aflonyddgar. Yn hytrach, mae'n ymwneud â'r ymddygiadau hynny sy'n drysu llawer o athrawon. Mae'n ymwneud â'r gwahanol ddulliau y mae athrawon yn eu defnyddio wrth osod terfynau, yn seiliedig ar eu cefndiroedd, eu diwylliannau, eu personoliaethau, eu hwyliau, a'r pwysau sydd arnyn nhw o ddydd i ddydd. Mae hefyd yn ymwneud â rhoi plant mewn sefyllfaoedd sy'n gofyn mwy ohonyn nhw nag y gallan nhw ei roi. Mae'n ymwneud ag annog chwilfrydedd naturiol, digymell, ac archwilio – a pheidio â disgwyl gormod. Mae'n ymwneud â gadael i blant arwain pryd bynnag y bo modd. Mae'n ymwneud â chreu sefyllfaoedd sy'n atal camymddwyn ac sy'n darparu mwy o gyfleoedd ar gyfer rhyngweithio cadarnhaol.

> **Eisteddwch i lawr, plis. Dim dwylo yn eich ceg. Dwylo i aros ar y bwrdd.**
>
> *Roeddwn i eisiau dangos fy nwylo coch, ond well i fi beidio.*

Efallai y bydd plentyn yn awyddus i gychwyn rhyngweithio, ond os yw'n meddwl y bydd yn derbyn ymateb negyddol, ni fydd yn cymryd y risg.

Gadewch i ni ystyried Zoë, plentyn pedair oed â llais uchel iawn. Mae hi'n chwarae gyda chriw o blant yn yr ardal chwarae dramatig. Er nad yw hi'n sylweddoli hynny, mae ei llais i'w glywed ar draws yr ystafell. Mae Joyce, ei hathrawes, yn dweud wrthi am ddefnyddio ei llais 'mewnol', rhywbeth y mae Zoë yn ei wneud am ychydig eiliadau. Ond mae'n ymgolli yn y chwarae, ac mae ei llais yn codi unwaith eto.

Mae Joyce yn dod draw i'r ardal chwarae ac yn dweud wrthi: 'Zoë, wnes i ofyn i ti ddefnyddio dy lais mewnol a wnest ti ddim. Felly bydd yn rhaid i ti fynd i rywle arall, lle fyddi di'n gallu chwarae'n dawel.'

Mae Zoë wedi'i siomi'n fawr. Mae'n cerdded o amgylch yr ystafell, yn benisel, heb ddeall mewn gwirionedd pam ei bod yn cael ei chosbi. Doedd ganddi hi ddim syniad bod ei llais mor uchel. Mae hi'n osgoi Joyce. Ac oherwydd ei bod hi'n teimlo mor anhapus, dydy hi ddim hyd yn oed yn chwarae gyda'r plant eraill.

Yma gallwn weld y cysylltiad rhwng gosod terfynau a datblygiad iaith: gall plant fynd yn siomedig a digalon mewn amgylchedd sy'n gorfodi gormod o derfynau diangen. Mae plant siomedig a digalon yn cychwyn llai o ryngweithio. Ac mae athrawon sy'n gosod terfynau afrealistig yn treulio llawer o amser yn delio â materion ymddygiad a llai o amser yn rhyngweithio'n gadarnhaol â'r plant. Y canlyniad cyffredinol yw plant digalon, llai o ryngweithio cymdeithasol cadarnhaol, a llai o ddysgu iaith.

Mae'r cyfan yn dibynnu ar ddisgwyliadau realistig

Bob dydd, mae plant yn ymddwyn mewn ffyrdd sy'n gallu ymddangos yn amhriodol. Cyn i chi ddod i'r casgliad hwn am ymddygiad plentyn, gofynnwch i chi'ch hun: 'Ydy fy nisgwyliadau'n realistig?'

Mae'n bwysig ystyried oedran y plentyn, cam ei ddatblygiad gwybyddol a datblygiad iaith, a'r sefyllfa gyffredinol.

Sefyllfa 1: Blawd blêr!

Mae Akila, pedair oed, yn chwarae gyda blawd wrth y bwrdd synhwyraidd. Mae hi'n brwsio'r blawd oddi ar ei dwylo mewn ymdrech i'w glanhau. Wrth wneud hynny, mae hi'n creu pwff o 'fwg.' Rhyfeddol! Mae hi'n gwneud hynny eto, ond y tro hwn mae'n curo'i dwylo gyda'i gilydd i gael mwy o effaith. Waw! – pwff mawr braf o 'fwg!' Mae'r plant eraill yn gweld chwarae Akila ac yn ymuno'n syth, gan lenwi'r awyr â chwmwl enfawr o 'fwg' a sgrechian chwerthin. Mae Sue, yr athrawes yn dweud 'Stopiwch! Mae blawd dros y llawr.'

Yn lle rhoi stop ar chwarae'r plant, gofynnwch i chi'ch hun, 'Ydy fy nisgwyliadau yn rhai realistig?'

> Stopiwch plis. Mae blawd ar hyd y llawr i gyd!

Gofynnodd Sue i'w hun: 'Ydy fy nisgwyliadau'n realistig?'

Doedd hi ddim yn siŵr. Penderfynodd felly i osod prawf iddi hi ei hun:

1. **Prawf y tri rheswm da: a oes gennyf dri rheswm da dros stopio'r gweithgaredd hwn?**

   (Nid yw'r prawf hwn yn berthnasol pan fo diogelwch plant dan sylw.)

   Rhesymau Sue dros beidio â chaniatáu'r chwarae gyda'r blawd:

   a. Mae'n gwneud llanast (ddim yn rheswm digon da).

   b. Mae'r plant yn swnllyd (ddim yn rheswm digon da chwaith).

   c. Y...... (methu meddwl am reswm arall!)

2. **Y prawf 'pam maen nhw'n gwneud hyn?'**

   Mae'r plant yn mwynhau achos-ac-effaith curo dwylo a chreu 'cymylau o fwg'. Mae hwn yn ymddygiad normal (a dymunol) iawn.

Ateb amgen:

Caniatáu'r ymddygiad. Gallai Sue ddilyn arweiniad y plant drwy ymuno neu drwy roi sylwadau ar yr hyn y maen nhw'n ei wneud.

Gallai Sue ddilyn arweiniad y plant.

Wedyn, gallai Sue gael y plant i helpu i lanhau'r llanast ar y llawr.

Sefyllfa 2: Aros ac aros … i fynd allan

Mae'n ganol gaeaf ac mae'r plantos yn cael eu helpu i wisgo eu hesgidiau a'u dillad cynnes ar gyfer chwarae yn yr awyr agored. Mae rhai ohonyn nhw'n barod i fynd, ond allan nhw ddim mynd nes bod y lleill yn barod. Wrth iddyn nhw aros, maen nhw'n cynhesu, yn chwyslyd ac yn aflonydd. Mae un plentyn yn gwthio ei ffrind ac un arall yn tynnu cap ei ffrind.

Mae'r crio yn dechrau. Mae Sylvie, un o'r athrawon, yn dweud wrth y plant am setlo ac aros nes bod pawb yn barod.

Mae'n anodd i blant beidio â chynhyrfu pan fydd yn rhaid iddyn nhw aros i fynd allan.

Mwynhau Dysgu Iaith

Gofynnodd Sylvie i'w hun: 'Ydy fy nisgwyliadau'n realistig?'

Yn yr achos hwn, na. Ni ellir disgwyl i blant bach aros yn amyneddgar, yn enwedig pan fyddan nhw wedi gwisgo mor gynnes.

Ateb amgen:

Ceisio osgoi rhoi plant mewn sefyllfaoedd lle na allan nhw ymdopi.

Mae Sylvie yn gwahanu'r plant: mae'r rhai sydd wedi gwisgo'n barod yn mynd allan yn gyntaf gydag athro arall. Nid yn unig y mae hyn yn lleihau rhyngweithio negyddol, ond mae'n cynyddu'r cyfle ar gyfer rhyngweithio cadarnhaol. (Ym mhennod 5, byddwn yn trafod sut i addasu gweithgareddau i annog rhyngweithio.)

Sefyllfa 3: 'Ond dydw i ddim wedi gorffen eto!'

Mae Bihnle, sy'n bedair oed, yn eistedd wrth fwrdd ac wedi bod yn tynnu llun manwl iawn ers chwarter awr. Mae Mark, ei hathro, yn dweud wrthi am dacluso oherwydd ei bod hi'n amser cylch. Ar y dechrau, mae hi'n ei anwybyddu, gan ymdrechu'n galed i orffen y darn olaf o'r llun. Mae Mark yn gweld nad yw hi'n helpu i dacluso, ac mae'n dweud wrthi am roi'r gorau i'r hyn y mae'n ei wneud ar unwaith a mynd i helpu'r plant eraill. Mae Bihnle yn dechrau crio gan ddweud, 'Ond dydw i ddim wedi gorffen eto!'

Gofynnodd Mark i'w hun: 'Ydy fy nisgwyliadau'n realistig?'

Yn yr achos hwn, na. Mae oedolion hefyd yn ei chael yn anodd iawn gadael gweithgaredd y maen nhw wedi ymgolli ynddo. Ac mae'r gallu i ganolbwyntio a dyfalbarhau yn nodweddion cadarnhaol – rhai y mae angen eu cydnabod.

Atebion amgen:

Rhwystro'r sefyllfa. Rhowch ddigon o rybudd i'r plentyn cyn i'r cyfnod pontio ddigwydd.

Cydnabod teimladau'r plentyn. Os nad yw Bihnle wedi gorffen pan fydd hi'n amser tacluso, gallai Mark ddweud, 'Mae'n anodd pan fyddi di eisiau gorffen rhywbeth ond does gen ti ddim digon o amser.'

Ceisio cyfaddawdu pan fo hynny'n bosibl. Gallai Mark adael i Bihnle ymuno â'r cylch pan fydd hi wedi gorffen ei llun. Neu fe allai roi'r llun mewn man lle gallai ddod yn ôl ato yn ddiweddarach, efallai ar ôl y cyfnod gorffwys.

Sefyllfa 4: 'Allwch chi ddim fy nal i!'

Mae Ricardo, dwy oed, yn cerdded yn ôl i'w ystafell ddosbarth o'r ystafell ymolchi gyda Christina, ei athrawes, a dau o blant eraill. Wrth iddyn nhw gerdded drwy ystafell ddosbarth y plant hŷn i fynd yn ôl i ystafell ddosbarth y plant lleiaf, mae'n rhedeg ac yn cuddio y tu ôl i bared. Mae Christina yn ei alw'n ôl, ond mae'n gwenu'n ddireidus ac yn aros yn llonydd. Mae hi'n dweud wrth athro'r plant hŷn y bydd hi'n dod 'nôl i gasglu Ricardo ac yn mynd â'r ddau blentyn arall yn ôl i ystafell ddosbarth y plant lleiaf. Pan ddaw hi'n ôl i gasglu Ricardo, mae'n gafael yn ei law ac yn dweud, 'Dydw i ddim yn hapus pan fyddi di'n rhedeg i ffwrdd ar dy ben dy hun'. Mae Ricardo yn tynnu i ffwrdd ac yn protestio'n uchel.

Gofynnodd Christina i'w hun: 'Ydy fy nisgwyliadau'n realistig?'

Wel, mae'n ymddangos yn afrealistig disgwyl i blant bach wneud popeth yr ydym yn ei ddweud wrthyn nhw. Mae'n ymddangos bod Ricardo yn yr achos hwn yn awyddus i ddechrau chwarae gêm.

Ateb amgen:

Osgoi gwrthdaro: ceisio tynnu sylw yn chwareus. Mae Christina yn cuddio ar ochr arall y pared, ac yn dweud, 'Ble mae Ricardo?' Yna mae hi'n neidio allan, yn edrych dros y pared, ac yn gwichian, 'Dyma fe!' Mae Ricardo wrth ei fodd. Mae'n chwerthin ac yn cwrcwd yn isel wrth i Christina guddio eto. Mae'r gêm yn parhau am dro neu ddau arall. Yna mae Christina yn dweud, 'Dwi'n mynd i dy ddal di. Well i ti redeg!' ac mae hi'n esgus mynd ar ei ôl yr holl ffordd yn ôl i'w hystafell.

Mae Ricardo a Christina yn rhyngweithio'n braf ac yn profi eiliad o agosatrwydd – ac mae Ricardo yn mynd yn ôl i'w ddosbarth.

Sefyllfa 5: Cawlach

Dydy Rashid, sy'n 18 mis oed, ddim yn mwynhau ei ginio. Mae'n rhoi cynnig ar ychydig o gawl, ond nid yw'n mwynhau'r cawl. Mae'n codi rhywfaint o gig ac yn ei daflu i'r llawr. Mae Heather, ei athrawes, yn gweld hyn ac yn dweud, 'Mae'n amlwg nad wyt ti eisiau bwyd.' Mae hi'n ei godi o'r tu ôl yn ddirybudd, yn mynd ag ef at ei gôt, ac yn ei roi i orffwys. Wrth iddi gerdded i ffwrdd, mae Rashid yn dechrau crio.

Gofynnodd Heather i'w hun: 'Ydy fy nisgwyliadau'n realistig?'

Na, nid ar gyfer plentyn 18 mis oed. Mae gan Rashid lawer i'w ddysgu o ran sut i ymddwyn wrth y bwrdd! A gallai Heather ddefnyddio'r sefyllfa hon i ddangos iddo beth ddylai ei wneud gyda'i fwyd pan nad yw'n ei hoffi.

Ateb amgen:

Gosod terfynau mewn ffordd gadarnhaol:

1. Dywedwch wrth y plentyn beth ddylai ei wneud, yn hytrach na beth ddylai ddim ei wneud (e.e., 'Gadawa dy fwyd ar dy blât, Rashid. Edrycha. Ar y plât.').
2. Rhowch reswm dros y terfyn (e.e., 'Rwyt ti'n gwneud llanast pan fyddi di'n taflu bwyd ar y llawr. Llanast mawr!').
3. Atgyfnerthwch ymddygiad priodol (e.e., 'Da iawn Rashid! Mae dy fwyd ar dy blât.').

Crynodeb

Pan fydd athrawon yn gadael i blant arwain trwy wylio, disgwyl, gwrando, a dilyn eu hesiampl, maen nhw'n annog plant i gychwyn rhyngweitho a chymryd rhan weithredol ynddyn nhw. Pan fydd athrawon yn dynwared plant, yn dehongli eu negeseuon, yn gwneud sylwadau perthnasol, ac yn ymuno yn y chwarae, mae rhyngweithio yn fwy o hwyl, ac felly yn para yn hirach gyda mwy yn cymryd eu tro. A phan fydd athrawon yn gosod terfynau dim ond pan fo angen, mae rhyngweithio yn yr ystafell ddosbarth yn parhau i fod yn gadarnhaol, yn digwydd yn aml ac yn brofiad pleserus i bawb.

Mwynhau Dysgu Iaith

Llyfryddiaeth

Bondurant, J.L., Romeo, D.J. & Kretschmer, R. (1983). Language behavior of mothers of children with normal and delayed language. *Language, Speech and Hearing Services in Schools*, 14(4), 233–242.

Bruner, J. S. (1975). The ontogenesis of speech acts. *Journal of Child Language*, 2, 1–19.

Craig, H. K. (1983). Applications of pragmatic language models for intervention. Yn T.M. Gallagher & C.A. Prutting (Gol.), *Pragmatic Assessment and Intervention Issues in Language* (tt. 101–127). San Diego, CA: College-Hill Press.

Deci, E.L. (1980). *The psychology of self-determination*. Lexington, Mass: Lexington Books.

Deci, E.L. & Ryan, R.M. (1985). *Intrinsic motivation and self-determination in human behavior*. Efrog Newydd: Plenum Press.

Duchan, J.F. (1984). Clinical interactions with autistic children: The role of theory. *Topics in Language Disorders*, 4(4), 62–71.

Fey, M.E. (1986). *Language intervention with young children*. San Diego, CA: College Hill Press.

Girolametto, L. (1986). *Developing dialogue skills of mothers and their developmentally delayed children: An intervention study*. Traethawd hir doethuriaeth heb ei gyhoeddi. University of Toronto, Toronto.

Girolametto, L. (1988). Improving the social-conversational skills of developmentally delayed children: An intervention study. *Journal of Speech and Hearing Disorders*, 53, 156–167.

Harris, J. (1984). Teaching children to develop language: The impossible dream. Yn D.J. Müller (Gol.), *Remediating children's language: Behavioral and naturalistic approaches* (tt. 231–242). San Diego: College Hill Press.

Hendrick, J. (1984). *The whole child*. St Louis: Times Mirror/Mosby.

Hubbell, R.D. (1977). On facilitating spontaneous talking in young children. *Journal of Speech and Hearing Disorders*, 42, 216–231.

Hubbell, R.D. (1981). *Children's language disorders: An integrated approach*. Englewood Cliffs, NJ: Prentice Hall.

Lieven, E.M. (1984). Interactional style and children's language learning. *Topics in Language Disorders*, 4(4), 15–23.

Lock, A. (Gol.). (1978). *Action, gesture and symbol: The emergence of language*. Efrog Newydd: Academic Press.

MacDonald, J.D. (1982a). Communication strategies for language intervention. Yn D.P. McLowry, A.M. Guilford & S.O. Richardson (Gol.), *Infant communication: Development, assessment and intervention* (tt. 83–146). Efrog Newydd: Grune and Stratton.

MacDonald, J.D. (1982b). *Language through conversation: A communication model for language intervention*. Nisonger Center, Ohio State University.

Mahoney, G.J. (1975). Ethological approach to delayed language acquisition. *American Journal of Mental Deficiency*, 80 (2), 139–148.

McDonald, L. & Pien, D. (1982). Mother conversational behavior as a function of interactional intent. *Journal of Child Language*, 9, 337–358.

McLean, J., & Snyder-McLean, L.A. (1978). *A transactional approach to early language training*. Columbus, Ohio: Charles E. Merrill.

Newhoff, M. & Browning, J. (1983). Interactional variation: A view from the language disordered child's world. *Topics in Language Disorders*, 4(1), 49–60.

Prutting, C. (1982). Pragmatics as social competence. *Journal of Speech and Hearing Disorders*, 47, 123–134.

Schaffer, H.R. (1984). *The child's entry into a social world*. Llundain: Academic Press.

Snow, C.E. (1984). Parent-child interaction and the development communicative ability. Yn R.L. Schiefelbusch & J. Pickar (Gol.), *The acquisition of communicative competence* (tt. 69–107). Baltimore: University Park Press.

Snow, C.E., Midkiff-Borunda, S., Small, A. & Proctor, A. (1984). Therapy as social interaction: Analyzing the contexts for language remediation. *Topics in Language Disorders*, 4(4), 72–85.

Sugarman, S. (1984). The development of preverbal communication: Its contribution and limits in promoting the development of language. Yn R.L. Schiefelbusch & J. Pickar (Gol.), *The acquisition of communicative competence* (tt. 23–67). Baltimore: University Park Press.

Wells, G. (1981). *Language through interaction*. Efrog Newydd: Cambridge University Press.

Wells, G. (1986). *The meaning makers: Children learning language and using language to learn*. Portsmouth, New Hampshire: Heinemann.

Cymryd tro gyda'n gilydd: helpu plant i ddod yn bartneriaid sgwrsio

Mae plant yn dysgu rheolau sgwrsio trwy gymryd rhan mewn rhyngweithiadau.

A. Mae oedolion yn helpu plant i ddysgu rheolau sgwrsio

Mae sgyrsiau gyda phlant yn dechrau ar enedigaeth, ymhell cyn i fabanod ddeall unrhyw eiriau. Er y gall y sgyrsiau hyn fod yn unochrog ar y dechrau (h.y., chi sy'n gwneud y rhan fwyaf o'r cyfathrebu), maen nhw'n darparu'r sylfaen ar gyfer holl sgyrsiau plentyn yn y dyfodol. Yn y sgyrsiau cynnar hyn, mae plant yn clywed eu gofalwyr yn siarad, ac yn cyfrannu at y sgyrsiau hyn gan ddefnyddio'r sgiliau cyfathrebu sydd ar gael iddyn nhw. Trwy'r rhyngweithio hwn, mae plant yn dysgu i gyfathrebu ac, yn y pen draw, i ddefnyddio iaith. Eich tasg fel addysgwr yw helpu plant i ddysgu sut i ryngweithio a sgwrsio, gan ddechrau o'r adeg y maen nhw'n cael eu geni.

Mae dysgu cymryd rhan mewn sgwrs yn broses gymhleth. Mae sgwrs fel gêm ar gyfer dau neu fwy o chwaraewyr – gêm sy'n cael ei gwneud yn gymhleth oherwydd y rheolau niferus. Yr unig ffordd y gall chwaraewyr dibrofiad (babanod a phlant ifanc) ddysgu'r rheolau hyn yw trwy chwarae'r gêm gyda chwaraewr mwy profiadol (fel chi). Unwaith y byddan nhw'n dysgu'r rheolau sylfaenol, mae eu gallu i gymryd rhan mewn sgwrs yn gwella, gan gynyddu eu cyfleoedd i ddysgu iaith.

Dyma rai o reolau'r 'gêm sgwrsio':

- Cychwyn rhyngweithiadau, neu ymateb pan fydd eraill yn cychwyn.
- Cymryd tro ar yr amser priodol.
- Rhoi cyfle i'r person arall gymryd tro.
- Rhoi sylw i'r siaradwr.
- Parhau â'r sgwrs drwy gymryd tro ychwanegol ar y pwnc.
- Anfon negeseuon clir.
- Datrys camddealltwriaeth.
- Cadw at y pwnc (ddim mor hawdd ag y mae'n swnio!).
- Cychwyn pwnc newydd, pan fo'n briodol.

Er ein bod yn disgwyl i blant gael anhawster i ddilyn yr holl reolau hyn, mae'n bwysig nodi bod oedolion yn cael anhawster i'w dilyn hefyd! Meddyliwch am yr oedolion rydych chi'n eu hadnabod sy'n siarad gormod neu sy'n torri ar draws pan fyddwch chi'n ceisio siarad. Maen nhw'n gyson yn torri'r rheol o roi tro i eraill. Mae pobl sydd ddim yn edrych arnoch chi yn ystod sgwrs yn torri'r rheol o roi sylw i'r siaradwr (gan wneud i chi deimlo'n anghyfforddus yr un pryd). Pan fydd rhywun yn newid y pwnc yn sydyn neu'n mwmian, mae ef neu hi yn torri'r rheolau o gadw at y pwnc ac anfon negeseuon clir.

Fel y partner sgwrsio mwy profiadol, mae eich gwaith chi yn ddeublyg. Yn gyntaf, sicrhau bod plentyn yn cael cyfle yn aml i ryngweithio ac, yn ail, wrth ryngweithio ag ef, i'w helpu i aros yn y gêm a dysgu rheolau'r gêm. Ym mhennod 3, fe roddwyd canllawiau ar sut i ddechrau rhyngweithio trwy ddilyn arweiniad y plentyn. Yn y bennod hon, byddwch yn dysgu sut i ymestyn y rhyngweithiad. Mae'r sgil hon yn bwysig i bob plentyn, ond yn enwedig i gyfathrebwyr amharod ac i blant sydd ag oediad iaith.

Cefnogi plant i gymryd eu tro

Mae'r strategaethau a ddefnyddiwch i gefnogi plant wrth iddyn nhw ddysgu'r gêm sgwrsio yn debyg i'r sgaffaldiau sy'n cynnal adeilad tra'i fod yn cael ei adeiladu. Wrth i'r gwaith adeiladu fynd rhagddo, mae'r waliau a'r strwythurau cynhaliol yn cael eu creu. Wrth i'r adeilad ddechrau cynnal ei hun, mae'r sgaffaldiau'n cael eu tynnu'n raddol nes eu bod yn diflannu'n llwyr. Mae oedolion hefyd yn defnyddio sgaffaldiau sgwrsio pan fyddan nhw'n rhyngweithio â phlant, gan gymryd eu tro mewn ffyrdd sy'n ei gwneud yn hawdd i blant gymryd eu tro nhw.

Ar y dechrau, bydd oedolion yn cynnig digon o gynhaliaeth i sicrhau bod plant yn cymryd eu tro yn llwyddiannus. Er enghraifft, rydyn ni'n derbyn gweithred, sŵn neu fynegiant wyneb y mae'r plentyn yn ei wneud, er nad yw'r plentyn eto'n deall beth mae i fod i'w wneud. Wrth iddo ddod yn bartner sgwrsio mwy profiadol, rydyn ni'n defnyddio llai o gynhaliaeth a chynhaliaeth wahanol, gan sicrhau bob amser ein bod yn ei gwneud mor hawdd â phosibl iddo gymryd ei dro. Os nad yw'n gallu cymryd tro oherwydd nad yw'n deall yr hyn rydyn ni wedi'i ddweud wrtho, rydyn ni'n ei ddweud eto'n araf neu'n newid ein ffordd o ofyn, gan wneud yn siŵr ei fod yn gallu cymryd ei dro a'i fod yn aros yn y sgwrs.

Mae llawer o blant sydd ag oediad iaith, hyd yn oed y rhai sy'n Ddefnyddwyr Brawddegau, yn dal i fod angen oedolion i'w cefnogi yn ystod sgwrs oherwydd gall eu sgiliau sgwrsio a deall cyfyngedig ei gwneud yn anodd iddyn nhw wybod pryd a sut i gymryd tro.

> **Mae plant yn gallu cyfrannu cymaint mwy pan fyddwch chi'n eu cefnogi wrth ryngweithio.**

Mae athrawon yn gallu helpu plant i ddod yn bartneriaid cyfartal mewn sgwrs.

B. Gosod y sylfaen ar gyfer cynnal sgwrs: trin Darganfyddwyr fel rhai sy'n cymryd tro

Mae ymennydd babanod wedi'i greu ar gyfer dysgu iaith. Dim ond trwy ryngweithio, fodd bynnag, y gallan nhw ddechrau dysgu. Heb sylweddoli hynny, mae oedolion sy'n rhoi gofal yn ymgysylltu â Darganfyddwyr (boed yn fabanod neu'n blant ifanc sydd ag oediad iaith) mewn rhyngweithiadau trwy eu trin fel rhai sy'n cymryd tro. Yn y cyfnod cynnar hwn, mae unrhyw beth yn cyfrif fel tro – ddefnyddio'r llygaid, tynnu wyneb, dylyfu gên, sŵn, neu hyd yn oed symud y corff! Trwy gael ei drin fel rhywun sy'n cymryd tro, mae'r Darganfyddwr yn gallu bod yn rhan o fyd rhyfeddol rhyngweithio.

Gallwch osod y sylfaen ar gyfer cynnal sgwrs os ydych yn:
- Siarad â Darganfyddwyr fel pe bydden nhw'n gallu siarad â chi
- Gosod y llwyfan ar gyfer sgwrs: helpu'r plentyn i feithrin sylw ar y cyd
- Gwneud gweithgareddau cymdeithasol yn rhan o'ch gwaith rhyngweithio o ddydd i ddydd
- Ei gwneud yn hawdd i'r Darganfyddwr gymryd tro mewn gweithgareddau cymdeithasol
- Creu gweithgareddau cymdeithasol mewn ymateb i ddiddordebau, synau a gweithredoedd y plentyn

Siarad â Darganfyddwyr fel pe bydden nhw'n gallu siarad â chi

Os ydych yn gwylio gofalwr yn rhyngweithio â babi ifanc iawn, byddwch yn gweld sut mae'r gofalwr yn trin bron unrhyw beth y mae'r babi yn ei wneud fel pe bai'n ymgais i gyfathrebu. Pan fydd y babi yn torri gwynt, mae'r gofalwr yn dweud, 'O, am sŵn mawr! Wyt ti'n teimlo'n well rwan?' Pan mae'n dychryn mewn ymateb i sŵn uchel, mae hi'n dweud, 'Beth oedd y sŵn mawr yna?'

Pan fydd y gofalwr yn ymateb, nid yw'n siarad fel y byddai hi gyda phlentyn hŷn. Yn hytrach, mae'n siarad ac yn animeiddio, gan orliwio ei llais a'i mynegiant wyneb er mwyn dal sylw'r plentyn a'i gael i ymateb eto. Mae'r egwyddor o 'siarad â'r plentyn fel pe bai'n gallu siarad â chi' yn berthnasol nid yn unig i fabanod sy'n datblygu'n nodweddiadol ond i unrhyw Ddarganfyddwr sydd eto i ddarganfod ei bŵer i effeithio ar eraill.

Byddwch yn sylwi pan fydd gofalwyr yn siarad â Darganfyddwyr, maen nhw'n gofyn llawer o gwestiynau. Er enghraifft, os ydych chi'n tisian a phlentyn yn edrych arnoch chi mewn syndod, byddech chi'n gofyn yn hollol reddfol, 'Wnes i dy ddychryn di?' yn hytrach na dweud 'Wnes i dy ddychryn di'. Er nad yw babanod ar y cam hwn o ddatblygiad iaith yn deall ystyr y geiriau, mae patrwm goslef esgynnol y cwestiwn yn ymddangos yn ddiddorol iddyn nhw wrando arno ac yn helpu i gadw eu sylw.

Pan fyddwch chi'n trin ymddygiad Darganfyddwr fel pe bai'n fwriadol, rydych chi'n sefydlu patrwm o gymryd tro ymhell cyn bod ganddyn nhw unrhyw syniad beth yw ystyr cymryd tro. Rydych chi'n rhoi tro iddo, er nad yw'n gwybod hynny. Mae'r rhyngweithio hwn yn dechrau fel rhywbeth unochrog iawn oherwydd mai chi sy'n cymryd tro amlaf.

Mwynhau Dysgu Iaith

© 2024, *Hanen Early Language Program.* Cedwir pob hawl.

Wrth i fabi ddatblygu, rydych chi'n disgwyl mwy a mwy ganddo. Erbyn saith mis, mae'r babi wedi dod yn fwy rhyngweithiol ac mae'n gallu gwneud amrywiaeth o synau bablan. Nawr, gallwch chi gael 'sgyrsiau' hir gydag ef, gan wneud synau i'ch gilydd yn eich tro. Unwaith y bydd y babi yn gallu gwneud hyn, rydych chi'n aros am y mathau hynny o synau pan fyddwch chi'n ceisio cael y babi i gymryd tro, gan beidio â derbyn torri gwynt neu beswch fel tro.

O, rwyt ti'n hoffi fy sbectol i!

Mae gan Matthew oedi datblygiadol ac mae ar y cam Darganfyddwr. Er nad yw eto'n anfon negeseuon uniongyrchol, mae ei athrawes yn ei drin fel rhywun sy'n cymryd tro ac yn dehongli ei weithredoedd fel rhywbeth ystyrlon.

Gosod y llwyfan ar gyfer sgwrs: helpu i ddatblygu sylw ar y cyd

Yn gynnar iawn, mae Darganfyddwyr yn dod i ddeall sut i ryngweithio wyneb yn wyneb. Maen nhw'n dysgu edrych arnoch chi, gwneud synau yn ôl ac ymlaen, ac maen nhw wrth eu bodd yn chwarae gemau wyneb yn wyneb fel 'Pi-po'. Fodd bynnag, mae'n cymryd mwy o amser i sefydlu rhyngweithiadau sy'n ymwneud â theganau a gwrthrychau eraill. Mae hynny oherwydd nad yw'r plentyn yn gallu sefydlu sylw ar y cyd eto.

Gall naill ai roi sylw i chi neu i'r gwrthrych, ond nid i'r ddau. Mae pennod 3 tudalennau 85–88, yn disgrifio strategaethau y gallwch eu defnyddio i ymuno â Darganfyddwr a'i helpu i ddatblygu sylw ar y cyd. Er enghraifft, er mwyn ennyn diddordeb plentyn mewn tedi, mae'n rhaid i chi gael sylw'r plentyn yn gyntaf, felly efallai y bydd yn rhaid i chi:

- alw enw'r plentyn sawl gwaith
- gwneud wynebau doniol
- ysgwyd y tedi o'i flaen
- cyffwrdd ag ef yn chwareus â'r tedi dro ar ôl tro, neu
- dweud, 'Dyma'r tedi!' a dod â'r tedi i mewn o'r ochr.

Mae'n debygol y bydd yn rhaid i chi gymryd sawl tro cyn cael ymateb. Fodd bynnag, cyn gynted ag y bydd y plentyn yn dangos rhywfaint o ddiddordeb trwy edrych ar yr arth neu estyn amdano, rydych chi'n trin yr ymateb hwn fel ei dro. Yna, unwaith eto, rydych chi'n cymryd sawl tro i geisio ei fachu i gymryd tro arall, gan ddefnyddio symudiadau, mynegiant wyneb, ystumiau, a gorliwio'r llais. Yn raddol, mae'n dod i adnabod ac ymateb i'r ciwiau hyn yn fwy cyson, gan arwain at ryngweithio a all fynd yn ôl ac ymlaen am sawl tro.

Mae'r angen i helpu Darganfyddwyr i ddatblygu sylw ar y cyd yn berthnasol i blant sydd ag oediad iaith a rhai sydd heb oedi o'r fath. Weithiau, bydd plentyn hŷn sydd ag oediad iaith ar yr un cam o ddatblygiad cyfathrebu â phlentyn ifanc iawn, fel y gwelwch gyda Mila yn y disgrifiad isod.

Mae Mila yn Ddarganfyddwr dwy oed gydag oedi datblygiadol sylweddol. Mae ei hathrawes, Miriam, yn ei chael hi'n anodd iawn ymgysylltu â hi. Mae Mila wrth ei bodd pan fydd Miriam yn chwythu swigod tuag ati ac mae'n ceisio dal y swigod wrth iddyn nhw hedfan i ffwrdd. Pan mae hi eisiau i Miriam chwythu mwy o swigod, dydy Mila ddim yn edrych arni – mae hi'n cydio yn y botel neu'r ffon ac yn gwneud synau. Nawr mae Miriam eisiau annog sylw ar y cyd yn y sefyllfa naturiol, ryngweithiol hon, er mwyn i Mila allu dysgu defnyddio cyswllt llygad i ofyn am fwy o swigod ac i rannu ei chyffro.

Felly, bydd angen i Miriam:

- *bod wyneb yn wyneb â Mila i'w gwneud hi'n hawdd iddi edrych arni*
- *oedi ar ôl chwythu'r swigod i roi cyfle i Mila gymryd tro*
- *denu sylw Mila yn syth pan fydd Mila yn cymryd seibiant, a chyn gynted ag y bydd Mila yn sefydlu cyswllt llygad sydyn â hi, dweud 'Mwy o swigod! IAWN!' a chwythu mwy o swigod*
- *dilyn ffocws diddordeb Mila trwy bwyntio at y swigod mae hi'n ceisio eu dal a gwneud sylwadau bywiog, gan wneud yn siŵr ei bod hi'n ddigon agos i Mila wneud cyswllt llygad â hi*
- *tynnu sylw Mila at un swigen benodol (a allai, er enghraifft, fod wedi glanio ar y llawr), mewn ymdrech i gael Mila i edrych ar yr hyn y mae'n cyfeirio ato*
- *dynwared ei gweithredoedd a'i synau, a all ei hysgogi i wneud cyswllt llygad â hi, a*
- *parhau i oedi'n ddisgwylgar i annog Mila i gymryd tro'n amlach.*

Mae Miriam yn helpu Mila i ddatblygu sylw ar y cyd trwy ofyn 'mwy o swigod?' ac yn aros yn ddisgwylgar i Mila edrych arni. Yna mae Miriam yn dehongli'r edrychiad yn frwd fel cais i barhau.

> Mwy o swigod?
>
> Rwyt ti eisiau mwy o swigod!
>
> Aaaa

Mwynhau Dysgu Iaith

Er na allwch *ddysgu* plentyn i sefydlu sylw ar y cyd, gallwch gefnogi rhyngweithio mewn ffyrdd sy'n annog ei ddatblygiad. Mae'n rhaid i chi weithio'n galed i wneud eich hun yn bartner sgwrsio diddorol a bywiog, sy'n deall beth yw diddordebau'r plentyn. Ac mae'n rhaid i chi ei gwneud hi'n hawdd i'r plentyn eich deall chi.

Mae'n gallu bod yn waith caled ennyn diddordeb plant sy'n newydd i'r gêm sgwrsio, ond mae'r canlyniadau'n gallu bod yn eithaf dramatig. Pan ddaw plentyn yn bartner sgwrsio gweithredol a pharod, bydd yn profi pŵer a phleser rhyngweithio cymdeithasol. Gallwch chi, heb deimlo'n rhwystredig bellach, ddechrau ei weld fel partner sgwrsio â photensial. Pan fyddwch chi'n sefydlu cyfnod o ryngweithio fel bod y plentyn yn dod yn gyfranogwr gweithredol, bydd y ddau ohonoch chi'n mwynhau bod gyda'ch gilydd.

Pan fyddwch chi'n sefydlu rhyngweithiad fel bod y plentyn yn dod yn gyfranogwr gweithredol, bydd y ddau ohonoch chi'n mwynhau bod gyda'ch gilydd.

Gwneud gweithgareddau cymdeithasol yn rhan o'ch rhyngweithio o ddydd i ddydd

Mae babanod a phlant sy'n ddibrofiad o ran cymryd tro yn dysgu llawer o ryngweithiadau cyfarwydd, ailadroddus, rhagweladwy sy'n cynnwys awgrymiadau clir ynghylch pryd i gymryd tro. Mae'r rhyngweithiadau neu'r 'gweithgareddau cymdeithasol' hyn, fel 'Pi-po' a 'Gee Ceffyl Bach', yn rhan bwysig o ryngweithio cymdeithasol cynharaf plant. Nid yn unig y maen nhw'n hwyl, ond maen nhw hefyd yn rhoi cyfleoedd i blant ryngweithio â chi er mwyn cael pleser o'ch cwmni. Trwy'r rhyngweithiadau hyn a gefnogir yn ofalus, mae plant yn dysgu hanfodion cymryd tro ac yn dod i gysylltiad ag iaith syml, ailadroddus sy'n eu helpu i ddysgu eu geiriau cyntaf. Bydd hyd yn oed plentyn sydd ag oediad datblygiadol neu oediad iaith sylweddol yn gallu cymryd ei dro o fewn amgylchedd cymdeithasol addas. Os yw plentyn yn rhy hen i 'Pi-po' a 'Gee Ceffyl Bach', gallwch greu gweithgareddau i gyd-fynd â'i oedran a'i ddiddordebau, a chynnwys cyfleoedd iddo gymryd ei dro.

Mae gweithgareddau cymdeithasol yn gwneud cymryd tro yn hawdd i blant yn ystod camau cynnar datblygiad cyfathrebu oherwydd:
- mae gan y gweithgareddau ffordd benodol o gael eu cynnal
- dim ond ychydig o symudiadau, seiniau neu eiriau y maen nhw'n eu cynnwys
- mae'r 'cymryd tro' yn hawdd i'w ragweld ac yn ailadroddus
- mae tro pob person wedi'i ddiffinio'n glir, a
- mae ciwiau amlwg sy'n 'dweud' wrth y plentyn am gymryd tro.

Mae gweithgareddau cymdeithasol yn digwydd mewn dau gyd-destun:

- **gemau cymryd tro syml** a gyflwynir gan yr oedolyn (e.e., 'Pi-po', estyn gwrthrychau yn ôl ac ymlaen), a
- **gweithgareddau cymryd tro ailadroddus, chwareus** y mae oedolyn yn eu creu bob dydd – gweithgareddau fel amser bwyd, amser bath, gwisgo, neu fynd i'r toiled. Mae'r gweithgareddau hyn bob amser yn adeiladu ar ddiddordebau, synau neu weithredoedd y plentyn.

Ei gwneud yn hawdd i'r Darganfyddwr gymryd tro mewn gweithgareddau cymdeithasol

Mae gemau fel 'Pi-po' a chaneuon fel 'Gee Ceffyl Bach' a 'Rhwyfo'r Cwch' yn rhan bwysig o ryngweithiadau cymdeithasol cynharaf Darganfyddwr. Oherwydd i ddechrau does ganddo ddim syniad beth mae i fod i'w wneud, mae'n rhaid i chi wneud y rhan fwyaf o'r gwaith. I ddechrau, mae'n rhaid i chi gael ei sylw. Felly actiwch, byddwch yn glown, a gwnewch yn siŵr eich bod yn rhywun ddiddorol i edrych arno a gwrando arno. Mae'n rhaid i chi fod yn dipyn o ddiddanwr ar y dechrau!

Rydych chi'n helpu Darganfyddwyr i gymryd tro mewn gweithgaredd cymdeithasol os ydych chi'n:

- Cael sylw'r plentyn
- Chwarae'r gêm neu'n canu'r gân o'r dechrau i'r diwedd ychydig o weithiau
- Rhoi ciw i'r plentyn gymryd ei dro
- Trin unrhyw ymateb – fel symud, gwên, cic, torri gwynt, sŵn neu syllu – fel petai'r plentyn wedi cymryd ei dro
- Cymryd tro ar ran y plentyn os nad yw'n ymateb, yna'n parhau gyda'r gêm
- Unwaith y bydd yn adnabod y gêm yn dda, rydych yn disgwyl i'r plentyn gymryd tro cyson

Cael sylw'r plentyn

Ewch wyneb yn wyneb, galw enw'r plentyn mewn ffordd fywiog, a'i gyfarch. Os yw'r gêm yn cynnwys tegan, dangoswch y tegan iddo.

Chwarae'r gêm neu'n canu'r gân o'r dechrau i'r diwedd ychydig o weithiau

Chwaraewch y gêm ychydig o weithiau i gael y plentyn yn gyfarwydd â hi, heb ddisgwyl iddo wneud unrhyw beth penodol. Gwnewch yn siŵr eich bod yn fywiog ac yn ddiddorol fel ei fod yn talu sylw i'r hyn rydych chi'n ei wneud. Unwaith y daw'n gyfarwydd â sut mae'r gêm yn cael ei chwarae, bydd yn gallu cymryd ei dro yn well.

Rhoi ciw i'r plentyn gymryd ei dro

Y tro nesaf y byddwch chi'n chwarae'r gêm, stopiwch mewn man priodol ac edrychwch yn ddisgwylgar ar y plentyn, fel eich bod yn dweud, 'Dy dro di i wneud rhywbeth!' Er enghraifft, os ydych chi wedi bod yn chwythu'n hwyliog ar fol y babi, cymerwch saib cyn chwythu eto ac aros yn ddisgwylgar i roi ciw i'r plentyn wneud rhywbeth i ddweud wrthych i wneud hynny eto. Os ydych wedi bod yn canu cân, stopiwch ar ddiwedd y gân, edrychwch yn ddisgwylgar, ac arhoswch i'r plentyn roi gwybod i chi y dylech ddal ati.

Trin unrhyw ymateb – fel symud, gwên, cic, torri gwynt, sŵn neu syllu – fel petai'r plentyn wedi cymryd ei dro

Pan fydd y plentyn yn sylweddoli ei fod yn cael effaith bendant ar eich ymddygiad trwy gicio ei draed neu wneud sŵn, bydd yn ei wneud eto – yn fwriadol.

Cymryd tro ar ran y plentyn os nad yw'n ymateb, yna'n parhau gyda'r gêm

Hyd yn oed os na fydd y plentyn yn cymryd ei dro, cadwch y gêm i fynd. Os arhoswch ychydig eiliadau ac nad yw'r plentyn yn ymateb, daliwch ati i chwarae'r gêm. Os yw'n edrych fel nad oes gan y plentyn ddiddordeb yn y gêm, rhowch gynnig ar gêm newydd.

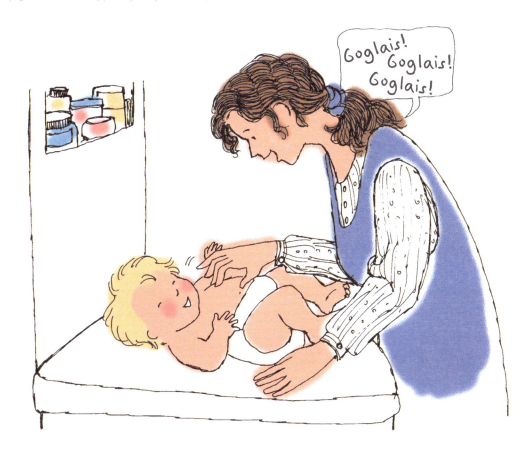

Mae Lewys wrth ei fodd â'r gêm goglais.

Unwaith y bydd yn adnabod y gêm yn dda, rydych yn disgwyl iddo gymryd tro cyson

Pan fyddwch chi wedi chwarae'r gêm dro ar ôl tro a'r plentyn wedi dod i'w hadnabod yn dda, bydd yn dechrau cyffroi wrth ragweld y rhannau 'hwyliog'. Er enghraifft, ychydig cyn y 'Cwympo ni'n dau' yn 'Gee Ceffyl Bach,' bydd yn symud yn gyffrous oherwydd ei fod yn gwybod bod y darn gorau ar fin dod – a'i dro ef fydd y symudiad hwnnw.

Mae Darganfyddwr hŷn sydd ag oediad iaith hefyd yn elwa ar weithgareddau cymdeithasol. Pan mae Shona yn aros yn ddisgwylgar wrth chwarae 'Gee Ceffyl Bach,' mae Habib yn cymryd tro trwy ysgwyd ei droed gan ragweld y bydd yn 'cwympo'.

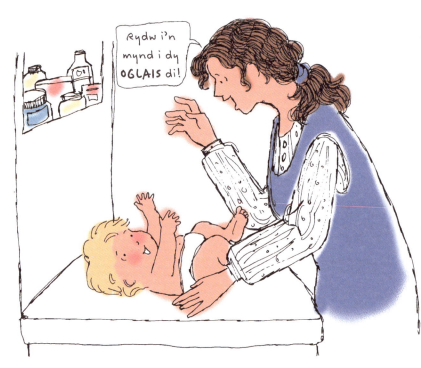

Ar ôl 'gollwng' Lewys sawl gwaith, mae Lena yn stopio ac yn aros yn ddisgwylgar gyda'i llaw yn yr awyr i roi ciw i Lewys i gymryd tro. Mae Lewys yn agor ei lygaid yn llydan ac yn symud ei gorff gan ragweld yr hyn sydd i ddod. Mae Lena yn dehongli symudiad Lewys fel 'Rydw i mor gyffrous – gwna fe eto!' Ac mae'r gêm yn parhau.

Mae Darganfyddwr hŷn sydd ag oediad iaith hefyd yn elwa ar weithgareddau cymdeithasol. Pan mae Shona yn aros yn ddisgwylgar wrth ddweud wrth Habib ei bod hi am ysgwyd bodiau ei draed, mae Habib yn cymryd tro trwy ysgwyd ei droed gan ragweld beth sy'n mynd i ddigwydd.

Mwynhau Dysgu Iaith

Creu gweithgareddau cymdeithasol mewn ymateb i ddiddordebau, synau a gweithredoedd y plentyn

Ym mhennod 3, tudalen 86, fe ddysgoch chi sut i ymuno â chwarae Darganfyddwr trwy ganolbwyntio ar ffocws y plentyn a gwneud y gêm yn fwy diddorol. Gallwch:

- ddynwared symudiadau a synau'r plentyn,
- dewis tegan sydd o ddiddordeb i'r plentyn a'i symud fel petai'n 'fyw',
- gwneud eich hun yn rhan o'r tegan,
- cyflwyno'r elfen o siawns i'r gêm, neu
- chwarae'r gêm 'rwyt ti'n ei roi i mi a dwi'n ei roi i ti'.

Gellir troi'r sefyllfaoedd hyn yn weithgareddau cymdeithasol sydd wedyn yn dod yn gyfleoedd gwych i chi annog cymryd tro. Yr allwedd yw aros yn ddisgwylgar ar ôl eich tro chi. Fel hyn, rydych chi'n rhoi ciw i'r plentyn i ymateb mewn ffordd y gallwch chi ei ddehongli fel cais i chi gymryd tro arall.

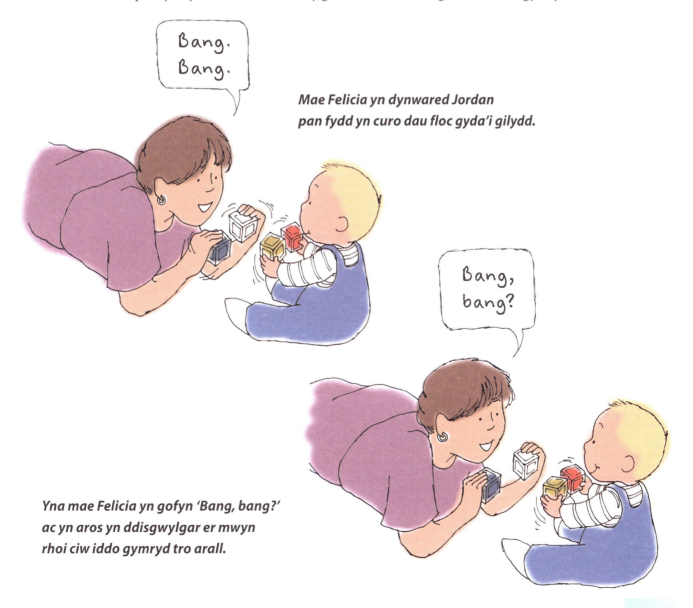

Mae Felicia yn dynwared Jordan pan fydd yn curo dau floc gyda'i gilydd.

Yna mae Felicia yn gofyn 'Bang, bang?' ac yn aros yn ddisgwylgar er mwyn rhoi ciw iddo gymryd tro arall.

C. Adeiladu sgwrs: disgwyl troeon mwy cyson, penodol gan Gyfathrebwyr

Mae Cyfathrebwr yn gymharol brofiadol o ran cymryd tro. Yn y cam cynnar hwn, mae wedi dysgu'r rheolau sgwrsio pwysig canlynol:

- Rhoi sylw i'r siaradwr.
- Cymryd tro ar yr amser priodol.
- Rhoi cyfle i'r person arall gymryd tro.
- Parhau â'r sgwrs drwy gymryd tro ychwanegol.

Erbyn 10 mis oed, mae Cyfathrebwr wedi datblygu sylw ar y cyd (gweler pennod 3, tudalen 85) ac yn gallu cymryd tro ar bwnc a rennir. Mae ei gyfleoedd i ddysgu am y byd trwy ryngweithio yn ddiddiwedd erbyn hyn ac mae eich rhyngweithio ag ef yn dod yn fwy amrywiol. Cyn hyn, roedd yn anodd chwarae gyda'ch gilydd gyda theganau oherwydd ni allai roi sylw i chi a'r tegan. Nawr, gallwch chi naill ai ymuno yn ei chwarae neu gael y plentyn i ymuno â'ch chwarae chi. Gallwch chi ddangos pethau diddorol iddo, fel sut mae jac-yn-y-bocs yn gweithio neu ble i roi'r darn o bos, cyn belled â bod ganddo ddiddordeb. Nid oes rhaid i chi weithio mor galed erbyn hyn i gynnal y sgwrs.

Mae Jason yn dal i edrych ar Liwsi, ei athrawes. Mae'n gwneud yn siŵr bod y ddau yn dal i ganolbwyntio ar y toes. Mae ei allu i gadw sylw ar y cyd yn gwneud chwarae a rhyngweithio â Jason gymaint yn haws i Liwsi!

Rhoi digon o ymarfer i'r Cyfathrebwr gyda gweithgareddau cymdeithasol

Mae gweithgareddau cymdeithasol yn chwarae rhan hollbwysig drwy helpu Cyfathrebwyr i ddysgu cymryd yr awenau mewn rhyngweithiadau. Maen nhw hefyd yn darparu cyfleoedd i Gyfathrebwyr ymarfer eu sgiliau cymryd tro datblygol ac i ddysgu geiriau newydd. Gall cyfathrebwyr gymryd tro penodol mewn gweithgareddau cymdeithasol, fel gwneud sain arbennig neu berfformio gweithred benodol. Yn yr un modd â Darganfyddwyr, gall gweithgareddau cymdeithasol Cyfathrebwyr ddigwydd naill ai mewn gemau rydych chi'n eu cyflwyno neu mewn gweithgareddau lle rydych chi'n adeiladu ar ddiddordebau, sain, neu weithredoedd y plentyn.

Helpwch y Cyfathrebwr i ymarfer cymryd tro mewn gweithgareddau cymdeithasol trwy:
- Roi gwybod pa dro rydych yn disgwyl i'r plentyn ei gymryd
- Rhoi ciw i'r plentyn gymryd tro
- Amrywio gweithredoedd neu eiriau'r drefn, yn enwedig pan fydd ei ddiddordeb yn dechrau pylu
- Creu gweithgareddau newydd drwy adeiladu ar ddiddordebau'r plentyn
- Cefnogi ymdrech y plentyn i gychwyn arferion neu weithgaredd

---

Gwybod pa dro rydych chi'n disgwyl i'r plentyn ei gymryd

Mewn unrhyw weithgaredd cymdeithasol, mae'n rhaid i chi feddwl pa dro y gall y plentyn ei gymryd – ac yna disgwyl y tro hwnnw bob tro y byddwch chi'n chwarae'r gêm.

Mae Cyfathrebwr yn gallu cymryd ei dro trwy berfformio gweithredoedd sy'n rhan o drefn – bydd yn siglo yn ôl ac ymlaen i ddweud wrthych am ganu 'Rhwyfo'r Cwch' eto neu bydd yn gwneud synau ar yr amser iawn i ddweud wrthych chi i barhau i ganu cân. Os na fyddwch chi'n parhau â'r gweithgaredd, mae'r plentyn yn cynhyrfu gan anfon negeseuon cryfach ar frys nes i chi barhau.

I helpu Cyfathrebwr i gymryd ei dro, cofiwch y pwyntiau canlynol:

- **Bydd plentyn yn mwynhau cymryd tro sy'n cynnwys perfformio gweithred 'hwyliog' yn y gêm.** Mae gemau sy'n cynnwys gweithredoedd cyfarwydd, fel codi breichiau ar gyfer 'hwrê', neu feimio gweithred, fel brwsio dannedd neu canu corn y bws (yn 'Olwynion ar y bws yn troi a throi') yn enghreifftiau o weithredoedd 'hwyliog' y bydd Cyfathrebwr yn gallu eu perfformio mewn gêm.

- **Y tro llafar (gair) neu leisiol (sain) hawsaf i blentyn ei gymryd yw'r gair neu'r sain olaf mewn brawddeg.** Mae'n haws i blentyn lenwi sain neu air ar ddiwedd y frawddeg nag ydyw ar y dechrau neu'r canol. Mae hyn oherwydd bod rhan gyntaf y frawddeg yn rhoi'r awgrym i'r plentyn am yr hyn sydd i ddod. Felly, rydych chi'n gadael i'r plentyn lenwi'r 'bwlch' ar ddiwedd brawddeg trwy oedi cyn y gair olaf hwnnw. Er enghraifft, yn y gân 'Mi Welais Jac y Do,' mae dwy frawddeg yn gorffen gyda'r geiriau 'ben' neu 'pren': 'Het wen ar ei ... ben / A dwy goes ... bren.' Mae'n rhesymegol disgwyl y bydd y plentyn yn llenwi'r bwlch ar gyfer y geiriau 'ben' a 'pren' ar ddiwedd y brawddegau hynny.

- **Ddylech chi ddim disgwyl i blant ynganu'r geiriau'n berffaith:** Bydd cyfathrebwyr yn dysgu llawer o'u geiriau cyntaf o'u hoff weithgareddau cymdeithasol. Os byddwch chi'n ailadrodd y dull yn aml, byddwch chi'n helpu plentyn i wneud y cysylltiad rhwng y geiriau a'r gweithredoedd. Unwaith y bydd y plentyn wedi gwneud y cysylltiad hwnnw, mae'n debygol o geisio dweud y gair. Mae plant ifanc yn cael anhawster ynganu geiriau gyda chyfuniadau arbennig o synau. Er enghraifft, yn 'Dacw Mam yn Dŵad,' gall Cyfathrebwr ynganu'r gair 'brefu' fel 'befu', sy'n gwbl normal. Peidiwch â chael eich temtio i gywiro'r plentyn – derbyniwch ei dro a chadwch y gêm i fynd.

Rhoi ciw i'r Cyfathrebwr i gymryd ei dro

Aros yn ddisgwylgar

Weithiau mae plentyn angen i chi adael iddo wybod mai ei dro ef yw hi – yn enwedig cyn bod y gweithgaredd yn gyfarwydd iddo. Gallwch roi gwybod iddyn nhw drwy oedi mewn man priodol ac aros yn ddisgwylgar. Mae aros yn rhoi ciw clir iddo, gan ddweud wrtho eich bod wedi gorffen eich tro ac y dylai gymryd ei dro. Nid yw aros yn ddisgwylgar yn union yr un fath â'r math o aros a ddisgrifir ym mhennod 3, sy'n rhoi amser i'r plentyn gychwyn rhyngweithio. Pan fyddwch chi'n aros yn ddisgwylgar, rydych chi'n anfon neges gref iawn sy'n dweud, 'Rwy'n disgwyl i ti gymryd dy dro ac rwy'n aros yn eiddgar!'

Mae aros yn ddisgwylgar yn golygu defnyddio iaith y corff yn amlwg iawn. Pan fyddwch chi'n stopio yn y rhan o'r gweithgaredd lle rydych chi'n disgwyl i'r plentyn gymryd ei dro, rydych chi'n:

- symud i mewn yn agosach,
- pwyso ymlaen ac edrych yn uniongyrchol i'w lygaid, a
- edrych yn fywiog ac yn ddisgwylgar.

Mae aros yn ddisgwylgar yn talu ar ei ganfed!

Defnyddio cwestiynau neu sylwadau bywiog

Mae sylw neu gwestiwn syml, sy'n cael ei ddatgan gyda goslef esgynnol ac aros yn ddisgwylgar wedyn, yn gallu rhoi ciw i'r plentyn gymryd tro hefyd.

Mae Melanie yn chwarae 'Pi-po' gyda Shonelle, cyfathrebwr dwyflwydd oed sydd ag oediad iaith. Mae Melanie yn gorchuddio ei phen â blanced ac yn dweud, 'Ble mae Melanie?' mewn llais bywiog ac yna'n aros yn ddisgwylgar. Mae Shonelle yn adnabod cwestiwn Melanie a'r saib disgwylgar fel ciwiau ar gyfer ei thro. Mae hi'n ymateb trwy dynnu'r flanced oddi ar ben Melanie a chwerthin. Yna mae Melanie yn cymryd ei thro ac yn dweud 'Bŵ!'

Ar hyn o bryd, nid yw Melanie yn disgwyl i Shonelle ateb y cwestiwn, 'Ble mae Melanie?' gyda geiriau. Yn lle hynny, mae hi'n defnyddio'r cwestiwn i rhoi ciw i Shonelle i gymryd tro trwy berfformio gweithred.

Peidio â chymryd tro'r plentyn os y gall y plentyn ei gymryd ei hun

Peidiwch â chymryd yn ganiataol bod plentyn angen i chi gyflawni'r holl weithredoedd yn y gweithgaraedd. Rhowch gyfle i'r plentyn dynnu'r flanced oddi ar eich pen yn ystod gêm 'Pi-po' neu gwnewch sain pan fyddwch chi'n gorffen canu cân. Pan fydd yn cael cyfle i gymryd tro, efallai y bydd hynny'n eich synnu.

Mae Cyfathrebwr yn gwybod beth i'w wneud ...

Ble mae Mair?

... pan fyddwch chi'n chwarae 'Pi-po'!

'Pi-po'

Amrywio gweithredoedd neu eiriau'r gweithgaredd, yn enwedig pan fydd diddordeb y plentyn yn dechrau pylu

Unwaith y bydd y plentyn yn gyfarwydd iawn â'r gweithgaredd, newidiwch bethau ychydig fel ei fod yn dysgu cymryd ei dro mewn sefyllfa wahanol. Er enghraifft, rhowch enw'r plentyn mewn cân y mae eisoes yn ei hadnabod – bydd wrth ei fodd! Neu newidiwch eiriau'r gân neu'r arfer i gyfeirio at rywbeth y mae'n ei wneud. Er enghraifft, os yw'n taro bocs, fe allech chi ganu, 'Taro, taro, taro'r bocs ...' ar dôn 'Rhwyfo'r Cwch.'

Gee ceffyl bach yn cario ni'n dau.

Yr un gân, ond mae fy enw i ynddi, a dwi wrth fy modd yn cael fy nal wyneb i waered!

Creu gweithgareddau newydd drwy adeiladu ar ddiddordebau'r Cyfathrebwr

Bydd plant wrth eu bodd pan fyddwch chi'n creu gweithgareddau neu arferion newydd, yn enwedig pan fydd y rhain yn digwydd mewn ymateb i'w gweithredoedd neu eu synau.

Mae Eric yn hoffi rhoi hetiau ar ben Cara ...

Mae'r het ar fy mhen i!

Mae'r het ar y llawr!

Mae'r het ar fy mhen i eto!

... felly trodd ei weithredoedd yn weithgaredd cymdeithasol newydd.

Mae Caleb yn Gyfathrebwr 17 mis oed sydd ag oedi o ran datblygiad. Mae ganddo arddull sgwrsio goddefol ac fel arfer dim ond i brotestio y mae'n cychwyn rhyngweithio.

Heddiw mae wedi'i swyno gan bêl rwber fawr ac yn ei throi dro ar ôl tro. Mae Wendy, ei athrawes, yn sylwi ei fod yn gyffrous iawn pan ddaw o hyd i'r twll ar gyfer chwythu'r bêl. Mae hi'n rhoi ei bys i mewn i'r twll, ac yn dweud yn fywiog, 'Edrycha ar y twll! Procio, procio, procio!' Mae Caleb wrth ei fodd gyda'i symudiadau procio a gyda sŵn y gair 'Procio.' Mae'n estyn am ei llaw ac yn ei thynnu'n ôl tuag at y twll, gan ddweud wrthi am wneud hynny eto. Mae hi'n ailadrodd 'Procio, procio, procio!' Ac felly mae gweithgaredd cymdeithasol 'Procio, procio' yn cael ei greu.

Pan fyddwch chi'n troi synau neu weithredoedd plentyn yn gêm trwy eu dynwared, rydych chi'n rhoi'r teimlad iddo ei fod yn gallu cychwyn rhyngweithio. Fe fydd yn meddwl, 'Waw, mae hi'n fy nilyn i!' a bydd yn ei wneud eto.

Cefnogi ymdrechion y Cyfathrebwr i gychwyn gweithgareddau

Cefnogwch y plentyn yn ei ymdrechion i ddechrau rhyngweithio ar ei ben ei hun. Er enghraifft, paratowch ar gyfer rhyw weithgaredd sy'n gyfarwydd i'r plentyn, ond peidiwch â'i gychwyn. Os yw'n ddigon cyfarwydd â'r gêm, fe ddylai wneud rhywbeth i'w rhoi ar waith. A chyn gynted ag y mae'n gwneud hynny – ewch ati i chwarae!

Cefnogi'r Cyfathrebwr mewn sgyrsiau bob dydd

Osgoi gorlwytho sgwrs

Mae cyfathrebwyr yn dechrau cymryd mwy o dro mewn sgwrs trwy ddefnyddio ystumiau, synau, a/neu syllu â'u llygaid. Fodd bynnag, oherwydd na allan nhw siarad eto, mae'n hawdd i'r oedolyn wneud gormod o'r siarad, cymryd gormod o droeon, neu ddweud gormod wrth gymryd tro. Cofiwch: mae cadw'r sgwrs yn gytbwys yn hollbwysig.

- ◆ Peidiwch â dominyddu'r sgwrs trwy gymryd pob tro. Rhowch gyfle i'r plentyn gymryd tro trwy arafu fel bod ganddo amser i ddeall a derbyn eich geiriau neu eich gweithredoedd. Oedwch ac arhoswch yn ddisgwylgar ar ôl pob tro i roi ciw iddyn nhw gymryd eu tro.

- ◆ Wrth gymryd eich tro, dywedwch un peth yn unig ac yna rhowch giw i'r plentyn i gymryd tro. Fel rheol, mae plant yn gallu deall mwy nag y maen nhw'n gallu ei ddweud. Felly, er y bydd eich tro yn aml ychydig yn hirach nag un y plentyn, peidiwch â dweud gormod.

Arafwch – mae'r babi'n dechrau drysu!

Gofyn cwestiynau y mae'r Cyfathrebwr yn gallu eu hateb gydag ystum neu sain

Mae plant yn dysgu ateb cwestiynau trwy ymarfer. Gallan nhw ateb mewn sawl ffordd, hyd yn oed cyn iddyn nhw allu siarad. Wrth ofyn cwestiynau i Gyfathrebwyr, mae'n bwysig cofio bod cwestiynau yno i'w helpu i gymryd tro arall mewn sgwrs ar bwnc penodol – nid i brofi eu gwybodaeth. Dylai plant fwynhau'r sgwrs a dylen nhw fod eisiau ateb y cwestiwn er mwyn dysgu ohono. Er enghraifft:

- Os ydych chi'n gofyn, 'Wyt ti eisiau chwarae gyda'r blociau?' mae plentyn yn gallu nodio am 'ydw' neu ysgwyd ei ben am 'nac ydw'.
- Os ydych chi'n gofyn, 'Ble mae'r aderyn?' mae'n gallu ystumio 'wedi mynd' gyda'i ddwylo i fyny yn yr awyr.
- Os ydych chi'n gofyn, 'Ble mae dy hufen iâ wedi mynd?' mae'n gallu pwyntio at ei geg.
- Os yw'n gallu dweud ychydig eiriau, gofynnwch gwestiynau sy'n ei alluogi i ddefnyddio ei eiriau. Os yw'n gallu dweud 'Mam,' efallai y byddwch yn gofyn, 'Pwy sydd yma?' pan fydd ei fam yn cerdded i mewn i'r ystafell.

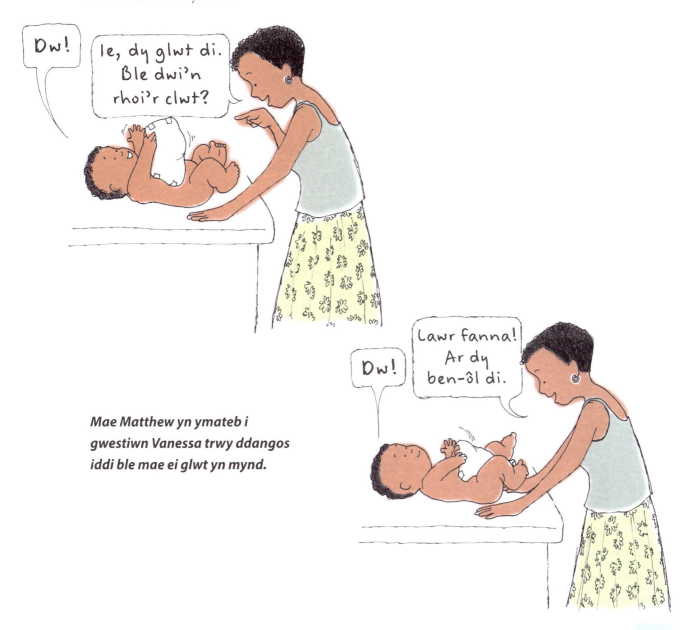

Mae Matthew yn ymateb i gwestiwn Vanessa trwy ddangos iddi ble mae ei glwt yn mynd.

CH. Cymryd tro gyda geiriau: cefnogi Defnyddwyr Geiriau Cyntaf

Mae Defnyddwyr Geiriau Cyntaf yn dechrau cymryd eu tro gyda geiriau, ac yn aml yn defnyddio geiriau i ddisodli seiniau, symudiadau, neu ystumiau y gallen nhw fod wedi'u defnyddio'n gynharach. Os yw plentyn yn cael trafferth dweud geiriau ar y cam hwn, mae'n bosibl y bydd yn parhau i gymryd ei dro gyda synau ac ystumiau, ond hefyd yn ychwanegu arwyddion neu luniau.

'Pi-po'!

Dyna ti!

Ychydig wythnosau yn ôl, cymerodd Kelly ei thro yn chwarae 'pi-po' drwy gyfrwng synau a gweithredoedd yn unig. Nawr, mae Kelly yn cychwyn y gêm ac yn dweud 'Pi-po' ar gyfer ei thro hi. Mae'r ailadrodd a wnaeth Lois gan ddefnyddio 'Pi-po' wrth chwarae'r gêm wedi talu ar ei ganfed!

Defnyddio gweithgareddau cymdeithasol: dilyn yr arweinydd gyda Defnyddwyr Geiriau Cyntaf

Dydy'r Defnyddiwr Geiriau Cyntaf ddim yn wyliwr yn y gêm bellach. Mae'n gallu cychwyn gweithgareddau cymdeithasol a chymryd tro gyda geiriau erbyn hyn. Mae'n cymryd drosodd eich rôl, gan ddisgwyl ichi ymateb. Er enghraifft, mae'n gorchuddio ei wyneb â'i ddwylo i ddechrau chwarae 'Pi-po' neu'n dal ei ddwylo allan ac yn dweud, 'Rhwyfo, rhwyfo' i ddweud wrthych chi am ganu 'Rhwyfo'r Cwch.' Nawr ei fod yn gallu cychwyn gweithgaredd cymdeithasol, bydd e'n rhedeg y sioe, a byddwch yn mabwysiadu'r rôl yr oedd yn arfer ei chwarae.

Mae'r gallu i gychwyn rhyngweithio yn gamp gymdeithasol arbennig i'r plentyn oherwydd ei fod wedi sylweddoli bod angen iddo gychwyn ac ymateb mewn rhyngweithiad. Mae wedi dysgu un o reolau pwysicaf sgwrs, sef y rheol 'rhoi a chymryd,' y bydd yn ei ddefnyddio am weddill ei oes.

Mwynhau Dysgu Iaith

Mae Kelly nawr yn cychwyn y gêm,
a Lois, ei hathrawes, yw'r ymatebwr.

Defnyddio sylwadau a chwestiynau i roi ciw i Ddefnyddwyr Geiriau Cyntaf i gymryd eu tro

Mae Defnyddwyr Geiriau Cyntaf yn dod yn sgyrswyr mwy profiadol sy'n eu galluogi i gymryd rhan mewn sgwrs am bethau bob dydd. Fodd bynnag, maen nhw'n dal i ddibynnu ar eich cefnogaeth i aros yn y sgwrs. Sylwadau, cwestiynau, ac aros yn ddisgwylgar ydy eich arfau mwyaf effeithiol ar gyfer cyfathrebu eich diddordeb i blentyn ar hyn o bryd a rhoi ciwiau iddo gymryd tro arall.

Mae defnyddio sylwadau a chwestiynau yn gweithio'n wahanol i Ddefnyddwyr Geiriau Cyntaf nag y maen nhw gyda Darganfyddwyr a Chyfathrebwyr. Yn y camau cynnar, mae gofyn cwestiwn neu wneud sylw yn cadw sylw plentyn neu'n rhoi ciw iddo gymryd tro di-eiriau. Fodd bynnag, mae Defnyddwyr Geiriau Cyntaf yn gallu deall a dweud rhai geiriau. Trwy gynnig sylw neu ofyn cwestiwn y maen nhw'n ei ddeall, rydych chi'n eu helpu i gymryd tro arall gyda geiriau.

Gan mai dim ond dysgu cael sgyrsiau y mae Defnyddwyr Geiriau Cyntaf, nid ydyn nhw'n ymateb mor hawdd i sylwadau ag y maen nhw i sylwadau a chwestiynau yn dilyn – nac i gwestiynau yn unig. Gyda mwy o brofiad, byddan nhw'n dysgu ymateb i sylwadau yn unig, sy'n golygu cymryd tro mwy soffistigedig. Yn y cyfamser, efallai y byddwch yn defnyddio llawer o gwestiynau i helpu Defnyddiwr Geiriau Cyntaf i aros yn y sgwrs. Atgoffwch eich hun yn ystod cyfnod rhyngweithio neu sgwrs mai eich nod yw cyfathrebu a chyfnewid gwybodaeth gyda'r plentyn, a chreu perthynas a mwynhau cwmni eich gilydd. Gallwch sgwrsio am un pwnc yn unig hyd nes y bydd y plentyn yn colli diddordeb. Dydy addysgu neu brofi'r plentyn ddim yn rhan o'r hyn rydych chi am ei gyflawni. Cyn gynted ag y byddwch chi'n addysgu neu'n profi, nid yw eich ffocws bellach ar gyfnewid gwybodaeth, a bydd y plentyn yn debygol o golli'r awydd i ryngweithio â chi.

Defnyddio cwestiynau a sylwadau sy'n dangos eich diddordeb ac yn creu disgwyliad

Mae tôn eich cwestiynau a'ch sylwadau yn cyfleu eich diddordeb ac yn ysgogi'r plentyn i ymateb. Mae cwestiwn fel 'beth sydd gen ti?' neu sylw fel, 'Waw, edrycha ar dy gwningen!' ac yna saib ddisgwylgar yn gallu rhoi ciw i'r plentyn gymryd tro arall.

Mae cwestiwn Sioned yn gadael i Joshua wybod bod ganddi wir ddiddordeb yn yr hyn y mae'n ei ddangos iddi – a bydd yn ei annog i ymateb.

Defnyddio cwestiynau a sylwadau sy'n hawdd i'r plentyn ymateb iddyn nhw a'u deall

Gan eu bod yn hawdd eu deall ac ymateb iddyn nhw, mae cwestiynau sy'n gofyn am atebion 'ie/na', a chwestiynau 'Pwy?' 'Beth? a 'Ble?' syml yn helpu i gadw'r sgwrs i fynd gyda Defnyddwyr Geiriau Cyntaf.

Pan fyddwch chi'n gwybod rhywbeth am fywyd a theulu plentyn, gallwch chi ddefnyddio'r wybodaeth hon i'w helpu i gymryd rhan mewn sgwrs – fel mae Teleri yn ei wneud yn yr enghraifft ganlynol gyda Cai, Defnyddiwr Geiriau Cyntaf tair oed sydd ag oediad iaith. Trwy ofyn cwestiynau'n fedrus a gwneud sylwadau sy'n dilyn arweiniad Cai ac yn rhoi ciw iddo i gymryd tro arall, mae hi'n cadw'r sgwrs i fynd.

Cai: *(yn pwyntio at y ffôn) Da!*

Teleri: *Dyna ffôn! (mae'r sylw yn cydnabod ei ddiddordeb) Oes gen ti ffôn gartref? (Cwestiwn Ie/Na yn rhoi ciw i dro arall)*

Cai: *(Yn nodio'n frwdfrydig)*

Teleri: *Wyt ti'n siarad ar y ffôn? (Mae cwestiwn Ie/Na yn dilyn ei arweiniad ac yn rhoi ciw ar gyfer tro arall)*

Cai: *Nona (ei nain)*

Teleri: *O, rwyt ti'n siarad â Nona (mae'r sylw'n cadarnhau neges y plentyn). Ac rwyt ti'n siarad â Gabriel? (perthynas arall – cwestiwn Ie/Na yn rhoi ciw ar gyfer tro arall)*

Cai: *(Nodio)*

Teleri: *A phan wyt ti'n siarad â Nona, wyt ti'n dweud, 'Helô! Helô Nona!'? (Mae cwestiwn Ie/Na yn dilyn arweiniad Cai ac yn rhoi ciw ar gyfer tro arall)*

Cai: *Helô!*

Teleri: *Ie! Rwyt ti'n dweud, 'Helô!' (mae'r sylw'n cadarnhau neges y plentyn) Ble mae Nona?*

(mae cwestiwn syml 'Ble?' yn rhoi ciw ar gyfer tro arall)

Cai: *Mynd. (Ystumiau 'wedi mynd')*

Teleri: *Ie, mae Nona wedi mynd (cadarnhau neges y plentyn). Mae hi adref (ychwanegu ychydig o wybodaeth newydd).*

Ac yn y blaen ...

Mae Teleri'n cefnogi'r sgwrs gyda sylwadau a chwestiynau i gydnabod yr hyn y mae Cai wedi'i ddweud ac rhoi ciw iddo i gymryd tro arall. Mae hi'n ei gwneud hi'n bosibl i Cai, sy'n gallu dweud ychydig eiriau yn unig, i gael sgwrs go iawn!

Gofyn cwestiynau i wirio eich bod wedi deall neges y Defnyddiwr Geiriau Cyntaf

Pan mae'n anodd deall yr hyn y mae plentyn yn ei ddweud, mae'n debyg y byddwch chi'n gofyn cwestiynau 'sy'n gwirio'r wybodaeth' i weld a oedd yn golygu'r hyn yr ydych chi'n meddwl yr oedd yn ei olygu. Mae gofalwyr yn aml yn defnyddio'r cwestiynau hyn gyda Defnyddwyr Geiriau Cyntaf sy'n profi oediad iaith, oherwydd mae'n gallu bod yn anodd deall eu lleferydd.

Mae Mair yn gofyn sawl cwestiwn i weld beth mae Andrea yn ei olygu. O'r diwedd, ar ôl i Andrea ddangos i'w hathrawes beth mae hi eisiau, mae Mair yn deall yn iawn!

Gofyn cwestiynau sy'n caniatáu i'r Defnyddiwr Geiriau Cyntaf wneud dewisiadau

Mae cwestiynau sy'n cynnig dewisiadau yn gymhelliant i'r plentyn ymateb iddyn nhw. Maen nhw'n hawdd eu hateb oherwydd bod yr ymateb wedi'i gynnwys yn y cwestiwn. Dyma rai enghreifftiau: 'Wyt ti eisiau llaeth neu sudd?' 'Wyt ti eisiau chwarae ar y sleid neu ar y siglen?'

Mwynhau Dysgu Iaith

D. Dod yn bartneriaid cyfartal mewn sgwrs: annog Cyfunwyr a Defnyddwyr Brawddegau Cynnar a Hwyrach i 'ddal eu tir'

Erbyn i blant ddod yn Gyfunwyr a Defnyddwyr Brawddegau, maen nhw wedi dysgu rheolau sylfaenol sgwrsio. Ond mae llawer o ffordd i fynd eto! Mae'n rhaid iddyn nhw ddysgu 'dal eu tir' mewn sgwrs a chyfnewid gwybodaeth trwy gyfrannu eu teimladau a'u syniadau – yn union fel y mae siaradwyr mwy aeddfed yn ei wneud.

Er mwyn 'dal eu tir' mewn sgwrs, mae'n rhaid i blant ddysgu sut i:

- anfon negeseuon clir
- datrys unrhyw gamddealltwriacth (gan gynnwys bod yn ymwybodol a yw'r gwrandäwr yn deall y neges neu bod angen mwy o wybodaeth, a rhoi gwybod i'r siaradwr os nad yw'n deall rhywbeth)
- dechrau a gorffen sgyrsiau yn briodol
- cadw'r sgwrs i fynd am gyfnodau hirach, a
- cyfrannu at y sgwrs drwy ychwanegu gwybodaeth am y pwnc a gwybodaeth sy'n ymwneud â thro blaenorol y siaradwr. Mae hyn yn golygu cadw at y pwnc, sy'n gofyn i blant dalu sylw i'r hyn y mae'r siaradwr yn ei ddweud ac yna ymateb yn briodol.

Mae dysgu'r holl sgiliau hyn yn gallu swnio fel tasg enfawr, ond mae plant yn dysgu gwneud y pethau hyn wrth iddyn nhw ryngweithio ag eraill yn ystod gweithgareddau a sgyrsiau bob dydd. Maen nhw'n dysgu llawer am sgyrsiau o ymatebion pobl eraill i'w sylwadau a'u cwestiynau, o'r modelau sy'n cael eu darparu gan eu partneriaid sgwrsio, ac, wrth gwrs, o'r ffordd rydych chi'n creu sgyrsiau ac yn eu cefnogi.

Fodd bynnag, mae Cyfunwyr a Defnyddwyr Brawddegau Cynnar neu Hwyrach sydd ag oediad iaith yn gallu parhau i gael anhawster i gymryd eu tro mewn sgwrs, er eu bod o bosibl yn siarad mewn brawddegau. Mae'r ffordd rydych chi'n creu sgyrsiau ac yn eu cefnogi yn gwbl hanfodol i'w llwyddiant fel partneriaid sgwrsio.

Annog sgyrsiau yn ystod chwarae

Mae amser chwarae gyda theganau a deunyddiau synhwyraidd-creadigol yn darparu sawl cyfle i annog sgwrs gyda Chyfunwyr a Defnyddwyr Brawddegau Cynnar neu Hwyrach. Pan fyddwch chi a'r plentyn yn chwarae gyda'ch gilydd gyda theganau, gallwch chi'ch dau weld pwnc y sgwrs. Gan nad oes rhaid iddo esbonio na disgrifio'r hyn y mae'n cyfeirio ato, mae ganddo lai o ofynion sgwrsio i'w cyflawni. Mae sgwrs yn ystod chwarae neu weithgaredd synhwyraidd-creadigol, felly, yn cymryd y pwysau oddi ar blentyn sy'n dal i ddysgu sut i gynnal sgwrs lafar – a'i gwneud yn haws iddo gael sgwrs gyda chi. Mae'r strategaeth hon yn arbennig o ddefnyddiol i blant ag oediad iaith neu i'r rhai sy'n cael anawsterau gyda lleferydd ac sy'n cyfathrebu ag arwyddion, ystumiau neu luniau.

Yn ystod amser chwarae, gall plentyn gymryd tro yn ddi-eiriau trwy wneud rhywbeth gyda thegan neu'r offer chwarae. Efallai y bydd hyd yn oed yn rhoi'r gorau i ryngweithio am ychydig wrth iddo ymgolli mewn rhyw agwedd ar y chwarae. Unwaith eto, mae hyn yn ei gwneud yn haws i'r plentyn i gymryd rhan mewn sgwrs.

Mae plant yn cael profiad gwerthfawr trwy gymryd tro mewn sgyrsiau llafar yn ystod gweithgareddau chwarae, a gallwch chi gadw'r sgwrs i fynd hyd yn oed yn hirach trwy fod yn bartner chwarae creadigol. Cyflwynwch y plant i weithgareddau neu syniadau y credwch fydd yn apelio atyn nhw. Unwaith y byddwch wedi cyflwyno gweithgaredd, rhowch ddigon o amser a lle i'r plant i ymdrin â'i ddeunyddiau yn eu ffordd eu hunain – ac yna dilynwch eu hesiampl. Adeiladwch ar eu diddordebau gan gadw'r gweithgaredd yn gyffrous. Bydd hyn yn rhoi mwy o gyfle i'r ddau.

Roedd gadael i'r car symud i lawr y ramp yn hwyl am ychydig ...

... ond mae gwneud pont i'r car fynd oddi tani yn rhoi mwy i chi a'r plentyn siarad amdano.

Mae rhai syniadau eraill ar gyfer chwarae'n greadigol yn y sefyllfa uchod yn cynnwys:
- gwneud wal gyda blociau i'r car daro i mewn iddi
- newid ongl y ramp a gweld yr effaith ar gyflymder y car
- defnyddio gwrthrychau siâp gwahanol (e.e., peli, blociau, pegiau) i weld sut maen nhw'n mynd i lawr y ramp, neu
- creu golygfa chwarae esgus gan ddefnyddio pobl a cheir bach.

Wrth i blant ddod yn Ddefnyddwyr Brawddegau, maen nhw'n dod yn well am gynnal sgwrs gyda chi am bynciau haniaethol nad ydyn nhw'n gysylltiedig â gwrthrychau y gallwch chi'ch dau eu gweld (e.e., maen nhw'n gallu siarad am yr hyn wnaethon nhw ddoe, neu sut brofiad fyddai mynd i'r lleuad). Mae sgyrsiau fel hyn yn eu paratoi ar gyfer y math o iaith y bydd disgwyl iddyn nhw ei defnyddio pan fyddan nhw'n cyrraedd yr ysgol. Mae gan bennod 8 fwy o wybodaeth am sut mae plant yn dechrau defnyddio iaith i ddysgu am y byd.

Wir? Am beth oedd y ffilm?

Weles i ffilm am fynd mewn llong ofod.

Roedd dyn eisiau mynd i'r lleuad. Ond wedyn wnaeth o gyfarfod â bobl rhyfedd oedd eisiau iddo fynd i'w planed nhw.

Pam bod y bobl rhyfedd eisiau hynny?

Mae chwarae gyda'r llong ofod fach yn atgoffa Mario o ffilm y mae wedi'i gweld – ac mae'r sgwrs yn datblygu'n gyflym!

Rhoi ciwiau i Gyfunwyr a Defnyddwyr Brawddegau Cynnar a Hwyrach i gymryd eu tro

Defnyddiwch sylwadau a chwestiynau ac yna arhoswch yn ddisgwylgar i gyfleu eich diddordeb i Gyfunwyr a Defnyddwyr Brawddegau, yn ogystal â rhoi ciwiau iddyn nhw gymryd tro arall. Mae oedi ar ôl sylw neu gwestiwn hefyd yn sicrhau bod plentyn yn cael cyfle i ymateb.

Cynnwys sylwadau, nid cwestiynau yn unig, yn eich sgyrsiau gyda Chyfunwyr a Defnyddwyr Brawddegau

Yn aml, nid yw oedolion yn defnyddio digon o sylwadau yn eu sgyrsiau gyda Chyfunwyr a Defnyddwyr Brawddegau. Efallai ein bod yn teimlo, trwy ofyn cwestiwn i blant, fod gennym well siawns o gael ymateb. Mae'n wir pan fydd plant yn dysgu sut i gynnal sgwrs, nad ydyn nhw'n ymateb mor rhwydd i sylw ag y maen nhw i gwestiwn. Fodd bynnag, mae angen iddyn nhw ddysgu ymateb i sylwadau os ydyn nhw am ddod yn bartneriaid sgwrsio effeithiol. A phan fyddwch chi'n defnyddio sylwadau yn ogystal â chwestiynau i roi ciw i blentyn cymryd tro, mae'n llai tebygol o deimlo eich bod chi'n 'ceisio gorfodi iddo siarad.' Mae hyn yn arbennig o bwysig i blant ag oediad iaith neu arddulliau sgwrsio amharod.

Roedd Amy eisiau i'w hathrawes, Natalie, ddangos diddordeb yn yr eirth ar ei siwmper, ond ymatebodd Natalie gyda chyfres o gwestiynau i weld a allai Amy eu henwi ...

... felly penderfynodd Amy ddod â'r sgwrs i ben! Byddai Amy wedi bod yn fwy tebygol o aros yn y sgwrs pe bai Natalie wedi dweud, 'Amy, mae gen ti eirth ar dy siwmper!'

Gallwch ddefnyddio sylwadau i ddechrau sgwrs (maen nhw'n gweithredu fel datganiadau arweiniol; gweler pennod 3, tudalen 82) ac i roi ciw ar gyfer tro arall trwy roi gwybodaeth ddiddorol i blant y byddan nhw eisiau ymateb iddi.

Cyfuno sylw a chwestiwn

Yn aml, y ffordd orau o gadw'r sgwrs i fynd gyda Chyfunwyr a Defnyddwyr Brawddegau yw rhannu diddordeb, chwilfrydedd a mwynhad plentyn trwy:

- yn gyntaf, gwneud **sylw**, sy'n cydnabod yr hyn mae'r plentyn yn ei ddweud, a
- wedyn, gofyn **cwestiwn**, sy'n helpu'r plentyn i gymryd tro arall.

Gadewch inni ddychmygu fod Joey, Defnyddiwr Brawddegau Cynnar pedair oed sydd ag oediad iaith, yn rhedeg i fyny atoch i ddangos carreg wen y daeth o hyd iddi ar yr iard.

Joey: *Drycha fi ffeindio!*

Chi: *O, rwyt ti wedi dod o hyd i garddeg hardd! (sylw yn gyntaf) Ble wnest ti ddod o hyd iddi?*

(gofyn cwestiwn i roi ciw iddo i gymryd tro arall)

Joey: *'Cw (yn pwyntio tuag at y ffens).*

... ac mae'r sgwrs yn parhau.

Defnyddio cwestiynau i barhau, nid rheoli, y sgwrs

Gallwch barhau â'r sgwrs gyda chwestiynau os ydych chi'n cyfateb eich cwestiynau â cham cyfathrebu'r plentyn ac os yw'r cwestiynau'n adeiladu ar ddiddordebau'r plentyn.

Paru eich cwestiwn â cham cyfathrebu'r plentyn:
Gofyn cwestiynau y gall eu hateb

Mae dealltwriaeth plant o gwestiynau yn datblygu dros amser, a rhaid iddyn nhw ddysgu ymateb i amrywiaeth o gwestiynau. Er mwyn i blentyn allu ateb cwestiwn yn llwyddiannus, fodd bynnag, rhaid iddo fod yn briodol i'w gam iaith.

Mae cwestiynau sy'n dechrau gyda 'pwy,' 'beth,' 'ble,' 'pryd,' 'pam,' a 'sut' yn gyffredinol yn fwy anodd eu deall na chwestiynau sy'n gofyn am ateb 'ie/na'. Cwestiynau 'Sut?' a 'Pryd?' yw'r rhai anoddaf i blant ifanc eu deall. A phan ydych chi'n gofyn cwestiynau 'pam?' i blentyn, gallan nhw ateb 'Achos,' heb eu bod yn deall y cwestiwn sy'n cael ei ofyn iddyn nhw.

Ni allwch chi osgoi gofyn cwestiynau i blant nad ydyn nhw yn eu deall, ac ni ddylech geisio gwneud hynny ychwaith. Fodd bynnag, dylech fod yn ymwybodol o'r mathau o gwestiynau a fydd yn achosi rhwystredigaeth i blant neu'n dod â'r sgwrs i ben oherwydd eu bod yn anaddas gan eu bod yn rhy gymhleth.

Os fyddwch chi'n gofyn cwestiwn i blentyn fel 'Sut wyt ti'n mynd adref heddiw?' sef rhywbeth nad yw'n ei ddeall, mae cyfathrebu'n chwalu. Gallwch chi ddatrys hyn trwy newid y cwestiwn i un y mae'n gallu ei ateb, fel, 'Pwy sy'n dod i nôl ti heddiw?' neu hyd yn oed 'Ydy Mam yn dod i nôl ti heddiw?' Mae cyfathrebu yn chwalu yn aml gyda phlant sydd ag oediad iaith pan mae'n anodd barnu lefel eu dealltwriaeth.

Byddwch yn barod i symleiddio cwestiynau pryd bynnag y mae'n ymddangos nad yw plentyn yn gallu ymateb.

Mae llawer o athrawon yn cytuno mai cwestiynau penagored yw'r math gorau i'w gofyn i blant hŷn. Fodd bynnag, mae rhai cwestiynau penagored weithiau hefyd yn rhy eang i blentyn ateb, a rhaid cyfyngu ar y cwestiwn cyn y mae'n gallu ateb.

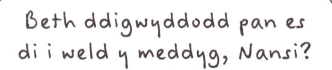

Beth ddigwyddodd pan es di i weld y meddyg, Nansi?

Nid yw Nansi'n gallu ateb y cwestiwn hwn oherwydd ei fod yn rhy benagored. Felly mae'n rhaid i Tania newid y cwestiwn ...

Pan fydd Teleri yn gofyn cwestiynau mwy hawdd, sydd â ffocws, mae Nansi yn gallu cymryd ei thro.

Pan fyddwch chi'n cyfyngu cwestiwn penagored, rydych chi'n cefnogi'r sgwrs trwy ddarparu ciw mwy addas i helpu'r plentyn i gymryd tro arall a chadw'r sgwrs i fynd.

Yn yr enghraifft ganlynol, mae Lucienne a José, Defnyddiwr Brawddegau Cynnar, yn chwarae gyda fferm deganau. Mae Lucienne yn dechrau gyda chwestiwn agored, nad ydy José yn gallu ei ateb. Yna mae hi'n gofyn cwestiynau sy'n cyfyngu'r ffocws. Mae hi hefyd yn gwneud sylwadau, sy'n cadarnhau'r hyn y mae José yn ei ddweud, ac yn ei annog i gymryd tro arall. Wrth wneud hyn, mae hi'n cefnogi'r sgwrs ac yn ei chadw i fynd.

José: Dyma fferm.
Lucienne: Beth wyt ti'n wneud ar y fferm? (*cwestiwn agored*)
José: Ddim gwybod (*roedd y cwestiwn yn rhy eang*).
Lucienne: Wel, dyma'r ffermwr a dyma'r fuwch. Beth mae'r ffermwr yn gallu ei wneud gyda'r fuwch? (*cwestiwn sy'n cyfyngu'r ffocws*)
José: Godro'r fuwch.
Lucienne: Ie, mae'n gallu godro'r fuwch fel bod gennym ni laeth i'w yfed (*sylw sy'n cadarnhau beth mae José wedi'i ddweud*). Dwi'n mynd i helpu'r ffermwr i odro'r fuwch (*sylw sy'n adeiladu ar ddiddordeb José ac yn ei annog i gymryd tro arall*).
José: Fi eisiau godro hefyd!
... ac mae'r chwarae'n parhau.

Byddai'r Defnyddwyr Brawddegau Hwyrach hyn wedi rhannu eu barn pe bai cwestiwn wedi'i ofyn iddyn nhw a oedd yn fwy priodol i'w cam iaith. Pe bai eu hathrawes wedi cyfuno sylw a chwestiwn a dweud, 'Tŵr gwych. Ar gyfer pwy mae'r tŵr?' bydden nhw wedi cymryd tro arall yn y sgwrs.

Cyfateb eich cwestiynau â ddiddordeb y plentyn: gofyn cwestiynau diffuant am yr hyn y mae gan y plentyn ddiddordeb ynddo

Pan fyddwch chi'n gofyn cwestiynau sy'n ddiffuant (gan nad ydych chi'n gwybod yr ateb mewn gwirionedd) ac adeiladu ar ffocws plentyn, mae'n fwy tebygol o ymateb.

Mae Judy yn gofyn cwestiwn diffuant ac yna'n aros i Lora ateb.

Mwynhau Dysgu Iaith

Mae cwestiynau sy'n profi gwybodaeth plentyn, fodd bynnag, yn gallu rhoi diwedd ar sgwrs yn sydyn!

Gadewch inni fynd yn ôl at Joey, y Defnyddiwr Brawddegau Cynnar pedair oed sydd ar oediad iaith. Mae'n rhedeg tuag atoch gan ddangos carreg wen y daeth o hyd iddi ar yr iard. Mae'n dweud yn gyffrous, 'Drycha fi ffeindio!' Os ydych chi'n gofyn cwestiynau fel, 'Pa liw yw hi?' 'Pa siâp yw hi?' 'Sut mae'n teimlo?' neu 'Beth yw enw hwn?' fyddwch chi ddim yn llwyddo i gynnal ei ddiddordeb. Fyddwch chi ddim chwaith yn cydnabod ac yn cadarnhau ei ddiddordeb ac yn annog tro arall. Mae cwestiynau sy'n profi fel y rhai uchod yn rhoi pwysau ar blentyn a'i gadw rhag siarad am bethau sydd o ddiddordeb gwirioneddol iddo – fel lle daeth o hyd i'r garreg, a yw erioed wedi gweld carreg fel hon o'r blaen, a beth mae am ei wneud â hi.

Gofyn cwestiynau diddorol sydd heb ateb 'cywir' i ysgogi meddwl creadigol plant

Dydyn ni ddim yn gofyn digon o gwestiynau i blant sydd yn eu hysgogi i feddwl yn greadigol a meithrin eu sgiliau datrys problemau – sef dau faes hollbwysig ar gyfer llwyddiant academaidd.

Mae gormod o'r cwestiynau rydyn ni'n eu gofyn i blant yn gwestiynau 'ffeithiol' sydd ag un ateb cywir yn unig. Mae'r cwestiynau hyn yn profi cof plentyn a'i allu i labelu neu rhoi'r ateb 'cywir' yn unig. Nid yw cwestiynau fel 'Beth ydyn ni'n galw person sy'n dosbarthu post?' neu 'Pwy sy'n cofio beth sy'n gwneud i flodau dyfu?' yn ysgogi gallu'r plentyn i feddwl yn greadigol.

Mae cwestiynau sy'n gorfodi plant i feddwl a rhesymu yn well na chwestiynau ffeithiol. Mae cwestiynau fel 'Sut mae pêl yn debyg i oren?' yn gofyn am rywfaint o ddadansoddi ar ran y plentyn a rhyfaint o ddealltwriaeth o gysyniadau lefel uwch, ond mae angen ateb caeedig 'cywir' arnyn nhw o hyd.

Mae cwestiynau creadigol yn annog plant i fod yn greadigol oherwydd nad oes atebion cywir neu anghywir. Yn hytrach, mae plant yn rhydd i feddwl am eu syniadau gwreiddiol, llawn dychymyg eu hunain. Mae cwestiynau fel 'Beth allwn ni ei wneud am y peth?' 'Beth allai ddigwydd os … ?' 'Beth os …' neu 'Beth fyddet ti'n ei wneud?' yn herio'r plentyn i feddwl am fwy nag un ateb ac annog y math o feddwl sy'n datblygu creadigrwydd a sgiliau datrys problemau.

(Ym mhennod 8, mae'r adran o'r enw 'Helpu plant i ddod yn well storïwyr' yn cynnwys gwybodaeth am y mathau o gwestiynau sy'n helpu plant i ddarparu'r wybodaeth angenrheidiol wrth adrodd straeon.)

Osgoi cwestiynau rhethregol sy'n cyfyngu ar ymateb plentyn

Mae cwestiynau nad oes angen ymateb iddyn nhw'n wych i Ddarganfyddwyr, sy'n ymateb i dôn eich llais, ond nid ar gyfer Cyfunwyr a Defnyddwyr Brawddegau, sydd â rhywbeth i'w ddweud.

Os yw plentyn tair oed yn dangos tŵr y mae wedi'i adeiladu i chi a'ch bod chi'n ymateb trwy ddweud, 'Mae hwnna'n dŵr mawr, yn dydy?' dydych chi ddim wedi gwneud llawer i gadw'r sgwrs i fynd. Ymateb gwell fyddai gwneud sylw sy'n dilyn arweiniad y plentyn (e.e., 'Dyna dŵr mawr iawn!') ac yna cwestiwn (e.e., 'Pwy sy'n byw yn y tŵr yna?') i roi ciw i'r plentyn i gymryd tro arall yn y sgwrs.

Annog Cyfunwyr a Defnyddwyr Brawddegau i roi gwybod i chi pan nad ydyn nhw'n deall

Un o reolau'r gêm sgwrsio yw bod disgwyl i'r gwrandäwr roi gwybod i'r siaradwr pan fydd neges y siaradwr yn aneglur. Yn gynnar yn eu bywydau sgwrsio, mae plant yn dysgu gofyn am eglurhad gan y siaradwr, gan ei gael i ailadrodd neu aralleirio sylw neu gwestiwn a gafodd ei gamddeall neu ei glywed yn anghywir. Efallai y bydd plant ifanc iawn yn edrych arnoch chi'n ddryslyd pan nad ydyn nhw'n eich deall chi, neu efallai byddan nhw'n dweud 'Yy?' neu 'Beth?' Pan fyddan nhw'n gofyn am eglurhad, byddwch yn ailadrodd eich neges mewn ffordd y gallan nhw ei deall.

Nid yw rhai plant sydd ag oediad iaith yn gofyn am eglurhad. Efallai na fyddan nhw'n sylweddoli nad ydyn nhw'n deall yr hyn sydd wedi'i ddweud. Hyd yn oed os ydyn nhw'n sylweddoli, efallai na fyddan nhw'n gwneud dim yn ei gylch. O ganlyniad, maen nhw o dan anfantais ddifrifol ym mhob agwedd ar ddysgu, gan gynnwys dysgu iaith. Flynyddoedd yn ddiweddarach, mae plant nad ydyn nhw'n gofyn am eglurhad yn gallu profi dryswch, diflastod a rhwystredigaeth gan fod yn oddefol yn yr ysgol, ac mae'r patrwm hwn yn gallu parhau oni bai eu bod yn cael eu haddysgu i ofyn am eglurhad.

Gallwch helpu plant ifanc i ddysgu gofyn am eglurhad trwy fodelu'r cais gyda grŵp bach.

Mae Roberto yn Gyfunwr tair oed gydag oediad iaith. Mae ganddo arddull sgwrsio amharod ac nid yw'n gofyn am eglurhad pan nad yw'n deall yr hyn a ddywedir wrtho. Mae'n amser egwyl, ac mae'n eistedd mewn grŵp gyda thri o blant eraill a'u hathrawes, Lenore.

Mae Sandy, dwyflwydd a hanner, yn dangos ei gracer i Lenore ac yn dweud rhywbeth nad yw'n gallu ei ddeall. Mae Lenore yn edrych ar y plant, gan wneud yn siŵr bod ganddi olwg ddryslyd ar ei hwyneb. Mae hi'n ystumio 'Dydw i ddim yn gwybod' gyda'i dwylo i fyny yn yr awyr wrth iddi ddweud, 'Doeddwn i ddim yn deall beth ddywedodd Sandy. Roberto, gadewch i ni ofyn i Sandy 'Beth?' (mae hi'n pwyso ymlaen.) 'Sandy, beth?' Mae Sandy (gyda thipyn o lwc) yn ailadrodd yr hyn a ddywedodd, ac yna mae Lenore yn dweud 'O! Mae dy gracer wedi torri. Edrycha Roberto, mae cracer Sandy wedi torri!'

Gall y patrwm yma ddechrau pan fydd plant yn Gyfunwyr, a dylid parhau i'w defnyddio gyda Defnyddwyr Brawddegau Cynnar a Hwyrach. Ar gyfer y plant hyn, dylech ofyn cwestiynau sy'n fwy priodol yn gymdeithasol, fel 'Beth ddywedaist di?' neu 'Beth wyt ti'n ei feddwl?'

Pan na fydd plant yn gofyn am eglurhad, maen nhw'n rhoi'r cyfrifoldeb llwyr am sgwrs lwyddiannus yn nwylo eu partner, gan achosi problemau o ran rhyngweithio rhwng oedolion a phlant a rhwng plant. Mae methiant i ofyn am eglurhad yn aml yn cael ei weld mewn plant ag arddulliau sgwrsio amharod neu oddefol, ac mae'n gallu arwain at ganlyniadau gydol oes.

Annog Cyfunwyr a Defnyddwyr Brawddegau i gadw at y pwnc

Ydych chi erioed wedi cael sgwrs gyda phlentyn nad yw'n cadw at y pwnc? Ydych chi wedi meddwl beth ddylech chi ei wneud amdano? Wel, mae angen i blant wybod eu bod wedi crwydro oddi ar y pwnc, a gallwch chi eu helpu i sylweddoli eu bod wedi torri rheol sgwrsio trwy eu hailgyfeirio yn ôl at y pwnc gwreiddiol.

Mae Shari yn siarad â Tomos, Defnyddiwr Brawddegau Cynnar pedair oed sydd ag oediad iaith, am gi bach newydd ei gefnder. Gadewch i ni edrych ar sut mae hi'n ei ailgyfeirio pan fydd yn crwydro oddi wrth y pwnc.

Tomos: Ci wedi cnoi fi.
Shari: O na! Ble wnaeth o dy gnoi di?
Tomos: Dad wedi mynd â fi adref.
Shari: Ble wnaeth y ci bach dy gnoi di? Alli di ddangos ble i fi? (Yn ailgyfeirio'r pwnc)
Tomos: Fan hyn (Yn dangos ei fraich)
Shari: Ar dy fraich. Waw, dwi'n gallu gweld y marciau dannedd. Wnaeth dad fynd â ti at y meddyg ar ôl i'r ci dy gnoi di? (Yn cydnabod datganiad y plentyn unwaith y bydd yn ateb y cwestiwn gwreiddiol)
Tomos: Do, mynd at y meddyg ac roeddwn i'n crio.
Shari: Mae'n rhaid ei fod wedi brifo'n ofnadwy. Ydy e'n well nawr?

Os yw'r plentyn yn dweud rhywbeth nad yw'n gysylltiedig â'r pwnc o gwbl, peidiwch â derbyn hynny. Rhowch wybod iddo ei fod wedi gwneud rhywbeth i chwalu'r cyfathrebu. Edrychwch yn ddryslyd a dywedwch wrtho nad ydych chi'n deall neu eich bod chi'n siarad am rywbeth arall – dim ond pan fydd rhywun yn rhoi gwybod iddo beth yw'r rheolau y mae'n gallu dysgu chwarae'r gêm sgwrsio.

Mae mwy o wybodaeth ym mhennod 8 ar sut i helpu plant i ailadrodd digwyddiad sydd wedi digwydd yn eu bywydau.

Helpu Cyfunwyr a Defnyddwyr Brawddegau i ddysgu rhoi a chymryd eu tro mewn grŵp – yn enwedig y plant hynny sydd ddim yn rhoi tro i neb arall!

Pan fyddwch chi'n rhyngweithio â phlant mewn grwpiau bach, mae'r cymryd tro yn aml yn anghyfartal. Yn aml, mae un plentyn yn dominyddu'r sgwrs, gan siarad llawer, torri ar draws eraill, ac ateb ar eu rhan. Yr un mor aml, mae'n ymddangos nad yw plentyn arall yn gallu dod o hyd i'w ffordd i mewn i'r sgwrs.

Gallwch chi helpu plant i ddeall beth yw ymddygiad cymryd tro a beth sy'n amhriodol mewn sefyllfa grŵp. Gwnewch hyn yn glir iddyn nhw. Dywedwch wrthyn nhw tro pwy yw hi, bod yn rhaid iddyn nhw aros am eu tro, ac na allan nhw dorri ar draws nac ateb dros blentyn arall. Mae mwy o wybodaeth ym mhennod 5 ar sut i ddenu'r rhai sy'n amharod i gymryd tro ar yr un pryd.

Mae Meia, athrawes feithrin, yn eistedd gyda grŵp o bump o blant pedair oed wrth y bwrdd bwyd.

Tom: *Meia, mae gen i gar rasio newydd gartref. Mae'n mynd mor gyflym!*
Brett: *(Torri ar draws) Mae Dad wedi prynu ...*
Meia: *Brett, (yn dal ei law i fyny fel petai i ddweud 'Stop') roedd Tom yn siarad, felly ei dro ef yw hi. Tom, dyweda rywbeth am dy gar newydd.*
Tom: *Mae'n mynd mor gyflym! Mae'n mynd brwm! Fel yna.*
Meia: *Waw! Mae'n swnio fel ei fod yn gyflymach na char rasio. Ydy e'n edrych fel car rasio go iawn?*
Tom: *Ydy, mae fel un go iawn.*
Meia: *Ti'n lwcus, Tom. (Yn troi at Brett) Iawn, Brett, dy dro di yw hi nawr.*
Brett: *Mae Dad wedi prynu lori i fi gydag olwynion mawr, ac mae dyn yn gallu eistedd y tu mewn.*
Meia: *Ydy'r lori yn gwneud sŵn pan fyddi di'n ei gyrru?*
Brett: *Ydy, sŵn mawr, a ti'n gwybod beth arall?*
Meia: *Beth?*
Brett: *Gwelais lori go iawn fel yna ar fferm ... (yn parhau i siarad am ychydig)*

Mwynhau Dysgu Iaith

Meia: *Brett, mae'n bryd rhoi tro i rywun arall siarad. (Yn troi at blentyn tawel)*
Shannon, wyt ti'n chwarae weithiau gyda lori neu gar pan wyt ti gartref?
Shannon: *(Yn edrych ar yr athrawes yn swil)*
Brett: *Dydy hi ddim yn chwarae gyda thryc. Ges i fwy o dryciau …*
Meia: *Brett, (yn dal ei llaw i fyny fel petai i ddweud 'Stop') Wnes i ofyn cwestiwn i*
Shannon, felly ei thro hi yw hi i siarad.

Mae helpu plant i ddysgu'r rheolau ar gyfer sgyrsiau grŵp yn gallu ymddangos fel eich bod yn rheoli traffig, ond mae'n gallu eu helpu i ddeall sut mae cynnal sgwrs o fewn grŵp yn gweithio.

DD. Gwneud amser ar gyfer rhyngweithio un-i-un

O bryd i'w gilydd, mae ar blant angen eich sylw i gyd. Er nad yw'n hawdd, mae'n bosibl cynnwys rhai cyfnodau un-i-un yn ystod eich diwrnod prysur.

Manteisio ar bob cyfle

Mae pob munud yn cyfri! Mae sgwrs fer yn well na dim sgwrs o gwbl. Pan fydd plentyn yn cychwyn rhyngweithio:

- stopiwch yr hyn yr ydych yn ei wneud am eiliad,
- ewch i lawr i'w lefel, ac
- ymatebwch yn gynnes iddo.

Pan fyddwch chi yn cychwyn rhyngweithio:

- dywedwch rhywbeth sy'n eu hannog (e.e., 'Fe wnest ti dŵr mawr iawn!'),
- arhoswch am ymateb,
- cymerwch ychydig o droeon gyda'r plentyn; ac yna
- rhowch wybod i'r plentyn bod yn rhaid i chi adael cyn i chi adael y plentyn.

Yn lle rhuthro i ffwrdd ...

Dyna esgidiau neis!

... stopiwch a sgwrsiwch am

Mae gen ti esgidiau newydd hyfryd!

Gwneud yn fawr o'r cyfnodau tawel

Yn gynnar yn y bore
Neu'n hwyr yn y pnawn,
Adegau tawel yw'r gorau
i gyfathrebu'n llawn.

Gwnewch yn fawr o'r adegau tawel hynny pan mai dim ond tri neu bedwar o blant sydd gennych yn eich dosbarth. Yn hytrach na defnyddio'r adegau hyn i dacluso neu i baratoi deunyddiau, treuliwch ychydig o amser gyda'r plant sydd wir angen rhyngweithio un-i-un.

Dydy mynd adref yn hwyr ddim yn beth drwg os dwi'n cael yr holl sylw yma!

Gadael iddyn nhw eich helpu

Mae pob plentyn wrth eu bodd yn helpu. Mae glanhau brwshys paent, sychu byrddau budr, neu ddosbarthu cwpanau amser egwyl i gyd yn dasgau arbennig i blant. Felly yn lle rhuthro trwy rai o'ch tasgau, gadewch i un neu ddau o blant eich helpu. Mae cymaint i siarad amdano pan fyddwch chi'n gweithio gyda'ch gilydd.

Mae helpu'n bleser llwyr bob amser!

Crynodeb

Mae plant yn dysgu dod yn bartneriaid sgwrsio trwy gymryd rhan trwy ryngweithio'n rheolaidd gydag oedolion cefnogol. Er mwyn helpu plant i ddod yn bartneriaid sgwrsio, mae angen i athrawon gefnogi sgyrsiau mewn ffyrdd sy'n ei gwneud hi'n hawdd i blant gymryd eu tro. Mae angen llawer iawn o gymorth ar fabanod a phlant sydd ag oediad iaith sylweddol, tra bod angen llai ar blant y mae eu gallu sgwrsio wedi datblygu mwy. Mae cymorth yn cynnwys: cynnal gweithgareddau cymdeithasol gyda phlentyn ac oedi i ddangos y dylai gymryd ei dro; defnyddio cwestiynau a sylwadau yn briodol; ailgyfeirio plentyn sy'n crwydro oddi ar y pwnc; ac egluro'r rheolau ar gyfer cymryd tro mewn sefyllfa grŵp. Mae athrawon hefyd yn gallu gwella sgiliau sgwrsio plant trwy neilltuo amser ar gyfer rhyngweithio un-i-un.

Llyfryddiaeth

Bates, E., Camaioni, L. & Volterra, V. (1979). The acquisition of performatives prior to speech. Yn E. Ochs & B.B. Schieffelin (Gol.), *Developmental pragmatics* (tt. 111–129). Efrog Newydd: Academic Press.

Berko Gleason, J. (1989). The development of language. Columbus, Ohio: Merrill. Bruner, J.S. (1975). The ontogenesis of speech acts. *Journal of Child Language*, 2, 1–19.

Bruner, J.S. (1983). *Child's talk: Learning to use language.* Efrog Newydd: Norton.

Cazden, C.B. (1983). Adult assistance to language development: Scaffolds, models, and direct instruction. Yn R.P. Parker a F.R. Davis (Gol.), *Developing literacy* (tt. 3–18). International Reading Association.

Cross, T.G. (1984). Habilitating the language-impaired child: Ideas from studies of parent-child interaction. *Topics in Language Disorders*, 4(4), 1–14.

Donahue, M. (1985). Communicative style in learning disabled children: Some implications for classroom discourse. Yn D.N. Ripich & F.M. Spinelli (Gol.), *School discourse problems* (tt. 97–124). San Diego: College Hill Press.

Foster, S. (1985). The development of discourse topic skills by infants and young children. *Topics in Language Disorders*, 5 (2), 31–45.

Girolametto, L. (1986). *Developing dialogue skills of mothers and their developmentally delayed children: An intervention study.* Traethawd hir doethuriaeth heb ei gyhoeddi. University of Toronto, Toronto.

Girolametto, L. (1988). Improving the social-conversational skills of developmentally delayed children: An intervention study. *Journal of Speech and Hearing Disorders*, 53, 156–167.

Hart, B. (2000). A natural history of early language experience. *Topics in Early Childhood Special Education*, 20:1, 28–32.

Hendrick, J. (1984). *The whole child.* St Louis: Times Mirror/Mosby.

Kaye, K. & Charney, R. (1980). How mothers maintain 'dialogue' with two-year-olds. Yn D. Olson (Gol.), *The social foundations of language and thought* (tt.211–230). Efrog Newydd: Norton.

Lucariello, J. (1990). Freeing talk from the here-and-now: The role of event knowledge and maternal scaffolds. *Topics in Language Disorders*, 10(3), 14–29.

MacDonald, J.D. (1989). *Becoming partners with children: From play to conversation.* San Antonio, Texas: Special Press.

MacDonald, J.D. & Gillette, Y. (1984). Conversational engineering: A pragmatic approach to early social competence. *Seminars in Speech and Language*, 5, 171–184.

McDonald, L. & Pien, D. (1982). Mother conversational behavior as a function of interactional intent. *Journal of Child Language*, 9, 337–358.

Mirenda, P.L. & Donnellan, A.M. (1986) Effects of adult interaction style on conversational behavior in students with severe communication problems. *Language, Speech and Hearing Services in Schools*, 17, 126–141.

Newson, J. (1978). Dialogue and development. Yn A. Lock (Gol.), *Action, gesture and symbol: The emergence of language* (tt. 31–42). Llundain: Academic Press.

Owens, R.E. (1984). *Language development.* Columbus, Ohio: Bell & Howell.

Prizant, B.M. (1988). *Early intervention: Focus on communication assessment and enhancement.* Gweithdy yn Toronto, Ontario.

Ratner, N. & Bruner, J. (1978). Games, social exchange and the acquisition of language. *Journal of Child Language*, 5, 391–401.

Sachs, J. (1984). Children's play and communicative development. Yn R.L. Schiefelbusch & J. Pickar (Gol.), *The acquisition of communicative competence* (tt. 109–140). Baltimore, MD: University Park Press.

Spinelli, F.M. & Ripich, D.N. (1985). Discourse and education. Yn D.N. Ripich & F.M. Spinelli (Gol.), *School discourse problems* (tt. 3–10). San Diego: College Hill Press.

Terrel, B.Y. (1985). Learning the rules of the game: Discourse skills in early childhood. Yn D.N. Ripich & F.M. Spinelli (Gol.), *School discourse problems* (tt. 13–27). San Diego: College Hill Press.

Trevarthen, C. & Hubley, P. (1978). Secondary intersubjectivity: Confidence, confiding and acts of meaning in the first year. Yn A. Lock (Gol.), *Action, gesture and symbol: The emergence of language* (tt. 183–229). Llundain: Academic Press.

Verbey, M. (1992). *Improving joint engagement in parent-child interaction: Reanalysis of an intervention study.* Traethawd hir doethuriaeth heb ei gyhoeddi, University of Toronto, Ontario.

Warr-Leeper, G. (1992). *General suggestions for improving language.* Cyflwyniad mewn Symposiwm 'Current Approaches to the Management of Child Language Disorders' University of Western Ontario, London, Ontario.

Wells, G. (1981). *Learning through interaction: The study of language development.* Efrog Newydd: Cambridge University Press.

Wells, G. (1986). *The meaning makers: Children learning language and using language to learn.* Portsmouth, New Hampshire: Heinemann.

Annog rhyngweithio mewn sefyllfaoedd grŵp: addasu eich gweithgareddau a'ch arferion

Mae annog pob plentyn i gymryd rhan mewn rhyngweithio yn dechrau gyda grŵp bach a chi.

A. Rhyngweithio gyda phob plentyn yn y grŵp

Rydyn ni'n gwybod ei bod yn hollbwysig i bob plentyn ryngweithio ag athrawon a chyfoedion yn ddyddiol a thrwy gydol y dydd. Rydyn ni'n gwybod hefyd, fodd bynnag, nad yw'r mathau hyn o ryngweithiadau bob amser yn digwydd, neu nad ydyn nhw'n digwydd yn ddigon aml. Ym mhob grŵp o blant yn eich ystafell ddosbarth, fe sylwch nad yw rhai plant yn rhan o'r grŵp mewn gwirionedd. Er y gallan nhw fod yno yn gorfforol, dydyn nhw ddim yn ymwneud â'r gweithgaredd dan sylw, a dydyn nhw ddim ychwaith yn rhyngweithio â chi nac unrhyw un arall. Dyma'r plant sydd angen eich help fwyaf. Maen nhw angen i chi eu tynnu nhw i mewn fel bod ganddyn nhw'r un cyfleoedd i ddysgu iaith a datblygu sgiliau cymdeithasol â'r plant eraill. Y cam cyntaf wrth helpu'r plant hyn yw ystyried pam eu bod yn cael eu gadael allan o'r grŵp. Yna, gallwn ddatblygu cynllun i'w cynnwys.

Weithiau nid yw athro yn sylweddoli bod plentyn yn cael ei adael allan.

> **Mae plant yn gallu cael eu hanwybddu mewn rhyngweithiadau grŵp oherwydd:**
>
> - mae eu sgiliau cymdeithasol a ieithyddol yn llai datblygedig na'u cyfoedion ac nid oes ganddyn nhw'r hyder a/neu'r gallu i gael eich sylw mewn grŵp o blant hyderus, rhyngweithiol;
> - mae ganddyn nhw sgiliau llafar cyfyngedig, ac efallai y byddwch yn colli eu hymdrechion i gychwyn rhyngweithio â chi os yw eu hymdrechion i gychwyn rhyngweithio yn ddi-eiriau, yn gynnil, neu'n aneglur (mae hyn yn cynnwys plant sy'n defnyddio lluniau neu arwyddion);
> - efallai na fyddan nhw'n deall yn iawn yr hyn a ddywedir wrthyn nhw os oes ganddyn nhw oediad iaith neu os ydyn nhw'n dal i ddysgu Cymraeg, neu
> - mae oedi yn eu datblygiad echddygol (sgiliau symud) yn ei gwneud hi'n heriol iddyn nhw gymryd rhan yn gorfforol mewn gweithgareddau.

Mae annog pob plentyn i gymryd rhan mewn rhyngweithio yn dechrau gyda chi a grŵp bach o blant – dim mwy na phedwar. Po leiaf yw'r grŵp, y gorau y byddwch chi'n gallu arsylwi'r holl blant a helpu pob un i gymryd rhan. (Gweler pennod 11, tudalennau 385–6, am wybodaeth ar sut i annog cyfranogiad a rhyngweithio mewn grwpiau mawr, fel amser cylch.) Mae amrywiaeth o weithgareddau grŵp bach sy'n rhoi nifer o gyfleoedd i chi ennyn sylw pob plentyn a'u helpu i ryngweithio. Er enghraifft, mae darllen i grŵp bach, mynd â rhai plant i'r ystafell ymolchi, chwarae wrth y bwrdd tywod, ac eistedd wrth y bwrdd cinio i gyd yn weithgareddau grŵp bach rhyngweithiol posibl. Ffocws y bennod hon yw rhyngweithio rhyngoch chi – yr athrawes – a'r plant mewn grŵp bach. (Ym mhennod 6, byddwch yn dysgu mwy am sut i helpu plant i ryngweithio â'u cyfoedion.)

Y gyfrinach i ryngweithio gyda phob plentyn mewn grŵp yw i ddefnyddio POB RHAN o SGAAN – a chymryd yr amser i ganolbwyntio ar bob plentyn.

Gall llythrennau'r gair 'SGAAN' eich helpu i roi'r dechneg hon ar waith:

Sefydlu grŵp bach yw'r dewis gorau.

Gweithgaredd wedi ei drefnu'n benodol.

Arsylwch bob plentyn yn ofalus trwy gydol y gweithgaredd.

Addaswch eich ymateb i anghenion pob plentyn.

Nawr, daliwch ati!

Sefydlu grŵp bach yw'r dewis gorau

Faint o blant ddylai gael eu cynnwys mewn grŵp?

Lle bo modd, cyfyngwch faint y grŵp i dri neu bedwar o blant. Pan fo'r grŵp yn fach, mae'r rhyngweithio'n llawer mwy hamddenol a gallwch chi roi llawer mwy o sylw i bob plentyn.

Pwy ddylai gael eu grwpio gyda'i gilydd?

Mae'n bwysig grwpio plant a fydd yn 'gymysgedd' da. Meddyliwch am arddulliau sgwrsio'r plant a'u gallu i gyfathrebu. Os oes gan blentyn oediad iaith neu arddull sgwrsio amharod neu oddefol, bydd yn anodd iddi fod gyda grŵp o blant cymdeithasol, llafar iawn. Ar y llaw arall, byddai grŵp o blant sydd i gyd ag arddulliau sgwrsio amharod hefyd yn anghytbwys ac ni fydden nhw'n darparu modelau priodol i'w gilydd. Mae grŵp llwyddiannus yn aml yn deillio o gymysgedd o arddulliau sgwrsio.

Mae Shaida yn athrawes cyn-ysgol. Mae hi'n poeni am Sara, plentyn tair oed sydd ag oediad iaith. Mae gan Sara arddull sgwrsio amharod ac anaml y mae'n dechrau rhyngweithio ag athrawon neu gyfoedion. Pan fydd hi'n gwneud hynny, mae'n aml yn hawdd peidio â sylwi ar ei synau a'i defnydd cynnil o bwyntio yn yr ystafell ddosbarth swnllyd.

Mae Sara yn blentyn sydd ag oediad iaith ac arddull sgwrsio amharod.
Mae angen i Shaida ei helpu i gymryd rhan yn y grŵp.

Mwynhau Dysgu Iaith

Mae Shaida yn cynllunio gweithgaredd grŵp lle y bydd yn gallu helpu Sara i gymryd rhan a rhyngweithio.

Yn gyntaf rhaid i Shaida benderfynu faint o blant fydd yn y grŵp. Mae hi'n penderfynu ar bedwar o blant, gan gynnwys Sara. Nawr mae'n rhaid iddi benderfynu pa blant i'w cynnwys yn y grŵp. Tybed beth sy'n mynd trwy feddwl Shaida…

'Mae gan Emily arddull sgwrsio mwy amharod, ond mae hi'n rhyngweithio pan fydd hi'n cymryd rhan mewn gweithgaredd. Mae hi'n Ddefnyddiwr Brawddegau Cynnar, a fydd yn darparu modelau iaith da i Sara. Ac ni fydd hi'n dominyddu'r sgwrs, a fydd yn rhoi cyfle i Sara gymryd rhan.'

'Mae Jordan yn Ddefnyddiwr Brawddegau Cynnar ac mae'n gymdeithasol iawn. Wna i ei gynnwys ef.'

Jordan

Shaida

Emily

'Dwi ddim yn meddwl y byddaf yn cynnwys Daniel y tro yma oherwydd mae'n tueddu i fod â'i syniadau ei hun. Byddai'n rhaid i mi dreulio gormod o amser yn ceisio ei gadw wrth y bwrdd er mwyn cymryd rhan yn y gweithgaredd. Byddai hynny'n cymryd gormod o amser oddi wrth Sara.'

'Byddai Wilson yn un da i'w gynnwys yn y grŵp hwn. Mae'n gymdeithasol, yn eithaf llafar (mae'n Ddefnyddiwr Brawddegau Hwyrach), ac nid yw'n dominyddu mewn gweithgaredd grŵp.'

Wilson

Daniel

Gweithgaredd wedi ei drefnu'n benodol

Dewiswch weithgaredd a fydd yn annog pob plentyn yn y grŵp i gymryd rhan. Nid yw hyn yn hawdd pan fydd y plant yn eich grŵp ar wahanol gamau o ddatblygiad iaith a gwybyddol a phan fydd gan rai plant sgiliau echddygol cyfyngedig.

Wrth benderfynu pa weithgaredd i'w ddefnyddio gyda grŵp bach o blant, dylai'r gweithgaredd:
- ♦ fod o ddiddordeb i bob plentyn,
- ♦ yn cyfateb i alluoedd pob plentyn,
- ♦ peidio â chynnwys gormod o ddeunyddiau gwahanol,
- ♦ caniatáu i chi a'r plant fod wyneb yn wyneb.

Dylai'r gweithgaredd fod o ddiddordeb i bob plentyn

Mae plant yn cymryd rhan mewn gweithgareddau sydd o ddiddordeb iddyn nhw. Felly, dewiswch weithgaredd a fydd yn apelio at bob plentyn yn y grŵp.

Dylai'r gweithgaredd gyd-fynd â gallu pob plentyn

Prif nod gweithgaredd grŵp bach yw galluogi pob plentyn i gymryd rhan, gan gynnwys plant sydd ag oedi. Mae plant sy'n brin o hyder neu sydd ag oedi datblygiadol yn fwy tebygol o gymryd rhan mewn gweithgareddau penagored sydd ddim yn rhoi pwysau arnyn nhw i greu cynnyrch penodol. Er enghraifft, bydd pedwar plentyn ifanc sy'n cael glud a sbarion papur a ffabrig – a dim cyfarwyddiadau penodol – yn creu pedwar peth gwahanol iawn, os ydyn nhw'n cael cyfle. Mae gwerth y gweithgaredd yn *y weithred o greu'r cynnyrch*, yn hytrach nag yn y cynnyrch ei hun.

Os oes gennych chi blant ag anghenion arbennig yn eich grŵp, efallai y bydd angen i chi addasu'r gweithgaredd i'w galluogi i gymryd rhan. Mae'n well dechrau gyda chyn lleied o addasiadau â phosibl er mwyn iddyn nhw allu cymryd rhan yn y gweithgaredd heb fawr o addasiadau. Gallwch gynyddu'r addasiadau yn ôl yr angen.

Mae addasu gweithgaredd ar gyfer plant unigol yn gallu cynnwys:

- ♦ darparu ychydig o gymorth corfforol
- ♦ bod â disgwyliadau gwahanol o'r hyn y bydd y plentyn yn ei wneud yn y gweithgaredd
- ♦ addasu'r deunyddiau
- ♦ sefydlu gweithgaredd gwahanol sy'n fwy priodol o ran datblygiad ochr yn ochr â gweithgaredd y plant eraill

Addasiad lleiaf

Addasiad mwyaf

Os oes angen addasu ar gyfer plentyn oherwydd anawsterau gyda sgiliau echddygol, efallai y bydd yn ddefnyddiol i chi ymgynghori â therapydd galwedigaethol neu gorfforol.

Wrth gynllunio addasiadau ar gyfer plentyn ag anghenion arbennig, mae'n bwysig peidio ag amlygu gwahaniaethau'r plentyn a gwneud iddi ymddangos yn llai cymwys na'r plant eraill. Un ffordd o leihau gwahaniaethau yw sicrhau bod deunyddiau priodol ar gael i bob plentyn.

Mae Rhona wedi addasu'r gweithgaredd hwn fel bod pob plentyn yn gallu cymryd rhan. Mae Gwenno a Simon yn mwynhau hwylio cychod yn y dŵr. Mae Aled hefyd yn hoffi hwylio ond yn cael cymorth corfforol gan Rhona. Mae gan Melissa oedi datblygiadol ac nid yw'n esgus bach eto (gweler pennod 9), ond mae'n gallu defnyddio'r cwpanau sy'n cael eu darparu i gymryd rhan yn ei ffordd ei hun.

Ni ddylai'r gweithgaredd gynnwys gormod o ddeunyddiau

Mae gweithgareddau sy'n cynnwys gormod o ddeunyddiau gwahanol yn debygol o leihau'r rhyngweithio a'r cyfathrebu rhwng y plant. Bydd plant yn treulio mwy o amser yn archwilio ac yn chwarae gyda'r deunyddiau hyn nag y byddan nhw yn rhyngweithio ag eraill.

Dylai'r gweithgaredd ganiatáu i chi a'r plant fod wyneb yn wyneb

Mae eich lleoliad corfforol yn y grŵp yn hollbwysig. Nid oes angen i rai plant fod wyneb yn wyneb er mwyn rhyngweithio â chi. Mae eraill, yn enwedig plant ag arddull sgwrsio amharod a goddefol, angen y cyswllt wyneb yn wyneb hwnnw er mwyn cychwyn unrhyw ryngweithio. Dylech leoli eich hun gyferbyn â'r plant hyn fel ei bod yn hawdd i chi sefydlu cyswllt llygad â nhw – ac iddyn nhw sefydlu cyswllt llygad â chi. Pan fyddwch yn union gyferbyn â phlentyn, byddwch chi hefyd yn gallu sylwi ar ei symudiadau, a allai fod mor gynnil ag edrych arnoch chi neu bwyso ychydig i weld beth mae rhywun yn ei wneud.

Mae Shaida bellach yn barod i ddewis a threfnu gweithgaredd ar gyfer ei grŵp o blant. Mae hi'n cofio'r canlynol:

Dylai'r gweithgaredd fod o ddiddordeb i bob plentyn

Mae Sara wrth ei bodd yn chwarae gyda'r til arian. Mae hi'n hoffi gwthio'r botymau a gweld yr arian yn diflannu i'r slotiau. Mae Shaida wedi gweld Sara yn 'prynu' pethau gydag arian chwarae, felly mae hi'n gwybod bod Sara yn deall y cysyniad o brynu a gwerthu pethau. Mae Shaida yn penderfynu trefnu siop, ac mae'n gwybod y bydd hyn apelio at Sara, yn ogystal ag at y plant eraill.

Dylai'r gweithgaredd gyd-fynd â gallu'r plant

Mae'r holl blant, gan gynnwys Sara, yn gallu trin y teganau yn y 'siop' a deall y cysyniad o esgus prynu a gwerthu pethau. Er mwyn eu hannog i gyd i gymryd rhan, ni fydd Shaida yn rhoi cyfarwyddiadau iddyn nhw ynghylch beth i'w wneud yn y siop. Yn gyntaf, bydd hi'n gweld beth maen nhw'n ei wneud ac yna bydd hi'n ymateb.

Ni ddylai'r gweithgaredd gynnwys gormod o ddeunyddiau

Bydd Shaida yn rhoi digon o wrthrychau a bwydydd yn y 'siop' er mwyn i bob plentyn fod â rhywbeth i chwarae ag ef, ond nid gormod o wrthrychau er mwyn sicrhau nad yw'r siop yn anniben. Pan fydd gan blant ormod o deganau i ddewis ohonyn nhw, maen nhw'n aml yn newid ffocws, sy'n lleihau'r tebygolrwydd o ryngweithio.

Dylai'r gweithgaredd ganiatáu i chi a'r plant fod wyneb yn wyneb

Bydd Shaida yn creu gofod er mwyn iddi hi allu eistedd yn erbyn y wal a bod wyneb yn wyneb â'r rhan fwyaf o'r pedwar plentyn ar unrhyw un adeg.

Arsylwch bob plentyn yn ofalus trwy gydol y gweithgaredd

Pan fyddwch yn arsylwi grŵp bach o blant yn cymryd rhan mewn gweithgaredd, canolbwyntiwch ar bob plentyn am nifer o eiliadau i arsylwi ar:

- lefel ymwneud â'r gweithgaredd,
- diddordeb yn y gweithgaredd.

Arsylwi lefel cyfranogiad plant mewn gweithgaredd

Meddyliwch am gyfranogiad pob plentyn drwy gydol y gweithgaredd gan ganolbwyntio ar dair elfen:

- **Sylw**: a yw'r plentyn yn dangos diddordeb yn y gweithgaredd, yn talu sylw ac yn ymateb i'r hyn rydych chi a'r plant eraill yn ei wneud?
- **Cyfranogiad** (mewn gweithgareddau sy'n cynnwys trin deunyddiau'n gorfforol): a yw'r plentyn yn cymryd rhan weithredol yn y gweithgaredd ac yn trin y deunyddiau?
- **Rhyngweithiad**: a yw'r plentyn yn rhyngweithio (cychwyn ac yn ymateb) gyda chi ac aelodau eraill y grŵp?

Yn union fel dringo ysgol, rhaid i blentyn feistroli un gris ar y tro: talu sylw yn gyntaf, yna cymryd rhan, ac yn olaf rhyngweithio. Allwch chi ddim disgwyl i blentyn ryngweithio cyn y mae'n gallu talu sylw a chymryd rhan. Yn yr un modd, os yw plentyn yn rhoi sylw i'r gweithgaredd, ond ddim yn cyfranogi nac yn rhyngweithio, yna'r nod yw ei helpu i gyfranogi cyn disgwyl iddi ryngweithio.

Mae sylw, cyfranogiad a rhyngweithiad plentyn yn gallu amrywio yn dibynnu ar ei gallu i dalu sylw, ar ba mor ddiddorol yw'r gweithgaredd, a faint o gymhelliant sydd ganddi i ryngweithio â chi ac eraill. Mae hefyd yn bwysig iawn cofio bod cyfranogiad plentyn mewn unrhyw weithgaredd yn dibynnu ar faint mae hi'n ei *ddeall*. Os yw hi'n cael anhawster deall yr hyn rydych chi'n ei ddweud yn ystod y gweithgaredd, mae'n annhebygol o dalu sylw a chyfranogi.

Dringo'r ysgol ryngweithio

Lefelau gwahanol o gymryd rhan: dringo'r ysgol ryngweithio

Y plentyn sy'n rhyngweithio â chi a/neu unrhyw un o'r plant eraill

Mae'n hawdd i blant sy'n gymdeithasol gael eich sylw, yn enwedig gan mai nhw yw'r rhai hawsaf yn y grŵp i chi ryngweithio â nhw.

Y plentyn sy'n cymryd rhan, ond ddim yn rhyngweithio

Mae rhai plant ag arddull sgwrsio amharod yn cyfranogi mewn gweithgareddau ond dydyn nhw ddim yn ceisio cystadlu â'r plant eraill am eich sylw. Ni fyddan nhw'n cychwyn rhyngweithiad oni bai eu bod yn cael eich holl sylw ac yn eich gweld yn aros yn ddisgwylgar iddyn nhw gyfathrebu.

Y plentyn sy'n talu sylw, ond ddim yn cyfranogi

Mae'r lefel hon o ymglymiad yn gallu bod yn nodweddiadol o blant sydd ag arddull sgwrsio amharod. Yn aml, dydyn nhw ddim yn gwybod sut i ymuno ac maen nhw'n ddibynnol iawn ar eraill i ddweud wrthyn nhw beth i'w wneud neu sut i'w wneud.

Y plentyn sydd ddim yn talu sylw

Yn nodweddiadol, gall plentyn sydd ddim yn talu sylw fod ag oedi o ran ei ddatblygiad a/neu fod ag arddull sgwrsio oddefol neu ei agenda ei hun.

Arsylwi diddordeb plant yn y gweithgaredd

Efallai na fydd diddordeb plentyn yn amlwg – arsylwch yn ofalus i weld pa agwedd o'r gweithgaredd y mae gan y plentyn ddiddordeb ynddo. Os yw'r plentyn yn chwarae gyda thoes, a oes ganddi ddiddordeb mewn procio a thynnu, neu a yw'n ei ddefnyddio i esgus? A ydy'r gwrthrych tebyg i neidr y mae wedi'i rholio yn neidr yn ei meddwl hi, neu a ydy'n rhywbeth arall? Peidiwch â neidio i gasgliadau – cymerwch amser i sicrhau eich bod yn gwybod beth yw ei ffocws.

Gadewch inni fynd ôl i Shaida sy'n chwarae 'Siop y Groser.' Mae Shaida yn arsylwi'r plant yn ofalus i benderfynu a ydyn nhw'n talu sylw, yn cyfranogi ac yn rhyngweithio. Gawn ni weld beth yw barn Shaida ...

'Mae gan Emily arddull sgwrsio amharod. Mae hi'n cyfranogi, ond efallai y bydd angen rhywfaint o anogaeth arni i ryngweithio â fi a'r plant eraill.'

Eisiau prynu gwrawnfwyd?

'Mae Jordan yn awyddus iawn i ryngweithio gyda fi.'

Emily

Jordan

Gwthia'r botymau.

Wilson

Sara

'Mae Wilson mor gymdeithasol ac mae ganddo ddiddordeb mewn rhyngweithio â'r plant eraill. Mae'n gwneud ymdrech wirioneddol i gynnwys Sara.'

'Mae Sara yn talu sylw, ond dydy hi ddim yn cyfranogi nac yn rhyngweithio. Mae hi'n mynd i fod angen rhywfaint o help i gyfranogi oherwydd mae ganddi arddull sgwrsio mor amharod.'

Addaswch eich ymateb i anghenion pob plentyn

Unwaith y byddwch wedi arsylwi lefel cyfranogiad a diddordeb pob plentyn, eich nod yw cael pob plentyn i ryngweithio â chi ac, os yn bosibl, gyda'i gilydd. (Byddwn yn trafod rhyngweithio â chyfoedion yn llawnach ym mhennod 6.)

Bydd ble y byddwch yn dechrau a sut y byddwch yn ymateb i bob plentyn yn dibynnu ar:

- lefel ei sylw, cyfranogiad, a rhyngweithio, a
- beth sydd o ddiddordeb iddi.

Anelu at feithrin **sylw** yn achos plant sydd ddim yn talu sylw, **cyfranogiad** yn achos plant sydd ddim yn cyfranogi, a **rhyngweithio** i blant sydd ddim yn rhyngweithio.

Dechreuwch trwy ddilyn arweiniad pob plentyn, gan dreulio ychydig o amser gyda hi a'i chynnwys mewn 'sgwrs fach.' Mae'n bosibl y bydd gan bob plentyn ffocws gwahanol, felly mae dilyn arweiniad yr holl blant mewn grŵp yn gallu bod yn heriol. Mae fel pe bai pob plentyn yn gwneud dawns wahanol tra rydych chi'n ceisio bod yn bartner dawnsio i bob un. Mae'n rhaid i chi fod yn ystwyth iawn ar eich traed i ddilyn cymaint o wahanol gamau!

Weithiau bydd sgwrs gydag un plentyn yn cael ei thorri wrth i blentyn arall ychwanegu rhywbeth at y pwnc. Cyn belled â bod y plant i gyd yn parhau i gymryd rhan yn y sgwrs, mae'r sgyrsiau 'grŵp' hyn yn iawn. Mewn gwirionedd, mae sgyrsiau grŵp yn rhoi cyfle i blant brofi cyfranogiad mewn trafodaeth grŵp, sgil sy'n dod yn fwyfwy pwysig pan fyddan nhw'n mynd ymlaen i'r ysgol.

Mae Jay, plentyn ag arddull sgwrsio amharod, yn talu sylw ond nid yw'n gwybod sut i ymuno â'r grŵp er mwyn iddo allu cyfranogi. Nod cyntaf ei athrawes yw ei gael i gymryd rhan yn y gweithgaredd er mwyn iddo allu cyfranogi.

Mwynhau Dysgu Iaith

Sut i addasu eich ymateb ar gyfer lefel cyfranogiad pob plentyn

Mae'r plentyn …	Y nod yw …	Sut i addasu eich ymateb
• Ddim yn talu sylw • Ddim yn cyfranogi • Ddim yn rhyngweithio	Helpu'r plentyn i dalu sylw a dod yn ymwybodol o'r hyn sydd gan y gweithgaredd i'w gynnig.	• Newidiwch neu addaswch y gweithgaredd os ydych chi'n meddwl nad yw'n apelio at y plentyn neu os yw'n ymddangos nad oes ganddyn nhw'r sgiliau sydd eu hangen i gyfranogi ynddo. • Gwnewch eich iaith yn hawdd i'w deall (gweler pennod 7). • Galwch hi wrth ei henw mewn llais bywiog a chynigiwch y deunyddiau iddi. • Newidiwch eich lleoliad fel eich bod wyneb yn wyneb. • Gwnewch rywbeth diddorol gyda'r deunyddiau ac yna arhoswch i weld beth mae hi'n ei wneud.
Yn talu sylw, ond … • ddim yn cyfranogi • ddim yn rhyngweithio	Annog y plentyn i ddefnyddio'r deunyddiau a chymryd rhan yn y gweithgaredd	• Gwahoddwch y plentyn i ymuno. Defnyddiwch enw'r plentyn mewn llais bywiog. • Rhowch le i'r plentyn eistedd ac ychydig o ddeunyddiau i chwarae â nhw. • Newidiwch eich lleoliad fel eich bod wyneb yn wyneb. • Arhoswch yn ddisgwylgar i weld beth fydd y plentyn yn ei wneud. Weithiau dim ond amser sydd ei angen ar blant i ymlacio a chymryd rhan yn y gweithgaredd. • Awgrymwch rôl yn y gêm neu rywbeth y gallai'r plentyn ei wneud gyda'r deunyddiau. Dangoswch beth i'w wenud os bydd angen. • Gwnewch sylw am rywbeth rydych chi'n gwybod y mae'r plentyn yn ei hoffi neu wedi'i wneud yn y gorffennol mewn gweithgaredd tebyg. • Gwnewch eich iaith yn hawdd i'w deall (gweler pennod 7).

Yn talu sylw, yn cyfranogi, ond …
• ddim yn rhyngweithio
	Annog y plentyn i roi neges i chi neu'r plant eraill.	• Eisteddwch wyneb yn wyneb a sylwch ar yr hyn y mae'r plentyn yn ei wneud. Arhoswch! Dilynwch arweiniad y plentyn drwy:
		  • ddynwared beth mae'r plentyn yn ei wneud gyda'r deunyddiau, ac
		  • ymuno yn y chwarae, gan ddefnyddio eich deunyddiau eich hun.
		• Gwnewch eich iaith yn hawdd i'w deall (gweler pennod 7).
		• Ymatebwch yn syth i ysgogiad a gwyliwch am symudiadau cynnil fel ystumiau bach, edrychiadau cyflym, neu synau meddal.
		• Defnyddiwch gwestiynau a sylwadau (gweler pennod 4, tudalennau 133–140) i'w chadw yn y sgwrs.

Yn talu sylw, yn cyfranogi, yn rhyngweithio	Cynnwys y plentyn mewn cyfranogiad estynedig, yna parhau i ddefnyddio SGAAN yn y grŵp. Sicrhewch nad yw un plentyn yn rheoli eich sylw yn y grŵp.	• Defnyddiwch gwestiynau a sylwadau didwyll i gadw'r plentyn yn y sgwrs. • Os yw'r plentyn yn tynnu eich sylw oddi wrth y plant eraill, defnyddiwch ystumiau (e.e., dal eich llaw i fyny, cyffwrdd ei braich yn ysgafn) neu rhowch giw ar lafar, fel 'Rydw i'n siarad â Sara nawr. Arhosa, plis, nes fydda i wedi gorffen!'

Gadewch inni fynd 'nôl at Shaida yn chwarae 'Siop y Groser' a gweld sut mae'n penderfynu addasu ei hymateb i anghenion pob plentyn.

Mae Jordan yn rhyngweithio. Mae Shaida yn dilyn ei arweiniad ac yn ymestyn y sgwrs.

Mae Emily yn cyfranogi ond nid yw'n rhyngweithio. Mae Shaida yn annog rhyngweithio trwy ddilyn arweiniad Emily a thrwy ddefnyddio sylwadau a chwestiynau gonest.

Mae Sara yn talu sylw ond ddim yn cyfranogi. Mae Shaida yn annog cyfranogiad Sara trwy ei gwneud yn siopwr. Yna mae hi'n annog Sara ac Emily i ryngweithio trwy awgrymu bod Emily yn talu Sara am ei nwyddau. Yna mae Shaida yn dweud wrth Sara beth yn union i'w wneud â'r arian chwarae.

Mae Wilson yn annog cyfranogiad Sara trwy ei helpu i gyflawni ei rôl fel 'siopwr.' Efallai y bydd Shaida yn gallu camu yn ôl ychydig yma a gadael i'r plant ryngweithio. Bydd y strategaeth hon yn cael ei thrafod ymhellach ym mhennod 6.

Mwynhau Dysgu Iaith

Nawr, daliwch ati!

Unwaith y byddwch wedi defnyddio SGAAN gyda'r grŵp ac yn rhyngweithio â phob plentyn, dechreuwch y broses eto. Arsylwch bob plentyn yn ofalus, gan addasu eich ymateb yn ôl faint mae'n ei gyfranogi yn y gweithgaredd a'r hyn sy'n ymddangos o'r diddordeb mwyaf iddi. Mae'r broses hon yn parhau trwy gydol y gweithgaredd. Erbyn diwedd y gweithgaredd, dylai pob plentyn deimlo ei fod yn cael ei gynnwys a'i fod yn cyfranogi, a dylai fod wedi cael y cyfle i ryngweithio â chi – ac, o bosibl, gyda rhai o'r plant eraill – sawl gwaith.

Defnyddio SGAAN gyda'r ystafell ddosbarth i gyd

Pan fyddwch yn defnyddio SGAAN gyda'r dosbarth cyfan, efallai y byddwch yn sylwi ar blant sydd ddim yn cyfranogi mewn gweithgareddau neu ryngweithio. Mae angen help ar y plant yma hefyd i ymuno'n llawn â'r gweithgareddau!

Mae Elisa yn defnyddio SGAAN gyda'r ystafell ddosbarth ac yn sylwi bod Patrice yn eistedd ar ei ben ei hun yn gwneud dim byd ...

… felly mae'n ei gwahodd i ymuno â'r chwarae.

Nawr mae Patrice yn rhan o'r gweithgaredd!

Mae SGAAN yn strategaeth bwysig y gallwch ei defnyddio mewn sefyllfaoedd grŵp trwy gydol y dydd. Gadewch inni edrych ar gyfleoedd ar gyfer rhyngweithio grŵp mewn gweithgareddau synhwyraidd-creadigol a gweithgareddau pob dydd. Ym mhennod 9, byddwn yn edrych ar ryngweithio grŵp yn ystod chwarae esgus.

B. Cynllunio SGAAN yn ystod gweithgareddau synhwyraidd-creadigol

Mae gweithgareddau grŵp synhwyraidd-creadigol yn cynnig cyfleoedd unigryw i blant archwilio, arbrofi, a chreu mewn amgylchedd lle mae'n iawn gwneud llanast! Ar adegau, mae'n bosibl i athrawon adael llonydd i blant archwilio deunyddiau synhwyraidd, yn enwedig pan fyddan nhw wedi cyrraedd oedran cyn ysgol. Ar adegau eraill, mae athrawon yn eistedd gyda phlant ac yn manteisio ar eu hawydd i rannu eu darganfyddiadau, eu teimladau a'u creadigaethau.

Mae'r profiad o rannu'r pwdin gyda'ch gilydd yn un gwerthfawr, sydd llawn mor bwysiced â'r archwilio.

Cynlluniwch i ddefnyddio SGAAN yn ystod gweithgareddau synhwyraidd-creadigol a gallwch osod y llwyfan i blant archwilio a chreu – a rhannu hwyl a rhyfeddod eu profiadau.

S G A A N

Sefydlu grŵp bach yw'r dewis gorau

- Dim mwy na phedwar o blant.
- Os oes gennych fwy na phedwar o blant, ystyriwch gael dau fwrdd a rhannu eich amser rhwng y ddau.

S G A A N

Gweithgaredd wedi ei drefnu'n benodol

- Gadewch i'r plant helpu i baratoi'r deunyddiau – mae'r plant wrth eu bodd yn cymysgu paent a thoes a dosbarthu deunyddiau.
- Darparwch ddeunyddiau sy'n briodol i gamau datblygiad plant. Os ydyn nhw'n ifanc iawn neu os oes ganddyn nhw oedi yn eu datblygiad, efallai eu bod nhw'n dal i roi pethau yn eu cegau. Darparwch ddeunyddiau diogel!
- Ceisiwch gael deunyddiau sy'n benagored ac anogwch y plant i fod yn greadigol. Yn hytrach na gosod tasg benodol fel, 'Gadewch i ni i gyd wneud nadroedd,' neu 'Gwnewch ddyn eira fel hwn,' caniatewch i bob plentyn beintio neu greu beth bynnag maen nhw eisiau.
- Gwnewch yn siŵr bod gennych fwy na digon o ddeunyddiau ar gyfer pob plentyn, ond dim gormod o bethau fel bod y plant yn cael eu llethu a bod y dewis yn tynnu eu sylw.

Mwynhau Dysgu Iaith

- Cofiwch baratoi'n iawn. Gwnewch yn siŵr bod yr holl ddeunyddiau yn barod fel nad oes rhaid i chi adael y bwrdd.
- Cyfyngwch ar nifer a math y propiau i annog plant i ddefnyddio eu dychymyg. Er enghraifft, bydd plant tair oed a throsodd yn gwneud llawer o bethau llawn dychymyg allan o does os na roddir offer iddyn nhw, fel torwyr cwcis, sydd â phwrpas penodol. Darparwch offer penagored, fel ffyn, cerrig, a stribedi o gardbord, i annog defnydd creadigol a dychmygus o ddeunyddiau.
- Gwnewch yn siŵr bod gennych eich deunyddiau eich hun, fel na fydd yn rhaid i chi gymryd deunyddiau oddi wrth blentyn.

Arsylwch bob plentyn yn ofalus

- Rhowch y plant lleiaf rhyngweithiol gyferbyn â chi fel y gallwch fod wyneb yn wyneb ac arsylwi ar unrhyw ymateb cynnil.
- Ar ddechrau'r gweithgaredd, arhoswch, arhoswch, arhoswch! Rhowch ddigon o amser i'r plant archwilio'r deunyddiau yn eu ffordd eu hunain cyn i chi wneud neu ddweud unrhyw beth o gwbl. Dyma'r foment i eistedd yn dawel ac arsylwi ar yr hyn y maen nhw'n ei wneud, neu i drin y deunyddiau yn dawel ar eich pen eich hun.
- Arsylwch lefel cyfranogiad pob plentyn – a ydy'r plentyn yn talu sylw, yn cymryd rhan ac yn rhyngweithio?
- Beth ydy prif ddiddordeb pob plentyn? Ydy'r plentyn yn hoffi cymysgu'r paent bys, gadael iddo ollwng ar y papur, neu ddefnyddio ei dwylo i wneud patrymau ar y papur?

Pan fydd plentyn yn cael cyfle i archwilio a chreu,
bydd pob plentyn yn gwneud hynny mewn ffordd wahanol.

Addaswch eich ymateb i anghenion pob plentyn

◆ Unwaith y byddwch wedi nodi lefelau sylw, cyfranogiad a rhyngweithio plentyn, a ffocws eu diddordeb, ewch ati i wenud rhyw weithgaredd neu manteisiwch ar y cyfle i sgwrsio â nhw. Dilynwch eu harweiniad drwy ddynwared eu gweithredoedd, gwneud sylw, neu ymuno yn eu chwarae – a'i wneud yn hwyl!

◆ Unwaith y byddwch wedi rhyngweithio ag un plentyn, symudwch ymlaen at y plentyn nesaf, gan nodi lefel ei ddiddordeb a dilyn ei harweiniad. Wrth wneud hyn, rydych chi'n rhannu'ch sylw gyda phob plentyn yn ei dro.

◆ Pan fydd plentyn yn cychwyn rhyngweithio yn ystod gweithgaredd peintio, er enghraifft, ymatebwch gyda diddordeb a defnyddiwch gwestiynau a sylwadau gonest i gadw'r sgwrs i fynd. Ceisiwch osgoi cwestiynau sy'n profi, fel 'Beth wyt ti'n ei wneud?' neu 'Pa liw ydy hwnna?' a all ddod â sgyrsiau i ben yn gyflym iawn. (Gweler pennod 4, tudalennau 133–40, am ragor o wybodaeth am y math o gwestiynau.)

◆ Os nad yw plentyn yn cyfranogi, ystyriwch newid y gweithgaredd. Mae'n bosibl gweld bod angen newid os nad yw'r plentyn yn gallu trin y deunyddiau yn hawdd, os nad yw'n hoffi eu cyffwrdd, neu os nad yw'n ymddangos bod ganddi'r sgiliau sydd eu hangen arni i'w defnyddio.

◆ Gofalwch nad ydych yn rhoi gormod o sylw i'r plant cymdeithasol iawn, sydd o bosibl yn gyfrifol am gychwyn y sgwrs bob amser.

Gwnewch sylw sy'n dangos bod gennych ddiddordeb yn yr hyn maen nhw'n wneud.

Dynwaredwch beth mae'r plant yn ei wneud a'i ddweud,
ond defnyddiwch eich deunyddiau eich hun.

Ymunwch â chwarae
esgus y plant.

Nawr, daliwch ati!

SGAAN

C. Cynllunio SGAAN yn ystod gweithgareddau pob dydd

'Gwisgwch yn gyflym fel y gallwn ni fynd allan.'
'Brysiwch a bwytewch eich snac fel y gallwn ni fynd i chwarae.'
'Llai o siarad! Golchwch eich dwylo cyn bwyta.'

Ydy hyn yn swnio'n gyfarwydd? Ydych chi'n treulio llawer o'ch amser yn ystod gweithgaredd yn ceisio cadw pawb ar y trywydd iawn?

Heb amheuaeth, mae gweithgareddau pob dydd weithiau'n gallu herio amynedd yr athro mwyaf amyneddgar. Ar y dyddiau pan fydd llawer o grio (y plant – dim chi!) a phan na fydd dim yn mynd yn ôl yr hyn a fwriadwyd, efallai y byddai'n ymddangos yn well i chi gael y gweithgaredd drosodd cyn gynted â phosibl. Ar ddiwrnodau fel hyn, efallai eich bod chi'n iawn!

Mae'n rhaid bod ffordd well o gael y plant yn barod ar gyfer chwarae tu allan.

Er bod gweithgareddau pob dydd yn gallu bod yn straen i chi a'r plant yn eich ystafell ddosbarth, gallan nhw hybu perthynas cadarnhaol a dysgu iaith. Mae gan bob gweithgaredd y potensial ar gyfer rhywfaint o ryngweithio, ni waeth pa mor fyr. Gyda pheth cynllunio creadigol a hyblygrwydd, mae gweithgareddau yn gallu bod yn set arall o sefyllfaoedd grŵp lle gallwch gynllunio i ddefnyddio SGAAN, gan eu gwneud yn fwy hamddenol a rhyngweithiol i bawb.

Pedwar ffactor sy'n gwneud neu'n chwalu rhyngweithiad yn ystod gweithgaredd

Mae faint o ryngweithio sy'n digwydd yn ystod gweithgaredd pob dydd yn dibynnu ar:

- Nifer yr athrawon a'r plant
- Yr amgylchedd
- Amseru a chyflymder y gweithgaredd
- Rôl yr athro

Nifer yr athrawon a'r plant

Yn ystod gweithgaredd pob dydd, mae athrawon yn dod o dan straen ac mae plant yn mynd yn aflonydd ac yn swnllyd pan fydd gormod ohonyn nhw a dim digon o staff ar gael i helpu. Yn yr holl sŵn a dryswch, mae cyfleoedd ar gyfer rhyngweithio cadarnhaol yn cael eu colli. Mae'n dod yn fwy heriol sylwi ar ymgais gynnil y plentyn sydd ag oediad iaith i gychwyn sgwrs.

Ystyriwch y canlynol:

- **Sicrhau bod pob athro ar gael i helpu.** Mae llawer o arweinwyr canolfannau gofal plant neu leoliadau eraill yn trefnu amserlen ar gyfer pob athro fel eu bod ar gael yn ystod cyfnodau prysur o'r dydd.

- **Rhannu'r grŵp.** Mae grwpiau llai yn gwneud llai o sŵn a dryswch ac yn gwneud rhyngweithio sydyn yn bosibl. Er enghraifft, wrth wisgo plant ar gyfer chwarae yn yr awyr agored yn y gaeaf, mae'n help os bydd un athro yn mynd â'r grŵp sy'n barod yn gyntaf allan. Os oes plentyn ag anghenion arbennig sy'n arbennig o sensitif i sŵn a dryswch, neu sydd angen mwy o amser, ystyriwch ofyn i athro i'w gwisgo, mynd â nhw i'r toiled, ac ati, cyn neu ar ôl y plant eraill.

Lleihau'r amser aros –
ewch â'r plant sy'n barod allan.

Er mwyn gwneud amser ar gyfer rhyngweithio, ceisiwch ymestyn gweithgareddau pob dydd.

- **Ymestyn gweithgareddau pob dydd.** Os nad yw'r plant bach i gyd yn mynd i'r toiled ar yr un pryd ac nad yw'r babanod i gyd yn bwyta am 11:30 a.m., bydd gennych lai o blant i ddelio â nhw a llawer mwy o gyfle i ryngweithio.

Yr amgylchedd

Bydd amgylchedd ffisegol sydd wedi'i gynllunio'n dda yn cynyddu cyfleoedd ar gyfer rhyngweithio.

Ystyriwch yr agweddau hyn i wella'r awyrgylch a'r amgylchedd:

◆ **Y man lle mae'r gweithgaredd pob dydd yn cael ei gynnal.** Weithiau mae diffyg lle yn gwneud rhyngweithio yn anodd. Er enghraifft, os ydy'r plant bach i gyd yn gwisgo eu dillad mewn ardal fach, maen nhw'n fwy tebygol o wthio ei gilydd nag y bydden nhw mewn ardal sydd â mwy o le.

Os oes gennych blentyn ag anghenion arbennig, sy'n defnyddio cyfarpar fel cadair olwyn neu ffrâm gerdded, gwnewch yn siŵr bod y gofod yn ddigon mawr ar eu cyfer.

Mae diffyg paratoi a rhes o gadeiriau uchel yn gwneud cawlach o bethau.

- **Yr offer.** Mae'r offer a ddefnyddiwch yn hollbwysig hefyd. Er enghraifft, mae'n debygol y bydd llai o ryngweithio wrth un bwrdd cinio mawr gyda deg o blant a dau athro nag mewn dau fwrdd llai gyda phump o blant ac un athro yr un.
- **Sut rydych chi'n trefnu'r amgylchedd.** Gadewch i ni edrych eto ar amserau bwyd. Yn ddelfrydol, dylai athrawon gynllunio a pharatoi popeth ymlaen llaw fel y gallan nhw eistedd a rhyngweithio â'r plant. Penderfynodd un canolfan gofal plant ddefnyddio system 'rhedwr' i ddelio â'r broblem o athrawon yn gadael y bwrdd yn gyson i gael bwyd neu ddiodydd i blant. Mae un athro, y 'rhedwr,' yn gyfrifol am ddod â'r bwyd (ac unrhyw beth arall) i bob bwrdd, lle bydd wedyn yn cael ei weini gan athro arall. Mae'n help cael cert neu fwrdd bach ar gyfer powleni ac ati wrth ymyl pob bwrdd er mwyn i'r athrawes allu gweini'r bwyd o'i sedd. Ac eithrio'r 'rhedwr,' mae'r holl athrawon yn eistedd ac yn rhyngweithio â'r plant mewn awyrgylch hamddenol.

Mae hanner cylchoedd, bwrdd ar gyfer llestri ac ati wrth ymyl cadair yr athrawes a digon o baratoi yn gwneud gwahaniaeth. Nawr mae yna gyfle i ryngweithio.

Bydd llai o grio a mwy o ryngweithio pan fydd y babanod yn eistedd wrth y bwrdd.

- Os oes angen unrhyw offer arbennig ar blentyn yn ystod gweithgaredd pob dydd, fel clustog i eistedd arno neu system gyfathrebu â lluniau, gwnewch yn siŵr bod y cyfan yn barod cyn cychwyn.

Amseru a chyflymder gweithgareddau pob dydd

Ystyriwch yr agweddau hyn er mwyn gwella amseru gweithgareddau pob dydd:

- **Adeg o'r dydd**. Mae yna adegau prysur o'r dydd – ac yna mae yna adegau prysur, prysur o'r dydd! Mae'n rhaid i rai gweithgareddau gynnwys yr holl blant yn yr ystafell ddosbarth ar yr un pryd, ond mae'n bosibl ymestyn gweithgareddau eraill. Er enghraifft, mae'n bosibl i blant bach arfer mynd i'r toiled wrth iddyn nhw gyrraedd yn y bore.
- **Y cyflymder a faint o amser y mae'n ei gymryd i gwblhau'r gweithgaredd.** Mae gweithgareddau sy'n digwydd ar frys yn gallu aflonyddu athrawon ac achosi rhwystredigaeth i blant. Ac os nad yw gweithgareddau wedi'u cynllunio'n dda, mae plant yn treulio gormod o amser yn aros am weddill y grŵp. Ceisiwch gael gweithgareddau trefnus sy'n golygu llai o frysio a mwy o ryngweithio. Yn enwedig gyda babanod, mae gweithgareddau fel newid clytiau a bwydo yn darparu rhyngweithio un-i-un pwrpasol. Ni ddylid rhuthro'r gweithgareddau hyn.

Yn y tymor hir, ni fydd gweithgaredd trefnus sy'n caniatáu rhyngweithio yn cymryd mwy o amser na gweithgaredd brysiog sydd wedi'i gynllunio'n wael. Ac os nad oes modd osgoi rhywfaint o aros ar ran y plant, dylai athrawon fod yn barod i'w cadw'n brysur gyda straeon, caneuon, neu weithgareddau eraill.

Y rôl mae'r athro yn ei chwarae

Yn y diwedd, mae llwyddiant gweithgaredd pob dydd yn dibynnu arnoch chi a sut ydych chi'n ymateb i'r plant. Os ydych yn cymryd amser i arsylwi a gwrando arnyn nhw, i ymateb i'w hysgogiadau ac i dalu rhywfaint o sylw i bob plentyn, ni fydd eich gweithgareddau yn rhai cyffredin – dyma fydd rhai o adegau gorau'r dydd.

Yn hytrach na siarad â'r athrawon eraill ...

... eisteddwch gyda'r plant a chael sgwrs.

Rhai awgrymiadau ar gyfer y gweithgaredd pob dydd o 'wisgo ar gyfer chwarae yn yr awyr agored'

Gwisgo plant ar gyfer chwarae yn yr awyr agored ar ddiwrnodau oer, gaeafol yw'r anoddaf o'r holl weithgareddau pob dydd. Dyma rai awgrymiadau gan athrawon:

Gwella rhyngweithio ...

'Wrth helpu plant i wisgo, rydyn ni'n atgoffa ein hunain o bwysigrwydd rhyngweithio â phob plentyn trwy feddwl am ddechrau, canol a diwedd y sgwrs. Mae'r dechrau'n golygu ymateb i gais y plentyn am help, cynnig ein help, neu dim ond gweld sut mae'n ymdopi. Mae'r canol yn golygu naill ai ymateb i'w hysgogiad neu siarad â nhw am rywbeth y credwn a fydd o ddiddordeb iddyn nhw. Mae'r diwedd yn golygu 'cau' y sgwrs trwy ddweud rhywbeth fel, "Rwyt ti'n barod i fynd i chwarae. Nawr rydw i'n mynd i helpu Simon." Mae'n bwysig gwneud y tri cham.'

'Fe wnaethon ni sylweddoli ein bod ni'n aml yn gwisgo plant o'r tu ôl a doedden ni ddim hyd yn oed yn edrych ar y plentyn roedden ni'n ei helpu! Hyd yn oed pan oedden ni o flaen y plentyn, roedden ni'n dal i edrych o gwmpas yr ystafell, yn siarad â phlant eraill ac yn anwybyddu'r plentyn yr oedden ni gyda nhw. Nawr rydyn ni'n gwisgo'r plentyn wyneb yn wyneb ac yn gwneud ymdrech i ryngweithio cymaint â phosib gyda'r plentyn rydyn ni'n ei helpu.'

Atal plant rhag mynd yn boeth a thrafferthus ...

'Dydyn ni ddim yn gwisgo siacedi a chapiau nes bod pawb wedi gwisgo'u hesgidiau a'u sgarffiau. Dim ond wedyn rydyn ni'n gwisgo siacedi a chapiau – felly dydy'r plant ddim yn rhy boeth a blin.'

Cymryd yr amser i annog sgiliau hunangymorth ...

'Pan mae hi'n mynd yn ddigon oer i wisgo trowsus trwchus y tu allan, rydyn ni'n treulio peth amser mewn grwpiau bach yn dangos i'r plantos sut i wisgo eu trowsus. Rydyn ni'n gwneud hyn ar ddiwedd amser chwarae, tra bod rhai o'r plant yn dal i chwarae. Wrth wneud hyn, gallwn dreulio amser gyda'r plant hynny y mae angen eu harwain trwy bob cam o wisgo eu trowsus. Mae wir yn talu ar ei ganfed yn ddiweddarach!'

Crynodeb

Mae gweithio gyda grwpiau o blant yn rhoi'r her i athrawon o ryngweithio â phob plentyn drwy gydol y dydd. Mae gan athrawon sawl dull i roi'r sylw ar y rhyngweithio sydd ei angen ar plentyn i ryngweithio gyda'r grŵp. Mae SGAAN yn galluogi athrawon i fonitro lefelau cyfranogiad a diddordeb pob plentyn yn y grŵp ac i annog cyfranogiad a rhyngweithio gan bob plentyn. Gellir gwella rhyngweithio yn ystod gweithgareddau pob dydd ymhellach trwy addasu'r gymhareb athrawon i blant, yr amgylchedd, amseriad a chyflymder y gweithgaredd, a rôl yr athro. Mae yna sawl dull y gall athrawon eu mabwysiadu i wneud gweithgareddau'n llai trafferthus a brysiog – ac, o ganlyniad, yn fwy rhyngweithiol.

Llyfryddiaeth

Day, D. (1983). *Early childhood education: A human ecological approach*. Glenview, IL: Scott, Foresman.

Gonzalez-Mena, J. (1986). Toddlers: What to expect. *Young Children*, Tachwedd, 47–51.

Hendrick, J. (1984). *The whole child*. St Louis: Times Mirror/Mosby.

Striker, S. (1986). *Please touch*. Efrog Newydd: Simon and Schuster.

Yardley, A. (1973). *Young children thinking*. Llundain: Evans Brothers.

Meithrin rhyngweithio rhwng cyfoedion – yr athro yn ymbellhau

Mae chwarae gyda ffrindiau yn helpu plant i ddysgu cyfathrebu.

A. Rhyngweithio â chyfoedion: rhan hanfodol o ddysgu cyfathrebu

Gadewch i ni edrych ar André, y gwnaethoch ei gyfarfod ym mhennod 1, yn ystod chwarae awyr agored ychydig wythnosau ar ôl iddo gyrraedd y Ganolfan Ofal Plant. Mae André a bachgen bach arall yn chwerthin yn braf wrth iddyn nhw gymryd eu tro yn dringo ar y grisiau ac yn gwneud sioe fawr o neidio i lawr i'r llawr.

Gallwn weld bod y ddau fachgen yn bendant yn rhyngweithio – maen nhw'n cymryd eu tro yn neidio oddi ar y gris, maen nhw'n edrych ar ei gilydd wrth iddyn nhw neidio, ac yna maen nhw'n chwerthin yn hapus. Maen nhw'n amlwg yn profi'r pleser arbennig a ddaw o rannu profiad gyda chyd-chwaraewr.

Mae chwarae gyda chyfoedion yn rhan hyfryd, hudolus o blentyndod. Mae hefyd yn rhan bwysig iawn o fywyd plentyn, oherwydd mae'r hyn y mae plant yn ei ddysgu o ryngweithio â chyfoedion yn cael effaith enfawr ar eu datblygiad cymdeithasol ac ieithyddol.

Mae rhyngweithio â chyfoedion yn wahanol i ryngweithio rhwng oedolyn a phlentyn mewn sawl ffordd. Mae un gwahaniaeth pwysig yn ymwneud â sut mae'r ddau bartner sgwrsio yn cadw'r rhyngweithio i fynd. Mewn rhyngweithiadau rhwng oedolyn a phlentyn, mae'r oedolyn yn defnyddio strategaethau amrywiol i helpu'r plentyn i aros yn y sgwrs. Gan nad yw cyfoedion yn gallu cefnogi cyfranogiad parhaus plentyn mewn rhyngweithiad fel y bydd oedolyn yn ei wneud, mae'n rhaid i blant ddysgu dal eu tir yn ystod rhyngweithio â chyfoedion. Pan fydd rhyngweithio â chyfoedion yn mynd o chwith o ganlyniad i wrthdaro, diffyg diddordeb, neu gamddealltwriaeth, mae'n rhaid i blant wybod sut i gael pethau yn ôl ar y trywydd iawn. Gelwir hyn yn 'atgyweirio' toriad mewn cyfathrebu – ac mae rhyngweithio â chyfoedion yn darparu sawl cyfle ar gyfer datblygu'r sgil hwn.

Mae angen i blant ryngweithio'n chwareus â chyfoedion.

Mwynhau Dysgu Iaith

Trwy ryngweithio â chyfoedion, mae plant hefyd yn datblygu'r gallu i weld pethau o safbwynt person arall. Maen nhw'n dysgu cyfaddawdu, sut i ddatrys gwrthdaro, ac i rannu, cydweithio, a chydweithredu ag eraill. Maen nhw hefyd yn dysgu sut i drafod a mynegi eu hunain, sy'n sgìl bwysig. Ac mae hyn oll yn cael ei gyflawni trwy ddefnyddio iaith. Er mwyn dod yn unigolion cytbwys, mae angen i blant ryngweithio â phlant eraill. Hyd yn oed ar y cam plant bach, dydy rhyngweithio gyda gofalwyr ddim yn gallu cymryd lle rhyngweithio â chyfoedion.

Wrth i sgiliau chwarae plant ddatblygu, mae rhyngweithio â chyfoedion yn dod yn fwyfwy dibynnol ar iaith. Nid yw rhai mathau o chwarae yn llwyddiant oni bai bod gan blant sgiliau iaith digonol. Mewn chwarae dramatig-gymdeithasol, er enghraifft, rhaid i blant allu defnyddio iaith i gynllunio, esbonio, cyd-drafod, a chreu sefyllfaoedd dychmygol. Mae plant yn dysgu'r sgiliau iaith hyn, sy'n cynnwys defnyddio rhai mathau o eirfa, ffurfiau gramadegol, a ffyrdd o fynegi eu hunain, wrth chwarae gyda phlant eraill. Mae rhyngweithio â chyfoedion hefyd yn gofyn am allu llafar i'w galluogi i sgwrsio. Rhaid i blant allu cychwyn rhyngweithio, ymateb pan fydd eraill yn cychwyn, anfon negeseuon clir, parhau â'r sgwrs, egluro unrhyw gamddealltwriaeth, a chadw at y pwnc. Rhwng tair a phum mlwydd oed, daw'n amlwg mai'r plant sy'n rhyngweithio amlaf â'u cyfoedion yw'r rhai sydd â sgiliau iaith rhagorol.

> Trwy ryngweithio â chyfoedion, mae plant hefyd yn datblygu'r gallu i weld pethau o safbwynt person arall. Maen nhw'n dysgu cyfaddawdu, sut i ddatrys gwrthdaro, ac i rannu, cydweithio, a chydweithredu ag eraill. Maen nhw hefyd yn dysgu sut i drafod a mynegi eu hunain, sy'n sgìl bwysig. Ac mae hyn oll yn cael ei gyflawni trwy ddefnyddio iaith.

O dair blwydd oed ymlaen, dylai plant allu dangos y rhan fwyaf o'r ymddygiadau canlynol gyda chyfoedion:

- cael sylw cyfoedion,
- bod yn arweinydd mewn gweithgaredd,
- dynwared cyfoedion,
- mynegi hoffter tuag at gyfoedion,
- mynegi gelyniaeth tuag at gyfoedion,
- dilyn neu wrthod dilyn cais cyfoedion,
- negodi ateb derbyniol, a
- chwarae mewn grŵp am gyfnod cymharol hir.

B. Arsylwi cyfoedion yn chwarae

Mae rhyngweithio â chyfoedion fel arfer yn digwydd o fewn sefyllfaoedd chwarae. Felly, mae'n ddefnyddiol edrych ar:

- y mathau o chwarae y mae plant yn cymryd rhan ynddyn nhw a
- faint o ryngweithio cymdeithasol sy'n digwydd yn ystod y chwarae.

Mathau o chwarae

A. Chwarae gweithredol	
Yn dechrau ym mlwyddyn gyntaf bywyd ac ar ei anterth rhwng dwy a thair oed.	Mae chwarae gweithredol yn adlewyrchu categori Piaget o chwarae synhwyraidd-gweithredol, pan fydd y plentyn yn perfformio symudiadau echddygol ailadroddus, fel trin ac archwilio teganau a gwrthrychau, yn yr amgylchedd. Mae enghreifftiau o chwarae gweithredol yn cynnwys: • cyflawni gweithredoedd amrywiol gyda thegan (e.e. curo neu ysgwyd blociau, neu roi gwrthrychau mewn cynhwysydd ac yna eu tynnu allan) • gweithredoedd achos-effaith (e.e. troi goleuadau neu flwch cerddoriaeth ymlaen ac i ffwrdd, chwarae gyda *Busy Boxes*, gweld canlyniadau chwarae gyda thywod, dŵr, toes, ac ati) • defnyddio gwrthrych yn ôl ei swyddogaeth arferol (e.e. gwthio car yn ôl ac ymlaen) • gweithgareddau echddygol (e.e. rhedeg a neidio)
B. Chwarae adeiladol	
Yn dechrau yn ail flwyddyn bywyd ac ar ei anterth rhwng tair a phedair oed. Fe'i gwelir hefyd mewn plant pump a chwech oed.	Yn ystod chwarae adeiladol, mae'r plentyn yn defnyddio deunyddiau i greu neu adeiladu rhywbeth o gynllun sydd gan y plentyn. Mae'n bosibl y bydd yn defnyddio'r un deunyddiau ac a ddefnyddiodd ar gyfer chwarae gweithredol, ond mae bellach yn eu defnyddio i adeiladu rhywbeth. Er enghraifft, mae'n defnyddio blociau i adeiladu tŵr neu adeilad. Yn ystod chwarae adeiladol, mae plentyn yn gallu treulio llawer iawn o amser ar un gweithgaredd, gan ganolbwyntio ar gyflawni ei nod.
C. Chwarae dramatig	
Yn dechrau yn ail flwyddyn bywyd ac ar ei anterth rhwng chwech a saith oed.	Mae'r plentyn yn esgus yn ystod chwarae dramatig. Ar y dechrau, mae esgus yn golygu actio sefyllfaoedd bywyd go iawn ar ei ben ei hun, gan ddefnyddio propiau realistig. Ymhen amser, mae esgus yn symud ymlaen i chwarae esgus cydweithredol mewn grwpiau, lle mae'r plentyn yn defnyddio iaith i greu lleoliad y chwarae a'r stori. Mae'n dibynnu llai ar wrthrychau, ac efallai na fydd y gwrthrychau y mae'n eu defnyddio yn y chwarae yn edrych ddim byd tebyg i'r rhai y maen nhw i fod i'w cynrychioli.
CH. Gemau gyda rheolau	
Yn dechrau tua chwech oed ac yn parhau gydol bywyd fel oedolyn.	Mae plant yn chwarae gemau yn ôl set o reolau sy'n cael eu derbyn gan y chwaraewyr (e.e. gwyddbwyll, tag, a gemau pêl).

Faint o ryngweithio cymdeithasol sy'n digwydd yn ystod y chwarae?

Wrth i chi wylio plentyn yn chwarae, sylwch faint mae'n ymwneud â'r plant eraill neu pa mor ymwybodol y mae'n ymddangos o'u presenoldeb. Mae'n bwysig cofio bod plant, hyd yn oed ar lefel meithrin, yn dal i dreulio peth amser yn chwarae ar eu pen eu hunain.

Dim rhyngweithio cymdeithasol

Chwarae unigol-weithredol

A. Ymddygiad di-chwarae

Yn ystod chwarae rhydd, efallai y byddwch yn sylwi wrth edrych o gwmpas y dosbarth nad oes rhai plant yn chwarae o gwbl. Mae plentyn yn gallu bod:

- **yn segur**: nid yw'n chwarae, ond efallai y bydd yn gwylio eraill am ychydig, neu'n edrych o gwmpas, heb ganolbwyntio ar yr un gweithgaredd am gyfnod hir iawn.
- **yn wyliwr**: mae'n arsylwi grwpiau o blant, heb geisio ymuno, er efallai y bydd yn siarad â nhw. Mae bod yn wyliwr yn wahanol i fod yn segur oherwydd bod y plentyn yn dangos diddordeb pendant yn yr hyn y mae'r plant eraill yn ei wneud ac yn gosod ei hun yn agos atyn nhw.

B. Chwarae unigol

Mae'r plentyn yn chwarae ar ei ben ei hun, gan ddefnyddio teganau sy'n wahanol i'r rhai sy'n cael eu defnyddio gan blant cyfagos.

Fawr ddim rhyngweithio cymdeithasol

Chwarae adeiladol-cyfochrog

C. Chwarae cyfochrog

Mae plant yn chwarae'n annibynnol, ond ochr yn ochr â'i gilydd, gan ddefnyddio'r un teganau a deunyddiau. Gallan nhw edrych ar ddeunyddiau ei gilydd, gwneud cyswllt llygad, neu ddynwared gweithredoedd plant eraill, gan ddangos ymwybyddiaeth bendant o bresenoldeb ei gilydd. Credir bod chwarae cyfochrog yn darparu'r amodau cywir i blant allu symud ymlaen i ddulliau mwy rhyngweithiol o chwarae.

Llawer o ryngweithio cymdeithasol

Chwarae cydweithredol grŵp-ddramatig

CH. Chwarae grŵp

- **chwarae cysylltiadol**: mae plant yn chwarae gyda'i gilydd gyda phob plentyn yn dilyn diddordebau personol o fewn yr un gweithgaredd. Maen nhw'n siarad am yr hyn y maen nhw'n ei wneud, yn cyfnewid deunyddiau, ac yn dilyn ei gilydd o gwmpas. Maen nhw'n cymryd rhan mewn math tebyg o weithgaredd chwarae oherwydd diddordeb cyffredin yn y gweithgaredd, nid oherwydd awydd i chwarae ar y cyd.
- **chwarae cydweithredol**: mae plant yn chwarae gyda'i gilydd mewn grŵp sy'n cael ei drefnu i gyrraedd rhyw nod, fel mewn chwarae dramatig-gymdeithasol neu wrth chwarae gêm ffurfiol. Ceir ymdeimlad o gydlyniant grŵp, gydag un neu ddau o arweinwyr yn pennu rôl a chyfrifoldebau. Mae'r plant yn cydweithio ac yn cydweithredu i gyflawni'r nod. Bydd plant hŷn a mwy aeddfed yn ymwneud â chwarae mwy cysylltiadol a chydweithredol.

C. Mae rhyngweithio rhwng cyfoedion yn gwella wrth i'r plentyn ddod yn fwy aeddfed

Wrth i blant aeddfedu a datblygu ystod ehangach o sgiliau chwarae, cymdeithasol ac iaith, mae eu chwarae gyda chyfoedion yn dod yn fwyfwy rhyngweithiol. Felly, mae angen inni wybod pa fathau o chwarae y gallwn eu disgwyl gan blant ar wahanol oedrannau a chyfnodau. Mae'r tri cham a amlinellir isod yn adlewyrchu'r grwpiau oedran mewn nifer o leoliadau plentyndod cynnar a gofal plant.

Babanod (hyd at 18 mis)

Gallwn ddisgwyl:

- rhywfaint o ymddygiad segur a gwylio,
- chwarae gweithredol-unigol,
- chwarae dramatig-unigol a chwarae adeiladol (yn yr ail flwyddyn), a
- rhywfaint o chwarae gweithredol grŵp (yn yr ail flwyddyn).

Nid yw babanod eto wedi datblygu'r sgiliau i gymryd rhan mewn rhyngweithiadau rhoi a chymryd estynedig gyda chyfoedion. Maen nhw'n rhyngweithio â phlant eraill yn llawer llai aml na phlant hŷn, ac mae'r rhyngweithiadau hyn fel arfer yn fyr. Felly, gallwn ddisgwyl chwarae unigol ganddyn nhw yn bennaf. Fodd bynnag, mae babanod yn rhyngweithio â'u cyfoedion mewn gweithgareddau chwarae gweithredol, fel gwthio car yn ôl ac ymlaen rhwng ei gilydd neu redeg ar ôl ei gilydd.

Mae gofalwyr babanod wedi disgrifio sut mae babanod ychydig yn hŷn na blwydd oed yn mwynhau 'rhedeg' o un ochr i'r ystafell i'r llall mewn grŵp bach neu sut maen nhw i gyd yn taro'r bwrdd amser cinio (ffefryn yr athrawon!). Mae'n amlwg bod y gweithgareddau hyn yn gymdeithasol oherwydd mae'r plant mewn gwirionedd yn edrych ar ei gilydd, ac yn gwenu a chwerthin gyda'i gilydd yn ystod y gweithgaredd rhedeg, maen nhw'n aros am ei gilydd cyn newid cyfeiriad.

Bang! Bang! Am sŵn!

Mae babanod yn mwynhau rhyngweithio â chyfoedion yn ystod gweithgareddau chwarae ymarferol (swnllyd)!

Mwynhau Dysgu Iaith

Plant bach (18 i 30 mis)

Gallwn ddisgwyl:

- rhywfaint o ymddygiad segur a
- chwarae gweithredol unigol.

Mae cynnydd pendant mewn:

- chwarae dramatig ac adeiladol unigol,
- chwarae gweithredol, adeiladol, a dramatig cyfochrog a
- chwarae gweithredol grŵp (yn y drydedd flwyddyn).

Mae plant bach yn dal i gymryd rhan mewn chwarae unigol, ond maen nhw'n treulio tua hanner eu hamser chwarae mewn gweithgareddau chwarae cyfochrog. Mae chwarae grŵp yn cynnwys chwarae gweithredol grŵp yn bennaf, ond mae gan blentyn bach bellach *repertoire* ehangach o ryngweithio y gellir eu rhannu â chyfoedion. Mae'r rhain yn cynnwys dynwared gweithredoedd plentyn arall (e.e., mae un plentyn yn dynwared un arall wrth daflu'r llyfrau i gyd oddi ar y silff lyfrau – wrth gwrs, byddai'r athrawes yn tarfu ar y gêm hon!); chwarae gemau cymryd tro fel rhedeg-ar-ôl a gemau pêl; gemau corfforol; a pherfformio gweithredoedd gyda'r un tegan.

Wrth gwrs, yn ogystal â'r rhyngweithiadau positif hyn, bydd plant hefyd yn cweryla wrth geisio cael gafael ar yr un tegan neu gymryd rhan yn yr un gweithgaredd. Mae hynny'n gallu golygu cryn dipyn o daro, gwthio, crafu, a hyd yn oed ambell frathiad! Mae gan blant bach lawer i'w ddysgu o hyd am fywyd o safbwynt person arall.

Mae chwarae dramatig cyfochrog yn digwydd yn aml mewn dosbarth o blant bach.

Plant cyn-ysgol a phlant meithrin (3–5 oed)

Gallwn ddisgwyl llai o:

- ymddygiad segur,
- chwarae gweithredol a dramatig unigol, a
- chwarae gweithredol a dramatig cyfochrog.

Mae cynnydd pendant mewn:

- chwarae adeiladol unigol neu gyfochrog aeddfed a
- chwarae dramatig-gymdeithasol grŵp cydweithredol.

Ceir llai o chwarae unigol a chyfochrog o dair i bump oed, ond dydy'r mathau hyn o chwarae ddim yn diflannu. Er y dylai fod llai o chwarae gweithredol-unigol a dramatig unigol, rydym yn dal i ddisgwyl gweld plant cyn-ysgol a phlant meithrin yn cymryd rhan mewn chwarae adeiladol unigol neu gyfochrog fel adeiladu neu dynnu llun. Yn bedair a hanner hyd yn oed, mae plant yn treulio tua thraean o'u hamser mewn chwarae cyfochrog, sy'n cynnig cyfle iddyn nhw fod yn agos at eu cyfoedion heb orfod ymwneud yn weithredol â nhw.

Gallwch weld gwahaniaeth ansoddol yn chwarae cyfochrog plant sy'n nesáu at oedran ysgol: mae'n dod yn fwy cymhleth ac yn cynnwys chwarae mwy adeiladol. Mae'n eithaf cyffredin gweld plant pedair a phump oed yn eistedd ochr yn ochr yn gwneud posau, adeiladu gyda Lego, tynnu llun, neu wneud rhywbeth wrth y bwrdd tywod. Credir bod plant sydd â'r gallu i ganolbwyntio ar greu neu adeiladu rhywbeth am amser hir yn dangos annibyniaeth, creadigrwydd a dyfalbarhad.

Mae chwarae adeiladol-unigol yn beth cyffredin yn yr ystafell ddosbarth cyn-ysgol.

Mae chwarae grŵp yn aml yn deillio o chwarae gweithredol cyfochrog: mae plant yn dechrau trwy archwilio a thrin deunyddiau synhwyraidd fel tywod a thoes ac yna'n mynd ymlaen i chwarae gyda'r deunyddiau yn gysylltiadol neu'n gydweithredol. Mae chwarae gweithredol cyfochrog yn rhoi cyfle i blant llai cymdeithasol weithio eu ffordd i mewn i grŵp trwy chwarae ochr yn ochr â chyfoedion yn gyntaf ac yna ceisio cael mynediad i chwarae'r grŵp.

Mae chwarae grŵp, yn enwedig chwarae grŵp cydweithredol, yn cynyddu rhwng tair a phum mlwydd oed. Mae plant tair i dair a hanner oed yn treulio tua chwarter eu hamser yn chwarae mewn grŵp ac yn rhyngweithio â'u cyfoedion yn amlach na chyda'u hathrawon. Mae chwarae dramatig cydweithredol yn dod yn un o'u hoff weithgareddau. Erbyn pum mlwydd oed, mae plant yn creu senarios chwarae esgus a gallan nhw ryngweithio â'u cyfoedion am gyfnodau hir o amser.

Cwblhewch Ganllaw Arsylwi 3 (ar ddiwedd y bennod hon) i'ch helpu i nodi gallu'r plant i ryngweithio â'u cyfoedion ac i ddatblygu cynllun gweithredu i gael plant sy'n ynysig yn gymdeithasol i gymryd rhan mewn rhyngweithio â chyfoedion.

CH. Pryd mae diffyg rhyngweithio â chyfoedion yn achosi pryder?

Erbyn i blant gyrraedd tair oed, mae unrhyw anhawster gyda rhyngweithio â chyfoedion yn dod yn fwyfwy amlwg. Er y gallwch ddisgwyl i blant cyn-ysgol gymryd rhan mewn rhywfaint o chwarae adeiladol unigol a chyfochrog, dylen nhw gymryd rhan fwyfwy mewn chwarae grŵp cydweithredol ac mewn sgyrsiau llafar gyda chyfoedion. Nid yw pob plentyn yn allblyg ac yn gymdeithasol, ond mae'r rhan fwyaf o blant yn datblygu perthynas â'u cyfoedion ar ôl tair oed ac yn gallu cynnal rhyngweithiadau cymdeithasol am amser byr o leiaf. Mewn gwirionedd, erbyn tair oed, dylai plant mewn lleoliadau grŵp ryngweithio mwy â chyfoedion na chydag athrawon.

Mae rhyngweithiadau â chyfoedion yn y cyfnod cyn-ysgol yn gofyn am lefel uchel o sgiliau, ac un ohonyn nhw yw gallu gwella eu sgwrsio llafar. Mae plant sy'n araf i gychwyn rhyngweithio neu'n ymateb yn ystod rhyngweithio â chyfoedion yn torri rheolau sylfaenol sgwrsio ac yn debygol o gael eu hanwybyddu gan eu cyfoedion (gweler pennod 4, tudalen 108 am wybodaeth am reolau cynnal sgwrs). Yn ogystal â gwybod rheolau sgwrsio, mae angen i blant wybod pryd a sut i ddefnyddio'r rheolau hynny. Er enghraifft, efallai y bydd plentyn yn gallu dechrau rhyngweithio â chyfoedion, ond os yw'n gwneud hynny trwy osod lori ar ben blociau plentyn arall a dweud, 'Gadewch i ni chwarae gyda fy nhryc!', nid yw'n mynd i gael ymateb positif!

Hyd nes y bydd plant yn dysgu dadansoddi sefyllfaoedd cymdeithasol ac addasu eu hymddygiad yn unol â hynny, mae llawer iawn o wrthdaro yn mynd i fod yn ystod rhyngweithio â chyfoedion.

Fel oedolion, pan fyddwn yn ymwneud â rhyngweithio cymdeithasol, rydym yn dadansoddi'r sefyllfa yn gyson, yn penderfynu pa fath o ymddygiad sy'n briodol i'r sefyllfa honno, ac yn gwneud yr addasiadau angenrheidiol wrth i'r sgwrs ddatblygu. Mae hon yn broses gymhleth, ac mae'n cymryd blynyddoedd i'w datblygu a'i mireinio.

Mae plant yn dechrau dysgu'r broses hon wrth ryngweithio â'u cyfoedion. Rhaid iddyn nhw ddysgu ystyried nid yn unig y sefyllfa yn ei chyfanrwydd ond hefyd anghenion, teimladau a safbwyntiau pobl eraill. Er enghraifft, os yw plentyn pedair neu bump oed eisiau ymuno â grŵp o blant, efallai y bydd yn dechrau trwy ofyn a yw'n gallu chwarae. Os gwrthodir caniatâd iddo, efallai y bydd yn gofyn eto trwy wneud cais cryfach neu, yn dibynnu ar y sefyllfa, gallai ddweud yn ymosodol bod ganddo hawl i ymuno, neu hyd yn oed awgrymu rôl iddo'i hun. Os gwrthodir caniatâd iddo eto, efallai y bydd yn dadlau neu'n aros yn agos at y grŵp ac yn ceisio gwthio ei ffordd i mewn. Mae addasu ymddygiad fel hyn yn galluogi plant i ddod o hyd i atebion i broblemau gyda chyfoedion ac i gadw rhyngweithio i fynd. Mae angen i blant allu cydweithredu a dal eu tir gyda chyfoedion.

Mae plant sydd â sgiliau iaith a chymdeithasol gwael, fodd bynnag, yn cael anhawster i ddechrau rhyngweithio â'u cyfoedion. Maen nhw'n dueddol o beidio â pharhau os bydd eu hymgais gyntaf yn methu. Hefyd, pan nad oes gan blentyn cyn oed ysgol y sgiliau gwybyddol ac iaith angenrheidiol i ddadansoddi sefyllfa gymdeithasol, bydd ei ymddygiad rhyngweithiol yn aml yn amhriodol. Bydd hyn yn arwain at gael ei wrthod gan gyfoedion, a allai feddwl bod ei ymddygiad yn 'od' neu 'rhyfedd.' Mae rhai plant yn mynd yn ymosodol a dydyn nhw ddim yn cydymffurfio pan fyddan nhw'n cael eu gwrthod gan eu cyfoedion, gan arwain at greu perthynas wael gyda chyfoedion ac ymddygiad sy'n achosi mwy o broblemau.

Oherwydd bod diffyg rhyngweithio â chyfoedion yn gallu cael effaith negyddol ar ddatblygiad cymdeithasol, deallusol ac iaith plentyn yn y tymor hir, dylem fod yn bryderus iawn am blant tair oed neu hŷn sy'n cael eu hanwybyddu neu eu gwrthod gan eu cyfoedion.

Mae angen eich help ar blant dros dair oed sydd ag arddull sgwrsio amharod ac sy'n cymryd rhan mewn chwarae unigol yn unig er mwyn iddyn nhw allu symud ymlaen i fathau mwy rhyngweithiol o chwarae. Mewn geiriau eraill, mae angen help arnyn nhw i gael eu cynnwys.

Mae plant dros ddwy oed sy'n treulio llawer o amser yn segur, yn gwylio neu'n ymwneud â gweithgareddau chwarae gweithredol, hefyd yn gallu achosi pryder.

Bydd plant sydd ag oedi datblygiadol neu oediad iaith, sy'n dysgu Cymraeg fel ail iaith, a/neu sydd heb sgiliau cymdeithasol sy'n briodol i'w hoedran hefyd o dan anfantais o ran rhyngweithio â chyfoedion. Os nad oes ganddyn nhw'r iaith neu'r sgiliau cymdeithasol i ryngweithio â'u cyfoedion, byddan nhw'n cael eu hanwybyddu. A phan fyddan nhw'n cael eu hanwybyddu, ni fyddan nhw'n gallu dysgu'r sgiliau cymdeithasol ac iaith a geir fel arfer trwy ryngweithio â chyfoedion. Ni all plant sy'n ynysig yn gymdeithasol ddysgu sgiliau cymdeithasol cymhleth trwy ddod i gysylltiad â phlant cymdeithasol yn unig. Mae angen cymorth, arweiniad ac ymyrraeth y tu ôl i'r llenni arnyn nhw. Mewn llawer o achosion, bydd yn rhaid dysgu rhai sgiliau cymdeithasol penodol iddyn nhw.

Nid yw'n hawdd i rai plant gael eu cynnwys.

D. Cael plant sy'n ynysig yn gymdeithasol i ryngweithio â chyfoedion

Ni all plant sy'n ynysig yn gymdeithasol unioni'r sefyllfa ar eu pen eu hunain. Maen nhw angen i chi ddarparu amgylchedd addas iddyn nhw sy'n annog rhyngweithio â chyfoedion, ac i greu digon o gyfle ar gyfer rhyngweithio llwyddiannus gyda phlant eraill.

Gallwch chi helpu plant i ymgysylltu â chyfoedion os ydych chi'n:
- gwneud y defnydd gorau o'r gofod sydd ar gael yn eich ystafell ddosbarth,
- annog amrywiaeth o wahanol grwpiau,
- darparu deunyddiau a gweithgareddau sy'n hybu rhyngweithio rhwng cyfoedion,
- cefnogi rhyngweithio rhwng plant â chyfoedion.

Mae'r wybodaeth yn yr adran hon wedi'i hanelu'n bennaf at blant dros dair oed. Fodd bynnag, gellir cymhwyso llawer o'r awgrymiadau i blant iau sy'n cael anhawster i ymwneud â'u cyfoedion.

Er mwyn helpu plant i ddysgu cymhwyso a chyffredinoli sgiliau cymdeithasol wrth ryngweithio â chyfoedion, efallai y bydd angen gwybodaeth ychwanegol arnoch y tu hwnt i'r llyfr hwn. Mae nifer o raglenni a dulliau wedi'u cynllunio i wella sgiliau cymdeithasol plant. Mae rhai yn rhoi pwyslais ar rôl oedolion ac mae rhai yn defnyddio cyfoedion fel modelau, tiwtoriaid, neu atgyfnerthwyr cymdeithasol. Gan ein bod yn gwybod bod sgiliau cymdeithasol yn annhebygol o wella heb gymorth, mae'n syniad da ymchwilio i'r rhaglenni sydd ar gael yn eich cymuned chi.

Mae ystafelloedd dosbarth gyda mannau agored mawr yn annog ymddygiad swnllyd, afreolus ac yn atal rhyngweithio estynedig, agos â chyfoedion.

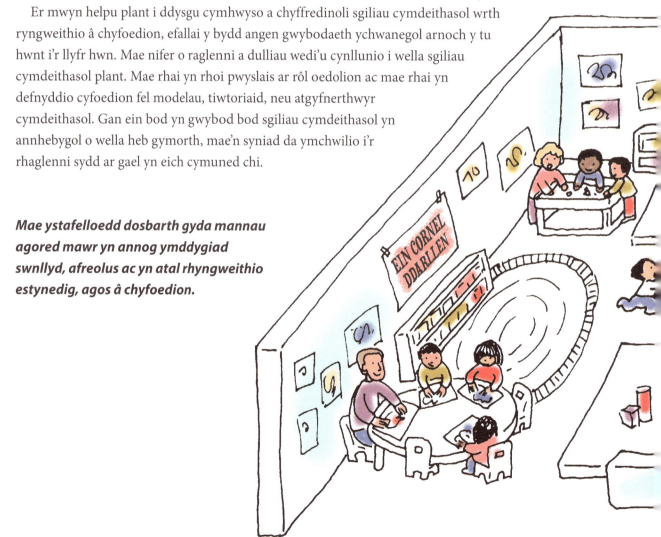

EIN CORNEL DDARLLEN

Mwynhau Dysgu Iaith

Gwneud y defnydd gorau o'r gofod yn eich ystafell ddosbarth

Mae'r ffordd rydych chi'n defnyddio'r gofod yn eich ystafell ddosbarth yn effeithio ar y rhyngweithio sydd rhwng y grwpiau. Nid yw ystafelloedd dosbarth sydd â silffoedd a byrddau wedi'u gosod yn erbyn y wal a man agored mawr yn y canol yn annog rhyngweithio â chyfoedion.

Mae gormod o ofod agored:

* yn annog rhedeg, ymladd a gwneud sŵn,
* yn rhwystr i ryngweithio agos rhwng cyfoedion,
* yn rhwystr i weithgareddau tawel fel darllen llyfrau, ac
* yn golygu bod athrawon yn treulio gormod o amser yn gosod terfynau.

Creu ardaloedd chwarae wedi'u diffinio'n dda: osgoi gofod agored mawr

Mae ystafelloedd dosbarth yn annog rhyngweithio â chyfoedion pan fydd ganddyn nhw amrywiaeth o fannau chwarae wedi'u diffinio'n dda sy'n cynnig rhywfaint o breifatrwydd. Nid oes cymaint o bethau i dynnu sylw plant mewn amgylcheddau o'r fath ac mae cyfle ynddyn nhw i blant ddod yn agosach at ei gilydd yn gorfforol ac yn gymdeithasol.

Os oes gennych chi ystafell gyda man agored mawr yn ei chanol, ystyriwch sut i leihau'r gofod mawr er mwyn cynyddu'r rhyngweithio rhwng cyfoedion. Defnyddiwch silffoedd, soffas, byrddau, neu raniad isel i rannu'r ystafell. Yna bydd y tŷ bach twt yn teimlo'n debycach i dŷ, a bydd unrhyw bethau sy'n cael eu hadeiladu yn y gornel adeiladu yn cael eu diogelu. Po fwyaf o breifatrwydd sydd ei angen ar yr ardal, y mwyaf caeedig y dylai'r ardal honno fod.

Nid oes angen i leoliad gweithgaredd neu ardal chwarae i gyd fod ar ymylon yr ystafell; bydd ardaloedd wedi'u diffinio'n dda yn y canol yn lleihau mannau agored ac yn annog rhyngweithio grŵp. Yn ogystal, nid oes angen i'ch rhaniadau i gyd fod ar ongl sgwâr; mae gosod dodrefn neu raniadau yn groeslinol yn creu gofodau diddorol sy'n denu plant.

Defnyddiwch raniadau isel fel bod y plant y tu mewn i'r man chwarae yn gallu gweld gweddill yr ystafell, a bod y plant y tu allan yn gallu gweld beth sydd ar gael ymhob ardal chwarae. Pan fyddwch wedi gwneud y newidiadau hyn, ewch ar eich cwrcwd i weld sut mae'n edrych o safbwynt plentyn!

Mae ardaloedd chwarae tawel sydd wedi'u diffinio'n glir yn hyrwyddo rhyngweithio rhwng cyfoedion.

EIN CORNEL DDARLLEN

Gwneud ardaloedd yn ddigon mawr i blant chwarae'n gyfforddus

Ewch ati i leihau ardaloedd sy'n rhy fawr, ond peidiwch â gorwneud hynny! Mae ardaloedd sy'n rhy fach yn arwain at orlenwi, sy'n atal rhyngweithio o fewn y grŵp. Dylai bod digon o le i symud yn rhwydd, heb i blant daro yn erbyn ei gilydd. Mae ardal chwarae gyda blociau, er enghraifft, angen gofod mawr, fel y mae'r man chwarae dramatig.

Mae'n arbennig o bwysig paratoi ardal sy'n ddigon mawr i ddarparu ar gyfer plant sy'n ymwneud â chwarae unigol neu chwarae cyfochrog. Mae'r trefniant hwn yn rhoi lle i'r plant hyn chwarae, yn ogystal â chynnig cyfle i'r plentyn ddod yn rhan o'r grŵp.

Dylai mannau chwarae hefyd ddarparu ar gyfer plant ag anghenion arbennig sy'n defnyddio offer wedi'u haddasu neu sydd â phroblemau symud. Efallai y bydd angen lle ychwanegol ar gyfer cadeiriau olwyn, seddi wedi'u cynllunio'n arbennig, neu deganau sydd wedi'u haddasu. Hefyd, mae plant sydd ag oedi o ran sgiliau echddygol neu gydsymudiad echddygol gwael yn gallu ei chael yn anodd bod yn rhan o'r rhyngweithio o fewn gofod cyfyngedig.

Creu mannau preifat neu ardaloedd i gael heddwch

Weithiau mae ar blant angen llonyddwch – i orffwys, i feddwl, i freuddwydio, i ymlacio am ychydig (swnio'n braf yn tydi?). Yn y cartref, gallan nhw wneud hyn yn aml, ond mewn lleoliadau plentyndod cynnar, nid yw mor hawdd â hynny. Efallai y bydd rhoi lle preifat i blant fynd iddo yn rhoi cyfle iddyn nhw ailfywiogi a dod yn ôl i'r grŵp yn barod i chwarae.

Mae'n bosibl trefnu mannau preifat yn unrhyw le – y tu ôl i raniad neu soffa, mewn pabell dros dro, neu mewn bocs offer mawr!

Cadw ardaloedd tawel a swnllyd ar wahân

Er enghraifft, ni ddylai'r ardal gerddoriaeth fod yn agos at y gornel ddarllen oherwydd bydd y sŵn yn annog plant i beidio â mynd i edrych ar lyfrau. Mae cael cornel ddarllen yn annog rhyngweithio pan fydd ganddyn nhw seddi cyfforddus ar gyfer mwy nag un plentyn a phan fyddan nhw'n cynnig amgylchedd cysgodol a thawel.

Rhoi ardaloedd sy'n ategu ei gilydd yn agos at ei gilydd

Mae rhai ardaloedd gweithgaredd yn annog chwarae mwy dychmygus a chydweithredol pan fyddan nhw'n agos at ei gilydd. Er enghraifft, os yw'r ardal flociau a'r ardal chwarae dramatig yn agos at ei gilydd, mae plant yn gallu defnyddio'r blociau yn eu chwarae dramatig.

Creu llwybr clir drwy'r ystafell

Er mwyn atal plant rhag gorfod gwasgu heibio byrddau neu gerdded ar draws ardaloedd chwarae sydd yno'n barod, dylai fod llwybr clir sy'n arwain o un ochr yr ystafell i'r llall. Ni fydd bwrw i mewn i blant eraill neu gamu ar eu teganau yn annog rhyngweithio!

Annog amrywiaeth o grwpiau

Bydd gwneud y defnydd gorau o ofod yn eich ystafell ddosbarth yn annog plant i ddod at ei gilydd mewn grwpiau. Gellir nodi tri math o grŵp ar gyfer cyfoedion mewn lleoliad cyn ysgol, sef: **parau**, **grwpiau achlysurol**, a **grwpiau cydweithredol**. Mae plant yn elwa o fod yn rhan o bob un. Bydd cynllunio amrywiaeth o weithgareddau yn eich ystafell ddosbarth yn annog sefydlu y tri math yma o grŵp.

Math o grŵp ar gyfer cyfoedion		Lle mae'r grŵp yn cyfarfod
Parau	Gan ei bod yn haws rhyngweithio ag un plentyn na chyda nifer o blant, mae plant cyn-ysgol yn treulio llawer o'u hamser mewn parau. Mae rhyngweithiadau pâr yn aml yn rhai byr, ond mae rhai parau yn dod yn 'ffrindiau pennaf' ac anaml y byddan nhw'n cael eu gweld ar wahân.	◆ wrth fyrddau i ddau ◆ mewn mannau preifat ◆ pan fydd gemau i ddau (e.e. cardiau) ar gael
Grwpiau achlysurol	Mae grwpiau achlysurol yn cyfarfod mewn ardaloedd gweithgaredd llai strwythuredig, lle mae plant yn mynd a dod fel ag y maen nhw'n ei ddymuno. Mae chwarae cysylltiadol yn gyffredin yn y grwpiau hyn, ac mae'n bosib na fydd y rhyngweithio yn para'n hir iawn. Fodd bynnag, mae grwpiau achlysurol yn cynnig ysgogiad i blant ryngweithio â chyfoedion mewn sefyllfaoedd chwarae sydd ddim yn gofyn llawer gan y plentyn. Gwelir chwarae unigol neu chwarae cyfochrog yn yr ardaloedd hyn hefyd.	◆ wrth fyrddau synhwyraidd-creadigol (yn ystod gweithgareddau fel chwarae gyda thoes, peintio bysedd, chwarae â dŵr a thywod) ◆ mewn ardaloedd celf ◆ mewn ardaloedd chwarae ar y llawr ◆ lle mae teganau ar fyrddau
Grwpiau cydweithredol	Grwpiau cydweithredol yw'r grwpiau mwyaf trefnus, sefydlog a heriol o ran cymdeithasu. Mae plant yn aml yn cymryd rolau clir mewn grwpiau cydweithredol, sy'n cynnwys nifer fach o blant, a gydag un ohonyn nhw'n arweinydd. Mae rôl yr arweinydd yn arbennig o amlwg yn ystod chwarae dramatig-gymdeithasol. Gan fod cymryd rhan mewn grwpiau cydweithredol yn dibynnu ar iaith a sgiliau cymdeithasol plentyn, mae'r grwpiau hyn fel arfer yn cynnwys plant sy'n llafar iawn ac yn llawn dychymyg.	◆ yn yr ardal chwarae dramatig ◆ yn yr ardal flociau ◆ mewn ardaloedd chwarae ar y llawr

Mae grwpiau cydweithredol yn denu plant sy'n llawn dychymyg ac sy'n llafar iawn.

Darparu deunyddiau a gweithgareddau sy'n hybu rhyngweithio rhwng cyfoedion

Hyd yn oed yn yr ystafelloedd dosbarth hynny sydd wedi'u cynllunio'n dda, mae rhai plant yn dal i fod yn chwarae ar eu pen eu hunain. Unwaith y bydd yr ystafell ddosbarth wedi'i chynllunio i wneud y defnydd gorau o ofod gan annog sefydlu omrywiaeth o grwpiau, y cam nesaf yw edrych ar y deunyddiau a'r gweithgareddau sydd yno i weld sut y gellir eu defnyddio i gael plant ynysig i ymwneud â'u cyfoedion mwy cymdeithasol.

> **Gallwch annog rhyngweithio rhwng cyfoedion trwy ddefnyddio deunyddiau a gweithgareddau os ydych chi'n:**
> - sefydlu amgylchedd sy'n dod â phlant at ei gilydd,
> - darparu darnau mawr o offer sy'n annog rhyngweithio,
> - addasu gweithgareddau chwarae i gynyddu'r tebygolrwydd o ryngweithio,
> - darparu teganau ar gyfer pob lefel o ddatblygiad,
> - darparu mwy nag un o'r un tegan,
> - darparu'r nifer angenrheidiol o deganau – dim gormod na dim rhy ychydig,
> - trefnu bod y plant wyneb yn wyneb â'i gilydd,
> - annog rhyngweithiadau grŵp yn yr awyr agored.

Sefydlu amgylchedd sy'n dod â phlant at ei gilydd

Mae plant yn fwy tebygol o ryngweithio os ydyn nhw'n agos at ei gilydd ac yn cymryd rhan yn yr un gweithgaredd. Dewch â'r plant at ei gilydd i gynyddu'r tebygolrwydd o ryngweithio.

Darparu darnau mawr o offer sy'n annog rhyngweithio

Mae rhai darnau mawr o offer yn creu cyfleoedd ar gyfer rhyngweithio trwy ddod â phlant at ei gilydd mewn lle bach. Mae enghreifftiau da o offer chwarae mawr yn cynnwys teganau mawr fel bws neu gar gyda sedd ar gyfer dau neu fwy o blant, cychod siglo gyda seddau, sleidiau dan do, tai chwarare mawr, a soffas yn y gornel ddarllen.

Addasu gweithgareddau chwarae i gynyddu'r tebygolrwydd o ryngweithio

Mae rhai gweithgareddau chwarae, fel blociau, posau, toes, llyfrau, a chyfrifiaduron, yn tueddu i fod yn gysylltiedig â chwarae ar eich pen eich hun. Fodd bynnag, gallwch drefnu'r gweithgareddau hyn fel bod rhyngweithio'n fwy tebygol. Cam cyntaf posibl tuag at ryngweithio fyddai cynnwys chwarae cyfochrog, gyda phlentyn yn chwarae ar ei ben ei hun, yn agos at ei gyfoedion. Gan fod chwarae cyfochrog yn aml yn arwain at chwarae cymdeithasol, gellir ystyried hyn yn gam cyntaf da. Gallwch annog rhyngweithio trwy:
- osod ceir yn yr ardal flociau i annog plant i 'yrru' drwy'r mannau y mae plant eraill yn ei adeiladu gyda'r blociau
- darparu pos llawr mawr yn lle defnyddio pos bwrdd bach er mwyn i blant allu gweithio gyda'i gilydd ar yr un gweithgaredd

- cynnig nifer cyfyngedig o offer mewn gweithgaredd toes fel y bydd angen i blant rannu (efallai y bydd angen i chi ymuno â phlant yn y gweithgaredd hwn i osod esiampl ac annog y plant i ofyn am offer a chymryd tro!), neu

- dod â phlentyn sydd ar ei ben ei hun yn nes at ei gyfoedion trwy osod ei hoff degan yn agos atyn nhw. Fel arall, gallwch ddenu cyfoedion at blentyn sydd fel arfer yn chwarae ar ei ben ei hun trwy drefnu gweithgaredd hwyliog neu newydd y gwyddoch y mae plentyn mwy ynysig yn ei fwynhau.

1. Mae Meical yn treulio llawer o'i amser yn chwarae ar ei ben ei hun. Mae'n defnyddio'r whisg bach yn y gegin chwarae. Gadewch i ni weld beth mae ei athrawes, Sandra, yn penderfynu ei wneud i annog Meical i ryngweithio â'i gyfoedion.

2. Mae Meical nawr wrth y bwrdd dŵr gyda'i hoff degan, yn chwarae ochr yn ochr â'r plant eraill.

3. Cyn bo hir, mae Julia yn sylwi ar Meical yn troi'r dŵr gyda'i whisg bach ac yn ymuno trwy gynnig bwced o ddŵr iddo gymysgu.

Darparu teganau ar gyfer pob lefel o ddatblygiad

Dim ond os yw'n gallu cymryd rhan mewn gweithgaredd yn gorfforol ac yn ddatblygiadol y mae plentyn yn gallu rhyngweithio â'i gyfoedion yn y gweithgaredd hwnnw. Mae cyfrannu'n llawn yn gallu bod yn heriol i blentyn sydd heb y sgiliau gwybyddol, echddygol, iaith a/neu gymdeithasol angenrheidiol. Er mwyn cynnwys pob plentyn yn llwyddiannus, mae angen i chi ddarparu deunyddiau sy'n addas ar gyfer chwarae cymdeithasol ac sy'n briodol i bob lefel o ran gallu.

Enghraifft: creu cyfleoedd i blant ar gamau chwarae gweithredol ac adeiladol

Efallai y bydd plant ar lefel chwarae adeiladol yn mwynhau adeiladu tai a phontydd. Fodd bynnag, nid yw plentyn sy'n dal ar y lefel chwarae gweithredol yn defnyddio blociau i adeiladu pethau. Felly, ni fydd yn gallu ymuno â gweithgaredd 'adeiladu tŷ' gyda'i gyfoedion. Fodd bynnag, efallai y bydd y plentyn hwn yn mwynhau gollwng blociau mewn cynhwysydd ac yna eu tynnu allan. Felly, efallai y byddwch yn ei annog i chwarae yn yr ardal flociau ger ei gyfoedion trwy osod rhai cynwysyddion gyda'r blociau.

Enghraifft: creu cyfleoedd i blant sy'n gallu esgus gyda a heb brop realistig

Mae'n bosibl na fydd plentyn ag oediad gwybyddol yn gallu cymryd rhan yn yr ardal chwarae dramatig oherwydd nad yw'n gallu esgus ar yr un lefel â'r plant eraill. Efallai y bydd angen propiau realistig iawn arno tra bydd y plant eraill yn ffafrio propiau penagored neu efallai na fydd angen propiau arnyn nhw o gwbl. Gellir darparu cymysgedd o bropiau realistig a phenagored ar gyfer lefelau esgus amrywiol y plant – a darparu rhywbeth i bob un. Er enghraifft, os yw'r ardal chwarae wedi'i threfnu fel bwyty, gallwch gynnwys propiau fel bwydlenni go iawn, daliwr napcyn, gwisg gweinydd, a hambyrddau.

Darparu mwy nag un o'r un tegan

Efallai mai'r cam cyntaf i ryngweithio fydd annog plentyn i wylio ei gyfoedion ac ymuno yn eu gweithgareddau. Os yw'n gallu defnyddio'r un teganau neu ddeunyddiau â'i gyfoedion, efallai y bydd plentyn yn cael ei gymell i'w dynwared, gan symud o chwarae ar ei ben ei hun i chwarae cyfochrog (h.y., chwarae yn agos at ei gyfoedion gyda'r un deunyddiau). Mae'r strategaeth hon yn gallu gweithio'n arbennig o dda mewn sefyllfaoedd llai strwythuredig, fel gweithgareddau creadigol neu synhwyraidd (e.e., peintio, neu chwarae â thywod a dŵr), neu gyda theganau bwrdd neu deganau llawr.

Darparu nifer addas o deganau – dim gormod na dim rhy ychydig

Mae nifer y teganau mewn ardal weithgaredd yn effeithio ar faint o ryngweithio a welir yn y lleoliad hwnnw. Os oes gormod o deganau, bydd plant yn treulio eu hamser yn eu harchwilio yn hytrach na rhyngweithio â'i gilydd. Mae rhy ychydig o deganau, ar y llaw arall, yn gallu arwain at anghydfod ynghylch pwy sy'n cael beth, gan achosi gwrthdaro ac aflonyddwch. Bydd plant ag oediad iaith yn cael anhawster arbennig i drin gwrthdaro o'r fath oherwydd eu sgiliau trafod llafar cyfyngedig, a bydd hynny'n ychwanegu at eu hynysu yn yr ystafell.

Os oes gormod o deganau, bydd plant yn treulio eu hamser yn eu harchwilio yn hytrach na rhyngweithio â'i gilydd.

Mae rhy ychydig o deganau yn gallu arwain at anghydfod ynghylch pwy sy'n cael beth, gan achosi gwrthdaro ac aflonyddwch.

Pennod 6 – Meithrin rhyngweithio rhwng cyfoedion – yr athro yn ymbellhau

Trefnu bod y plant wyneb yn wyneb â'i gilydd

Yn union fel y bydd eich rhyngweithio â phlant yn gwella pan fyddwch chi wyneb yn wyneb â nhw, mae bod wyneb yn wyneb yn meithrin rhyngweithio plant â'i gilydd. Felly, trefnwch ddeunyddiau fel bod plant yn fwy tebygol o edrych ar ei gilydd. Er mwyn annog rhyngweithio wyneb yn wyneb, fe allech chi:

* symud byrddau, fel byrddau dŵr neu dywod, i ffwrdd o wal fel bod plant yn chwarae gyferbyn â'i gilydd yn hytrach nag wrth ymyl ei gilydd,
* gosod plant i eistedd gyferbyn â'i gilydd amser cinio neu o amgylch y byrddau creadigol, neu
* gwneud yn siŵr bod digon o le yn yr ardal flociau er mwyn i'r plant allu chwarae wyneb yn wyneb yn hytrach na chwarae ochr yn ochr yn unig.

Annog rhyngweithio grŵp yn yr awyr agored

Mae gweithgareddau awyr agored sy'n cynnwys rhedeg, rhedeg ar ôl rhywun, neidio, a llithro i lawr y sleid yn galluogi plant sydd â sgiliau echddygol da ond sydd â sgiliau cymdeithasol cyfyngedig i ryngweithio'n llwyddiannus â'u cyfoedion.

Nid yw'r math hwn o chwarae yn rhy heriol i'r plentyn llai cymdeithasol gan nad oes llawer o reolau na sgwrsio. Os yw'r plentyn yn gorfforol abl i gadw i fyny, mae gemau awyr agored yn gallu bod yn rhyngweithiol iawn.

Mae chwarae gweithredol grŵp yn yr awyr agored yn rhoi cyfle i bawb ymuno.

Mwynhau Dysgu Iaith

Cefnogi rhyngweithio plant â chyfoedion

Unwaith y byddwch wedi gwneud y defnydd gorau o ofod yn eich ystafell ddosbarth, wedi trefnu amrywiaeth o grwpiau, ac wedi darparu deunyddiau i gynyddu'r tebygolrwydd o ryngweithio ymhlith plant, bydd angen i chi roi cymorth o hyd i blant sy'n dal heb ymgysylltu â'u cyfoedion, neu sy'n methu cynnal y rhyngweithio unwaith y bydd wedi dechrau.

Gallwch chi helpu plant sy'n ynysig yn gymdeithasol i ryngweithio â'u cyfoedion os ydych chi:

- yn ymwybodol bod gormod o ryngweithio rhwng athrawes a phlentyn,
- yn helpu plant i ddatblygu 'cyd-ddealltwriaeth' o themâu a chysyniadau sy'n cael eu defnyddio yn yr ystafell ddosbarth,
- yn paru plentyn sy'n ynysig yn gymdeithasol gyda phlentyn mwy cymdeithasol,
- yn gosod tasg gydweithredol,
- yn camu i mewn, sefydlu, a chamu'n ôl o weithgareddau,
- yn arwain sgyrsiau i ffwrdd oddi wrthych chi,
- yn sefydlu grŵp bach – ac yn aros i chwarae,
- yn codi proffil plentyn isel ei broffil.

Bod yn ymwybodol bod gormod o ryngweithio rhwng athro a phlentyn

Mae'n bosibl y bydd plant sy'n cael anhawster rhyngweithio â chyfoedion yn treulio llawer o amser gyda chi – efallai gormod o amser. Efallai y byddan nhw'n dechrau rhyngweithio â chi yn unig oherwydd eu bod yn sicr o gael ymateb positif. Efallai y byddwch hefyd yn gweld – heb sylweddoli hynny – eich bod yn treulio gormod o amser yn goruchwylio ac yn arwain plentyn sydd ag oedi yn ei ddatblygiad a/neu'n swil yn gymdeithasol, oherwydd ei bod yn ymddangos fod arno angen cymaint o fewnbwn athro â phosibl. Mae 'hofran dros' neu 'gysgodi plentyn', fodd bynnag, yn amharu ar ei gyfle i ryngweithio â chyfoedion, yn ei wneud yn rhy ddibynnol ar oedolion, ac yn annog plant eraill i'w ystyried yn 'wahanol.' Os oes cymhareb athro-plentyn isel mewn ystafell ddosbarth, mae plant ag anghenion arbennig yn gallu treulio gormod o amser gyda'u hathrawon. Mae ymchwil wedi dangos po fwyaf o oedolion sydd mewn ystafell ddosbarth, y lleiaf o ryngweithio a welir rhwng cyfoedion!

Yn helpu plant i ddatblygu 'dealltwriaeth ar y cyd' neu 'gyd-ddealltwriaeth' o themâu a chysyniadau sy'n cael eu cyflwyno yn yr ystafell ddosbarth

Mae Meical Guralnick wedi bathu'r term 'cyd-ddealltwriaeth' i gyfeirio at angen plentyn i ddeall cysyniad, yn yr un ffordd y mae ei gyfoedion yn ei ddeall, er mwyn ymddwyn yn briodol mewn sefyllfa. Er enghraifft, er mwyn cymryd rhan mewn ardal chwarae dramatig a drefnwyd fel bwyty, mae angen i blentyn ddeall beth yw bwyty; pwrpas offer bwyty a phethau fel bwydlenni, peiriannau coffi, a pheiriant talu. Bydd angen i'r plentyn hefyd ddysgu sut i sgwrsio gyda'r staff sy'n gweini, yn coginio neu gydag un o'r cwsmeriaid. Os nad yw erioed wedi bod i fwyty, neu os nad yw eto wedi dysgu am y gwahanol bethau, beth yw gwaith gwahanol bobl a sut mae ymddwyn mewn bwyty, yna fe fydd gweithgaredd yn y dosbarth y tu hwnt i allu'r plentyn. Gall diffyg cyd-ddealltwriaeth arwain at ymddygiad amhriodol. Neu, mae'n bosibl y bydd plentyn yn osgoi'r gweithgaredd yn gyfan gwbl, gan fynd yn fwy ynysig.

Mae'n bwysig, felly, helpu plant i ddatblygu cyd-ddealltwriaeth o'r cysyniadau ar gyfer unrhyw weithgaredd newydd. Yn yr enghraifft uchod, os nad yw'n bosibl mynd â'r plentyn i fwyty, gallwch ail-greu profiad bwyty yn yr ystafell ddosbarth, gan ei ddefnyddio i helpu'r plentyn i gael gwell dealltwriaeth o dŷ bwyta neu gaffi gan greu 'sgript fewnol' amdanyn nhw iddo allu ei ddilyn yn ystod chwarae esgus. Gallwch ddefnyddio straeon am ymweliadau â bwyty neu chwarae rôl taith i fwyty, gan ddefnyddio propiau realistig a'i arwain trwy'r profiad.

Mae angen llawer iawn o ymarfer ar rai plant er mwyn datblygu cyd-ddealltwriaeth o sefyllfa neu gysyniad. Felly, mae'n bwysig iawn cael rhieni i fod yn rhan o'r gwaith o atgyfnerthu dysgu plentyn am gysyniad newydd.

Paru plentyn sy'n ynysig yn gymdeithasol gyda phlentyn mwy cymdeithasol

Mael paru plentyn cymdeithasol â phlentyn sy'n swil yn gymdeithasol yn gallu rhoi rhai profiadau cymdeithasol cadarnhaol i'r plentyn llai medrus. Mae'r strategaeth hon yn gweithio orau os yw'r plant yr un oedran, ac os yw'r plentyn cymdeithasol yn fodlon cydymffurfio â'ch awgrym ac â diddordeb yn y plentyn ynysig. Yn ogystal, rhaid i'r plentyn cymdeithasol fod â'r sgiliau chwarae priodol. Bydd angen i'r plentyn chwarae'r gweithgaredd hwn yn aml.

Wrth baru cyfoedion, mae angen i chi osod y naws ar gyfer rhyngweithio cyfeillgar, cydweithredol gydag ymadroddion fel, 'Alli di a Cory chwarae gyda'ch gilydd gyda'r tegan adeiladu newydd yma,' 'Dwi am i chi eich dau helpu eich gilydd i adeiladu rhywbeth allan o'r blociau hyn,' neu 'Beth am i chi'ch dau ddarganfod gyda'ch gilydd pa un o'r tri thegan weindio hyn sy'n neidio bellaf?' Mae'r dull hwn yn eich helpu i osgoi sefyllfa lle mae'r ffocws ar y plentyn sydd â sgiliau cymdeithasol datblygedig yn 'helpu' neu'n 'addysgu' y plentyn llai medrus.

Wrth gael ei baru â phlentyn â sgiliau cymdeithasol llai cadarn, mae'r plentyn â sgiliau cymdeithasol da yn addasu'n reddfol sut mae'n rhyngweithio er mwyn iddo allu ymgysylltu â'i gyd-ddisgybl. Mae'n debyg o symleiddio ei iaith, defnyddio mwy o ailadrodd, a rhoi cyfarwyddiadau pan fo angen. Mewn gwirionedd, mae'n gwneud rhai o'r un addasiadau i'w sgwrs ag y mae gofalwyr yn eu gwneud wrth ryngweithio â phlant ifanc.

Mae Felix yn fachgen pedair oed swil sydd ag oediad iaith. Mae Tim yn blentyn pedair oed cymdeithasol, llafar. Gan fod Felix yn rhyngweithio mwy gyda Tim nag ag unrhyw un arall, bob hyn a hyn mae eu hathrawes yn paru'r ddau fachgen. Ar un achlysur, mae hi'n gofyn i'r bechgyn a ydyn nhw am fynd gyda'i gilydd i'r 'lle cuddio dirgel' (bocs offer mawr) ac archwilio'r 'bocs trysor' (bocs yn llawn addurniadau a thlysau diddorol). Mae Felix a Tim yn archwilio, rhannu, a siarad am y gwrthrychau diddorol maen nhw'n dod o hyd iddyn nhw yn y bocs – ac mae'r ddau fachgen yn cael llawer o hwyl.

Gosod tasg gydweithredol

Pan fydd pâr neu grŵp bach o blant yn cwblhau tasg benodol gyda'i gilydd, mae'n bosibl y bydd llawer iawn o sgwrsio a chydweithio yn digwydd. Y tasgau gorau yw rhai go iawn, fel glanhau'r llawr gyda brwsh a phadell lwch, gwneud arwydd i'r ystafell ddosbarth, rhoi tegan newydd at ei gilydd, neu gymysgu'r cynhwysion ar gyfer gweithgaredd synhwyraidd. Pan fyddwch chi'n gosod y tasgau hyn, dylai fod gan bob plentyn rôl benodol i'w chwarae, ac ni ddylai fod angen cymorth arno i gyflawni ei dasg. Dylid trefnu'r dasg fel bod cynnyrch terfynol llwyddiannus yn bosibl – a hynny dim ond os yw *pob* plentyn yn cyfrannu (mae hyn yn atal y plant mwy cymwys rhag gwneud y cyfan eu hunain).

Mae tasgau cydweithredol yn gallu arwain at ryngweithio positif a theimladau da ymhlith y plant yn y grŵp. Bydd y plant llai cymdeithasol yn teimlo'n bwysicach ac yn fwy galluog o ganlyniad. Mae'r tasgau hyn yn gallu cyflawni llawer iawn, yn enwedig os ydyn nhw'n cael eu gosod yn rheolaidd fel nad yw'r effeithiau cadarnhaol yn diflannu cyn gynted ag y bydd y rhyngweithio drosodd.

Dyna ni. Digon o flawd ceirch!

Angen mwy o dywod.

Ie, ychydig mwy.

Digon.

Wedi'i gymysgu i gyd nawr!

Ie, wedi'i gymysgu.

Dwi'n mynd i chwarae gyda hwn. Gadewch inni daflu'r holl offer i mewn.

Iawn.

Bydd digon i siarad amdano pan fyddwch chi'n gwneud rhywbeth gyda'ch gilydd.

Camu i mewn, sefydlu, a chamu'n ôl o weithgaredd

Os ydych chi'n gofyn i grŵp o blant os ydy plentyn arall yn gallu chwarae gyda nhw, mae'n rhy hawdd iddyn nhw ddweud 'Na!' – neu i ddweud 'Iawn' ac yna anwybyddu'r plentyn. Er mwyn bod yn rhan o'r gweithgaredd, felly, bydd ar blentyn sydd ag oedi o ran sgiliau iaith neu sgiliau cymdeithasol angen ymyriad doeth o'ch rhan chi.

Mae dwy ffordd i gamu i mewn, sefydlu, a chamu'n ôl:

- trefnu rhyngweithiadau o'r tu mewn i'r grŵp – rhoi rôl i'r plentyn tra byddwch chi'n rhan o'r chwarae a
- trefnu rhyngweithiadau o'r tu allan i'r grŵp – gwneud awgrymiadau heb chwarae eich hun.

Trefnu rhyngweithiadau o'r tu mewn i'r grŵp – rhoi rôl i'r plentyn i'w chwarae

Pan fyddwch chi'n trefnu rhyngweithiadau o'r tu mewn i'r grŵp, mae'n rhaid i chi greu ffordd o gynnwys plentyn ynysig wrth i chi gymryd rhan yn y chwarae. Eich tasg chi yw rhoi rôl i'r plentyn i'w chwarae, gan ddefnyddio dull tyner, chwareus fel bod eich awgrymiadau'n cael eu dehongli fel ychwanegiad positif i'r chwarae yn hytrach na chyfarwyddiadau. Trwy greu rôl ddymunol i'r plentyn ynysig o fewn chwarae presennol grŵp o blant, rydych chi'n cynyddu'r siawns y bydd y plentyn hwnnw'n cael ei dderbyn i'r gweithgaredd.

Rydych chi yn yr ardal chwarae dramatig, ac rydych chi'n chwarae 'Siop' gyda thri o blant. Rydych chi'n gweld Anna, sydd fel arfer yn chwarae ar ei phen ei hun, yn gwneud te i'w doliau gerllaw. Rydych chi'n penderfynu ceisio ei chael hi i ymuno â'r grŵp.

'Dwi'n gweld fy ffrind Anna ochr arall y stryd!' dywedwch wrth y plant. 'Helô Anna! Mae syched mawr arnon ni. Allwn ni brynu diodydd gen ti?' (Mae'n bwysig parhau i chwarae rôl esgus yn y sefyllfa hon, er mwyn osgoi gwneud i'r plant deimlo mai'r 'athrawes' sy'n mynnu bod plentyn arall yn cael ei dderbyn i'w chwarae.)

Mae wyneb Anna yn goleuo, ac mae hi'n dod draw, gan ddod â chwpanau gyda hi. Rydych chi'n gofyn, 'Faint mae'r te yn ei gostio?'

Mae'n ateb 'pum punt'.

'Iawn! Rydw i mor sychedig, dim ots am y pris,' dywedwch. 'Oes unrhyw un yma eisiau diod o siop Anna? Mae hi'n gwneud y diodydd gorau yn y dref!'

Mae gweddill y grŵp yn dilyn eich esiampl, ac mae Anna yn 'gwerthu' diod i bawb. Rydych chi'n siarad â hi (yn eich rôl esgus) fel pe bai hi wir yn 'werthwr diodydd,' a phan mae'n ymddangos ei bod wedi dod yn rhan o'r grŵp, rydych chi'n gadael.

Dywedwch, 'Mae'n rhaid i mi fynd i ddal y bws nawr. Dwi'n mynd i ymweld â fy modryb. Diolch am yr holl bethau hyfryd, a diolch yn fawr am y te.'

Yna byddwch yn camu'n ôl o'r chwarae esgus.

Mae Nicole fel arfer yn chwarae ar ei phen ei hun. Hyd yn oed pan fydd hi wrth y bwrdd dŵr gyda phlant eraill, nid yw'n rhyngweithio â nhw. Mae Marta, ei hathrawes, yn ymuno â'r grŵp ac yn creu rôl hwyliog i Nicole fel 'golchwr gwallt.'

Yna mae'r plant eraill yn dangos diddordeb yn Nicole ac yn dechrau rhyngweithio â hi.
Yna, mae Marta yn gallu camu'n ôl o'r rhyngweithio.

Trefnu rhyngweithiadau o'r tu allan i'r grŵp – gwneud awgrymiadau heb chwarae eich hun

Weithiau gallwch chi helpu plentyn i ymuno â grŵp heb ymuno â'r grŵp eich hun. Trwy awgrymu rôl hwyliog i'r plentyn sy'n cyfoethogi'r chwarae, rydych chi'n cynyddu'r siawns y bydd y plant eraill yn derbyn y plentyn i mewn i'r chwarae.

Yn ystod chwarae rhydd, rydych chi'n sylwi ar Lewys yn poeni'r merched yn y tŷ bach twt. Mae'n gyrru ei dryc i wal y 'tŷ,' ac maen nhw'n mynd yn flin iawn gydag ef. Rydych chi'n gwybod ei fod yn gwneud hynny i gael sylw, ac nad oes ganddo'r sgiliau cymdeithasol i ddechrau rhyngweithio'n briodol.

Rydych chi'n mynd ato ac yn gwneud awgrym yn dawel yn ei glust. Mae'n cytuno ac yn mynd i gasglu tŵls ac mae'n eu rhoi yn ei dryc. Yna mae'r ddau ohonoch yn mynd at y tŷ bach twt ac yn curo ar y drws. Mae'r merched yn dweud, 'Pwy sydd yna?'

Edrychwch beth sy'n digwydd …

Helpwch y plentyn i ddod o hyd i rôl sy'n ychwanegu ychydig o hwyl i'r chwarae.

Mwynhau Dysgu Iaith
© 2024, *Hanen Early Language Program.* Cedwir pob hawl.

Camwch yn ôl pan fyddwch chi'n gweld bod popeth yn mynd yn ei flaen yn hwylus!

Weithiau, p'un a ydyn nhw'n fedrus yn gymdeithasol ai peidio, mae angen annog neu hyfforddi plant i edrych ar ei gilydd a gwrando ar ei gilydd i gychwyn a chynnal rhyngweithio.

Mae Meical, pedair oed, yn adeiladu tŵr yn yr ardal flociau. Mae James, Cyfunwr pedair oed sydd ag oediad iaith, yn ei wylio'n ofalus. Mae'n amlwg ei fod eisiau chwarae. Bydd angen rhywfaint o arweiniad ar y ddau fachgen er mwyn i'r rhyngweithio weithio. Mae Essie, eu hathrawes, yn rhoi arweiniad i Meical:

'Meical, alli di edrych ar James a gofyn iddo beth mae e eisiau?' 'Beth wyt ti eisiau?' mae Meical yn gofyn.

Yna mae Essie yn rhoi arweiniad i James: 'Dyweda wrth Meical dy fod eisiau'r blociau.' 'Eisiau blociau,' meddai James.

Yna mae Essie yn dangos i Meical sut i atgyfnerthu James: 'Meical, nawr alli di ddweud wrth James, 'Iawn, gallwn ni chwarae gyda'n gilydd,' a rhoi rhai blociau iddo.'

Mae Meical yn defnyddio model Essie i wahodd James i chwarae gydag ef. Mae rhoi arweiniad i Essie yn gwneud Meical yn fwy ymwybodol o James fel partner chwarae ac yn rhoi profiad chwarae llwyddiannus – a hwyliog – i James.

Symud canolbwynt y sgwrsio oddi wrthych chi

Mewn trafodaethau grŵp, mae plant yn aml yn cyfeirio eu sylw atoch chi yn fwy na'u cyfoedion. Pan fydd hyn yn digwydd, rydych chi fel rheolydd traffig awyr – mae pob sgwrs sy'n dod i mewn ac allan yn cael ei chyfeirio trwyddoch chi!

Defnyddiwch eich rôl fel rheolydd traffig awyr er lles y plant: gallwch ailgyfeirio'r sgwrs trwy dynnu plant tawelach i mewn i'r sgwrs ac yna camu'n ôl eich hun. Gallwch wneud hyn trwy ofyn cwestiynau, gwneud datganiadau y mae plentyn yn gallu eu cadarnhau ac ymhelaethu arnyn nhw, a gweithredu fel dehonglydd ar gyfer plant sy'n cael anhawster i gael eraill i'w deall. Bydd y strategaeth hon yn fwyaf llwyddiannus os yw'r plant yn gorfforol agos at ei gilydd, yn rhannu diddordebau cyffredin, ac yn cymryd rhan mewn gweithgaredd tebyg.

Wrth gyfeirio sgyrsiau oddi wrthych eich hun a thynnu plentyn tawel i mewn, mae'n bwysig bod cyfoedion y plentyn yn sylwi arno ac yn gwrando arno. Weithiau, efallai y bydd angen i chi annog plentyn tawel i siarad yn ddigon uchel i gael sylw ei wrandäwr ac i aros am yr ymateb. Hyd yn oed wedyn, nid yw cyfoedion yn aml yn sylwi ar blentyn sydd wedi'i ynysu yn yr ystafell ddosbarth ac sy'n chwarae ar ei ben ei hun pan fydd y plentyn hwnnw yn cael ei annog i gyfeirio sylw atyn nhw. Efallai y bydd angen i chi annog y plentyn i ymateb gyda sylw fel, 'Edrych Sean, mae Noa eisiau rhoi car i ti.'

Mae Ryan, Defnyddiwr Brawddegau Cynnar sydd ag oediad iaith, yn mynd at ei athrawes, Gillian, ac yn gofyn am gael chwarae gyda'r deinosoriaid y mae dau blentyn arall yn chwarae â nhw. Mae Gillian yn penderfynu cyfeirio'r sgwrs oddi wrth ei hun at Christopher, sy'n chwarae gerllaw gyda'r deinosoriaid.

Mae Gillian yn gwybod bod Ryan yn aml yn siarad yn dawel ac nad yw'n hawdd i'r plant eraill ei ddeall. Mae hi'n dweud, 'Ryan, cer at Christopher a dyweda wrtho mewn llais uchel er mwyn iddo allu dy glywed, 'Dwi eisiau chwarae hefyd.'

Er bod Ryan yn siarad yn uchel, nid yw Christopher yn ymateb iddo. Mae Gillian yn annog Christopher, gan ddweud 'Christopher, gwranda ar Ryan. Mae e eisiau chwarae hefyd.' Mae Christopher yn ymateb trwy roi deinosor i Ryan ac mae Ryan yn ymuno â'r chwarae yn hapus.

Gallwch gyfeirio sgyrsiau oddi wrthych chi eich hun mewn gwahanol ffyrdd:

Ffyrdd o gyfeirio sgyrsiau oddi wrthych	Beth ydych chi'n ei wneud	Pryd i'w wneud	Enghraifft
Cyfeirio sgwrs oddi wrthych eich hun trwy ddarparu model o beth i'w ddweud	Dweud wrth y plentyn yn union beth i'w ddweud wrth y plentyn arall	Mae'n gweithio orau os ydy'r plentyn yn anghyfarwydd gyda sefyllfa neu'n methu dweud geiriau ar ei ben ei hun	'Dyweda wrth Paul, "Edrych ar fy het"'
Cyfeirio sgwrs oddi wrthych eich hun gydag awgrymiadau uniongyrchol (dim darparu model)	Dweud wrth y plentyn i gychwyn rhyngweithio gyda'r plentyn arall heb ddweud wrtho beth yn union i'w ddweud	Mae'n gweithio orau os ydy'r plentyn yn gallu dweud geiriau ar ei ben ei hun	'Dangosa'r het ddoniol yna wyt ti wedi bod yn ei gwisgo i Paul'
Cyfeirio sgwrs oddi wrthych eich hun gydag awgrym anuniongyrchol	Gwneud awgrym mwy cynnil i annog y plentyn i gychwyn rhyngweithio gyda'r plentyn arall	Mae'n gweithio orau os ydy sgiliau iaith, gwybyddol a chymdeithasol y plentyn wedi datblygu ddigon iddo allu deall awgrymiadau aniongyrchol	'Dwi'n siŵr y byddai Paul yn hoffi gweld dy het'

Gallwch gyfeirio sgyrsiau oddi wrthych chi'ch hun mewn gwahanol sefyllfaoedd:

Pwrpas ymgais y plentyn i gychwyn	Enghraifft	Sut i ailgyfeirio
Cais i chwarae	Os bydd plentyn yn dweud wrthych ei fod eisiau chwarae gyda blociau ...	Dywedwch, 'Dyweda wrth Jordan, "Dwi eisiau chwarae gyda'r blociau".'
Cais am ddeunyddiau	Os bydd plentyn yn gofyn i chi am lud ...	Dywedwch, 'Gofyn i Jordan am y glud.'
Cais am help	Os bydd plentyn yn gofyn am help i adeiladu blociau ...	Dywedwch, 'Dwi'n credu bod Jordan yn gwybod sut i roi'r blociau hynny at ei gilydd.'
Cais am gymeradwyaeth neu ganmoliaeth	Os bydd plentyn yn dangos llun y mae wedi'i dynnu i chi ...	Dywedwch, 'Dangos y llun yma i Jordan. Dwi'n meddwl y bydd yn ei hoffi.'
Sylwadau	Os bydd plentyn yn dechrau dweud wrthych am ffilm y mae wedi'i gweld ...	Dywedwch, 'Dywed wrth Jordan beth welaist ti yn y ffilm. Y ffilm a welodd yr wythnos diwethaf.'

Sefydlu grŵp bach – ac yna aros i chwarae gyda nhw

Hyd yn oed pan fyddwch chi'n camu i mewn, yn sefydlu ac yn camu'n ôl, mae llawer o blant yn dal i fethu â dal eu tir ar eu pen eu hunain. Nid oes ganddyn nhw'r sgiliau eto i gynnal a pharhau i sgwrsio â phlant eraill. Cyn gynted ag y byddwch yn gadael, dydyn nhw ddim bellach yn rhan o'r grŵp. Mae'r plant hyn angen i chi aros a'u cefnogi.

Dechreuwch gyda grŵp bychan – efallai dim ond chi a'r plentyn yn unig. Dydy cornel fach gydag ychydig o deganau ddim yn ymddangos mor llethol i blentyn swil neu blentyn sydd ag oedi o ran sgiliau cymdeithasol. Neu, ymunwch â grŵp bach o blant sydd eisoes yn cymryd rhan mewn gweithgaredd, ond gwnewch yn siŵr bod y gweithgaredd yn briodol i lefel chwarae'r plentyn. Os yw'n ymwneud yn bennaf â chwarae esgus syml neu chwarae adeiladol, dechreuwch gyda hynny. Gall chwarae dramatig-gymdeithasol fod yn anodd i rai plant, yn enwedig os oes oediad iaith (gweler pennod 9 am wybodaeth ar sut i hybu chwarae esgus).

Unwaith y byddwch chi a'r plentyn yn dechrau rhyngweithio, gallwch gynnwys un neu ddau o blant yn eich chwarae neu gymryd rhan yn eu chwarae nhw. Gallwch barhau â'r rhyngweithio mewn sawl ffordd:

- trwy ddilyn arweiniad y plant ac ymuno yn eu chwarae (e.e. os yw'r plant yn chwarae gyda cheir tegan, gallwch chi gymryd rhan trwy 'yrru' car tegan gyda nhw)
- trwy wneud awgrymiadau sy'n annog rhyngweithio (e.e. 'Gadewch i ni yrru ein car ni draw at gar Tomos a gweld beth mae'n ei wneud.')
- trwy gynnig propiau a fydd yn creu rhyngweithio (e.e. 'Dewch i ni wneud twnel i'r ceir fynd trwyddo.'), neu
- trwy roi teganau i'r plentyn fe fydd hyn yn helpu'r plentyn i ddal ati i gymryd rhan (e.e. 'Dyma rhywun sydd eisiau reid yn dy lori.')

Mae plant sy'n chwarae'n anaml gydag eraill yn gallu cymryd peth amser i gynhesu at eu cyfoedion. Ar y dechrau, efallai y bydd cyfnodau hir o dawelwch ac ychydig iawn o ryngweithio. Cyhyd â bod y plant hyn yn mwynhau eu hunain ac yn dod i gysylltiad â phlant eraill, maen nhw'n gallu elwa o hyd o ryngweithio o'r fath.

Codi proffil y plentyn isel ei broffil

Mae plant yn aml yn ffurfio argraff negyddol o'u cyfoedion llai galluog, ac mae'n gallu bod yn anodd newid yr argraffiadau hyn. Ond oni bai eu bod yn newid, mae'r plentyn lleiaf cymdeithasol yn parhau i fod dan anfantais ddifrifol.

'Dydy hi ddim yn gallu dweud dim byd,' meddai Lara am Kelly, merch pedair oed sydd ag oediad iaith. 'Dydw i ddim eisiau chwarae gyda Brian,' meddai Mohammed am Brian, bachgen pump oed sydd ag oedi datblygiadol. 'Dydy ef ddim yn gwybod sut i chwarae'n iawn.'

Gallwch godi proffil y plant llai galluog hyn trwy helpu eu cyfoedion i edrych ar eu hanableddau mewn ffordd wahanol.

__Athro__: 'Wel, Lara, mae Kelly yn dal i ddysgu siarad ac mae hi'n trio mor galed. Mae dysgu siarad yn anodd pan rydych chi newydd ddechrau. Mae rhai plant yn dysgu siarad pan fyddan nhw'n fach ac mae eraill yn dysgu pan fyddan nhw'n hŷn. Mae dysgu siarad fel dysgu sut i reidio beic – roedd fy chwaer yn gallu reidio beic pan oedd hi'n bump oed, ond wnes i ddim dysgu nes oeddwn i'n saith oed!'

Gallwch annog plant i ddod o hyd i ffyrdd o ryngweithio â'r plentyn llai galluog – a gwneud i'r syniad ymddangos yn hwyl!

__Athro__: 'Mae cymaint o gemau y gallet ti eu chwarae gyda Kelly nad oes angen siarad, Lara. Mae hi wrth ei bodd gyda gemau rhedeg a chwarae gyda 'llysnafedd.' Dwi'n siŵr y gallet ti feddwl am rai gemau y gallet ti eu chwarae gyda hi. Cofio ddweud wrtha i os oes angen unrhyw beth ar gyfer chwarae gêm.'

Pan fyddwch chi'n rhoi'r cyfrifoldeb i Lara am gychwyn rhyngweithio cadarnhaol, rydych chi'n rhoi'r cyfle iddi newid ei delwedd negyddol o Kelly.

Gallwch hefyd osod tasg mwy heriol i blant llai cymdeithasol, fel trefnu'r bwrdd celf. Yn ogystal, dangoswch degan newydd iddyn nhw yn gyntaf fel eu bod yn teimlo fel yr 'arbenigwr' pan ddaw plant eraill i chwarae gyda nhw.

Mae newid agweddau plant at ei gilydd yn her. Ond os nad ydych chi'n llwyddo i greu newid mawr, rydych o leiaf wedi creu'r amodau gorau ar gyfer rhyngweithio positif rhwng cyfoedion.

Crynodeb

Mae athrawon yn gallu gwneud sawl peth cadarnhaol i helpu plant sy'n ynysig yn gymdeithasol i gymryd rhan mewn rhyngweithiadau â chyfoedion. Maen nhw'n gallu creu amgylcheddau sydd â mannau chwarae wedi'u diffinio'n dda a gosod gweithgareddau ysgogol. Maen nhw'n gallu trefnu sefyllfaoedd rhyngweithiol sy'n ei gwneud yn haws i blant ymuno â'u cyfoedion mwy cymdeithasol. Maen nhw hefyd yn gallu sefydlu grwpiau bach lle maen nhw'n creu rolau ar gyfer plant sy'n ynysig yn gymdeithasol fel eu bod yn cael eu cynnwys yn y gweithgaredd. Efallai y bydd yn rhaid i athrawon hefyd aros a chwarae gyda phlant sy'n methu cynnal rhyngweithio heb gefnogaeth barhaus. Yn y sefyllfaoedd hyn, y nod yw helpu'r plant i ddysgu sgiliau cymdeithasol y byddan nhw wedyn yn eu defnyddio'n annibynnol. Mae athrawon hefyd yn gallu ymdrechu i hybu agweddau cadarnhaol plant tuag at eu cyfoedion llai rhyngweithiol a llai llafar trwy godi proffil y plant hynny.

Canllaw Arsylwi 3:
Rhyngweithiadau'r plentyn â chyfoedion

Enw'r plentyn:...

Oedran adeg yr arsylwad hwn:...

Iaith gyntaf y plentyn:...

Gallu'r plentyn i siarad Cymraeg (os yw'r plentyn yn llafar):....................................

Dyddiad: ....

A. Pa fathau o chwarae mae'r plentyn yn mwynhau ei chwarae rhan fwyaf o'r amser? (Cofnodwch enghreifftiau.)

- ☐ Gweithredol
- ☐ Adeiladol
- ☐ Dramatig
- ☐ Gemau â rheolau

B. Faint o ryngweithio cymdeithasol sy'n digwydd yn ystod y chwarae y rhan fwyaf o'r amser?

Dim rhyngweithio cymdeithasol
- ☐ Di-chwarae
  - ☐ Segur
  - ☐ Gwylio
- ☐ Chwarae unigol
  - ☐ Gweithredol
  - ☐ Adeiladol
  - ☐ Dramatig

Ychydig iawn o ryngweithio cymdeithasol
- ☐ Chwarae cyfochrog
  - ☐ Gweithredol
  - ☐ Adeiladol
  - ☐ Dramatig

Llawer o ryngweithio cymdeithasol
- ☐ Chwarae grŵp
  - ☐ Gweithredol
  - ☐ Adeiladol
  - ☐ Dramatig

Noder: Gellir llungopïo pob Canllaw Arsylwi.

Mwynhau Dysgu Iaith

C. Sut mae'r plentyn yn rhyngweithio â chyfoedion?

		CYCHWYN			YMATEB		
		Ceisiadau	*Sylwadau*	*Cwestiynau*	*Ceisiadau*	*Sylwadau*	*Cwestiynau*
Y plentyn i'w gyfoedion	Yn aml						
	Weithiau						
	Anaml iawn						
Y cyfoedion i'r plentyn	Yn aml						
	Weithiau						
	Anaml iawn						

Gyda pha blant mae'r plentyn yn rhyngweithio amlaf?

Yn ystod pa weithgareddau mae'r plentyn fwyaf rhyngweithiol gyda'i gyfoedion?

Noder: Gellir llungopïo pob Canllaw Arsylwi.

Canllaw cynllunio i hyrwyddo rhyngweithio â chyfoedion

Dechreuwch trwy ddefnyddio Canllaw Arsylwi 3 i nodi a disgrifio plentyn nad yw'n rhyngweithio'n rheolaidd â'i gyfoedion. Yna, defnyddiwch y cwestiynau canlynol i'ch helpu i gynllunio sut i annog y plentyn hwn i ryngweithio â'i gyfoedion:

Datblygu cynllun gweithredu

1. **A oes grwpiau cyfoedion addas i'r plentyn ymuno â nhw?**
   - A yw'r amgylchedd wedi'i drefnu i annog y plentyn i ryngweithio â phlant eraill?
   - Beth yw'r math gorau o grwpio ar gyfer y plentyn hwn? Pâr? Grŵp achlysurol? Grŵp cydweithredol?
   - A oes cyfle i'r plentyn ymuno â'r math hwn o grŵp? Os oes, pryd a ble? Os na, sut allwch chi greu'r cyfle hwn?
   - A yw'r plant sy'n cymryd rhan yn y gweithgaredd yn bartneriaid sgwrsio da i'r plentyn? Os na, allwch chi newid cyfansoddiad y grŵp? Os ydyn nhw'n bartneriaid sgwrsio da, pa rôl allai'r cyfoedion ei chwarae wrth annog y plentyn hwn i ryngweithio?

Nawr, penderfynwch pa grŵp y byddwch chi'n rhoi cynnig arno a pha blant y byddwch chi'n eu cynnwys.

2. **A yw'r gweithgareddau a'r deunyddiau yn hybu rhyngweithio rhwng cyfoedion?**
   - A oes darnau mawr o offer i dynnu'r plentyn at blant eraill mewn gofod bach (e.e. ceir, cychod, sleid, tŷ chwarae, ac ati)?
   - A oes cyfleoedd ar gyfer gweithgareddau grŵp awyr agored?
   - A oes yna fwy nag un o'r un tegan?
   - A oes nifer digonol o deganau?
   - Ydy'r gweithgareddau yn annog y plant i fod wyneb yn wyneb?
   - Pa ddeunyddiau sydd ar gael? A oes angen addasu'r deunyddiau ar gyfer y plentyn hwn fel ei fod yn gallu cymryd rhan yn y gweithgaredd? Os felly, sut?
   - A oes cyfleoedd ar gyfer tasgau cydweithredol?
   - A oes gan y plentyn 'gyd-ddealltwriaeth' o'r themâu a'r cysyniadau sy'n cael eu defnyddio yn yr ystafell ddosbarth? Os na, sut allwch chi gefnogi'r plentyn i'w deall?

Eich penderfyniad chi fydd dewis pa weithgareddau a deunyddiau y byddwch chi'n eu defnyddio.

3. **A oes angen i chi hwyluso rhyngweithio'r plentyn â'i gyfoedion?**
   - A oes gormod neu ddim digon o athrawon?
   - Pa athrawon sy'n bresennol a beth maen nhw'n ei wneud?
   - A oes gormod o ryngweithio rhwng athrawon a'r plant?
   - Ai cyfrifoldeb athro yw:
     - camu i mewn, sefydlu rhyngweithio o'r tu mewn neu'r tu allan i'r grŵp, a chamu'n ôl?
     - cyfeirio sgyrsiau oddi wrtho ei hun?
     - dechrau chwarae?
     - codi proffil y plentyn?

Eich penderfyniad chi fydd penderfynu sut y byddwch chi'n cefnogi rhyngweithio'r plentyn â'i gyfoedion.

Rhoi cynnig ar eich cynllun gweithredu

Efallai y bydd angen i chi ailadrodd y gweithgaredd sawl gwaith i roi cyfle i'r plentyn i ymgyfarwyddo â threfn y gweithgaredd gyda'i gyfoedion.

Gwerthuso eich cynllun gweithredu

Sylwch sut mae'r plentyn yn rhyngweithio â'i gyfoedion yn y gweithgaredd newydd rydych chi wedi'i gynllunio.

		CYCHWYN			YMATEB		
		Ceisiadau	*Sylwadau*	*Cwestiynau*	*Ceisiadau*	*Sylwadau*	*Cwestiynau*
Y plentyn i'w gyfoedion	Yn aml						
	Weithiau						
	Anaml iawn						
Y cyfoedion i'r plentyn	Yn aml						
	Weithiau						
	Anaml iawn						

Cymharwch y sylwadau hyn â'r hyn a gofnodwyd gennych yn wreiddiol ar dudalen 219. Pa mor llwyddiannus oedd eich gweithgaredd?

Pe baech yn gwneud y gweithgaredd eto, sut fyddech chi'n ei addasu? Er enghraifft, a fyddech chi'n annog mwy o gyfranogiad gan blant, yn annog mwy o ryngweithio ymhlith plant, yn darparu mwy neu lai o anogaeth neu strwythur, yn addasu deunyddiau, neu'n defnyddio gwahanol ddeunyddiau?

Llyfryddiaeth

Adcock, D. & Segal, M. (1983). *Making friends*. Englewood Cliffs, NJ: Prentice-Hall.

Corsaro, W. A. (1981). Friendship in a nursery school: social organization in a peer environment. Yn S.R. Asher & J. M. Gottman (Gol.), *The development of children's friendships* (tt. 207–241). Efrog Newydd: Cambridge University Press.

Cavallaro, C.C. & Haney, M. (1999). *Preschool inclusion*. Baltimore: Paul H. Brookes Publishing Co.

Craig-Unkefer, L.A. (2002). Improving the social communication skills of at-risk preschool children in a play context. *Topics in Early Childhood Special Education*, 22–2, 3–13.

Field, T. (1981). Early peer relations. Yn P. Strain (Gol.), *The utilization of classroom peers as behavior change agents* (tt. 1–30). Efrog Newydd: Plenum.

Field, T., Roopnarine, J.L. & Segal, M. (Gol.), (1984). *Friendships in normal and handicapped children*. Norwood, NJ: Ablex.

Gallagher, T.M. (1991). Language and social skills: Implications for assessment and intervention with school-age children. Yn T.M. Gallagher, (Gol.), *Pragmatics of language: Clinical practice issues* (tt. 11–41). San Diego, CA: Singular.

Guralnick, M. (1982). Programmatic factors affecting child-child social interactions in mainstreamed preschool programs. Yn P.S. Strain (Gol.), *Social development of exceptional children* (tt. 71–91). Rockville, MD: Aspen.

Guralnick, M. (1986). The peer relations of young handicapped and nonhandicapped children. Yn P.S. Strain, M. Guralnick & H.M. Walker (Gol.), *Children's social behavior: Development, assessment and modification* (tt. 93–140). Efrog Newydd: Academic Press.

Guralnick, M. (1990). Peer interactions and the development of handicapped children's social and communicative competence. Yn H. Foot, M.J. Morgan & R.H. Shute (Gol.) *Children helping children* (tt. 275–305). Efrog Newydd: John Wiley & Sons.

Guralnick, M. & Neville, B. (1997). Designing early intervention programs to promote children's social competence. Yn M. Guralnick (Gol.). *The effectiveness of early intervention* (tt. 579–610). Baltimore: Paul H. Brookes Publishing Co.

Guralnick, M. (Gol.). (2001). *Early childhood inclusion: Focus on change*. Baltimore: Paul H. Brookes Publishing Co.

Hadley, P.A. & Rice, M. (1991). Conversational responsiveness of speech- and language-impaired preschoolers. *Journal of Speech and Hearing Research*, 34, (6), 1308–1317.

Hendrick, J. (1984). *The whole child*. St Louis: Times Mirror/Mosby.

Hildebrand, V. (1980). *Guiding young children*. Efrog Newydd: Macmillan.

Johnson, J.E., Christie, J.F. & Yawkey, T.D. (1987). *Play and early childhood development*. Glenview, IL: Scott, Foresman.

Katz, L.G. & McClellan, D.E. (1997). *Fostering children's social competence: The teacher's role*. Washington, DC: National Association for the Education of Young Children.

Kritchevsy, S., Prescott, E. & Walling, L. (1974). Planning environments for young children: Physical space. Yn G. Coates (Gol.), *Alternative learning environments* (tt. 311–320). Dowden: Hutchinson & Ross.

Levy, A.K. (1986). The language of play: The role of play in language development. Yn S. Burroughs & R. Evans (Gol.), *Play, language and socialization* (tt. 163–175). Cooper Station, NY: Gordon & Breach.

Mwynhau Dysgu Iaith

Loughlin, C.E. & Suina, J.H. (1982). *The learning environment: An instructional strategy*. Efrog Newydd: Teachers College Press.

Loughlin, C.E. & Martin, M.D. (1987). *Supporting literacy: developing effective learning environments*. Efrog Newydd: Teachers College Press.

Rice, M., Sell, M.A. & Hadley, P.A. (1991). Social interactions of speech- and language-impaired children. *Journal of Speech and Hearing Research*, 34, (6), 1299–1307.

Rice, M.L. & Wilcox, K.A. (1995). *Building a language-focused curriculum for the preschool classroom, Volume I: A foundation for lifelong communication*. Baltimore: Paul H. Brookes Publishing Co.

Sachs, J., Goldman, J. & Chaille, C. (1985). Narratives in preschoolers sociodramatic play: The role of knowledge and communicative competence. Yn L. Galda & A.D. Pellegrini (Gol.), *Play, language and stories: The development of children's literate behavior* (tt. 45–61). Norwood, NJ: Ablex.

Strain, P.S. (1982). Peer-mediated treatment of exceptional children's social withdrawal. Yn P.S. Strain (Gol.), *Social development of exceptional children* (tt. 93–105). Rockville, MD: Aspen.

Hyrwyddo dysgu iaith

Mae rhyngweithio cymdeithasol ag oedolion gofalgar, ymatebol, yn hanfodol i ddatblygiad plant, ond nid dyma'r unig beth sydd ei angen arnyn nhw. Mae rhan 3 o'r llyfr hwn yn ymwneud â rhoi gwybodaeth a phrofiadau i blant sy'n eu helpu i ddatblygu iaith lafar, nid yn unig i ddiwallu eu hanghenion corfforol a chymdeithasol ond hefyd i feddwl, datrys problemau, dychmygu a dysgu.

Ym mhennod 7, 'Addasu'r ffordd rydych chi'n siarad' fe welwch awgrymiadau clir ac ymarferol ar gyfer helpu plant ym mhob un o chwe cham datblygiad iaith. Mae'r bennod hon hefyd yn mynd i'r afael ag anghenion y dysgwr ail iaith.

Mae pennod 8, 'Creu amgylchedd ar gyfer siarad a dysgu,' yn disgrifio sut mae plant (o tua thair blwydd oed ymlaen) yn dysgu defnyddio iaith fwy soffistigedig ar gyfer cynllunio, meddwl, dychmygu a dysgu. Mae'n darparu fframwaith syml ar gyfer annog defnydd iaith o'r fath yn ystod rhyngweithiadau a sgyrsiau dyddiol.

Mae pennod 9, 'Hyrwyddo chwarae esgus: dychmygu'r hwyl, dychmygu'r dysgu,' yn cynnwys gwybodaeth am ddatblygiad chwarae esgus a'i berthynas gydag iaith. Mae'r bennod hon yn cynnwys nifer o enghreifftiau darluniadol o'r hyn y gallwch ei wneud i hybu chwarae esgus ac, yn y broses, meithrin dysgu iaith.

Addasu'r ffordd rydych chi'n siarad

Mae dysgu iaith yn broses ymarferol sy'n cael ei sbarduno wrth i blentyn chwilio am ystyr a'i awydd i gyfathrebu. Gallwch chi helpu'r broses hon trwy addasu'r ffordd rydych chi'n siarad â phlant ar wahanol gamau datblygu.

A. Plant yn dysgu iaith: cracio'r cod

Pan fydd plant yn dechrau siarad, mae'n gallu ymddangos fel pe baen nhw'n dysgu geiriau yn unig, ond nid dyna sy'n digwydd. Yr hyn y maen nhw'n ei ddysgu yw cod.

Mae iaith yn god gyda system o reolau y mae plant yn eu dysgu mewn dilyniant rhagweladwy. (Adlewyrchir y dilyniant hwn yn y camau datblygiad iaith a ddisgrifir ym mhennod 2.) Mae plant yn dysgu pa seiniau a ddefnyddir, sut mae'r seiniau hyn yn cael eu cyfuno i ffurfio geiriau, a sut mae geiriau'n cael eu cyfuno'n frawddegau yn unol â rheolau gramadeg. Mae gan y cod nifer penodol o reolau. Unwaith y bydd plentyn yn dysgu'r rheolau hyn, mae'n gallu eu cymhwyso i unrhyw nifer o frawddegau; mae hyn yn gwneud iaith lafar yn llawer mwy pwerus a hyblyg na chyfathrebu di-eiriau.

Chwe cham cyfathrebu a datblygiad iaith:

Darganfyddwr

Cyfathrebwr

Defnyddiwr Geiriau Cyntaf

Cyfunwr

Defnyddiwr Brawddegau Cynnar

Defnyddiwr Brawddegau Hwyrach

Nid oes neb byth yn eistedd i lawr ac yn dysgu babi, er enghraifft, bod 'fy' yn mynd o flaen 'potel' neu mai 'fi' yw'r hyn y mae'n ei ddweud pan fydd yn cyfeirio ati ei hun. Fodd bynnag, fel dysgwr ymarferol, mae'n nodi patrymau yn yr iaith y mae'n ei chlywed ac yn defnyddio'r patrymau hyn i ddeall y rheolau. Mae'r plentyn yn profi'r rheolau hyn trwy eu defnyddio wrth siarad ag eraill. Os ydyn nhw'n gweithio, mae hi'n eu defnyddio mewn sefyllfaoedd eraill. Er enghraifft, unwaith y bydd plentyn yn dysgu bod y 'fy' yn 'fy misged' yn nodi bod y fisged yn perthyn iddi, mae'n defnyddio'r ymadrodd mewn brawddegau fel 'fy nghar,' 'fy nghi,' a 'fy Mam.'

Mae rheolau gramadeg Cymraeg yn eithaf cymhleth, ac mae llawer o eithriadau iddyn nhw. Er enghraifft, rydyn ni'n dweud 'tynais,' neu 'gwthiais,' ond nid 'myndais.' Fodd bynnag, mae plant ifanc yn dweud 'myndais,' oherwydd maen nhw'n cymhwyso rheol gyffredinol i bob sefyllfa bosibl yn gyntaf, ac yn ddiweddarach yn darganfod yr eithriadau i bob rheol. Erbyn pum mlwydd oed, mae plant wedi newid ac ehangu eu defnydd o reolau fel bod eu brawddegau yn swnio'n fwy a mwy tebyg i rai oedolion.

Mae'r plentyn yn dechrau cracio'r cod.

Mwynhau Dysgu Iaith

Mae dysgu rheolau yn broses ymarferol sy'n cael ei sbarduno wrth i blentyn chwilio am ystyr a'i awydd i gyfathrebu'n effeithiol. Mae sgyrsiau bob dydd gyda'r oedolion hynny sy'n bwysig ym mywyd plentyn yn darparu'r cyd-destun ar gyfer dysgu rheolau iaith ac yn helpu'r plentyn i ddysgu siarad.

Mae'r broses hon yn llawer mwy heriol i blant sydd ag oediad iaith neu sy'n dysgu Cymraeg fel ail iaith. Mae'n cymryd mwy o amser iddyn nhw 'gracio'r cod' ac efallai y bydd angen iddyn nhw glywed patrwm iaith sawl gwaith cyn y byddan nhw'n gallu dysgu'r rheolau ar gyfer defnyddio'r patrwm hwnnw.

O, bwni!

Fel athro, mae addasu'r ffordd rydych chi'n siarad yn dechrau trwy ddilyn arweiniad y plentyn a chadw'r sgwrs i fynd. Unwaith y byddwch chi wedi gwneud cysylltiad â'r plentyn, mae gennych chi nifer o gyfleoedd i ddarparu modelau iaith sy'n cyfateb i ddiddordebau'r plentyn hwnnw, a hefyd, ei allu o ran datblygiad iaith

Po fwyaf o reolau iaith y mae plant yn eu dysgu, y mwyaf tebyg i oedolion y mae eu brawddegau'n swnio.

Mae'r gwningen yn bwyta'r moron i gyd!

B. Addasu'r ffordd rydych chi'n siarad: strategaethau sy'n helpu plant i ddysgu iaith

Mae oedolion yn defnyddio rhai strategaethau penodol iawn wrth siarad â phlant – strategaethau y dangoswyd eu bod yn chwarae rhan allweddol wrth helpu plant i ddysgu iaith. Efallai y byddwch chi'n defnyddio rhai o'r strategaethau hyn yn gwbl naturiol, heb feddwl am y peth. Fodd bynnag, efallai na fydd rhai ohonyn nhw'n dod yn naturiol a bydd angen i chi wneud ymdrech arbennig i'w defnyddio.

Mae'r strategaethau canlynol yn helpu plant i ddysgu iaith:
- Gwneud eich iaith yn hawdd i'w deall
- Gwneud yn siŵr bod eich iaith yn cyd-fynd â diddordebau'r plentyn
- Dehongli synau, gweithredoedd ac ystumiau'r plentyn gydag iaith syml
- Cynnwys y plentyn mewn gweithgareddau cymdeithasol
- Labelu pethau ym myd y plentyn
- Dynwared beth mae'r plentyn yn ei ddweud
- Ehangu ar yr hyn y mae'r plentyn yn ei ddweud
- Ymestyn y pwnc

Gwneud eich iaith yn hawdd i'w deall

Mae'n debyg bod y ffordd rydych chi'n siarad â phlant yn eithaf gwahanol i'r ffordd rydych chi'n siarad ag oedolion. Mae ymchwil wedi dangos bod oedolion yn gwneud newidiadau digymell i'r ffordd y maen nhw'n siarad â phlant, yn enwedig wrth siarad â babanod a phlant sydd heb ddatblygu iaith eto neu sydd yng nghamau cynnar datblygiad iaith. Mae rhan bwysicaf o'r math hwn o sgwrsio, a elwir yn 'Siarad Babi' yn golygu gwneud eich iaith yn hawdd ei deall fel bod plant yn gallu darganfod rheolau iaith.

Wrth ddefnyddio 'Siarad Babi', mae rhieni a gofalwyr eraill yn:
- Dweud llai
- Pwysleisio
- Siarad yn araf
- Dangos

Dweud llai

- Maen nhw'n cwtogi eu brawddegau.
- Maen nhw'n symleiddio eu negeseuon, gan ddefnyddio gramadeg llai cymhleth yn ogystal â geirfa symlach, fel 'gee-gee' ar gyfer 'ceffyl.'

Pwysleisio

- Maen nhw'n pwysleisio geiriau pwysig.
- Maen nhw'n amrywio ac yn gorliwio eu llais ac yn defnyddio goslef llais uwch na'r arfer.
- Maen nhw'n defnyddio llawer iawn o ailadrodd.

Beth am i ni wisgo dy het, Meical, iawn? Gwisgo dy het?

Pan fyddwch chi'n defnyddio Siarad Babi, mae'n naturiol dweud yr un peth drosodd a throsodd.

Siarad yn araf

- Maen nhw'n siarad yn araf, gyda seibiau hirach rhwng geiriau.

Dangos

- Maen nhw'n siarad am bethau cyfarwydd yn y presennol.
- Maen nhw'n dal gwrthrychau i fyny neu'n pwyntio atyn nhw wrth iddyn nhw siarad.

Mae defnydd oedolion o'r iaith hon yn newid wrth i ddealltwriaeth plant gynyddu ac wrth i'w defnydd o iaith ddod yn fwy aeddfed.

Bwm Bwm Bwm!

Bwm! Bwm! Rwyt ti'n curo'r drwm!

Waw, rwyt ti'n ddrymiwr da iawn. Allet ti fod mewn band!

Defnyddiwch lais gyda thinc mwy 'cerddorol' ar gyfer Darganfyddwyr

> **Dweud llai**
> **Pwysleisio**
> **Siarad yn araf**
> **Dangos**

Nid yw Darganfyddwyr wedi dysgu anfon negeseuon yn uniongyrchol atoch eto a dydyn nhw ddim yn deall iaith. Fodd bynnag, maen nhw'n gwrando ar y 'gerddoriaeth' yn eich llais ac mae ganddyn nhw ddiddordeb mawr yn eich wyneb a mynegiant eich wyneb. Ni fyddan nhw'n deall yr hyn rydych chi'n ddweud, ond efallai y byddan nhw'n deall yr hyn yr ydych yn ei olygu os byddwch yn pwysleisio geiriau pwysig ac yn siarad yn araf. Gan nad yw Darganfyddwyr yn rhoi sylw i ystyron geiriau penodol eto, gall eich brawddegau fod yn hirach ac yn llai ailadroddus nag y byddan nhw unwaith y bydd plant yn dechrau deall geiriau.

Ba-ba-ba! Rwyt ti'n hoffi cicio heb dy gewyn!

Ba-ba-ba!

Mae Cheryl yn amrywio ei llais ac yn siarad yn arafach nag arfer i gadw sylw Sammy.

Dweud llai a'i ddweud eto i Gyfathrebwyr

> **Dweud llai**
> **Pwysleisio**
> **Siarad yn araf**
> **Dangos**

Mae Cyfathrebwyr yn gweithio'n galed i geisio deall iaith. Wrth ryngweithio â nhw, mae'n rhaid i chi dalu sylw manwl i'r math o leferydd a ddefnyddiwch ac i hyd eich brawddegau.

Does gan Alex ddim syniad beth mae ei athrawes yn ei ddweud oherwydd bod ei brawddegau yn rhy hir a chymhleth.

Rwyt ti'n hoffi hynna, yn dwyt ti? Dyna galon las a choch, fel dy siwmper las a choch!

Dylai eich brawddegau fod yn fyrrach ac yn fwy ailadroddus na'r rhai a ddefnyddiwch gyda Darganfyddwyr. Yn ogystal, gan fod paru ystumiau â geiriau yn ei gwneud hi'n haws iddyn nhw eich deall chi, dylai ystumiau ddod yn rhan naturiol o'ch cyfathrebu â Chyfathrebwyr. Yn aml iawn, mae'r ystumiau rydych chi'n eu defnyddio, fel chwifio am 'hwyl fawr' a chwythu am 'boeth' yn troi i mewn i ymdrechion cyntaf y plentyn ar gyfathrebu confensiynol. Felly actiwch yr ystyr – a gadewch i'r plentyn weld beth rydych chi'n ei ddweud.

Byr a chryno! Nawr mae gan Alex well siawns o ddeall beth mae ei athrawes yn ei ddweud.

Pan fydd gan blant anawsterau echddygol llafar sy'n ymyrryd â datblygiad iaith, mae'n bwysicach fyth paru eich geiriau ag ystumiau. Bydd eich ystumiau yn helpu'r plentyn i ddarganfod ystyr y gair a bydd hefyd yn rhoi ffordd iddi gyfathrebu heb iaith. Gallwch hefyd baru eich geiriau gyda lluniau neu arwyddion. Siaradwch â therapydd iaith a lleferydd y plentyn i ddatblygu cynllun ar gyfer y ffordd orau o gyflwyno ystumiau, arwyddion neu luniau.

Trwy baru ystum â gair, mae Pia yn helpu Ffion i ddeall beth mae hi'n ei olygu wrth 'tynna.'

Pwyelsieio geiriau newydd ar gyfer Defnyddwyr Geiriau Cyntaf a Chyfunwyr

Dweud llai
Pwysleisio
Siarad yn araf
Dangos

Mae gwneud yr hyn a ddywedwch yn hawdd ei ddeall yn dal yn bwysig ar gyfer Defnyddwyr Geiriau Cyntaf a Chyfunwyr. Mae strategaethau sy'n cael eu defnyddio, fel 'Dweud Llai, Pwysleisio, Siarad yn Araf a Dangos', yn tynnu sylw plentyn at eiriau newydd ac yn ei annog i ailadrodd, cofio, a defnyddio geiriau ac ymadroddion yn ddigymell mewn sefyllfaoedd eraill.

Wrth i ddealltwriaeth plentyn o iaith gynyddu, mae'r bwlch yn ehangu rhwng yr hyn y mae'n ei ddeall a'r hyn y mae'n gallu ei ddweud. Felly, mae'n dod yn anoddach defnyddio brawddegau o'r un hyd yn gyson. Er enghraifft, mae Defnyddwyr Geiriau Cyntaf yn gallu deall brawddegau gweddol hir, ond dim ond un gair y gallan nhw ei ddweud ar y tro. Felly, yn y cam hwn, rydych chi'n dechrau modelu iaith ar ddwy lefel – model symlach i'r plentyn geisio ei ddynwared ac un mwy cymhleth iddo ddatblygu ei ddealltwriaeth o iaith.

Drychwch sut mae'r pysgod yn nofio yn y dŵr.

Mae ystum ynghyd â gair newydd yn helpu plant i ddeall ystyr y gair. Mae ystumiau hefyd yn rhoi ffordd arall i blant ag anawsterau echddygol llafar gyfathrebu.

Mwy o fiwsig? Yn gyntaf, dwi'n mynd i ddarllen stori i chi, yna gawn ni fwy o fiwsig!

Mwy.

Mae'r athrawes yn modelu iaith ar ddwy lefel: yn gyntaf ymadrodd dau air i'r plentyn ei ddynwared ac yna brawddeg hirach, sydd ar lefel dealltwriaeth y plentyn.

Mwynhau Dysgu Iaith

Mae addasu eich iaith yn gallu bod yn fwy heriol fyth pan fyddwch chi'n rhyngweithio â phlentyn sydd ag oediad iaith. Yma, mae'r bwlch rhwng yr hyn y mae'r plentyn yn gallu ei ddweud a faint mae'n ei ddeall yn gallu bod yn fwy nag y mae fel arfer mewn plentyn heb oediad iaith. Mae'n bwysig bod therapydd iaith a lleferydd yn asesu yn ddigonol sut mae'r plentyn yn ymateb ac yn mynegi ei hun. Fel hyn, mae gennych y wybodaeth sydd ei hangen arnoch i addasu'r sgwrs yn unol â lefelau dealltwriaeth a mynegiant y plentyn.

Gwneud yn siŵr bod eich iaith yn cyd-fynd â diddordebau'r plentyn

Pan fydd plentyn yn dangos i chi beth sydd o ddiddordeb iddo, naill ai drwy ddechrau rhyngweithio ar bwnc penodol neu drwy berfformio gweithred, dyna'r amser i roi gwybodaeth am y pwnc hwnnw – gwybodaeth sy'n cyfateb i'w ddiddordebau.

Dim ond os yw'r geiriau a ddefnyddiwch yn amlwg yn berthnasol i'r gwrthrych y maen nhw'n canolbwyntio arno y mae Darganfyddwyr a Chyfathrebwyr yn gallu deall ystyron. Er enghraifft, pe bai Darganfyddwr saith mis oed yn chwarae â bysedd ei thraed a bod ei gofalwr yn dweud 'Rwyt ti'n tyfu'n ferch fawr!' ni fyddai'r plentyn yn gallu deall sut roedd y geiriau hynny'n perthyn i fysedd ei thraed. Ond pe bai'r gofalwr yn dweud, '**Bysedd traed** neis! Wyt ti'n bwyta **bysedd dy draed**?' mae'r geiriau '**bysedd traed**' yn dechrau sefyll allan. Gyda digon o ailadrodd, bydd yn y pen draw yn cysylltu'r geiriau 'bysedd traed' â'r rhannau o'r corff y mae'n hoffi eu bwyta!

Mae angen i chi hefyd baru eich iaith â ffocws y plentyn ar gyfer plant sydd ag oediad iaith. Er enghraifft, os yw Cyfathrebwr dwyflwydd oed wrth ei bodd yn arllwys dŵr o un cwpan i'r llall wrth y bwrdd dŵr, mae angen iddi glywed y gair 'arllwys' ar yr union eiliad mae hi'n arllwys er mwyn deall y cysylltiad rhwng ei gweithred a'r gair.

Mae Meical yn llawn cyffro ei fod wedi cael y darn pos yn ei le o'r diwedd, ond nid yw sylw Eileen yn cyd-fynd â'i ffocws nac yn adlewyrchu ei gyffro.

Nawr mae Eileen wedi paru ei sylw â ffocws Meical ac mae hi wedi pwysleisio ei gyffro.

Dehongli synau, gweithredoedd ac ystumiau'r plentyn gydag iaith syml

Mae dehongli (a ddisgrifir hefyd ym mhennod 3, tudalennau 79–81) yn ffordd dda o roi gwybod i blentyn ei fod wedi cael ei ddeall. Pan fyddwch chi'n dehongli, rydych chi'n darparu modelau iaith sy'n rhoi geiriau nad ydy'r plentyn yn gallu eu defnyddio eto.

Nid yw Darganfyddwr wedi datblygu'r gallu i anfon negeseuon yn uniongyrchol atoch eto, felly mae angen ichi ddehongli ei ymddygiad fel pe bai'n bwrpasol ac yn fwriadol.

Mae athrawes Jessie yn dehongli ei hymddygiad fel petai'n fwriadol ac yn rhoi model iaith clir iddi.

Mwynhau Dysgu Iaith

Mae Cyfathrebwyr yn symud tuag at gracio'r cod a defnyddio eu geiriau cyntaf. Gallwch chi helpu Cyfathrebwyr i ddysgu dweud geiriau trwy ddehongli eu neges ddi-eiriau a'i 'dweud fel y byddai pe gallai.' Cadwch eich iaith yn syml fel eu bod yn clywed model iaith y byddan nhw'n gallu dysgu ohono a'i ddefnyddio yn y pen draw.

Wyt ti eisiau i fi lanhau dy ddwylo?

Weithiau mae dehongli neges y plentyn yn digwydd ar ffurf cwestiwn, ond mae'r plentyn yn dal i glywed y geiriau y mae angen iddo eu dysgu.

Mae dehongli yn ddefnyddiol i unrhyw blentyn sy'n defnyddio cyfathrebu di-eiriau, p'un a yw ei hiaith yn datblygu'n nodweddiadol neu os oes ganddi anhawster echddygol llafar. Mae plant ag anawsterau echddygol llafar yn dal i fod angen i chi ddehongli eu negeseuon, ond gallwch hefyd baru geiriau gydag arwydd neu gerdyn llun. Fel hyn, mae plentyn ag anhawster i siarad nid yn unig yn clywed model iaith y mae'n dysgu ohono ond mae ganddo hefyd system gyfathrebu amgen y mae'n gallu ei defnyddio i gyfathrebu.

Wyt ti eisiau i fi olchi dy ddwylo?

Mae anawsterau echddygol llafar Jason yn gwneud siarad yn anodd iddo. Mae Lucy yn dangos ffordd arall iddo gyfathrebu trwy ddangos arwydd 'golchi dwylo' wrth iddi ddehongli ei neges ar lafar.

Cynnwys y plentyn mewn gweithgareddau cymdeithasol

Ym mhennod 4, fe ddysgoch chi sut mae gweithgareddau cymdeithasol yn darparu cyd-destunau rhagorol ar gyfer datblygu rhyngweithio cymdeithasol gyda Darganfyddwyr, Cyfathrebwyr, a Defnyddwyr Geiriau Cyntaf. Gan fod gweithgareddau cymdeithasol mor ailadroddus a rhagweladwy, maen nhw hefyd yn rhoi sawl cyfle i blant ddarganfod ystyr geiriau.

Mae'r math hwn o ailadrodd yn arbennig o ddefnyddiol i Ddarganfyddwr neu Gyfathrebwr sydd ag oediad iaith i glywed y patrwm iaith dro ar ôl tro cyn bod y plentyn yn gallu cracio'r cod. Mae gweithgareddau cymdeithasol yn ddefnyddiol gan fod y plentyn yn dysgu rhagweld y gair sy'n dod nesaf a 'llenwi'r bwlch' – ar y dechrau gydag anogaeth, ond yn y pen draw heb unrhyw gymorth o gwbl. Mae llawer o Gyfathrebwyr yn 'cracio'r cod' ac yn defnyddio eu geiriau cyntaf o fewn trefn gymdeithasol.

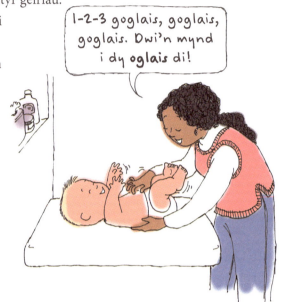

1. **Mae Moira yn ailadrodd hoff gêm Jamie droeon, gan bwysleisio'r gair 'goglais' (tickle) bob tro.**

2. **Ymhen ychydig, mae Moira yn oedi ar ôl yr ymadrodd, 'Dwi'n mynd i,' ac yn aros i weld a fydd Jamie'n ceisio dweud 'goglais.' Mae Moira yn cael ei synnu ar yr ochr orau pan mae Jamie yn dweud 'go-go' am 'goglais.' Mae ei hailadrodd o'r gair 'goglais' mewn arfer cymdeithasol ailadroddus y gellir ei ragweld wedi talu ar ei ganfed!**

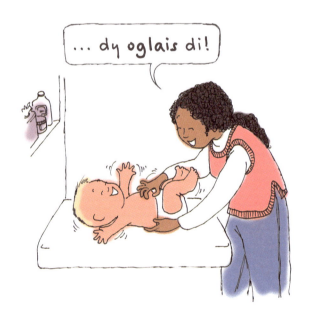

3. **Mae Moira yn dehongli synau Jamie fel 'goglais' ac yn parhau â'r gêm.**

Labelu pethau ym myd y plentyn

Mae labeli gwrthrychau a'ch disgrifiadau o ddigwyddiadau bob dydd yn bwysig i ddysgwyr iaith ar bob cam. Pan fyddwch chi'n siarad am yr hyn rydych chi'n ei wneud ('Dwi'n golchi fy nwylo') neu'r hyn y mae eraill yn ei wneud ('Mae Carrie yn glanhau'r bwrdd'), mae plant yn ennill gwybodaeth bwysig. Yn yr un modd, os ydych chi'n dweud 'bib' i Ddarganfyddwr neu Gyfathrebwr bob tro y byddwch chi'n gwisgo ei bib, fydd y plentyn ddim yn hir yn cysylltu'r gair â'r gwrthrych.

Dyna fy mwclis i!

Pan fydd Ben â diddordeb mewn rhywbeth, mae Tina yn labelu'r gwrthrych iddo, gan ddefnyddio cyn lleied o eiriau â phosib.

Cofiwch yr canllawiau cryno hyn ar sut i labelu:
- Defnyddiwch labeli i roi gwybod i'r plant beth sy'n mynd i ddigwydd
- Defnyddiwch enwau penodol gwrthrychau
- Defnyddiwch eiriau 'hwyliog' pan fo modd
- Tynnwch sylw at y label ar gyfer y plentyn
- Defnyddiwch amrywiaeth o labeli gwahanol

- **Defnyddiwch labeli i roi gwybod i'r plant beth sy'n mynd i ddigwydd.**
Peidiwch â gwneud rhywbeth heb rybudd – dywedwch wrth y plentyn beth sy'n mynd i ddigwydd.

Rydw i'n mynd i sychu dy drwyn!

Mae Susan yn rhoi gwybod i Mohammad beth mae'n mynd i'w wneud cyn iddi wneud hynny.

- **Defnyddiwch enwau penodol gwrthrychau** – peidiwch â defnyddio geiriau fel 'ef,' 'hwnnw,' 'hwn,' neu 'nhw.'

Mae Christina yn gwybod beth yw pêl a sut i'w defnyddio, ond nid yw'n gwybod sut i ddweud 'pêl.' Er mwyn helpu Christina i ddysgu dweud y gair, dylai Myra ddefnyddio'r gair 'pêl' dro ar ôl tro.

Tyrd o'na! Rho hi i fi!

Dylai Myra ddweud, 'Rho'r bêl i mi!'

Am ferch dda, rwyt ti wedi ei rholio hi!

Nid yw Myra eto wedi dweud y gair 'pêl.' Dylai hi ddweud, 'Am ferch dda, rwyt ti wedi rholio'r bêl!'

Wyt ti'n barod! Dyma hi'n dod!

Dydy Christina eto ddim wedi clywed y gair 'pêl.' Dylai Myra ddweud, 'Wyt ti'n barod! Dyma'r bêl yn dod!'

- **Defnyddiwch eiriau 'hwyliog' pan fo modd** gyda Chyfathrebwyr a Defnyddwyr Geiriau Cyntaf. Mae geiriau 'hwyliog' yn labeli bendigedig ar gyfer pethau sydd o ddiddordeb i blant. Mae 'o-o' yn label ar gyfer 'mae rhywbeth wedi mynd o'i le,' ac mae 'whiiii' yn disgrifio mynd i lawr sleid yn gyflym. Mae'r labeli hyn yn disgrifio gweithred a newid, dau beth sydd o ddiddordeb i blant, ac yn eu hysgogi i geisio dweud y gair.

Mae 'sgwish' yn air 'hwyliog' sy'n dal sylw Andrew. Unwaith y bydd wedi ei glywed nifer o weithiau, bydd yn dweud 'ish' pan fydd yn gwasgu toes!

- **Tynnwch sylw at y label ar gyfer y plentyn.** Gwnewch i'r gair sefyll allan – dywedwch ef yn uwch na'r geiriau eraill yn y frawddeg, ailadroddwch ef, a phwysleisiwch beth mae'n ei olygu, os gallwch chi. Mae ailadrodd geiriau yn arbennig o bwysig i blant sydd ag oediad iaith neu'n ddysgwyr ail iaith. Efallai y bydd angen i'r plant hyn glywed geiriau'n cael eu hailadrodd sawl gwaith cyn iddyn nhw eu dysgu.

Mae Nathan yn Gyfathrebwr sydd ag oediad iaith. Mae Mona yn ailadrodd y gair 'sudd' deirgwaith wrth iddi arllwys y sudd. Bydd yr ailadrodd hwn yn helpu Nathan i ddeall ac yn y pen draw i ddefnyddio'r gair 'sudd.'

- **Defnyddiwch amrywiaeth o labeli gwahanol**. Meddyliwch am label fel rhywbeth llawer mwy nag enw gwrthrych yn unig. Mae labeli'n cynnwys geiriau gweithredu (e.e. 'rhedeg,' 'yfed,' 'stopio'), geiriau disgrifio (e.e. 'poeth,' 'mawr,' 'blasus,' 'mwy'), a geiriau lleoli (e.e. 'fyny,' 'lawr,' 'mewn,' 'allan'). Mae defnyddio amrywiaeth o labeli yn cynyddu dealltwriaeth plentyn, yn adeiladu ei eirfa ac yn ei galluogi i greu nifer o wahanol fathau o frawddegau. Er enghraifft, gydag amrywiaeth o labeli, mae 'pêl' yn gallu dod yn 'tafla'r bêl,' 'fy mhêl,' neu 'mae'r bêl wedi mynd.'

Mae llawer y gallwch ei ddweud wrth blant am ddiod o sudd.

Dywedwch wrthyn nhw pan fydd y sudd wedi gorffen: 'Dim mwy o sudd!' 'Mae'r sudd wedi mynd.'

Dywedwch wrthyn nhw beth rydych chi'n ei wneud gyda sudd: 'Rwyt ti'n yfed sudd.' 'Gadewch inni arllwys y sudd.' 'Rydw i wedi colli'r sudd'

Dywedwch yr enw wrthyn nhw: 'Sudd.'

Dywedwch wrthyn nhw sut mae sudd yn edrych ac yn teimlo: 'Sudd oer ydy e.'

Dywedwch wrthyn nhw i bwy mae'r sudd yn perthyn: 'Dy sudd di ydy e.' 'Sudd Tammy ydy e.' 'Fy sudd i ydy e.'

Dywedwch wrthyn nhw sut rydych chi'n gwneud pethau gyda sudd: 'Gadewch i ni arllwys y sudd yn araf.' 'Yfa'n gyflym. Rhaid i ni fynd tu allan!'

Mwynhau Dysgu Iaith

Dynwared beth mae'r plentyn yn ei ddweud

Mae plant yn mwynhau pan fyddwch chi'n eu dynwared nhw ac mae'n cadarnhau eich bod chi wir yn gwrando arnyn nhw. Mae dynwared yn ffordd ddefnyddiol o ddarparu gwybodaeth i Gyfathrebwr neu Ddefnyddiwr Geiriau Cyntaf sy'n cael trafferth i ynganu geiriau'n gywir. Pan fyddwch chi'n dynwared plentyn, rydych chi'n ailadrodd yr hyn y mae hi wedi'i ddweud, ond rydych chi'n ei **ddweud yn gywir**. Mae hyn yn cadarnhau neges y plentyn ac yn cynnal llif y sgwrs wrth ddarparu model cywir.

Ehangu ar yr hyn y mae'r plentyn yn ei ddweud

Pan fydd plentyn yn dweud rhywbeth wrthych, mae gennych gyfle perffaith i ymhelaethu ar yr hyn y mae hi wedi'i ddweud. Rydych chi *bob amser* yn defnyddio geiriau'r plentyn, ond rydych chi hefyd yn ychwanegu rhai geiriau eich hun, gan ddangos iddi ffyrdd mwy aeddfed o fynegi ei hun ar y pwnc hwnnw. Ehangu ac ymhelaethu yw un o'r strategaethau pwysicaf ar gyfer Defnyddwyr Geiriau Cyntaf, Cyfunwyr a Defnyddwyr Brawddegau Cynnar/Hwyrach. Mae wedi ei brofi bod ehangu yn cynyddu geirfa plant a'u gallu i siarad mewn brawddegau yn sylweddol.

> **Gallwch ehangu ar yr hyn y mae'r plentyn yn ddweud mewn dwy ffordd:**
> * Defnyddiwch eiriau'r plentyn ac ychwanegwch un neu ddau o eiriau eich hun i wneud yr ymadrodd neu'r frawddeg yn fwy cyflawn.
> * Defnyddiwch eiriau'r plentyn ac ychwanegwch rhai syniadau newydd.

Defnyddiwch eiriau'r plentyn ac ychwanegwch un neu ddau o eiriau eich hun

Defnyddiwch eiriau'r plentyn ac ychwanegwch un neu ddau o eiriau eich hun i wneud yr ymadrodd neu'r frawddeg yn fwy cyflawn.

Pan fydd plentyn yn dweud ...	Rydych chi'n dweud ...
'Dwylo'	'Golchi dwylo.'
'Golchi dwylo.'	'Rwyt ti'n golchi dy ddwylo.'
'Golchi dwylo sebon.'	'Ie, rwyt ti'n golchi dy ddwylo gyda sebon.'

Defnyddiwch eiriau'r plentyn ac ychwanegwch rhai syniadau newydd

Rhowch ychydig o wybodaeth a syniadau newydd i'r plentyn pan fyddwch chi'n ehangu'r eirfa. Derbyniwch eiriau'r plentyn gan ychwanegu geirau sy'n newydd i'r plentyn.

Mae Natasha yn cadarnhau neges Tony trwy ei ddynwared a darparu'r model cywir. Yna mae'n ehangu ar yr hyn y mae Tony wedi'i ddweud, gan ychwanegu'r geiriau 'yn cyfarth wff, wff!' i'r frawddeg.

Mae athrawes Caitlyn yn ehangu ar eiriau Caitlyn trwy ychwanegu syniad newydd.

Gallwch hefyd changu ar gyfer plant sy'n cyfathrebu â lluniau neu arwyddion. Gallwch wneud hynny drwy ychwaneg llun neu arwydd arall at y llun neu'r arwydd y maen nhw wedi'i ddefnyddio.

Mae Melanie yn pwyntio at lun y 'sudd,' ...

... mae athrawes Melanie yn ehangu ehangu ar ymateb Melanie i'r llun trwy ychwanegu llun o afal ac oren. Mae hi'n dangos i Melanie sut i bwyntio at ddau lun yn olynol i nodi 'sudd afal' neu 'sudd oren.'

Ymestyn y pwnc

Pwrpas ymestyn y pwnc dan sylw yw rhoi gwybodaeth newydd i'r plentyn sy'n cynyddu ei ddealltwriaeth o'r byd. Er y dylai'r wybodaeth y byddwch yn ei hychwanegu adeiladu ar ddiddordebau'r plentyn, nid oes angen i hyn fod mewn ymateb i'r hyn y mae hi wedi'i ddweud, ac nid oes angen iddi gynnwys ei geiriau ychwaith.

Er efallai na fydd plentyn yn deall popeth a ddywedwch y tro cyntaf y byddwch yn ei ddweud, gydag amser ac ailadrodd, bydd yr ystyr yn dechrau gwneud synnwyr. (Gweler pennod 8 am drafodaeth bellach ar ymestyn y pwnc.)

Yn gyntaf, mae Sara yn ehangu ar yr hyn a ddywedodd Khalid.
Yna mae hi'n ymestyn y pwnc trwy adeiladu ar ei ddiddordeb
yn y paent glas ac ychwanegu sylw hwyliog.

Yn rhyfedd ddigon, mae cyfle gwych i ymestyn y pwnc yn digwydd pan fydd pethau'n mynd o chwith. Pan nad yw rhywbeth yn digwydd yn ôl y bwriad, mae cyfle i chi gynnig esboniad. Weithiau, fodd bynnag, efallai na fydd athrawon yn cofio rhoi esboniad i'r plant, fel yn yr enghraifft ganlynol pan fydd *pizza* plant yn diflannu.

Mwynhau Dysgu Iaith

Mae cyfle gwych i ymestyn y pwnc yn digwydd pan fydd pethau'n mynd o chwith. Fodd bynnag, bu'r athrawon hyn yn trafod beth oedd o'i le ar y pizza gyda'i gilydd, ond wnaethon nhw ddim trafod hynny gyda'r plant.

Mae esboniad syml yn datrys y dryswch.

Os ydym am annog chwilfrydedd plant a'r awydd i ofyn cwestiwn, mae'n bwysig rhoi esboniad syml iddyn nhw am bethau sydd o ddiddordeb iddyn nhw ond nad ydyn nhw (eto) yn eu deall.

Mae Jamie eisiau gwybod pam mae Siôn yn crio, felly mae Valerie yn rhoi esboniad syml iddo.

Cyfuno strategaethau pan fyddwch chi'n siarad â phlant

Pan fyddwch yn rhyngweithio â phlentyn, byddwch yn aml yn defnyddio mwy nag un strategaeth 'addasu iaith' ar y tro:

Mae Tracy

◆ **yn dynwared** Alberto i ddarparu model cywir ('Brifo'), ac yna

◆ **yn ehangu** trwy ychwanegu geiriau at neges Alberto ('Mae dy fys yn brifo.'), ac yna

◆ **yn ymestyn** trwy ychwanegu'r syniad newydd y bydd bys Alberto yn gwella ('Fydd o'n well cyn bo hir. Dydy o ddim yn brifo rhyw lawer.').

Mae Karin

◆ **yn ehangu** neges Juan gydag ymadrodd mwy cyflawn: 'Mwy o fiwsig?' ac yna

◆ **yn ymestyn** y pwnc trwy ddweud wrtho beth mae hi'n mynd i'w wneud.

C. Addasu eich iaith ar gyfer plant sydd ag oediad iaith

Mae plant sydd ag oediad iaith yn y camau Cyfunwr a Defnyddiwr Brawddegau Cynnar yn aml yn siarad mewn brawddegau byr. Mae'r plant hyn yn ei chael hi'n anodd dysgu'r cannoedd o reolau iaith, yn enwedig rheolau gramadegol. Nid yw cywiro eu gwallau yn helpu o gwbl. Er enghraifft, os yw plentyn yn dweud 'Fo'n eistedd yn fy nghadair,' efallai y byddwch chi'n ceisio ei gywiro trwy ddweud, 'Dim "fo'n eistedd yn fy nghadair" ond "*mae o'n* eistedd yn fy nghadair."' Munud yn ddiweddarach, fodd bynnag, bydd yn gwneud yr un gwall – hyd yn oed os yw wedi ailadrodd y frawddeg yn gywir ar eich ôl. Mae hynny'n digwydd gan nad yw'r plentyn eto wedi dysgu'r rheol ramadegol gywir. Hyd nes y byddan nhw wedi gwneud hynny, bydd y gwallau yn parhau.

Yn ogystal â gwallau gramadegol, efallai eich bod wedi sylwi bod plant sydd ag oediad iaith yn cymysgu ystyr geiriau. Er enghraifft, efallai y bydd plentyn yn dweud '*Sefyll* i lawr' pan fydd yn golygu '*Eistedd* i lawr.'

Meddyliwch, am eiliad, pa mor ddryslyd y bydd hi i'r plant hyn ddeall rheolau iaith, yn enwedig pan fyddan nhw'n clywed cymaint o eiriau a gwahanol fathau o ddefnydd iaith bob dydd. Yn amlwg, mae gwahaniaeth rhwng plant sy'n datblygu'n nodweddiadol a phlant sydd ag oediad iaith.

> **Gallwch chi helpu plant sydd ag oediad iaith i ddysgu geirfa a rheolau gramadegol yn ystod sgwrs bob dydd os ydych chi'n:**
> - ailadrodd yr un rheol yn aml,
> - amseru eich ymateb i'r hyn y mae'r plentyn yn ei ddweud ar y pryd,
> - arafu,
> - defnyddio geiriau cyferbyniol i amlygu'r rheol,
> - defnyddio sefyllfaoedd go iawn lle mae gan y plentyn wir ddiddordeb ynddo.

Ailadrodd yr un rheol yn aml

Gallwch ei gwneud hi'n haws i blentyn ddeall rheol ramadegol trwy ailadrodd brawddegau sy'n darlunio'r rheol dro ar ôl tro o fewn cyfnod byr o amser. Peidiwch â chywiro'r plentyn; dim ond darparu'r model.

Plentyn: *(yn pwyntio at blentyn sydd ddim yn gwisgo ei fenig) Fo dim efo menig.*
Athrawes: *Does dim menig **ganddo**? Ti'n iawn. Does dim menig gan Jay. Does dim menig **ganddo**. (Yn pwyntio at blentyn arall) Mae menig gan Ricky. Edrycha? Mae menig **ganddo** (yn pwyntio at Ricky), ond does dim menig gan Jay. Does dim menig **ganddo**. Efallai ei fod **o/e** wedi'u gadael adre.*

Mwynhau Dysgu Iaith

Mae'r athrawes hon wedi rhoi pum enghraifft 'gan/ganddo' i'r plentyn mewn llai na munud. Os yw'r math hwn o ailadrodd yn cael ei ddarparu trwy gydol y dydd mewn sgyrsiau naturiol, mae gan y plentyn well siawns o ddeall yr egwyddor y tu ôl i'r rheol. Er mwyn osgoi dryswch, peidiwch â chynnig ailadrodd dwys ar gyfer pob rheol y mae plentyn yn cael anhawster â hi. Dewiswch un neu ddwy a chadwch at y rheini hyd nes bydd y plentyn yn eu dysgu.

Amseru eich ymateb i'r hyn y mae'r plentyn yn ei ddweud ar y pryd

Mae amseru yn hollbwysig! Yn ystod camau cynnar datblygiad iaith, mae plant yn dysgu orau pan fo'r wybodaeth y maen nhw'n ei chlywed yn ymwneud yn union â'r hyn y maen nhw'n ei brofi ar y pryd. Felly, amserwch eich ymatebion fel eu bod yn cyd-fynd â ffocws sylw plentyn.

Er enghraifft, pan fydd cwpan yn syrthio oddi ar y bwrdd, mae plentyn yn gallu dweud, 'Syrthio.' Os yw'r athrawes yn dweud *yn syth* 'Mae'r cwpan wedi syrthio. Edrycha ar hynny! Mae'r cwpan wedi syrthio,' mae ei mewnbwn wedi'i amseru'n dda ac mae'r plentyn yn gallu cymharu ei eiriau â geiriau'r athrawes. Dyma'r cam cyntaf wrth ddysgu'r rheol ramadegol gywir. Fodd bynnag, os bydd yr athrawes yn codi'r cwpan ac yna'n dweud, sawl eiliad yn ddiweddarach, 'O diar, mae'r cwpan wedi syrthio i lawr,' mae ei hymateb yn rhy hwyr. Mae ffocws y plentyn wedi symud ymlaen at rywbeth arall, gan ei wneud yn llai tebygol y bydd yn dysgu unrhywbeth o'r sgwrs.

Arafu

Bydd plentyn sydd ag oediad iaith yn ei chael hi'n haws prosesu a dysgu iaith pan fyddwch chi'n siarad yn arafach na'r arfer. Bydd siarad yn arafach yn galluogi'r plentyn i roi mwy o sylw i'r ffordd y mae eich brawddeg wedi'i geirio, ac fe allai hynny ei helpu i ddeall rheolau gramadegol.

Gosodwch y gair neu'r geiriau sydd angen i'r plentyn eu clywed ar ddechrau neu ddiwedd eich brawddeg (nid yn y canol) a chofiwch eu gor-bwysleisio. Os ydych, er enghraifft, yn pwysleisio'r rheol ein bod yn dweud 'mae' o flaen enw person i ddynodi gweithredu parhaus (e.e., 'Mae ___ yn bwyta'), dylech ystyried pa mor glir y mae'r plentyn yn gallu clywed a deall 'Mae' yn y ddwy enghraifft ganlynol:

Enghraifft 1
*Athrawes: Edrycha, **mae** Adam yn chwarae (saib),*
*ac **mae** Jessica yn chwarae (saib),*
*ac **mae** Samara yn chwarae (saib),*
*ac **mae** Nathan yn gwylio.*

Enghraifft 2

Athrawes: Edrycha, **mae** Adam yn chwarae ar yr iard

ac **mae** Jessica yn chwarae gydag e

ac **mae** Samara yn chwarae gydag e

ac **mae** Nathan yn eu gwylio nhw.

Mae'n haws i blant roi sylw i eiriau ar ddechrau neu ddiwedd brawddeg (fel yn Enghraifft 1). Mae geiriau yng nghanol y frawddeg (Enghraifft 2) yn gallu mynd ar goll.

Defnyddio geiriau cyferbyniol i amlygu'r rheol

Mae plant yn aml yn cymysgu geiriau neu ymadroddion sy'n perthyn yn agos. Er enghraifft, efallai y byddan nhw'n dweud 'Sefyll i lawr' pan fyddan nhw'n golygu 'Eistedd i lawr.' Os ydych yn cyferbynnu'r ddau ymadrodd, mae plentyn yn gallu deall y rheol yn haws, a'r gwahaniaeth rhwng y geiriau neu'r ymadroddion. Gadewch i ni edrych ar sut mae athrawes yn cyferbynnu'r ymadroddion ar gyfer Tammy, sydd ag oediad iaith.

*Athrawes: Edrych Tammy, rydyn ni i gyd yn mynd i **eistedd i lawr**. Jonathon, rydw i eisiau i ti **eistedd i lawr** (saib wrth i Jonathon eistedd i lawr), a Dan, rydw i eisiau i ti **eistedd i lawr** (saib wrth i Dan eistedd i lawr), a Bella, beth am i ti **eistedd i lawr** (saib wrth i Bella eistedd i lawr). Ond dydw i ddim yn mynd i eistedd i lawr – rydw i'n mynd i **sefyll fyny**. (Mae'r athrawes yn sefyll i fyny tra bod pawb arall yn eistedd i lawr.)*

Mae defnyddio cyferbyniad mewn sgwrs yn gwneud y rheol yn llawer cliriach i Tammy. Mae'r dechneg hon hefyd yn helpu plant i ddeall rheolau gramadegol dryslyd, fel defnyddio'r rhagenw 'ef'/'fo' ar gyfer bechgyn a 'hi' ar gyfer merched.

Defnyddio sefyllfaoedd go iawn lle mae gan y plentyn wir ddiddordeb ynddo

Gan fod plant yn defnyddio rheolau gramadegol i anfon negeseuon go iawn, y ffordd orau o ddysgu'r rheolau yw nid trwy ddefnyddio cardiau fflach neu ailadrodd ar y cof. Yn hytrach, rhaid i blant ddysgu'r rheolau mewn sefyllfaoedd naturiol a bywyd go iawn lle maen nhw'n gweld effeith eu cyfathrebu ar bobl eraill. Er enghraifft, os nad yw plentyn yn defnyddio cwestiynau 'Ble', mae'n debygol o ddysgu eu defnyddio wrth chwarae cuddio neu o glywed chi'n gofyn i blant eraill 'Ble mae eich menig?' – defnyddio sefyllfa mewn bywyd go iawn.

CH. Dysgu ail iaith

Yng Nghymru, mae athrawon mewn lleoliadau plentyndod cynnar yn cwrdd â llawer o blant o wledydd eraill sy'n dysgu Cymraeg fel ail iaith. Bydd angen i chi felly addasu eich iaith i'w helpu i ddysgu siarad Cymraeg.

Mae gan bob plentyn iaith gyntaf, sef unrhyw iaith a ddysgwyd cyn tair oed. Ystyrir bod iaith sy'n cael ei dysgu ar ôl tair oed yn ail iaith. Pan fydd plentyn sy'n iau na thair oed yn dysgu dwy iaith (ac weithiau mwy) ar yr un pryd, cyfeirir at y broses hon fel dwyieithrwydd cydamserol. Mae plentyn sy'n dysgu ail iaith ar ôl tair oed yn cymryd rhan mewn proses ddysgu wahanol, a elwir yn ddwyieithrwydd dilynol.

Dwyieithrwydd cydamserol

Pan fydd babanod yn dod i gysylltiad â dwy iaith, mae dau batrwm o gysylltiad: maen nhw naill ai'n profi sefyllfa 'un person, un iaith', lle mae un rhiant yn siarad un iaith a'r rhiant arall yn siarad iaith arall, neu maen nhw'n profi sefyllfa lle mae'r ddau riant yn siarad y ddwy iaith. Mae rhai plant hefyd yn profi sefyllfa lle mae'r ddau riant yn siarad yr un iaith â'r plentyn a'r athrawon a'r plant yn y Cylch Meithrin neu'r lleoliad gofal plant yn siarad un arall. Canfuwyd bod y dull 'un person, un iaith' yn helpu plant i wahanu a dysgu'r ddwy iaith.

Gellir nodi tri cham o ran dysgu iaith mewn plant sy'n dysgu dwy iaith gyntaf yn ystod babandod:
- Cam 1: Mae'r plentyn yn cymysgu ieithoedd
- Cam 2: Mae'r plentyn yn gwahanu ieithoedd
- Cam 3: Mae'r plentyn yn defnyddio un iaith yn bennaf

Cam 1: Mae'r plentyn yn cymysgu ieithoedd
Mae babanod sy'n dod i gysylltiad â dwy iaith yn 'cymysgu' y ddwy o fewn yr un system. Er enghraifft, mae plentyn ifanc sy'n dysgu Cymraeg a Saesneg yn gallu galw cath yn 'pws' ac yn 'puss' neu'n gallu defnyddio geiriau o'r ddwy iaith mewn brawddeg fer, ond weithiau'n cymysgu cystrawen y ddwy iaith. Gelwir hyn yn gymysgu cod. Mae faint o gysylltiad sydd rhwng pob iaith yn penderfynu'r nifer o eiriau sy'n cael eu dysgu ymhob iaith.

Cam 2: Mae'r plentyn yn gwahanu ieithoedd
Tua dwy a hanner oed, mae'r plentyn yn dechrau gwahanu'r geiriau sy'n perthyn i bob iaith ac yn dechrau adnabod yr unigolyn sy'n siarad yr iaith honno gyda nhw.

Wrth ddysgu'r ddwy iaith, mae plant yn aml yn defnyddio ymadroddion neu frawddegau cyfan – fel 'Dwisio fo' a 'Fi moyn e' – rhai y maen nhw'n eu dynwared a'u cofio. (Mae plant uniaith, mewn cyferbyniad, fel arfer yn dechrau dynwared geiriau sengl.) Yn ogystal, maen nhw'n cymryd rhan mewn 'copïo,' sy'n golygu dynwared geiriau a gweithredoedd person arall. Mae'r ddwy strategaeth hon yn rhoi iaith iddyn nhw allu rhyngweithio ag eraill ac yn eu helpu yn y pen draw i ddysgu rheolau'r ddwy iaith.

Cam 3: Mae'r plentyn yn defnyddio un iaith yn bennaf

Pan fydd un iaith yn cael ei defnyddio yn fwy na'r llall (fel sy'n digwydd yn aml), bydd yr iaith honno yn ennill y dydd. Erbyn saith mlwydd oed, mae'r plentyn yn gallu ymdopi â'r ddwy system ieithyddol yn ddidrafferth, gan ddefnyddio geirfa a gramadeg yn briodol i'w hoedran.

Dwyieithrwydd dilynol

Pan fydd plentyn yn dysgu ail iaith ar ôl tair oed, mae wedi darganfod rheolau sylfaenol ei iaith gyntaf yn barod, ac felly ar y blaen o ran dysgu'r ail iaith. Mae eisoes yn gwybod sut i sgwrsio ac mae'n fwy aeddfed yn wybyddol na'r plentyn bach sy'n dysgu dwy iaith ar yr un pryd. Rydym yn aml yn meddwl bod plant iau yn dysgu ail iaith yn gyflymach, ond y rheswm am hyn yw'r ffaith bod ganddyn nhw lai o gymhlethdodau iaith i'w meistroli. Mewn gwirionedd, mae gallu plentyn i ddysgu ail iaith yn cynyddu wrth fynd yn hŷn ac wrth i allu gwybyddol gynyddu.

Mae'r broses o ddysgu ail iaith yn gallu cymryd blynyddoedd. Pan fydd plentyn tair mlwydd oed yn dechrau mewn lleoliad lle mae ail iaith yn cael ei siarad, mae'n cymryd tua thri mis iddi ddechrau deall yr ail iaith. Bydd yn cymryd tua dwy flynedd i'r plentyn gynnal sgwrs, a rhwng pump a saith mlynedd iddi allu meddwl yn yr ail iaith.

Mae pum cam dysgu ail iaith mewn dwyieithrwydd dilynol
- Cam 1: Defnyddio iaith y cartref
- Cam 2: Cyfnod di-eiriau
- Cam 3: Lleferydd telegraffig
- Cam 4: Defnyddio iaith yn gynhyrchiol
- Cam 5: Defnyddio iaith yn gymwys

Nid yw'r camau hyn yn hollol ar wahân – mae'n bosibl y bydd plentyn yn ychwanegu sgiliau o'r lefel nesaf ond yn dal i gynnal y rhai o'r cam blaenorol.

Cam 1: Defnyddio iaith y cartref

I ddechrau, mae'r plentyn naill ai'n parhau i ddefnyddio iaith y cartref neu'n stopio siarad. Mae rhai plant yn parhau yn hirach nag eraill yn eu defnydd o iaith y cartref, gan barhau i siarad eu hiaith eu hunain fel pe bai eu cyfoedion a'u hathrawon yn gallu ei deall. Mae'r strategaeth hon yn gweithio mewn rhai sefyllfaoedd chwarae nad ydyn nhw'n dibynnu'n fawr ar iaith. Y rhan fwyaf o'r amser, fodd bynnag, ni fydd y plant eraill yn deall o gwbl.

Cam 2: Cyfnod di-eiriau

Pan fydd y plentyn yn gweld nad yw ei iaith ei hun yn ei alluogi i gyfathrebu ag eraill, efallai y bydd yn rhoi'r gorau i ddefnyddio'r iaith honno. Yn aml, ni fydd plant sy'n siarad un iaith ac sy'n dysgu ail iaith yn dweud rhyw lawer am hyd at saith mis! Mae plant iau yn aros yn y cam hwn am gyfnodau hirach na phlant hŷn. Mae'n ymddangos bod angen y 'cyfnod tawel' hwn ar blant i adeiladu eu gwybodaeth o'r iaith newydd cyn ceisio ei defnyddio.

Er bod y plentyn efallai yn rhoi'r gorau i siarad, nid yw'n rhoi'r gorau i gyfathrebu. Mae defnyddio cyfathrebu di-eiriau i gael sylw, gwneud cais, a phrotestio yn gyffredin iawn ar hyn o bryd. Mae'r plentyn hefyd yn gallu cyfathrebu heb eiriau trwy wneud pethau doniol y mae eraill yn eu gweld yn ddoniol (e.e., cymryd tro gyda phlentyn arall yn edrych ar ei gilydd trwy ffenestr). Mae gemau hwyliog fel hyn yn gadael i blant chwarae gyda'i gilydd heb ddefnyddio unrhyw iaith.

Cam 3: Lleferydd telegraffig

Mae'r plentyn bellach yn rhyngweithio'n gymdeithasol â siaradwyr yr ail iaith. Yn ystod y cam hwn, mae'r plentyn yn dibynnu ar ymadroddion a brawddegau cyfan y mae wedi'u dysgu ar y cof, fel 'Beth ydy hwnna?' 'Gwybod beth?' 'Iawn, bois,' 'Hei, edrychwch!' neu 'Dwi ddim yn gwybod.' Mae'n parhau i ddefnyddio cyfathrebu di-eiriau, fel pwyntio, a nifer o eiriau allweddol sy'n ddefnyddiol mewn sefyllfaoedd cymdeithasol (e.e., 'plis', 'helô'). Yn gyffredinol, mae'n ceisio ymddwyn fel pe bai'n gwybod beth sy'n digwydd ac yn dyfalu beth mae pobl yn ei olygu.

Cam 4: Defnyddio iaith yn gynhyrchiol

Mae'r plentyn bellach yn cyfathrebu â siaradwyr ail iaith yn yr ail iaith. Mae'n ymddangos mai'r egwyddor ar hyn o bryd yw 'dechrau siarad.' Mae'r plentyn yn dechrau creu brawddegau ei hun, sy'n gallu cynnwys ymadroddion ar y cof a rhywfaint o eirfa newydd. Mae'n cyfathrebu hyd orau ei allu, hyd yn oed os nad yw bob amser yn gywir. Hyd nes y bydd y rheolau'n ddealladwy iddo, efallai y bydd yn gwneud sawl gwall gramadegol. Mae'n bosibl hefyd y bydd yn cymysgu codau (gan ddefnyddio geiriau o'r ddwy iaith mewn un frawddeg). Mae plant sy'n fodlon cymryd risg yn dysgu'r iaith yn gyflymach na'r rhai sydd ddim yn siarad llawer rhag ofn gwneud camgymeriad. Bydd plant hyderus a chymdeithasol hefyd yn gwneud cynnydd cyflymach gan eu bod yn awyddus i ryngweithio â phlant eraill ac yn cael eu cymell i wneud pob ymdrech i gyfathrebu.

Cam 5: Defnyddio iaith yn gymwys

Yn y cam olaf hwn, mae'r plentyn yn ceisio siarad yn gywir, gan ddefnyddio geirfa, gramadeg ac ynganiad cywir. Mae'n chwilio am batrymau mewn brawddegau, yn union fel y gwnaeth wrth ddysgu ei iaith gyntaf, ac yna'n dod i ddeall y rheolau.

'A ddylwn i fod yn bryderus?': Patrymau arferol defnydd iaith mewn dysgwyr ail iaith

Mae'n gwbl anghywir i gredu bod plant sy'n ddysgwyr ail iaith yn dioddef oediad iaith. Y cwbl maen nhw'n ei arddangos yw nodweddion ail iaith arferol. Mae'n bosibl camgymryd dysgwyr ail iaith am blant sydd ag oediad iaith pan fyddan nhw:

- yn y cyfnod di-eiriau,
- yn cymysgu codau (gan ddefnyddio geiriau o'r ddwy iaith mewn un frawddeg), neu
- yn gwneud llawer o wallau gramadegol.

Weithiau, os yw plentyn wedi dysgu iaith gyntaf – iaith y cartref – ond ddim yn ei defnyddio rhyw lawer o ddydd i ddydd, bydd yn colli rhai sgiliau o'r iaith honno. Mae hyn yn golygu, tra ei bod yn clywed ac yn dysgu Cymraeg, e.e. yn y Cylch Meithrin, mae'n bosib iawn y bydd gallu'r plentyn yn y ddwy iaith ychydig yn is na lefel oedran. Fodd bynnag, mae'n rhaid pwysleisio bod hyn yn broses arferol i ddysgwyr ail iaith. Mae'n bwysig cofio hyn ac i beidio â labelu rhai plant ar gam fel rhai sydd ag oediad iaith oherwydd bod rhai o'u sgiliau yn eu hiaith gyntaf wedi eu colli.

Mae Carmen yn mynd trwy'r camau arferol ar gyfer dysgwyr ail iaith – gan ddefnyddio geiriau o'r ddwy iaith mewn un lleoliad.

D. Cefnogi dysgwyr ail iaith

Mae'n debygol iawn y bydd plant sy'n dod i'ch canolfan gofal plant neu'r Cylch Meithrin sy'n siarad ychydig neu ddim Cymraeg yn teimlo rhywfaint o unigedd, dryswch a rhwystredigaeth. Yn ffodus, fel eu hathro, fe fyddwch chi'n gallu cefnogi eu hymdrechion i ddysgu'r Gymraeg fel ail iaith ac i ddod yr hyn yr hoffem ni i gyd fod – sef bod yn gwbl ddwyieithog.

Gallwch gefnogi dysgwr ail iaith os ydych yn:
- Hyrwyddo defnyddio iaith gyntaf y plentyn gartref
- Gwneud iddyn nhw deimlo'n gyfforddus yn eu hamgylchedd newydd, gwahanol
- Mynegi eich hun mewn ffordd sy'n hawdd i'w ddeall

Hyrwyddo defnyddio iaith gyntaf y plentyn gartref

Yn ôl rhai arbenigwyr, po fwyaf datblygedig yw iaith gyntaf y plentyn, yr hawsaf yw hi i ddysgu ail iaith. Pan mae'r iaith a siaredir gartref yn iaith estron iawn, neu'n iaith leiafrifol, mae'n bwysig cefnogi iaith gyntaf y plentyn.

Erbyn pump oed, mae gan y plentyn iaith gyntaf eithaf sefydledig, a'r sgiliau ar gyfer caffael ail iaith. Er ei bod nhw'n sicr yn gallu elwa o ddod i gysylltiad â'i hiaith gyntaf, ni fydd y plentyn mewn perygl o gael problemau iaith os na fydd hynny'n digwydd. Mewn cyferbyniad, mae plentyn iau nad yw ei iaith gyntaf wedi datblygu yn gallu cael anhawster difrifol i ddysgu ail iaith os nad oes ganddi sylfaen gref yn ei hiaith gyntaf.

Os defnyddir mwy nag un iaith yn y cartref gyda phlentyn dan dair oed, y polisi 'un person, un iaith' sydd orau. Os bydd plant yn clywed dau oedolyn yn siarad dwy iaith, maen nhw'n dechrau drysu. Mae 'un person, un iaith' yn lleihau'r fath ddryswch.

Mae'r awgrymiadau ym mhennod 6 ar sut i gefnogi rhyngweithio â chyfoedion yn gallu bod yn ddefnyddiol iawn ar gyfer dysgwyr ail iaith. Mae'r tri ffactor canlynol yn hollbwysig i ddysgu ail iaith yn llwyddiannus:

- cymhelliant i ddysgu,
- teimladau o hunanhyder, a
- lefel isel o bryder.

Dewch i ni edrych ar Iryna, tair oed, sydd newydd gyrraedd o Wcrain. Nid yw'n siarad Cymraeg na Saesneg, ac mae mewn ystafell ddosbarth cyn-ysgol gyda 15 o blant eraill, heb yr un ohonyn nhw'n siarad ei hiaith hi. Mae Iryna yn cadw ati ei hun ac anaml y mae'n dechrau rhyngweithio ag athrawon neu gyfoedion. Mae un o'i hathrawon, Novea, yn gwneud ymdrech i sefydlu perthynas agos â hi, gan roi llawer iawn o gefnogaeth a dangos cyfeillgarwch tuag ati, a threulio peth amser yn chwarae gyda hi bob dydd. Pan fydd Iryna yn ceisio cyfathrebu â Novea gan ddefnyddio iaith Wcrain, mae Novea yn ymateb hyd orau ei gallu a byth yn mynnu bod Iryna yn ceisio dweud unrhyw beth yn Gymraeg. Mae Novea hefyd yn annog rhyngweithio â chyfoedion trwy wahodd plant eraill i ymuno â'u chwarae ac yna camu'n ôl ei hun.

O ganlyniad i'r holl ryngweithio cadarnhaol hwn, mae Iryna:

- *yn dangos llawer iawn o gymhelliant i gyfathrebu â'i hathrawon a'i chyfoedion,*
- *wedi datblygu hunanhyder i ddechrau rhyngweithio ag eraill yn ei hamgylchedd newydd, a*
- *yn dangos lefel isel o bryder.*

O fewn chwe mis, mae Iryna yn defnyddio rhai geiriau unigol cyffredin. Mae hi hefyd wedi dysgu rhai ymadroddion fel 'Gwybod beth?' a 'Ti eisiau chwarae?' Mae hi ar ei ffordd i feistroli ei hail iaith.

Mynegi eich hun mewn ffordd sy'n hawdd i'w ddeall

Dim ond os gallan nhw wneud synnwyr o'r hyn y maen nhw'n ei glywed y bydd plant yn dysgu iaith newydd. Eich tasg yw ei gwneud mor hawdd â phosibl i'r plentyn eich deall. Unwaith y bydd gennych y nod hwnnw mewn golwg, byddwch yn gwneud pob math o newidiadau ac addasiadau yn awtomatig i'r ffordd yr ydych yn cyfathrebu (fel y disgrifir yn rhan gyntaf y bennod hon). Yn wir, bydd y ffordd rydych chi'n siarad yn swnio'n debyg iawn i'r ffordd rydych chi'n siarad â phlant sy'n dysgu eu hiaith gyntaf! Gwnewch eich hun yn rhywun diddorol i wrando arno a darparu gwybodaeth y mae'r plentyn yn gallu ei deall a dysgu ohoni.

Hyrwyddo iaith gyntaf y plentyn yn y lleoliad cyn-ysgol

Os ydych chi'n siarad yr un iaith gyntaf â'r plentyn, siaradwch â nhw yn yr iaith honno. Os yw plant eraill yn y dosbarth yn siarad yr un iaith gyntaf, anogwch nhw i siarad â'i gilydd. Ystyriwch ofyn am gymorth gwirfoddolwyr i chwarae a rhyngweithio â'r plentyn yn ei iaith gyntaf.

Mae'n wych pan fydd yr athro yn gallu cysuro plentyn yn iaith gyntaf y plentyn hwnnw.

Hyd yn oed os nad ydych yn siarad iaith gyntaf y plentyn, gallwch ofyn i'r rhieni am ddarparu ychydig o eiriau pwysig i chi (e.e. 'tyrd i eistedd,' 'tŷ bach,' 'amser cinio') yn ei iaith gyntaf. Yna, byddwch yn gallu cyfathrebu â'r plentyn ar lefel syml yn yr wythnosau cyntaf gan gyfleu'r neges eich bod yn gwerthfawrogi ei iaith gyntaf.

Gwneud i ddysgwyr ail iaith deimlo'n gyfforddus

Mae angen i blant sy'n dod i gylch neu leoliad gofal plant sy'n siarad iaith arall, ond dim Cymraeg, deimlo eu bod yn cael eu derbyn a'u hoffi – ac mae angen iddyn nhw eich hoffi chi! Bydd eu teimladau amdanoch chi a'r amgylchedd y maen nhw ynddo yn cael effaith enfawr ar ba mor llwyddiannus y maen nhw'n dysgu eu hiaith newydd.

Mae angen i blant hefyd deimlo eu bod yn cael eu derbyn a'u hoffi gan y plant eraill. Po fwyaf y maen nhw'n rhyngweithio ag eraill, y mwyaf o gyfleoedd y byddan nhw'n eu cael i ddysgu Cymraeg. Mae dysgwyr ail iaith yn aml yn ynysig yn gymdeithasol oherwydd eu gafael ansicr ar y Gymraeg.

Mae athro Kinue yn defnyddio iaith syml ac yn pwysleisio'r gair pwysig.

Er nad yw Kinue yn deall Cymraeg, mae ganddi syniad da o'r hyn y mae ei hathro yn ei ddweud. Mae athro Kinue yn ei helpu i ddeall yr hyn y mae'n ei ddweud oherwydd ei fod yn cofio:

Dweud llai

- Mae'n defnyddio brawddegau gramadegol syml.
- Mae'n defnyddio geirfa syml, bob dydd am yr hyn sy'n digwydd yn y presennol.

Pwysleisio

- Mae'n pwysleisio geiriau pwysig.
- Mae'n ailadrodd yr hyn y mae wedi'i ddweud.

Siarad yn araf

- Mae'n siarad yn araf.

Dangos

- Mae'n defnyddio ystumiau a symudiadau.

Wrth i Kinue ddechrau siarad Cymraeg, mae ei hathro yn ei hybu ac yn ei hannog i siarad trwy ei dynwared a darparu modelau cywir, gan ehangu ar yr hyn y mae'n ei ddweud trwy ychwanegu mwy o eiriau, a thrwy ymestyn y pwnc.

Dilyn y dull trochi iaith sy'n cael ei gyflwyno gan y Mudiad Meithrin

Defnyddir y dull trochi iaith i gyflwyno'r Gymraeg i blant sy'n dod o gartrefi di-Gymraeg mewn Cylchoedd Meithrin yng Nghymru. Wrth ddefnyddio'r dull trochi iaith, mae'r plant yn datblygu eu sgiliau iaith Gymraeg fel rhan naturiol o weithgareddau eraill y lleoliad. Mae'r plant yn *caffael* y Gymraeg wrth chwarae a rhyngweithio gydag oedolion a phlant eraill y lleoliad. Fel athro neu athrawes, mae'n bwysig i chi:

- ddangos arfer da wrth ddefnyddio'r iaith drochi,
- siarad Cymraeg drwy'r amser gyda'r plant yn y lleoliad,
- siarad Cymraeg drwy'r amser gyda'r oedolion eraill.

Defnyddio cerddoriaeth i helpu'r plentyn i ddysgu ail iaith

Gan fod dysgwyr ail iaith yn dynwared ymadroddion a brawddegau cyfan ac yn eu defnyddio i gyfathrebu, mae cerddoriaeth yn gallu eu helpu i ddysgu ymadroddion a brawddegau newydd. Er enghraifft:

Pawb i wisgo côt a het, côt a het, côt a het;
Pawb i wisgo côt a het, mae hi'n oer!

Mae'n bosibl modelu'r brawddegau 'Pawb i wisgo côt a het' neu 'Pawb i wisgo sbectol haul' i'r plant mewn sefyllfaoedd rhyngweithiol fel eu bod yn deall beth maen nhw'n ei olygu ac yn gallu eu defnyddio eu hunain, pan fo hynny'n briodol.

Nid yn unig y mae cerddoriaeth yn ffordd wych o gysylltu â phlant – mae hefyd yn eu helpu i ddysgu iaith!

Crynodeb

Bydd faint o iaith y mae plentyn yn ei glywed ac ansawdd yr iaith honno yn cael effaith sylweddol ar ddatblygiad iaith y plentyn o ganlyniad i ryngweithio o ddydd i ddydd. Wrth ddysgu iaith gyntaf ac ail iaith, mae'n rhaid i blant wneud synnwyr o'r hyn maen nhw'n ei glywed a deall rheolau'r iaith. Mae rhieni, athrawon, a gofalwyr eraill yn helpu plant i wneud hyn pan fyddan nhw'n addasu'r ffordd y maen nhw'n siarad, gan wneud iaith yn hawdd i'w deall yng nghamau cynnar datblygiad iaith ac ychwanegu mwy o wybodaeth wrth i allu plentyn ddatblygu.

Mae athrawon yn gallu gwneud y broses hon yn haws i blant sydd ag oediad iaith drwy ddarparu ailadrodd dwys, arafu eu siarad a thynnu sylw at y geiriau pwysig. Mae dysgwyr ail iaith yn cael eu cefnogi gan athrawon sy'n gwneud iddyn nhw deimlo'n gyfforddus yn eu hamgylchedd newydd ac yn bwysicach na dim, i barchu hawl y plentyn i ddefnyddio ei dewis iaith.

Mae llawer iawn o wybodaeth ar gael i rieni ac athrawon sydd angen cyngor ynglŷn â sut i gyflwyno'r Gymraeg i blant sy'n dod o gartrefi di-Gymraeg. Gellir hefyd ymuno â Grwpiau Cymraeg i Blant, Cylchoedd Ti a Fi yn ogystal â'r Cylchoedd Meithrin.

Llyfryddiaeth

Barnes, S., Gutfreund, M., Satterly, D. & Wells, G. (1983). Characteristics of adult speech which predict children's language development. *Journal of Child Language*, 10, 65–84.

Bloom, L. & Lahey, M. (1978). *Language development and language disorders*. Efrog Newydd: John Wiley & Sons.

Bozinou-Doukas, E. (1983). Learning disability: The case of the bilingual child. Yn D.R. Omark & J. G. Erickson (Gol.), *The bilingual exceptional child* (tt. 213–232). San Diego: College Hill Press.

Chud, G. & Fahlman, R. (1985). *Early childhood education for a multicultural society*. University of British Columbia: Western Education Development Group.

Craig, H. K. (1983). Applications of pragmatic language models for intervention. Yn T. M. Gallagher &

C. A. Prutting (Gol.), *Pragmatic Assessment and Intervention Issues in Language* (tt. 101–127). San Diego: College Hill Press.

Cross, T.G. (1978). Mothers' speech and its association with rate of linguistic development in young children. Yn N. Waterson & C. Snow (Gol.), *The development of communication* (tt. 199–216). Efrog Newydd: John Wiley & Sons.

Cummins, J. (1981). *Bilingualism and minority-language children*. Toronto: OISE Press.

Dumtschin, J.U. (1988). Recognize language development and delay in early childhood. *Young Children*, March, 16–24.

Esling, J.H. (Gol.), (1989). *Multicultural education and policy: ESL in the 1990s*. Toronto: OISE Press.

Farran, D.C. (1982). Mother-child interaction, language development and the school performance of poverty children. Yn L. Feagans & D.C. Farran (Gol.), *The language of children reared in poverty* (tt. 19–48). Efrog Newydd: Academic Press.

Ferguson, C.A. (1977). Baby talk as a simplified register. Yn C.E. Snow & C.A. Ferguson (Gol.), *Talking to children: Language input and acquisition* (tt. 219–235). Llundain: Cambridge University Press.

Houston, M.W. (1990). Teaching English as a second language through daily programming. Yn Kenise Murphy Kilbride (Gol.). *Multicultural early childhood education: A discovery approach for teachers* (tt. 64–68), School of Early Childhood Education, Ryerson Polytechnical Institute, Toronto.

Kessler, C. (1984). Language acquisition in bilingual children. Yn N. Miller, (Gol.) *Bilingualism and language disability: Assessment and remediation* (tt. 26–54). San Diego: College Hill Press.

Krashen, S. (1982). *Principles and practice in second language acquisition*. Efrog Newydd: Pergamon Press.

Lasky, E.Z. & Klopp, K. (1982). Parent-child interactions in normal and language-disordered children. *Journal of Speech and Hearing Disorders*, 47(1), 7–18.

McLaughlin, B. (1984). *Second-language acquisition in childhood: Volume 1. Preschool children*. Hillsdale, N.J.: Lawrence Erlbaum Associates.

Newport, E., Gleitman, H. & Gleitman, L. (1977). Mother, I'd rather do it myself: Some effects and non-effects of maternal speech style. Yn C. E. Snow & C.A. Ferguson (Gol.), *Talking to children* (tt. 109–149). Llundain: Cambridge University Press.

Owens, R.E. (1984). *Language development: An introduction.*Columbus, Ohio: Charles E. Merrill.

Roseberry-McKibbin, C., Eicholtz, G. & McCaffrey, P. (1990). *Second language acquisition: Differentiating language differences from language disorders*. Miniseminar at American Speech- Hearing Association Annual Convention, Seattle, Washington.

Snow, C.E. (1984). Parent-child interaction and the development of communicative ability. Yn R.L. Schiefelbusch & J. Pickar (Gol.), *The acquisition of communicative competence* (tt. 69–107). Baltimore: University Park Press.

Snow, C., Midkiff-Borunda, S., Small, A. & Proctor, A. (1984). Therapy as social interaction: Analyzing the contexts for language remediation. *Topics in Language Disorders*, 4(4), 72–85.

Tabors, P.O. (1997). *One child, two languages: A guide for preschool educators of children learning English as a second language*. Baltimore: Paul H. Brookes Publishing Co.

Weismer, S.E. (1991). Theory and Practice: A principled approach to treatment of young children with specific language disorders. *National Student Speech Language Hearing Association Journal*, 18, 76–86.

Wells, J.L. (1980). *Children's language and learning*. Englewood Cliffs, NJ: Prentice Hall.

Mwynhau Dysgu Iaith

Creu'r amgylchiadau ar gyfer siarad a dysgu

Mae'r clip papur yn glynu wrth y magnet ond ddim wrth y bloc. Dydy'r bloc ddim wedi'i wneud o fetel, dyna pam.

Mae plant yn dechrau rhyngweithio drwy ddefnyddio iaith i fodloni eu hanghenion cymdeithasol. Ymhen amser, mae iaith yn dod yn arf ar gyfer meddwl, datrys problemau a dysgu.

A. Dysgu siarad a siarad er mwyn dysgu

Mae dysgu siarad yn rhan o ddatblygiad unigolyn i ddod yn rhywun cymdeithasol. Mae'n ffordd o sicrhau bod eraill yn eich clywed, eich bod yn dod yn rhan o grŵp, yn rhan o gymuned, ac yn rhan o ddiwylliant.

Pan fydd plentyn yn dechrau siarad, mae'n siarad yn bennaf i fodloni ei anghenion corfforol a chymdeithasol. Mae'n defnyddio iaith i gychwyn rhyngweithio a chynnal y rhyngweithio hwnnw ac i siarad am bethau yn y presennol.

Wrth i'w ofalwr gadarnhau, modelu, ehangu, ac ymestyn pwnc y sgwrs yn ystod y sgyrsiau cynnar hyn, mae hi'n dod, yng ngolwg y plentyn, yn fwy na phartner cymdeithasol: mae hi'n dod yn adnodd, yn rhywun y gall gael gwybodaeth ohoni.

Wrth i'r plentyn ddod yn bartner sgwrsio mwy medrus, mae ei sgyrsiau gyda'i ofalwyr yn newid o ran hyd ac ansawdd. Maen nhw'n digwydd yn amlach ac yn para'n hirach. Mae mwy o wybodaeth yn cael ei chyfnewid, ac mae'r plentyn yn gofyn mwy o gwestiynau. Nid yw'n siarad yn unig am y presennol ond am yr hyn ddigwyddodd ddoe, beth fydd yn digwydd yfory, a beth allai ddigwydd os …

Erbyn hyn, nid yw'r plentyn bellach yn dysgu siarad yn unig. Mae'n *siarad er mwyn dysgu*.

Gyda chefnogaeth eu hathrawes, mae'r plant hyn yn cael eu hannog i fynd y tu hwnt i'r hyn sy'n digwydd yn y fan a'r lle a defnyddio iaith i ddatrys problemau.

Mwynhau Dysgu Iaith

B. Siarad er mwyn dysgu: defnyddio iaith i feddwl a dysgu am y byd

Os ydych yn gwrando ar blant dros dair oed yn sgwrsio, byddwch yn eu clywed yn defnyddio iaith:
- ◆ i fynd y tu hwnt i'r hyn sy'n digwydd yn y fan a'r lle,
- ◆ i fynd y tu hwnt i'w profiad personol eu hunain, ac
- ◆ i fynd y tu hwnt i'r byd go iawn i'r byd dychmygol.

Mae plant yn mynd y tu hwnt i'r hyn sy'n digwydd yn y fan a'r lle

Mae plant yn siarad am y gorffennol (beth ddigwyddodd ddoe, yr wythnos ddiwethaf, a'r llynedd) a'r dyfodol (beth fydd yn digwydd neu beth allai ddigwydd).

Mae plant yn mynd y tu hwnt i'w profiad personol eu hunain

Mae plant yn defnyddio iaith i osod eu hunain mewn sefyllfaoedd nad ydyn nhw wedi'u profi, ac yn ystyried sut y bydden nhw neu eraill yn teimlo neu'n ymateb i'r sefyllfaoedd hynny (e.e., 'sut brofiad fyddai mynd i'r lleuad'; 'i fod mor gryf â ...' ; 'mor fawr â ...' ; 'mor enwog â ...' ; 'mor dal â ...'). Maen nhw hefyd yn meddwl am esboniadau posibl am bethau nad ydyn nhw'n eu deall yn iawn.

Mae plant yn mynd y tu hwnt i'r byd go iawn i'r byd dychmygol

Gydag iaith, mae plant yn gallu dod â'u syniadau dychmygol yn fyw. Gallan nhw esgus eu bod nhw pwy bynnag y maen nhw'n dymuno bod. Gallan nhw actio sefyllfaoedd dychmygol mewn unrhyw ffordd y gallan nhw feddwl amdano.

Mae'r plant pedair oed yng Nghanolfan Gofal Plant Greenfield yn chwarae yn yr awyr agored. Mae'r ddaear yn fwdlyd ar ôl noson o law. Yn sydyn mae Mabon, sydd wedi bod yn cloddio yn y mwd am rai munudau, yn gweld mwydyn yn symud o dan yr wyneb. Mae'n mynd yn gyffrous iawn ac yn ei godi gyda ffon, gan weiddi wrth y plant eraill, 'Edrychwch, rydw i wedi cael mwydyn!' Mae pump o fechgyn eraill yn rhedeg draw i weld y mwydyn, ac yn fuan maen nhw i gyd yn cloddio am fwydod.

Mae Mabon a Llion yn cloddio gyda'i gilydd ac yn dechrau cael sgwrs ddiddorol iawn, wrth iddyn nhw ddefnyddio iaith i fynd y tu hwnt i'r fan a'r lle ...

Gadewch i ni wrando ar sgwrs Mabon a Llion.

Mabon: *Paid â chloddio mor galed. Fyddi di'n torri'r mwydod yn eu hanner os wnei di hynny! (tu hwnt i'r fan a'r lle)*

Llion: *Torri nhw yn eu hanner! Ha! Alli di ddim torri mwydyn yn ei hanner.*

Mabon: *Ti'n gallu. Ond os wyt ti'n torri mwydyn yn ei hanner, fydd e ddim yn marw. Bydd yn tyfu pen newydd a chorff newydd a bydd dau fwydyn (y tu hwnt i brofiad personol).*

Llion: *Pwy sy'n d'eud hynny?*

Mabon: *Darllenodd mam lyfr i mi am fwydod (y tu hwnt i'r fan a'r lle).*

Llion: *Dyma un! Dwi wedi cael un!*

Mabon: *Edrycha pa mor hir yw dy un di! Mae e'n hirach na fy un i. Mae'n rhaid ei fod yn bwyta llawer neu efallai ei fod ychydig yn hŷn (y tu hwnt i brofiad personol).*

Llion: *Ie, efallai ei fod yn hŷn.*

Mabon: *Mae hi mor dywyll lawr fan yna. Sut mae e'n dod o hyd i'w fwyd? Mae'n siŵr ei fod yn defnyddio tortsh! (Yn chwerthin) (y tu hwnt i'r byd go iawn)*

Llion: *Ie, tortsh fawr! (Yn chwerthin)*

Mae'r hyn sydd gan blant i'w ddweud am fwydod yn dweud llawer wrthym am sut maen nhw'n meddwl ac yn ceisio deall y byd.

Mwynhau Dysgu Iaith

Nid oes gan bob plentyn cyn-ysgol allu Mabon i ddefnyddio iaith. Prin y mae Llion yn gallu cadw i fyny â Mabon. Mae Mabon yn blentyn sydd bob amser yn gofyn cwestiynau, yn meddwl am beth mae'n ei weld a'i glywed, yn meddwl sut mae pethau'n gweithio, ac yn myfyrio ar ei brofiadau – ac mae'n defnyddio iaith i wneud y pethau hyn. Mae wedi datblygu nid yn unig sgiliau iaith ardderchog, ond hefyd ffordd o ddefnyddio iaith i ddadansoddi a deall y byd.

Dydy plant ddim yn gallu dysgu defnyddio iaith fel hyn heb lawer o help. Mae Mabon wedi dysgu ei sgiliau iaith o sgyrsiau gyda'r oedolion pwysig yn ei fywyd, sy'n modelu ac yn hyrwyddo'r defnydd o iaith i ddatrys problemau, cynllunio, rhagweld, rhesymu, a dychmygu. Wrth wneud hynny, maen nhw wedi ei helpu i ddatblygu 'iaith dysgu,' y mae wedi'i ddysgu ac yn ei defnyddio'n gwbl naturiol erbyn hyn.

Gan fod y gallu i ddadansoddi a myfyrio ar y byd mor hanfodol i ddysgu llwyddiannus, mae angen i bob plentyn ddatblygu 'iaith dysgu.' Pan fyddan nhw'n dechrau siarad am bethau sydd y tu hwnt i'r fan a'r lle (fel arfer pan fyddan nhw'n dod yn Gyfunwyr), maen nhw'n barod i ddechrau siarad i ddysgu. Mae plant sydd ag oediad iaith yn aml yn cael anhawster deall iaith sy'n mynd y tu hwnt i'r hyn sy'n digwydd yn y fan a'r lle. Mae angen iddyn nhw hefyd ddod i gysylltiad â'r math hwn o siarad os ydyn nhw am ddysgu ei ddefnyddio eu hunain.

> **Mae plant sydd ag oediad iaith yn aml yn cael anhawster deall iaith sy'n mynd y tu hwnt i'r hyn sy'n digwydd yn y fan a'r lle. Mae angen iddyn nhw hefyd ddod i gysylltiad â'r math hwn o siarad os ydyn nhw am ddysgu ei ddefnyddio eu hunain.**

C. Annog 'iaith dysgu' yn ystod sgyrsiau

Y pethau pwysicaf y gallwch chi ei wneud i helpu plant i ddysgu ydy: sut i feddwl a dadansoddi, sut i ddatrys problemau, sut i gynllunio, sut i ragfynegi, sut i resymu, a sut i ddychmygu. Gallwch wneud hyn trwy integreiddio'r defnyddiau hyn ar gyfer iaith yn eich rhaglennu a'ch rhyngweithiadau bob dydd gyda'r plant.

Gallwch chi gynnwys iaith dysgu mewn sgyrsiau bob dydd os ydych chi'n:

- ◆ Egluro ystyr geiriau yn ystod sgwrs
- ◆ Defnyddio cwestiynau'r plant i'w helpu i wneud cysylltiadau
- ◆ Meddwl am y byd gyda'ch gilydd
- ◆ Ymestyn y pwnc a chyfoethogi dealltwriaeth y plant
- ◆ Dweud mwy wrthyn nhw am yr hyn sy'n digwydd yn y byd

Egluro ystyr geiriau yn ystod sgwrs

Bydd plant yn clywed llawer o eiriau nad ydyn nhw'n eu deall yn ystod sgyrsiau bob dydd. Efallai na fydd plant sydd â dealltwriaeth wael o iaith, yn ogystal â'r rhai sy'n dysgu Cymraeg fel ail iaith, yn deall llawer o'r geiriau rydych chi'n eu defnyddio. Yn ogystal, mae plant weithiau'n defnyddio geiriau nad ydyn nhw'n eu deall mewn gwirionedd. Mae plentyn yn gallu dweud bod rhywbeth yn 'ffiaidd,' neu fod ganddo 'y ffliw' neu ofyn 'pam?' heb wir ddeall ystyr y geiriau.

Mae Dafi yn bum mlwydd oed ac mae yn y Dosbarth Meithrin yng Nghylch yr Haul. Unwaith yr wythnos, mae'r dosbarth yn defnyddio'r offer yn y gampfa. Pan fyddan nhw'n gwneud hynny, mae eu hathrawes bob amser yn dweud 'Cofiwch bawb ddefnyddio synnwyr cyffredin pan fyddwch chi yn y gampfa!'

Aeth Dafi adref a dweud wrth ei fam beth ddywedodd ei athrawes. 'Beth yw synnwyr cyffredin?' gofynnodd ei fam.

'Dydw i ddim yn gwybod,' atebodd, 'ond rydyn ni i fod i'w ddefnyddio bob tro rydyn ni'n mynd i'r gampfa.'

Sôn am ddryswch!

Ceisiodd mam Dafi egluro iddo beth oedd ystyr synnwyr cyffredin, ond roedd hi'n gwybod ei fod wedi drysu hyd yn oed ar ôl ei hesboniad. Felly gwnaeth bwynt o ddefnyddio'r term yn gyson yn ystod sgyrsiau. Pan oedd chwaer hŷn Dafi eisiau gwisgo siaced ysgafn pan oedd y tymheredd yn llai na deg gradd, dywedodd ei fam: 'Dydy dy chwaer ddim yn defnyddio ei synnwyr cyffredin. Dydy'r siaced yna ddim digon cynnes ar gyfer tywydd mor oer. Mae hi'n mynd i rewi!'

Y diwrnod wedyn, dywedodd Dafi, 'Dwi'n defnyddio synnwyr cyffredin heddiw. Dwi'n gwisgo fy siaced gynnes i'r ysgol oherwydd ei bod mor oer y tu allan.'

'Da iawn ti, rwyt ti'n defnyddio synnwyr cyffredin,' meddai ei fam. 'Rwyt ti'n gwybod y byddi di'n aros yn gynnes. Ac rydw i'n mynd i ddefnyddio synnwyr cyffredin hefyd. Rydw i'n mynd i lenwi'r car gyda phetrol ar y ffordd i'r ysgol i wneud yn siŵr bod ganddon ni ddigon o betrol yn y tywydd rhewllyd yma.'

Ac felly, ar ôl sawl sgwrs a sawl thrafodaeth roedd Dafi yn deall yn llawer iawn gwell beth ydy ystyr 'synnwyr cyffredin'. Ond ni fydd Dafi yn deall ei ystyr llawn a'i oblygiadau nes ei fod yn ei arddegau.

Cymerwch amser i gynnwys plant mewn sgwrs i weld a ydyn nhw wir yn 'deall'. Trwy gael sgyrsiau gyda phlant a darparu'r wybodaeth sydd ei hangen arnyn nhw o fewn y sgyrsiau hynny, gallwch eu helpu i newid neu ehangu eu dealltwriaeth o ystyron geiriau. Gallwch egluro ystyr geiriau, rhoi geiriau symlach yn eu lle, a defnyddio geiriau mewn gwahanol gyd-destunau i helpu plant i ddeall eu hystyron. Dyna sydd mor wych am sgwrsio – mae cymaint o ddysgu yn cymryd lle heb fod unrhyw addysgu!

Mae llawer o eiriau ac ymadroddion fel 'synnwyr cyffredin' yn achosi dryswch i blant sy'n eu clywed am y tro cyntaf.

Defnyddio cwestiynau'r plant i'w helpu i wneud cysylltiadau

Pan fydd plant yn gofyn cwestiynau, maen nhw'n creu'r amodau delfrydol ar gyfer dysgu. Maen nhw am eich tynnu i mewn i sgwrs ac yn cael gwybodaeth werthfawr o'ch ymatebion. Ac mae'r cwestiynau maen nhw'n eu gofyn yn rhoi darlun i chi o sut mae eu meddyliau'n gweithio, fel yn yr enghraifft a ddangosir isod:

Gall athrawes Kevin ei helpu i ddeall ystyr 'troedfedd' trwy:

- darparu esboniad syml, yn y fan a'r lle o ystyr 'troedfedd' fel y mae'n ymwneud â mesur
- ar adeg arall, trwy ddangos 'troedfedd' iddo ar bren mesur a thâp mesur a gadael iddo eu trin fel ei fod yn dod yn gyfarwydd â hyd 'troedfedd'
- gadael iddo fesur pethau neu bobl mewn 'troedfeddi' gyda phren mesur neu dâp mesur, neu
- defnyddio'r gair 'troedfedd' yn ystyrlon mewn sgyrsiau yn y dyfodol i gyfeirio at fesur.

Mae cwestiwn Kevin yn ei gwneud yn amlwg nad yw ei gysyniad o 'troed' yn cynnwys 'troedfedd' a ddefnyddir wrth fesur.

Os nad yw plant yn gofyn cwestiynau yn aml, maen nhw'n colli cyfle arbennig i drafod pethau gyda phobl eraill a chael gwell dealltwriaeth o'r byd.

Mae'n rhaid i ni feddwl tybed a yw plant nad ydyn nhw'n gofyn cwestiynau yn gyndyn o ryngweithio neu ddim eto wedi dysgu defnyddio iaith i fyfyrio ar y byd gyda diddordeb a chwilfrydedd. Efallai na fydd plentyn sydd ag oediad iaith hyd yn oed yn gwybod sut i roi geiriau at ei gilydd i ffurfio cwestiwn. Beth bynnag yw'r rheswm, mae datblygiad deallusol plentyn yn debygol o ddioddef os nad yw'n gofyn cwestiynau. Mae angen eich help chi arnyn nhw i ddarganfod rhyfeddodau'r byd.

> Os nad yw plant yn gofyn cwestiwn yn aml, maen nhw'n colli cyfle hanfodol i drafod pethau gyda phobl eraill a chael gwell dealltwriaeth o'r byd.

Meddwl am y byd gyda'ch gilydd

Mae'r rhan fwyaf o blant ifanc yn meddwl bod oedolion yn gwybod popeth. Er y byddan nhw'n gweld ymhen amser nad ydy hynny'n wir. Mae rheswm da felly dros brofi'n wahanol iddyn nhw! Rydyn ni eisiau i blant feddwl bod dysgu yn broses hyfryd, ddiddiwedd – ac nad yw oedolion yn gwybod popeth! Rydyn ni eisiau i blant sylweddoli bod oedolion hefyd yn meddwl sut mae pethau'n gweithio, beth mae pethau'n ei olygu, a pham mae pethau'n digwydd. Y ffordd orau o feithrin yr agwedd hon yw modelu bod yn ddysgwr gweithgar, chwilfrydig. Gallwch annog agwedd o ddysgu a darganfod trwy:

- **gyfaddef nad ydych chi'n gwybod pob peth** pan fydd plant yn gofyn cwestiwn i chi ac awgrymu eich bod chi'n darganfod yr ateb gyda'ch gilydd
- **chwilio am ateb i gwestiwn gyda'r plentyn** trwy gynnal arbrawf, darllen llyfr, neu ofyn i rywun sy'n gwybod
- **meddwl yn uchel am y pethau sydd o ddiddordeb i chi**, pethau rydych chi'n chwilfrydig amdanyn nhw a'r hyn yr hoffech wybod mwy amdanyn nhw. e.e. rhyfeddodau bach y byd, fel gwe pry cop neu aderyn mewn coeden, neu
- **pwysleisio'r atebion a'r atebion niferus posibl i gwestiynau** a rhoi llai o sylw i'r syniad o atebion 'cywir' ac 'anghywir'.

Pan fyddwch chi a phlentyn yn holi ac yn chwilio am atebion gyda'ch gilydd, yn trafod syniadau, yn ystyried y posibiliadau, ac yn rhannu rhyfeddodau bach y byd, yna rydych chi wedi creu amgylchedd delfrydol ar gyfer siarad a dysgu.

Mae'r dull hwn yn gallu bod yn anodd i athrawon oherwydd mae'n golygu peidio â chywiro camgymeriadau plant ar unwaith, peidio â gofyn gormod o gwestiynau 'ffeithiol' (gweler pennod 4, tudalen 139), a pheidio â rhoi'r atebion i gyd. Ond er nad ydych chi'n addysgu, nid yw'n golygu nad yw'r plant yn dysgu. Maen nhw'n dal i ddysgu. Edrychwch ar rai o'r syniadau a gafodd Barbara a Phillip pan oedden nhw'n meddwl am y pysgodyn aur gyda'i gilydd ...

Ymestyn y pwnc a chyfoethogi dealltwriaeth y plant

Ym mhennod 7, cyflwynwyd y syniad o ymestyn y pwnc. Mae ymestyn y pwnc yn strategaeth bwysig i'w defnyddio gyda phlant ar gamau mwy datblygedig o ddatblygiad iaith, gan ei fod yn chwarae rhan allweddol o ran eu helpu i siarad a dysgu.

Pan fyddwch chi'n ymestyn y pwnc, rydych chi'n darparu gwybodaeth ychwanegol sy'n cynyddu dealltwriaeth y plentyn. Rydych chi'n mynd y tu hwnt i'r presennol, a thu hwnt i gysyniadau fel lliwiau, siapiau, meintiau, a gwead. Cysyniadau ydy'r rhain nad ydyn nhw mewn gwirionedd yn ehangu dealltwriaeth plant o sut mae'r byd yn gweithio.

Mae ymestyn y pwnc yn golygu ymateb i ysgogiadau plant neu adeiladu ar eu diddordebau trwy ddefnyddio iaith i siarad am y gorffennol a'r dyfodol, meddwl am resymau ac esboniadau, ystyried profiadau eraill, a dychmygu ac esgus.

Mae llawer mwy i gwningen na'i lliw, siâp a maint.
Fe allech chi siarad am ei thrwyn smwt ac am ei llygaid mawr, trist.
Fe allech chi ddychmygu sut deimlad yw bod yn gaeth y tu mewn i gawell,
A sut brofiad yw bod heb fam a hithau mor ifanc.
Fe allech chi ei chymharu â bochdew, ci, llygoden, cath.
Fe allech chi siarad am bwysigrwydd ei chyffwrdd yn dyner iawn.
Fe allech chi feddwl tybed beth fyddai'n digwydd be bai'n dianc.
Mae cymaint sydd o ddiddordeb i blant, a chymaint iddyn nhw ei ddweud!

Dylai ymestyn y pwnc fod yn rhan o sgwrs gytbwys gyda phlentyn, lle byddwch chi a'r plentyn yn siarad yn eich tro. Fel y trafodwyd ym mhennod 1, mae'n rhaid wrth ryngweithio cyn bod gwybodaeth yn cael ei gyflwyno. Mewn geiriau eraill, bydd ymestyn y pwnc yn effeithiol dim ond os yw'r plentyn yn cael cymaint o gyfle â chi i gymryd tro a dweud beth mae'n ei feddwl. Cymerwch saib ar ôl i chi wneud sylw neu ofyn cwestiwn i roi cyfle i'r plentyn rannu ei syniadau. Mae ei syniadau wedyn yn rhoi cyfle i chi ychwanegu mwy o wybodaeth – a bydd y sgwrs yn mynd yn ei blaen yn hwylus. Fodd bynnag, os byddwch yn gweld eich bod yn gwneud y siarad i gyd, yna bydd y cyfle i gyfrannu yn gyfyngedig.

Chwe ffordd o ymestyn y pwnc

Pan fyddwch chi'n cael sgwrs gyda phlentyn, mae gennych chi nifer o ddewisiadau ar gyfer ymestyn y pwnc.

Hysbysu'r plentyn	*Enghraifft*
◆ Rhoi gwybodaeth am y gorffennol neu'r presennol.	◆ 'Ddoe, gwelais ddyn gyda thri chi mawr.'
◆ Perthnasu profiad presennol i brofiad blaenorol.	◆ 'Rydyn ni'n gwneud anifeiliaid yn union fel y rhai a welsom ar y fferm yr wythnos diwethaf.'
◆ Rhoi manylion.	◆ 'Mae'r graig yna'n sgleiniog a chaled iawn ac i'w chael yn Ne America.'
◆ Cymharu/cyferbynnu dau beth.	◆ 'Mae'r sudd oren yn llawer mwy melys na'r sudd grawnffrwyth.'

Egluro i'r plentyn	*Enghraifft*
◆ Rhoi resymau dros yr hyn sy'n digwydd.	◆ 'Allwn ni ddim chwarae tu allan **oherwydd** ei bod yn glawio.' 'Rydyn ni'n defnyddio paent porffor heddiw **oherwydd** wnaethon ni ddefnyddio'r paent coch i gyd ddoe.'
◆ Egluro canlyniadau.	◆ 'Anghofiodd gau ei esgid yn iawn **felly** baglodd a syrthio.'
◆ Cyfiawnhau barn neu ddewisiadau.	◆ 'Dwi ddim yn hoffi sŵn uchel **oherwydd** mae'n brifo fy nghlustiau.' 'Dwi'n hoffi grawnwin **oherwydd** maen nhw mor felys.'

Siarad am deimladau a barn y plentyn	*Enghraifft*
◆ Siarad am sut mae teimladau'n mynegi tristwch, dicter, ofn, rhwystredigaeth, cyffro, hapusrwydd, cyfeillgarwch neu foddhad.	◆ 'Dwi'n **drist** oherwydd mae fy Mam yn yr ysbyty.' 'Dwi'n **llawn cyffro** oherwydd fy mod yn mynd i'r gêm bêl-droed heno.' 'Dwi'n **poeni** y bydd fy nghi yn rhedeg i'r stryd ac yn cael ei frifo.'
◆ Siarad am farn ac argraffiadau.	◆ 'Dwi'n meddwl ei fod yn syniad da brwsio eich dannedd bob bore a bob nos.'

Dychmygu	*Enghraifft*
◆ Dychmygu sut beth yw bywydau, profiadau a theimladau pobl eraill (neu anifeiliaid) i helpu plant i feddwl am eraill a deall bod eu profiadau, eu bywydau, eu hanghenion a'u safbwyntiau yn wahanol i'w rhai nhw.	◆ 'Meddylia am y bachgen yn y stori hon, sy'n byw mewn tŷ ar stiltiau, mor uchel oddi ar y ddaear. Mae'n siŵr ei fod wrth ei fodd yn gwylio'r holl adar yn y coed wrth ymyl y tŷ' [*dychmygu profiadau pobl eraill*]. 'Mae'n siŵr bod y bachgen yn y stori hon yn ofnus iawn oherwydd ei fod ar goll' [*dychmygu teimladau pobl eraill*].
◆ Dychmygu sefyllfaoedd na phrofwyd erioed.	◆ 'Pe bawn i'n gallu hedfan i'r lleuad, byddwn i'n edrych i lawr ar y Ddaear a byddai'n edrych mor fach.'

Siarad am y dyfodol gyda'r plentyn	*Enghraifft*
• Siarad am/rhagfynegi beth fydd yn digwydd.	• 'Ar ôl i chi orffen eich lluniau, byddwn **yn** cael amser stori.' 'Mae'n **mynd** i fwrw glaw heddiw.'
• Dyfalu beth allai ddigwydd.	• '**Efallai** y bydd Carolyn yn dod 'nôl i'r ysgol fory os yw'r doctor yn dweud ei bod wedi gwella.' '**Os** ydw i'n rhoi'r planhigion hyn yn yr haul, dwi'n **meddwl** y byddan nhw'n tyfu'n gyflymach.'
• Rhagweld problemau posibl ac atebion posibl.	• 'Mae'r dŵr yn gollwng o'r bwced **oherwydd** mae yna dwll ynddo. **Os** ydw i'n rhoi ychydig o does yn y twll, **efallai** na fydd y bwced yn gollwng wedyn.'
• Rhoi problemau posibl mewn geiriau a chynllunio ymlaen llaw i'w hosgoi.	• '**Os nad** ydych chi'n rhoi'r blociau i gadw, yna **efallai** y bydd rhywun yn baglu drostyn nhw ac yn brifo. Gadewch i ni gyd helpu i roi'r blociau yn y bocs **fel nad oes** neb yn brifo.'
• Ystyried ffyrdd eraill o drin sefyllfa. Helpu plant i ddysgu disgrifio problemau, meddwl amdanyn nhw, a dod o hyd i atebion.	• 'Mae'r ddau ohonoch chi eisiau chwarae gyda'r tryc yma. Fe allwch chi **naill ai** chwarae gyda'r tryc gyda'ch gilydd **neu** fe fydd yn rhaid i un ohonoch chi aros nes bod y llall wedi gorffen.'
Esgus	*Enghraifft*
• Siarad am bethau dychmygol.	• 'Mae gen i grocodeil o dan fy ngwely.'
• Chwarae esgus.	• 'Fi ydy'r meddyg a dwi'n mynd i roi moddion i ti i dy wneud di'n well.'
• Creu 'stori' ddychmygol (yn seiliedig ar fywyd go iawn neu ffantasi).	• 'Gwelodd y bachgen bach arth yn y coed. Roedd yr arth eisiau bwyd y bachgen. Felly rhoddodd y bachgen ei frechdan jam i'r arth ac yna rhedodd adref.'

Weithiau gallwch chi gyfuno sawl ffordd o ymestyn y pwnc (e.e., 'Byddai'n well i ni droi cymysgedd y gacen yn araf fel na fydd yn tasgu i bob man [*esbonio*] a phan fyddwn ni wedi gorffen ei gymysgu, byddwn yn ei roi yn y popty i bobi' [*siarad am y dyfodol*]. 'Os wyt ti'n cipio car Josh [*siarad am y dyfodol*], bydd yn drist iawn' [*siarad am dyfodol, siarad am deimladau a dychmygu*]).

Ystyriwch gam datblygiad iaith y plentyn pan fyddwch yn ymestyn y pwnc. Bydd y wybodaeth a roddwch i Gyfunwyr yn llai cymhleth na'r wybodaeth y byddwch yn ei rhoi i Ddefnyddwyr Brawddegau Hwyrach. Fodd bynnag, mae Defnyddwyr Brawddegau Hwyrach yn gallu elwa o glywed y defnydd mwyaf haniaethol o iaith, fel esbonio, dychmygu a rhagfynegi.

Gallwch ymateb i'r plentyn sy'n dweud 'Sssshhh! Mae hi'n cysgu' ac ymestyn y pwnc trwy:

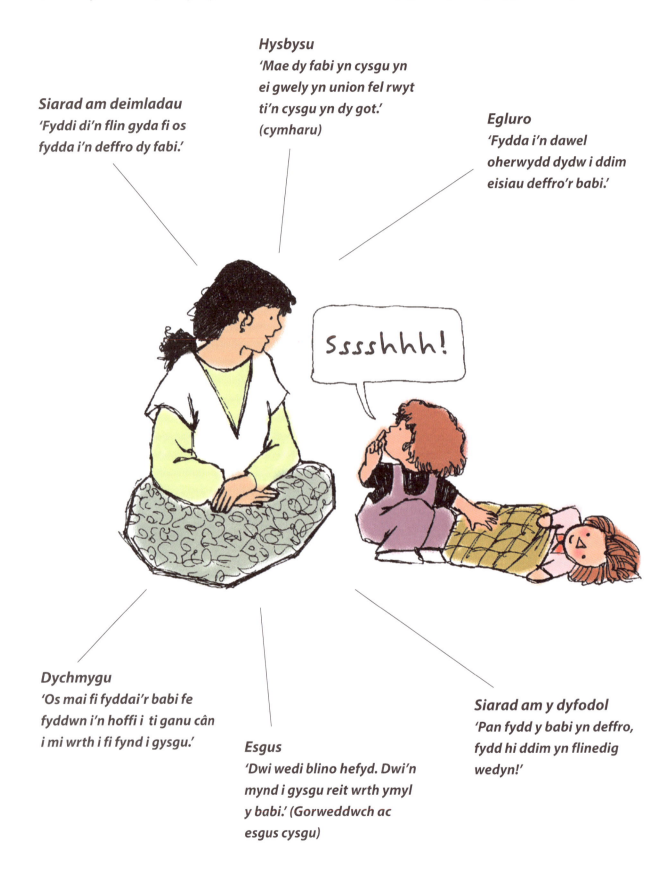

Hysbysu
'Mae dy fabi yn cysgu yn ei gwely yn union fel rwyt ti'n cysgu yn dy got.'
(cymharu)

Siarad am deimladau
'Fyddi di'n flin gyda fi os fydda i'n deffro dy fabi.'

Egluro
'Fydda i'n dawel oherwydd dydw i ddim eisiau deffro'r babi.'

Sssshhh!

Dychmygu
'Os mai fi fyddai'r babi fe fyddwn i'n hoffi i ti ganu cân i mi wrth i fi fynd i gysgu.'

Esgus
'Dwi wedi blino hefyd. Dwi'n mynd i gysgu reit wrth ymyl y babi.' (Gorweddwch ac esgus cysgu)

Siarad am y dyfodol
'Pan fydd y babi yn deffro, fydd hi ddim yn flinedig wedyn!'

Mwynhau Dysgu Iaith

Dweud mwy wrthyn nhw am yr hyn sy'n digwydd yn y byd

Yn aml, nid yw oedolion yn meddwl am dynnu sylw plant at y 'pethau bach' niferus sy'n rhan o'u byd, nac egluro mwy amdanyn nhw. Mae plant yn hynod sensitif i newidiadau yn eu hamgylchedd neu yn eu trefn ddyddiol. Maen nhw hefyd yn chwilfrydig am sut mae pethau'n gweithio. Pan fydd pethau'n mynd o chwith, felly, peidiwch â mynd ati i'w cywiro yn syth. Cymerwch amser i ddisgrifio ac egluro beth ddigwyddodd. Mae'r digwyddiadau annisgwyl hyn yn gyfle i ddysgu iaith. Mae hyn yr un mor berthnasol i blant sydd ag oediad iaith neu sydd ag arddull sgwrsio amharod. Efallai y bydd gan y plant hyn ddiddordeb yn yr hyn sy'n digwydd o'u cwmpas ond efallai na fyddan nhw bob amser yn gwneud y diddordeb hwnnw'n amlwg i chi.

Dyma rai pethau y gallwch chi ei wneud i dynnu sylw'r plentyn atyn nhw:

- gosod dodrefn yr ystafell mewn trefn wahanol
- athro cyflenwi newydd
- tegan newydd
- newid yn y tywydd
- aderyn y tu allan, neu
- mwd ar ôl y glaw.

Mae plant bob amser yn dangos diddordeb pan fydd pethau'n mynd o chwith i eraill – fel bys dolurus athrawes.

> Wnes i dorri fy mys gyda chyllell pan oeddwn i'n torri tomatos ...

Mae'r pethau rydych chi'n gallu eu hesbonio yn cynnwys:

- pam yr oeddech yn absennol o'r cylch
- pam eich bod wedi cael dodrefn newydd
- pam fod y toes yn oer neu'n galed
- pam nad yw tegan yn gweithio, neu
- pam mae'r gwningen yn cael cyn lleied o fwyd i'w fwyta.

CH. Helpu plant i ddod yn well storïwyr

Mae'r rhai ohonoch chi sy'n gweithio gyda phlant ifanc yn cael profiad o straeon bob dydd – nid yn unig eich stori chi, ond eu stori nhw hefyd. Mae adrodd stori neu naratif, yn sgil bwysig iawn, ac mae'n cymryd amser i'w meithrin. Er y gall straeon oedolion fod yn hynod o hir a chymhleth, mae straeon cyntaf plentyn yn gallu cynnwys un gair yn unig! O'r adrodiadau byr, anaeddfed hyn o ddigwyddiadau, mae'r gallu i adrodd straeon manwl, cymhleth yn cynyddu – straeon sy'n disgrifio profiadau personol neu brofiadau pobl eraill.

Llyf

Dechrau adrodd straeon: yr hyn y mae hi'n ceisio'i ddweud yw, 'Mae Gaby wedi cymryd fy llyfr a'i dorri yn ei hanner.'

Er mwyn adrodd stori dda yn effeithiol, rhaid i blant allu:

- defnyddio geirfa benodol
- dewis y wybodaeth berthnasol
- darparu'r wybodaeth angenrheidiol ar gyfer y gwrandawr
- disgrifio digwyddiadau a sefyllfaoedd, gan ddefnyddio manylion priodol
- esbonio'r berthynas rhwng pobl a digwyddiadau, gan ddefnyddio cysyl   lteiriau fel 'achos,' 'ond,' a 'pan' a rhagenwau perthynol fel 'dyma'r,' 'a,' ac 'y bydd'
- disgrifio'r digwyddiadau mewn trefn resymegol, a
- gwneud y stori'n ddiddorol!

Mwynhau Dysgu Iaith

Mae'n rhaid i'r storïwr fod yn ymwybodol o anghenion a gwybodaeth gefndirol ei wrandäwr a rhaid iddo addasu ei ddefnydd o iaith i gynnwys yr elfennau hyn. Os bydd cyfathrebu'n methu a bod y gwrandäwr yn drysu, mae'n rhaid i'r storïwr farnu pa wybodaeth y mae'n rhaid iddo ei darparu i ddatrys y camddealltwriaeth. Mae plant sydd ag oediad iaith yn gallu bod yn arbennig o ansicr wrth adrodd stori oherwydd anawsterau gyda geirfa a gramadeg a gyda disgrifio cadwyn o ddigwyddiadau mewn dilyniant rhesymegol. Maen nhw hefyd yn gallu cael anhawster mawr i gynnwys y wybodaeth sydd ei hangen ar y gwrandäwr i ddeall y stori.

Mae sgiliau adrodd stori a disgrifio da yn hollbwysig mewn sefyllfaoedd cymdeithasol ac addysgol. Mae angen i blant allu adrodd straeon er mwyn cymryd rhan lawn mewn sgyrsiau a sefyllfaoedd chwarae dramatig, lle mae straeon yn cael eu hactio. Pan fydd plant yn cyrraedd oed ysgol, bydd eu gallu i ddisgrifio profiadau ac adrodd straeon yn eu helpu i ysgrifennu, darllen a deall straeon.

Defnyddio cwestiynau a sylwadau i gadw straeon ar y trywydd iawn

Mae cwestiynau a sylwadau (a ddisgrifir ym mhennod 4 fel ffyrdd defnyddiol o barhau â'r sgwrs) yn arfau ardderchog ar gyfer cefnogi plentyn i adrodd straeon. Maen nhw'n ei helpu i gadw'r stori i fynd ac egluro unrhyw ddryswch. Mae cwestiynau yn gadael i'r plentyn wybod pa wybodaeth sydd ei hangen arnoch chi fel gwrandäwr er mwyn dilyn y stori.

Gofynnwch gwestiynau sy'n:
- egluro dryswch
- helpu'r plentyn i barhau â'r stori, a
- gofyn am wybodaeth benodol.

Gwnewch sylwadau sy'n:
- cydnabod beth mae'r plentyn wedi'i ddweud
- dangos i'r plentyn eich bod yn gwrando, a
- darparu gwybodaeth newydd y gall y plentyn ei ddefnyddio i adeiladu arni.

Weithiau gallwch chi gynnig rhyw awgrym neu sylw i gydnabod beth mae'r plentyn wedi'i ddweud a gofyn cwestiwn wedyn i'w helpu i barhau â'i stori. (Gweler pennod 4, tudalennau 133–140, am ddisgrifiad o sut mae ambell sylw a chwestiwn yn helpu'r plentyn i gymryd tro yn y sgwrs.)

Gwrandewch ar sut mae'r athro hwn yn cefnogi Gwyn, pedair oed, i adrodd stori am ei ymweliad â'r sw:

Gwyn: *Wnaeth fy nhad fynd â fi i'r sw ac yna aeth adref, ac arhosais yno drwy'r dydd.*
Athro: *Beth wyt ti'n feddwl aeth dy Dad adref? Aeth o ddim gyda ti i'r sw? (cwestiwn i egluro dryswch)*
Gwyn: *Wel gyrrodd e fi a fy nghefnder mawr yno, ac yna fe adawodd ni yno, ac aeth fy nghefnder â fi i weld yr anifeiliaid. (Mae cwestiwn yr athro yn gwneud i Gwyn sylweddoli bod angen iddo egluro ei ddatganiad bod ei dad wedi 'mynd' ag ef i'r sw. Mae'n sylweddoli bod angen iddo sôn am ei gefnder.)*
Athro: *O, dwi'n gweld. Felly es ti i'r sw gyda dy gefnder mawr. A beth welsoch chi yno? (cwestiwn i helpu'r plentyn i barhau â'r stori)*
Gwyn: *Gwelson ni nhw'n chwistrellu dŵr mwdlyd ar eu hunain – roedden nhw mor fudr ac yn fwdlyd!*
Athro: *Pwy oedd yn chwistrellu dŵr mwdlyd ar eu hunain? (cwestiwn i ofyn am wybodaeth benodol)*
Gwyn: *Yr eliffantod – roedd mwd drostyn nhw i gyd. Roedden nhw wir yn hoffi bod yn fudr. (Mae cwestiwn yr athro gyda'r pwyslais ar 'pwy' yn gwneud i Gwyn sylweddoli nad oedd wedi dweud pa anifail yr oedd yn siarad amdano.)*
Athro: *Waw! Roeddech yn ffodus i weld hynny! Mae eliffantod yn gwneud hynny i gadw eu crwyn yn oer. Dydyn nhw ddim yn hoffi'r gwres. (Sylw y gall y plentyn adeiladu arno.)*

Ar ôl sgyrsiau tebyg, bydd Gwyn yn datblygu'r gallu i adrodd stori heb fod angen cymaint o gefnogaeth ac arweiniad.

Cynllunio i annog adrodd stori

Fel athro neu athrawes plant ifanc, mae'n debyg eich bod wedi gwrando ar lawer o straeon difyr a rhyfeddol. I ddod yn fwy ymwybodol o'ch rôl fel rhywun sy'n hyrwyddo'r broses o adrodd stori, dyma'r math o gwestiwn y gallwch chi eu gofyn:

1. Ydy'r plant i gyd yn fy nosbarth yn cael digon o gyfle i adrodd eu stori nhw - a hynny mewn awyrgylch anffurfiol a hamddenol?	◆ Anogwch nhw i adrodd eu stori mewn sefyllfaoedd anstrwythuredig (e.e., yn ystod chwarae rhydd, gweithgareddau synhwyraidd-creadigol, chwarae yn yr awyr agored, ac amser bwyd ac amser egwyl). ◆ Anogwch y plant i adrodd eu stori mewn grwpiau bach ac mewn sesiynau un-i-un, nid mewn gweithgaredd grŵp mawr. Nid amser cylch neu grŵp yw'r amser gorau i gael pob plentyn i adrodd stori – bydd plant yn mynd yn aflonydd yn gyflym, a byddwch yn colli eu sylw!
2. Ydw i'n ei gwneud hi'n bosibl i'r plant mwyaf tawel i ddweud eu stori nhw wrthoch chi?	◆ Gwahoddwch bob plentyn i adrodd ei stori. Os yw un plentyn mewn grŵp newydd adrodd stori, fe allech chi ofyn i blentyn tawel neu lai llafar, 'A oes unrhyw beth fel yna wedi digwydd i ti erioed?' neu 'Beth ddigwyddodd pan wnest ti …?' (Gweler pennod 5 ar 'SGAAN' am ragor o syniadau ar sut i gynnwys plant tawelach neu lai llafar.)' ◆ Gwnewch ddatganiadau arweiniol sy'n gwahodd plant i adrodd stori (e.e., 'Dwi'n siŵr dy fod wedi gwneud rhywbeth arbennig yn ystod dy wyliau.'). ◆ Defnyddiwch gwestiynau a sylwadau i helpu'r plant i barhau â'u storïau (gweler pennod 4).
3. Ydw i'n wrandäwr da gan roi digon o amser i'r plentyn orffen ei stori?	◆ Gwrandewch yn ofalus ar straeon. Bydd mynegiant eich wyneb yn dangos eich diddordeb – ac yn annog y plentyn i barhau! ◆ Gwnewch sylwadau sy'n ymwneud â stori'r plentyn. Gallwch annog plant i barhau â'u stori gyda sylwadau fel, 'Mae'n rhaid bod hynny wedi bod mor frawychus, mynd ar goll yn yr archfarchnad!' ◆ Cadwch at bwnc y plentyn. Peidiwch â thorri ar draws na newid y pwnc. Mae oedolion yn casáu os yw rhywun yn torri ar eu traws – a phlant hefyd! ◆ Peidiwch â throi'r stori'n 'wers' neu'n 'brawf.' Os yw plentyn yn dweud wrthych am gath newydd ei nain, peidiwch â gofyn, 'Beth mae cathod yn ei ddweud?' neu ddefnyddio ei stori fel cyfle i ddysgu'r plentyn am gathod.
4. Ydw i'n modelu adrodd stori i blant drwy enghreifftio fy mhrofiadau fy hun?	◆ Cofiwch adrodd eich stori chi!

Mae mwy nag un ffordd o ymateb i storïwr. Gallai'r athrawes hon ymateb gyda sylw, 'O na, felly doedd gen ti ddim bwyd i'w fwyta,' neu ofyn cwestiwn fel, 'Felly beth wnaeth dy Fam?' neu'r ddau.

Crynodeb

Mae plant yn dysgu siarad a siarad i ddysgu yn ystod y sgyrsiau y byddan nhw'n eu cael gyda'u gofalwyr. Mae siarad i ddysgu yn golygu defnyddio iaith ar gyfer meddwl a dadansoddi, datrys problemau, cynllunio, rhagfynegi, rhesymu, a dychmygu, sydd i gyd yn rhoi sylfaen gadarn i bob math o ddysgu. Mae athrawon yn gallu hybu 'iaith dysgu' trwy fynd y tu hwnt i'r presennol yn ystod eu sgyrsiau gyda phlant, a thrwy fodelu defnydd mwy haniaethol o iaith. Maen nhw hefyd yn gallu annog a chefnogi plant i adrodd straeon, sy'n gofyn am ddefnydd penodol, trefnus, a disgrifiadol o iaith mewn dilyniant rhesymegol. Trwy ofyn cwestiynau priodol, gwneud sylwadau perthnasol, a chreu cyfleoedd i bob plentyn adrodd straeon, mae athrawon yn gallu hyrwyddo'r sgil bwysig hon.

Llyfryddiaeth

Blank, M. (1973). *Teaching learning in the preschool: A dialogue approach*. Columbus, OH: Charles E. Merrill.

Blank, M. (1982). Language and school failure: Some speculations about the relationship between oral and written language. Yn L. Feagans & D.C. Farran (Gol.), *The language of children reared in poverty* (tt. 75–92). Efrog Newydd: Academic Press.

Crais, E.R. (1990). World knowledge to word knowledge. *Topics in Language Disorders*, 10(3), 45–62.

Farran, D.C. (1982). Mother-child interaction, language development and the school performance of poverty children. Yn L. Feagans & D.C. Farran (Gol.), *The language of children reared in poverty* (tt. 19–48). Efrog Newydd: Academic Press.

Graves, M. (1985). *A word is a word ... or is it?* Richmond Hill, Ontario: Scholastic.

Heath, S.B. (1983). *Ways with words*. Caergrawnt, Lloegr: Cambridge University Press.

Heath, S.B. (1985). Separating 'Things of the imagination' from life: Learning to read and write. Yn W.H. Teale & E. Sulzby (Gol.), (1985). *Emergent literacy: Writing and reading*. (tt. 156–172). Norwood, NJ: Ablex.

Hohmann, M., Banet, B. & Weikart, D. (1979). *Young children in action*. Ypsilanti, MI: The High/Scope Press.

Lucariello, J. (1990). Freeing talk from the here-and-now: The role of event knowledge and maternal scaffolds. *Topics in Language Disorders*, 10 (3), 14–29.

Shafer, R.E., Staab, C. & Smith, K. (1983). *Language functions and school success*. Glenview, IL: Scott, Foresman.

Snow, C.E., Dubber, C. & de Blauw, A. (1982). Routines in mother-child interaction. Yn L. Feagans & D.C. Farran (Gol.), *The language of children reared in poverty* (tt. 53–71). Efrog Newydd: Academic Press.

Tough, J. (1983). Children's use of language and learning to read. Yn L. Feagans & D.C. Farran (Gol.), *The language of children reared in poverty* (tt. 3–17). Efrog Newydd: Academic Press.

Tough, J. (1985). *Talking and learning*. Llundain: Ward Lock Educational.

Umiker-Seboek, D.J. (1979). Preschool children's intraconversational narratives. *Journal of Child Language*, 6, 91–109.

Van Manen, M.(1986). *The tone of teaching*. Richmond Hill, Ontario: Scholastic.

Vygotsky, L. (1962). *Thought and language*. Cambridge: MIT Press.

Wallach, G.P. (1987). *Learning disabilities as a language problem: What to look for and what to do?* Presentation for the Toronto Association for Children with Learning Disabilities.

Warr-Leeper, G. (1992). *General suggestions for improving language*. Presentation at Clinical Symposium on 'Current Approaches to the Management of Child Language Disorders,' University of Western Ontario, London, Ontario.

Wells, G. (1986). *The meaning makers: Children learning language and using language to learn*. Portsmouth, New Hampshire: Heinemann.

Wells, J.L. (1980). *Children's language and learning*. Englewood Cliffs, NJ: Prentice Hall.

Wertsch, J.V. & Addison Stone, C. (1986). The concept of internalization in Vygotsky's account of the genesis of higher mental functions. Yn J. V. Wertsch (Gol.), *Culture, communication and cognition: Vygotskian perspectives* (tt.162–179). Efrog Newydd: Cambridge University Press.

Westby, C.E. (1985). Learning to talk – talking to learn: Oral-literate language differences. Yn C. Simon (Gol.), *Communication skills and classroom success* (tt. 181–218). San Diego: College Hill Press.

Yardley, A. (1988). *Discovering the physical world*. Toronto, Canada: Rubicon.

Mwynhau Dysgu Iaith

Hyrwyddo chwarae esgus: dychmygwch yr hwyl, dychmygwch y dysgu

Mae athrawon yn gallu annog plant i esgus a defnyddio eu dychymyg mewn sawl ffordd.

A. *Chwarae esgus a datblygiad iaith: creu awyrgylch dramatig*

Yr hyn sy'n gwahanu pobl oddi wrth anifeiliaid yw ein gallu i ddefnyddio symbolau. Efallai bod eich ci yn glyfar, ond dydy'r ci ddim yn gallu siarad, darllen nac ysgrifennu! Mae pobl yn defnyddio geiriau fel symbolau, sy'n ei gwneud hi'n bosibl cynrychioli'r presennol, y gorffennol, y dyfodol, a ffantasi. Fodd bynnag, nid oes gan eich ci unrhyw ffordd o roi gwybod ichi ei fod wedi mwynhau'r bisgedi hynny a adawoch ar y cownter neithiwr!

> **Mae chwarae esgus, fel iaith, yn golygu defnyddio symbolau, a dyna pam ei fod yn cael ei alw hefyd yn chwarae symbolaidd. Wrth chwarae esgus, mae plant yn defnyddio gwrthrychau esgus i gynrychioli gwrthrychau absennol.**

Mae chwarae esgus, fel iaith, yn golygu defnyddio symbolau, a dyna pam ei fod yn cael ei alw hefyd yn chwarae symbolaidd. Wrth chwarae esgus, mae plant yn defnyddio gwrthrychau esgus i gynrychioli gwrthrychau absennol. Ymhen amser, mae gallu plant i ddefnyddio symbolau wedi eu datblygu i'r fath raddau fel nad oes angen gwrthrychau o gwbl arnyn nhw mwyach – gallan nhw 'actio' neu ddefnyddio iaith wrth greu-a-chredu.

Mae llawer o arbenigwyr yn credu bod chwarae symbolaidd yn hanfodol i ddatblygiad gwybyddol plentyn gan ei fod yn meithrin meddwl haniaethol, datrys problemau, hunanreolaeth a chreadigedd. Mae gallu plentyn i ddefnyddio ei dychymyg yn rhydd ac yn greadigol yn ei helpu ym mron pob agwedd o fywyd. Fel y dywedodd Albert Einstein: 'Mae dychymyg yn bwysicach na gwybodaeth.'

Oherwydd bod chwarae esgus ac iaith yn adlewyrchu'r un gallu gwybyddol sylfaenol – hynny yw, y gallu i gynrychioli pethau'n symbolaidd – bydd plant lle mae eu gallu i ddefnyddio symbolau wedi cael ei amharu arno (e.e., plant ag oedi datblygiadol) yn wynebu oediad iaith ac oediad chwarae esgus. Efallai y bydd gan blant sydd ag oediad iaith hefyd sgiliau chwarae esgus anaeddfed os oes rhywbeth yn amharu ar eu gallu i ddeall iaith. Fodd bynnag, efallai y bydd gan rai plant sydd ag oediad iaith sgiliau esgus ardderchog gan mai dim ond eu gallu i fynegi eu hunain sydd ag oediad, nid eu gallu i ddeall iaith a meddwl gan ddefnyddio symbolau.

Oherwydd ei gysylltiad ag iaith, mae chwarae esgus yn darparu cyd-destun cyfoethog ar gyfer defnyddio a dysgu iaith mewn sefyllfaoedd cymdeithasol (gweler pennod 6 am wybodaeth am y berthynas rhwng rhyngweithio â chyfoedion a chwarae esgus). Gellir helpu plant sydd â sgiliau chwarae symbolaidd cryf ond sgiliau iaith gwael i ddatblygu eu hiaith trwy chwarae esgus, tra gellir helpu plant sydd â sgiliau iaith uwch na'u sgiliau chwarae symbolaidd i ddefnyddio'u hiaith i esgus mewn ffyrdd mwy datblygedig.

Mae ymchwil wedi dangos os nad yw gofalwyr yn modelu ac annog chwarae esgus, mae ei ddatblygiad yn dioddef. Felly, mae'n bwysig annog plant i esgus ac i ddefnyddio eu dychymyg mewn sawl ffordd. Ni fydd angen llawer o anogaeth ar rai plant i esgus a dychmygu, ond bydd angen llawer o arweiniad chwareus ar y rhai sydd ag oedi o ran eu galluoedd symbolaidd.

Chwarae dramatig-gymdeithasol: cyd-destun theatrig ar gyfer datblygu iaith dysgu

Pan fydd plant yn dechrau datblygu chwarae esgus, nid oes angen iddyn nhw allu siarad llawer. Fodd bynnag, wrth i chwarae esgus ddatblygu, mae'n dod yn fwyfwy dibynnol ar sgiliau iaith plant: maen nhw'n defnyddio iaith i ryngweithio ag eraill, yn creu sefyllfaoedd dychmygol, ac yn actio rôl o fewn y sefyllfaoedd hynny, heb fawr o angen am wrthrychau.

Mae'r defnydd mwyaf soffistigedig o iaith mewn chwarae esgus yn digwydd yn ystod chwarae dramatig-gymdeithasol. Mewn chwarae dramatig-gymdeithasol, mae grŵp o blant yn cydweithio i ddatblygu thema (fel 'tŷ,' 'swyddfa meddyg,' neu 'ysgol'). O fewn y thema hon, maen nhw'n cymryd ac yn chwarae rôl esgus (fel 'mam,' 'meddyg,' neu 'athrawes'). Mae chwarae dramatig-gymdeithasol yn dibynnu'n fawr ar allu plant i ddeall a defnyddio iaith haniaethol. Mewn unrhyw senario chwarae dramatig-gymdeithasol, mae plant yn defnyddio iaith dysgu (gweler pennod 8, tudalennau 269–271), gan fynd y tu hwnt i'r presennol, y tu hwnt i'w profiadau personol eu hunain, a thu hwnt i'r byd go iawn. Mae'r hyn sy'n gallu ymddangos yn gêm esgus greadigol mewn gwirionedd yn arf sy'n eu helpu i ddatblygu'r ffurfiau iaith mwyaf datblygedig. O fewn y senario chwarae, mae plant yn dysgu defnyddio iaith i gynllunio, rhagfynegi, esbonio, datrys problemau, cyd-drafod, dadansoddi a deall cysyniadau nad ydyn nhw erioed wedi dod i gysylltiad â nhw. Dyma'r math o iaith sydd ei hangen ar blant i lwyddo yn yr ysgol.

Pryd fyddech chi'n hoffi eich apwyntiad nesa, madam?

Mewn chwarae dramatig-gymdeithasol, mae grŵp o blant yn cydweithio i ddatblygu thema a chymryd rôl esgus.

Defnyddio iaith i ddynwared pobl

Pan fydd plant yn cymryd rhan mewn chwarae dramatig-gymdeithasol, maen nhw mewn gwirionedd yn cymryd rhan mewn dynwarediad: mae pob plentyn yn dynwared person go iawn (fel rhiant neu athro) neu berson y mae'n uniaethu ag ef (fel brenhines) ac yn ceisio actio, siarad, ac edrych fel y person hwnnw. Trwy chwarae, mae plant yn ceisio ail-greu sefyllfa arferol ym mywyd y person y maen nhw'n ei ddynwared.

Er mwyn dynwared y person maen nhw'n esgus bod, mae'n rhaid i blant ddefnyddio iaith er mwyn iddyn nhw allu dweud y mathau o bethau mae'r person hwnnw'n debygol o'u dweud. Er enghraifft, gallai plentyn sy'n esgus bod yn feddyg ddweud, 'Agor dy geg' wrth iddi edrych y tu mewn i geg plentyn arall.

Defnyddio iaith i sefydlu ac ehangu'r olygfa creu-a-chredu

Yn ystod chwarae dramatig-gymdeithasol, dim ond trwy ei chreu â geiriau y mae plant yn gallu ail-greu sefyllfa bywyd go iawn. Maen nhw'n disgrifio'r olygfa creu-a-chredu i'w gilydd, yn dehongli eu gweithredoedd eu hunain fel bod y plant eraill yn deall beth maen nhw'n ei wneud a pham, ac yn ymhelaethu ar y thema chwarae gan ddefnyddio iaith.

Mae plant angen sgiliau iaith i gynllunio eu chwarae dramatig-gymdeithasol.

Defnyddio iaith i gydlynu a rheoli'r chwarae

Ceir llawer o anghytuno pan fydd plant yn cymryd rhan mewn chwarae dramatig-gymdeithasol! Mae'n rhaid iddyn nhw ddefnyddio iaith i drafod eu problemau, esbonio eu safbwyntiau, trafod, a dod o hyd i atebion creadigol, fel yn yr enghraifft ganlynol:

Bryn: Dwi eisiau bod yn dad.

Arwel: Alli di ddim bod yn dad oherwydd fi ydy'r tad.

Bryn: Beth am i ni'n dau fod yn dadau?

Arwel: Allwn ni ddim cael dau dad. Does gan neb ddau dad.

Bryn: Wel, mae gan fy nghefnder ddau. Mae un yn byw gydag ef a'i fam, a'r llall yn byw mewn tŷ gwahanol. Mae'n galw'r un yn ei dŷ yn 'Frank' a'r llall yn 'Dad.'

Arwel: Iawn, ond dwi eisiau bod yr un sy'n cael ei alw'n Dadi.

Bryn: Iawn, fydda i'n Frank.

Trwy chwarae dramatig-gymdeithasol, mae plant yn dysgu dilyn rheolau sgwrsio (a ddisgrifir ym mhennod 4) a gweld pethau o safbwynt plant eraill. Wrth iddyn nhw gymryd hunaniaeth person arall, efallai eu bod yn cael eu gorfodi i ystyried sut beth yw bod y person hwnnw er mwyn chwarae'r rôl; mae chwarae rôl, felly, yn eu helpu i werthfawrogi persbectif y person arall.

Mae plant hefyd yn dysgu defnyddio iaith glir, benodol yn ystod chwarae dramatig-gymdeithasol. Os nad ydyn nhw'n gwneud hynny, mae dryswch yn gallu digwydd. Mae ymchwil hefyd wedi dangos bod plant sy'n cymryd rhan yn aml mewn chwarae dramatig-gymdeithasol yn deall straeon yn well na'r rhai sydd ddim yn gwneud hynny.

Mae'n bosibl ennill cymaint o chwarae dramatig-gymdeithasol, felly mae angen annog a chefnogi Defnyddwyr Brawddegau Hwyrach fel y gallan nhw gymryd rhan ynddo'n rheolaidd.

B. Datblygiad chwarae esgus a chwarae dramatig plant

Mae pennod 6 yn disgrifio'r mathau o chwarae y mae plant yn cymryd rhan ynddo, gan gynnwys chwarae ymarferol, chwarae adeiladol, chwarae dramatig, a gemau â rheolau. Yn y bennod hon, byddwn yn edrych yn agosach ar ddatblygiad chwarae esgus a chwarae dramatig.

Mae chwarae esgus plant yn datblygu mewn dilyniant rhagweladwy o gamau o tua blwydd oed hyd hyd at saith oed, pan fydd yn dechrau lleihau. Mae plant sydd ag oedi datblygiadol a rhai plant sydd ag oediad iaith yn cymryd mwy o amser i gyrraedd y camau hyn. Efallai na fyddan nhw'n dangos y dychymyg a welir yn eu cyfoedion sy'n datblygu'n nodweddiadol ym mhob un o'r camau.

> **Wrth i chwarae esgus plant ddatblygu a dod yn fwyfwy soffistigedig, mae'n tueddu i symud ymlaen drwy'r pum cam canlynol:**
> - Chwarae hunan-esgus
> - Chwarae esgus syml
> - Dilyniant esgus o ddigwyddiadau cyfarwydd a dechrau chwarae rôl
> - Dilyniant dychmygol gan gyflwyno elfennau a gwrthrychau newydd sy'n llai cyfarwydd i'r plentyn
> - Chwarae dramatig-gymdeithasol - themâu esgus wedi'u cynllunio

Chwarae hunan-esgus

Gellir gweld chwarae hunan-esgus fel arfer mewn Defnyddwyr Geiriau Cyntaf rhwng 12 a 18 mis oed wrth iddyn nhw ddatblygu. Yn y math hwn o chwarae, mae'r plentyn yn chwarae ei hunan (e.e., esgus cysgu pan nad yw wedi blino) ac yn perfformio gweithredoedd esgus arno'i hun, gan ddefnyddio gwrthrychau bywyd go iawn neu deganau realistig eu golwg (e.e., efallai y bydd y plentyn yn esgus yfed o gwpan neu fwyta gyda llwy).

Chwarae hunan-esgus – mae'r plentyn yn esgus mynd i gysgu pan nad yw wedi blino.

Chwarae esgus syml

Gwelir chwarae esgus syml fel arfer mewn Cyfunwyr rhwng 18 mis a dwyflwydd oed wrth iddyn nhw ddatblygu. Yn y math hwn o chwarae, mae'r plentyn yn perfformio gweithredoedd sengl (e.e., brwsio gwallt doli neu gynnig ffôn tegan i oedolyn) ar bobl neu deganau, neu'r un weithred ar ddau berson, doli neu degan gwahanol (e.e., bwydo ei hun ac yna ei dol gyda llwy). Bydd y plentyn yn newid y tegan yn lle'r peth go iawn cyn belled â bod y tegan yn edrych yn ddigon tebyg i'r gwrthrych go iawn. Bydd y plentyn hefyd yn esgus gwneud pethau mae hi'n gweld oedolion yn eu gwneud, fel gorchuddio dol sy'n cysgu gyda darn o bapur neu godi cylchgrawn ac esgus ei ddarllen.

Dilyniant esgus o ddigwyddiadau cyfarwydd a dechrau chwarae rôl

Gwelir y math hwn o chwarae fel arfer mewn Defnyddwyr Brawddegau Cynnar rhwng dwyflwydd a dwyflwydd a hanner wrth iddyn nhw ddatblygu. Nawr, bydd plentyn yn perfformio, yn y drefn briodol, ddilyniant o weithredoedd esgus o ddigwyddiad cyfarwydd (e.e., bwyta swper, paratoi ar gyfer gwely, a mynd i gysgu). Bydd y plentyn yn dechrau chwarae rôl person arall y mae'n ei adnabod yn dda (e.e., ei mam), sef arwydd bod ei hymwybyddiaeth o eraill yn datblygu. Ar yr adeg hon, bydd plentyn efallai yn newid un gwrthrych am y llall cyn belled â'i fod yn debyg o ran siâp (e.e. gall cylch pentyrru gynrychioli donyt, ond nid bloc). Efallai y bydd y plentyn yn cynnig rôl mwy gweithredol i'w theganau yn ei chwarae: er enghraifft, efallai y bydd yn gwneud i arth wedi'i stwffio ddal cwpan ac yfed ohono.

Mae plant bach yn aml yn chwarae rôl 'mam' neu 'dad.'

Dilyniant esgus gan gyflwyno elfennau a gwrthrychau newydd sy'n llai cyfarwydd i'r plentyn

Gwelir y cam hwn o chwarae fel arfer mewn Defnyddwyr Brawddegau Cynnar rhwng dwyflwydd a hanner a thair oed wrth iddyn nhw ddatblygu. Nawr, mae plentyn yn dechrau actio digwyddiadau llai cyfarwydd (e.e., esgus mynd i weld y doctor neu fod yn berson trin gwallt). Efallai y bydd y plentyn yn siarad tra mae'n chwarae, ond nid yw siarad yn hanfodol. Mae'r plentyn yn creu gwrthrychau dychmygol i gefnogi ei chwarae, gan ddefnyddio meim, ystumiau ('meimio dwylo gwag'), a/neu eiriau i ddangos yr hyn y mae'n esgus ei wneud. Ar y cam hwn, mae'r plentyn yn gallu esgus gyda gwrthrychau nad ydyn nhw'n edrych fel y gwrthrychau maen nhw'n eu cynrychioli (e.e., mae tegan sy'n rhoi cylchoedd ar ben ei gilydd yn gallu bod yn floc). Mae'r datblygiad hwn – y gallu i wahanu symbol oddi wrth y gwrthrych ei hun – yn angenrheidiol ar gyfer meddwl, creu a datrys problemau.

Erbyn tair blwydd oed, mae gallu'r plentyn i greu symbolau meddyliol yn ei alluogi i ddefnyddio gwrthrychau dychmygol yn ystod y cyfnod chwarae.

Chwarae dramatig-gymdeithasol – themâu esgus wedi'u cynllunio

Gwelir y cam hwn o chwarae fel arfer mewn Defnyddwyr Brawddegau Hwyrach rhwng tair a phum mlwydd oed wrth iddyn nhw ddatblygu. Mae iddo bedair elfen:

1. Mae'r plant yn datblygu themâu dychmygol ac yn cymryd rôl creu-a-chredu

Mae plant yn gallu actio themâu fel brenin, brenhines neu anghenfil.

2. Dau blentyn neu fwy yn rhyngweithio ac yn cydweithredu mewn sesiwn chwarae am gyfnod estynedig (o leiaf 10 munud)

3. Mae'r plant yn defnyddio creu-a-chredu yn lle gwrthrychau realistig

Mae plant yn creu gwrthrychau dychmygol ar gyfer eu chwarae drwy ddefnyddio ystumiau neu feim a/neu drwy ddatgan beth yw'r gwrthrych dychmygol. Er enghraifft, gallai plentyn agor a chau dau fys i esgus torri rhywbeth. Pan fydd y plentyn yn defnyddio gwrthrychau i esgus, efallai nad ydyn nhw'n edrych yn ddim byd tebyg i'r gwrthrychau go iawn maen nhw'n eu cynrychioli.

4. Mae'r plant yn defnyddio iaith wrth greu-a-chredu

Ar y cam hwn, mae plant yn dynwared pobl ac yn chwarae rôl cymeriadau sy'n dod at ei gilydd i ddatrys problem neu i greu rhyw fath o ganlyniad. Er enghraifft, efallai y bydd plentyn sy'n esgus mai nhw ydy'r doctor yn dweud, 'Yn gyntaf dwi'n mynd i edrych yn dy geg, yna yn dy glustiau, ac yna fe fydda i'n rhoi rhywbeth i ti er mwyn i ti wella.'

Mae'r plant yn cydlynu ac yn rheoli'r chwarae, gan drafod problemau, esbonio safbwyntiau, cyd-drafod, a datrys problemau. Er enghraifft, gallai un plentyn ddweud, 'Rhaid i ti orwedd os wyt ti'n sâl.' Gallai plentyn arall ddadlau, 'Na, does dim rhaid i ti – dim ond os wyt ti'n sâl iawn.'

Mae plant yn sefydlu ac ehangu'r olygfa creu-a-chredu wrth:

 * **neilltuo rôl** ('Fi ydy Mami, ti ydy Dadi, ac mae hi'n gallu bod yn fabi.')
 * **dweud beth ydy gwrthrychau gwahanol** (gan ddweud 'Dyma fy hufen iâ' wrth esgus dal côn hufen iâ)
 * **esbonio gweithredoedd ar lafar sydd heb eu perfformio** ('Gadewch i ni esgus fy mod i eisoes wedi bwydo'r babi ac wedi ei roi yn ei wely.'), a
 * **creu 'stori' gyda phlot, dilyniant o ddigwyddiadau, a chanlyniad** ('Gadewch i ni esgus mai fi ydy'r doctor a dy fod wedi cyrraedd yr ysbyty gan fod dy fraich wedi torri').

Defnyddiwch Ganllaw Arsylwi 4 (ar ddiwedd y bennod hon) i benderfynu ar ba lefel y mae plant yn eich dosbarth chi yn cymryd rhan mewn gweithgareddau chwarae esgus.

C. Paratoi ar gyfer chwarae esgus a chwarae dramatig

I baratoi ar gyfer chwarae esgus, ac yn arbennig felly, ar gyfer chwarae dramatig-gymdeithasol, mae angen i chi ddarparu pum peth:

- ◆ Deunyddiau
- ◆ Amser
- ◆ Gofod
- ◆ Modelau o chwarae esgus chwareus
- ◆ Profiadau ysgogol

Deunyddiau

Mae chwarae dramatig plant yn cael ei ddylanwadu'n fawr gan y deunyddiau chwarae sydd ar gael iddyn nhw. Mae'n bwysig, felly, i athrawon roi sylw manwl i'r deunyddiau hyn. Mae pennod 6 (tudalennau 200–204) yn rhoi gwybodaeth am sut i gynllunio deunyddiau fel bod plant yn cael eu hannog i ryngweithio â'i gilydd. Er mwyn i blant allu cymryd rhan lawn mewn gweithgareddau chwarae dramatig, dylai deunyddiau gydweddu â'u sgiliau gwybyddol, echddygol, ieithyddol a chymdeithasol.

Mae'r plant i gyd eisiau dod draw i dy sw! Hoffet ti wneud arian allan o'r papur er mwyn iddyn nhw allu talu i ddod i weld dy anifeiliaid?

Ie! Rydyn ni eisiau gwneud llawer o arian!

Fydd rhaid iddyn nhw dalu £5 i ddod i mewn.

Mae sawl prop newydd diddorol gan yr athrawes yn helpu i gyfoethogi'r chwarae a'i gadw i fynd!

Mwynhau Dysgu Iaith

Mae'n well gan blant sydd ar gamau cynnar datblygiad chwarae esgus gan ddefnyddio deunyddiau a phropiau realistig. Iddyn nhw, bydd tŷ bach twt gyda phrydau tegan bach, potiau, sosbenni, a bwyd tegan y maen nhw'n ei adnabod yn ysgogi chwarae esgus. Ni fyddan nhw, fodd bynnag, yn defnyddio deunyddiau penagored fel bocsys a blociau i gynrychioli dim byd heblaw bocsys a blociau.

Bydd plant y mae eu sgiliau chwarae dramatig yn fwy datblygedig yn elwa o chwarae gyda gwrthrychau penagored. Mae blociau, bocsys, carton llaeth neu bapur cegin yn cynnig posibiliadau diddiwedd iddyn nhw ddefnyddio eu dychymyg. Wrth chwarae gyda'r deunyddiau penagored hyn, mae plant yn datblygu'r gallu i greu symbolau yn eu meddwl heb ddibynnu ar sut olwg sydd ar y gwrthrychau.

Mewn ystafell ddosbarth gyda phlant ar wahanol gamau o ddatblygiad chwarae esgus, bydd cymysgedd o bropiau realistig a phenagored yn darparu ar gyfer lefelau amrywiol y plant o chwarae esgus – a bydd yn darparu rhywbeth i bawb. Cofiwch gynnwys propiau a fydd yn ysgogi cydweithio a chwarae cydweithredol.

Cofiwch ei bod hefyd yn bwysig darparu deunyddiau newydd a fydd yn newid y thema yn yr ardal chwarae dramatig. Mae deunyddiau sy'n cynrychioli siop, awyren, clinig doctor, neu fwyty yn enghreifftiau o themâu y mae plant yn eu mwynhau.

Amser

Mae ar blant angen cyfnodau chwarae rhydd dan do sy'n ddigon hir i'w galluogi i ymgolli yn eu chwarae. Mae angen o leiaf 30 i 50 munud o amser di-dor ar gyfer y math hwn o chwarae. Lle bynnag y bo modd, dylai athrawon ddarparu cyfnodau hirach fyth.

Gofod

Mae pob ystafell ddosbarth plentyndod cynnar – hyd yn oed y rhai ar gyfer plant bach – angen man chwarae dramatig sydd wedi'i ddiffinio'n dda. Dylid darparu ardal blociau, sydd hefyd yn annog chwarae esgus.

Modelau o chwarae esgus chwareus

Os bydd plant yn gweld eich bod yn gwerthfawrogi chwarae esgus ac yn esgus chwarae eich hun, byddan nhw'n gwneud yr un peth. Byddan nhw'n cael eu hysgogi i greu llawer o syniadau dychmygus eu hunain.

Mae gweld eu hathrawes ar y llawr yn esgus bod yn 'Flaidd Mawr Drwg' yn annog y plant i esgus bod yn 'Dri Mochyn Bach.'

Mwynhau Dysgu Iaith

Profiadau ysgogol

Pan fydd plant yn gyfarwydd â'r digwyddiadau y maen nhw'n eu hesgus, mae eu chwarae dramatig ar ei fwyaf gwerthfawr ac mae'n gallu parhau am gyfnod estynedig. Gallai chwarae 'Tŷ Bach Twt,' er enghraifft, bara am hanner awr, tra gallai chwarae 'Gofodwyr' bara dim ond pum munud oherwydd nad yw'r plant yn gwybod digon am ofodwyr i gynnal y chwarae.

Fel y trafodwyd ym mhennod 6 (tudalennau 205–206), mae chwarae esgus llwyddiannus yn dibynnu ar blant yn meddu ar 'gyd-ddealltwriaeth' o'r cysyniadau a'r themâu sy'n cael eu defnyddio yn y chwarae. Mae'r ddealltwriaeth hon, yn ei thro, yn dibynnu ar gysylltiad plant â phrofiadau bywyd y maen nhw'n gyfarwydd â nhw. Rôl yr athro ydy egluro a dehongli'r profiad. Mae plant sydd wedi cael profiad o ymweld â siop, amgueddfa neu le gwaith neu sydd wedi bod yn teithio i leoliadau ysgogol wedi datblygu storfa o 'ddeunyddiau crai' i'w defnyddio mewn chwarae dramatig. Bydd cynnwys eu chwarae dramatig yn llawer cyfoethocach na chynnwys plant sydd heb gael y profiadau hyn.

Gallwch roi profiadau i blant sy'n cyfoethogi eu gwybodaeth o'r byd. Pan fyddwch chi'n trefnu gwaith maes neu drefnu ymweliad gan arbenigwr i'ch lleoliad chi yna bydd gwell dealltwriaeth gan y plant hynny. Bydd gwybodaeth sydd ar gael mewn llyfrau neu ffilm hefyd yn dyfnhau eu dealltwriaeth o fyd oedolion. Yn fuan wedyn, byddan nhw'n rhoi cynnig ar rai o'r syniadau hyn drwy chwarae esgus.

CH. Modelu chwarae esgus i'r rhai sydd ddim yn esgus

Mae plant a ddylai allu esgus ond sydd ddim yn gwneud hynny – hyd yn oed pan fyddwch chi'n 'paratoi'r olygfa' – angen i chi fodelu ac annog chwarae esgus.

Gallwch annog chwarae esgus ar gyfer y rhai sydd ddim yn esgus mewn tair ffordd:

- modelu chwarae esgus,
- annog plant i ddynwared gweithredoedd esgus, a
- dehongli gweithredoedd y plentyn o ran chwarae esgus ystyrlon.

Mae Sherri, dwyflwydd a hanner, yn Ddefnyddiwr Geiriau Cyntaf sy'n ymddangos ei bod yn deall llawer mwy nag y mae'n gallu ei ddweud. Mae hi'n eistedd ar y llawr, yn gwthio'r botymau ar y ffôn tegan ond dydy hi ddim yn chwarae esgus gyda'r ffôn. Mae Jan, ei hathrawes, wedi bod yn ei gwylio ers dros wythnos ac mae wedi nodi ei bod yn cymryd rhan mewn chwarae gweithredol [gweler tudalen 186], ond byth mewn chwarae esgus.

Mae Jan yn sylwi mai chwarae gweithredol yn unig y mae Sherri'n ei wneud – felly mae'n penderfynu modelu chwarae esgus iddi.

Helo Sherri.
Sut wyt ti heddiw?

Mae Jan yn esgus siarad â Sherri ar y ffôn ac yn cynnig y ffôn arall iddi i annog Sherri i ddynwared yr hyn mae'n wneud.

Ddylen ni ffonio Mam yn ei gwaith a dweud, "Helo Mam! Helo! Sherri sy'n galw!"

Mae Sherri yn dynwared gweithredoedd Jan, gan ddweud dim byd ond dangos diddordeb amlwg yn y gêm – sy'n ddechrau da. Mae Jan yn ymateb fel pe bai Sherri mewn gwirionedd yn esgus siarad ar y ffôn, gan ddehongli ei gweithred fel esgus ystyrlon.

Mae Jan yn modelu chwarae i Sherri, yn ei hannog i ddynwared gweithredoedd esgus, a, phan fydd Sherri yn dal y ffôn i'w chlust, mae'n trin ei gweithred fel pe bai'n weithred esgus. Trwy ddangos i Sherri sut mae gwrthrych tegan yn gallu bod yn symbol o ffôn go iawn, a thrwy ddefnyddio iaith i egluro ystyr ei gweithred, mae Jan yn rhoi cyfle i Sherri weld model o chwarae esgus y dylai hi, ymhen amser, allu ei ddilyn.

Bydd Jan yn parhau i fodelu'r defnydd o wrthrychau esgus ar gyfer Sherri mewn nifer o sefyllfaoedd gwahanol. Er enghraifft, bydd yn gwahodd Sherri i chwarae yn y tŷ bach twt ac yn esgus yfed o gwpan neu fwyta ychydig o fwyd esgus. Os yw Sherri'n edrych yn ddryslyd neu'n chwilio am ddŵr yn y cwpan, er enghraifft, bydd Jan yn dweud, 'Esgus ydw i! Edrycha? Dydw i ddim yn yfed go iawn. Rydw i'n esgus.' Bydd Jan yn dangos y cwpan gwag i Sherri ac yn 'yfed' eto.

D. Hwyluso chwarae dramatig-gymdeithasol

Os yw rhai plant yn eich ystafell ddosbarth yn Ddefnyddwyr Brawddegau Hwyrach sy'n gallu esgus ond ddim yn gallu defnyddio un neu fwy o elfennau chwarae dramatig-gymdeithasol, mae arnyn nhw angen eich help er mwyn dysgu sut i ddefnyddio'r elfennau coll hyn.

Gallwch chi helpu plant i fabwysiadu'r pedair elfen o chwarae dramatig-gymdeithasol drwy ddilyn y canllawiau canlynol:

1. Datblygu themâu dychmygol a chymryd rôl creu-a-chredu
2. Rhyngweithio a chydweithio ag o leiaf un plentyn arall am gyfnod estynedig
3. Defnyddio creu-a-chredu yn lle gwrthrychau realistig
4. Defnyddio iaith i greu sefyllfaoedd creu-a-chredu

(Edrychwch ar Ganllaw Arsylwi 4 ar ddiwedd y bennod hon am restr fanwl o'r iaith sy'n cael ei defnyddio yn ystod chwarae dramatig-gymdeithasol.)

Arwain chwarae dramatig-gymdeithasol o'r tu mewn neu o'r tu allan i'r grŵp

Ym mhennod 6, rydych chi wedi gweld sut y gallwch chi helpu plant i ryngweithio â'u cyfoedion naill ai trwy sefydlu rhyngweithio o'r tu mewn i'r grŵp tra'n cymryd rôl esgus, neu sefydlu rhyngweithio o'r tu allan i'r grŵp trwy wneud awgrymiadau ond heb ddod yn rhan o'r grŵp.

Mae'r un egwyddor yn berthnasol i helpu plant i gymryd rhan mewn chwarae dramatig-gymdeithasol a defnyddio holl elfennau'r chwarae hwnnw. Mae'n rhaid i chi benderfynu a fyddwch chi'n cymryd rhan yn y chwarae neu'n darparu cefnogaeth o'r tu allan i'r grŵp. Yn y pen draw, eich nod yw cael y plant i chwarae'n llwyddiannus heb eich cefnogaeth. Fodd bynnag, hyd nes y byddan nhw'n gallu integreiddio holl elfennau chwarae dramatig-gymdeithasol yn eu rhyngweithio â'u cyfoedion, byddan nhw'n parhau i fod angen eich arweiniad.

Er mwyn helpu plant i gymryd rhan mewn chwarae dramatig-gymdeithasol a defnyddio holl elfennau'r chwarae hwnnw, gallwch naill ai:

- Arwain o'r tu allan i'r grŵp – heb gymryd rhan yn y chwarae
- Arwain o'r tu mewn i'r grŵp – byddwch chi'n cymryd rhan yn y chwarae

---

Mwynhau Dysgu Iaith

Arwain chwarae dramatig-gymdeithasol o'r tu allan i'r grŵp:

Gallwch hybu cyfranogiad plentyn mewn chwarae dramatig-gymdeithasol trwy wneud sylwadau ac awgrymiadau, ond heb ymuno â'r grŵp.

Pan fyddwch yn darparu arweiniad o'r tu allan i'r grŵp, rydych yn:

- ymddwyn fel hyfforddwr, heb gymryd rôl esgus
- siarad â'r plant fel petaech chi'n siarad â'r cymeriadau maen nhw'n chwarae rôl (er mwyn peidio ag amharu ar yr awyrgylch creu-a-chredu), a
- gwneud awgrymiadau sy'n annog y plant i ddefnyddio ymddygiad chwarae dramatig-gymdeithasol a rhyngweithio â phlant eraill.

Arwain chwarae dramatig-gymdeithasol o'r tu allan i'r grŵp: enghraifft

Mae angen cymorth ar Donna, sydd ag arddull sgwrsio amharod ac sy'n ymgymryd â chwarae dramatig-gymdeithasol unigol yn unig, i gymryd rhan yn y chwarae dramatig-gymdeithasol yn yr 'Archfarchnad.'

Mae Joanne, ei hathrawes, yn gwneud awgrym sydd wedi'i gynllunio i annog Donna i:

- *ymuno yn y thema 'archfarchnad' a chymryd rôl creu-a-chredu (**Elfen 1**)*
- *ymuno yn y chwarae a rhyngweithio â phlentyn arall (**Elfen 2**)*
- *defnyddio ei dol fel plentyn creu-a-chredu (**Elfen 3**), a*
- *defnyddio iaith i actio ei rôl ac ehangu'r chwarae creu-a-chredu (**Elfen 4**).*

Mae Joanne wedi llwyddo i annog Donna i:

- gymryd rôl yn y chwarae (**Elfen 1**), a
- mynd at blentyn arall (y cam cyntaf tuag at **Elfen 2**).

Fodd bynnag, mae'n sylweddoli bod angen arweiniad ychwanegol ar Donna. Nid yw Donna mewn gwirionedd yn rhyngweithio â'r plant eraill (**Elfen 2**), ac nid yw'n ymddangos ei bod hi'n gwybod sut i ddefnyddio iaith i actio ei rôl nac i ehangu'r chwarae creu-a-chredu (**Elfen 4**).

Mae Joanne yn rhoi cyfarwyddyd clir i Donna i roi gwybod iddi sut i gymryd rhan yn y chwarae – mae hi'n modelu'r iaith sydd ei hangen ar Donna i ryngweithio â'r plant eraill ac yn helpu i ehangu'r chwarae creu-a-chredu (**Elfen 4**).

Arwain chwarae dramatig-gymdeithasol o'r tu mewn i'r grŵp

Mae arwain chwarae dramatig-gymdeithasol o'r tu mewn i'r grŵp yn rhoi'r fantais i chi o allu modelu ymddygiad chwarae dramatig-gymdeithasol nad yw plant yn eu defnyddio wrth gymryd rôl esgus yn y chwarae. Yna gallwch gefnogi nifer o blant ar yr un pryd – cyn belled â'ch bod yn gwybod pa elfen o chwarae sydd angen i chi ei phwysleisio gyda phob plentyn. Efallai y bydd plant yn ymateb yn araf i'ch ymdrechion i'w cyflwyno i elfennau chwarae dramatig-gymdeithasol. Fodd bynnag, cyn gynted ag y byddan nhw'n dangos yr holl elfennau, gallwch gamu'n ôl a gadael iddyn nhw fagu hyder yn eu gallu i chwarae'n annibynnol. Neu gallwch aros – ond gwnewch yn siŵr eich bod yn dilyn eu harweiniad.

Efallai y bydd angen i chi chwarae rhan y cyfarwyddwr er mwyn sefydlu'r thema ac arwain y chwarae. Fodd bynnag, mae'n bwysig cyfarwyddo mewn modd tyner, chwareus sy'n annog y plant i gymryd rhan.

Pan fyddwch chi'n arwain o'r tu mewn i'r grŵp, rydych chi'n:

- sefydlu thema
- cymryd rôl esgus
- gwahodd y plant i gyfranogi
- neilltuo rôl i bawb os oes angen
- helpu i sefydlu ac ehangu'r chwarae creu-a-chredu
- modelu iaith i ddynwared cymeriadau go iawn, sefydlu'r olygfa chwarae creu-a-chredu, a rheoli'r chwarae, a
- gwneud awgrymiadau sy'n annog y plant i ryngweithio â'i gilydd.

Mae Linda yn cymryd rôl esgus ac yn modelu iaith i ddynwared cymeriad go iawn.

Arwain chwarae dramatig-gymdeithasol o'r tu mewn i'r grŵp: enghraifft

Mae Gill yn mynd i chwarae gyda Petra, Craig a Nicki.

*Mae **Petra** yn dal i ddibynnu ar wrthrychau realistig ar gyfer ei chwarae. Felly, mae angen i Gill fodelu'r defnydd o greu-a-chredu yn lle defnyddio gwrthrychau realistig (**Elfen 3**).*

*Mae **Craig** yn defnyddio holl elfennau chwarae dramatig-gymdeithasol, felly mae'n fodel da i'r ddau blentyn arall.*

*Mae **Nicki** yn cymryd rhan mewn chwarae esgus bach gweithredol, ond nid mewn unrhyw fath o chwarae dramatig. Mae angen i Gill:*

- *fodelu chwarae rôl dramatig iddi (**Elfen 1**), a*
- *dangos iddi sut y gellir defnyddio iaith i chwarae rôl cymeriad ac i greu sefyllfa creu-a-chredu (**Elfen 4**).*

Mae Gill yn dechrau'r thema "trin gwallt" gyda gwahoddiad nad yw'r plant yn gallu ei wrthod. Felly mae hi'n:

- *sefydlu thema*
- *arddangos sut y gellir defnyddio iaith i greu sefyllfa creu-a-chredu, ac*
- *annog y plant i gyfranogi.*

Mae Gill yn gwahodd Petra i olchi ei gwallt trwy arllwys dŵr creu-a-chredu ar ei phen. Felly mae hi'n modelu:

- *sut i gymryd rôl creu-a-chredu (**Elfen 1**), a*
- *defnyddio iaith ar gyfer creu-a-chredu (**Elfen 4**).*

*Mae Craig yn cynnig cwpan fel potel siampŵ, gan fodelu'r defnydd o greu-a-chredu yn hytrach na gwrthrych realistig (**Elfen 3**).*

Erbyn hyn, mae gan Nicki ddiddordeb mawr mewn chwarae dramatig!

Mwynhau Dysgu Iaith

Mae Gill yn gofyn i Nicki ddal y "tywel" (blanced mewn gwirionedd) er mwyn iddi allu sychu gwallt gwlyb Gill. Mae hi'n defnyddio gwrthrych creu-a-chredu, yn hytrach na gwrthrych go iawn (**Elfen 3**). Pan fydd Petra yn gwrthod defnyddio blanced fel tywel, mae Gill yn egluro'r chwarae creu-a-chredu trwy ddangos iddi sut i drawsnewid unrhyw wrthrych trwy wneud datganiad am yr hyn yr hoffech iddo fod. Felly, mae hi'n defnyddio iaith i sefydlu beth yn union yw'r gwrthrychau (**Elfen 4**).

Mae gen i siswrn a dwi'n barod i dorri dy wallt.

Mae fy ngwallt bron yn sych. Mae Noa yn sychu ychydig mwy o'r gwallt.

Mae Nicki, sydd bellach yn cyfrannu'n frwd i'r chwarae, yn dod i gysylltiad â defnydd o iaith i greu ac ehangu'r chwarae creu-a-chredu (**Elfen 4**).

Ar ôl edrych unwaith eto i mewn i ddrych dychmygol Gill (modelu'r defnydd o greu-a-chredu yn hytrach na gwrthrychau realistig – **Elfen 3**), mae hi a'r plant wrth eu bodd gyda'r canlyniadau!

Gadewch i fi edrych yn y drych. Waw, mae fy ngwallt yn edrych yn wych. Ac yn teimlo mor lân!

DD. Ymuno â chwarae dramatig-gymdeithasol y plant ac ychwanegu ato

Nid oes angen cyfarwyddo plant sydd â sgiliau chwarae dramatig-gymdeithasol datblygedig, ond byddan nhw'n mwynhau pan fyddwch yn ymuno o bryd i'w gilydd, yn cymryd rôl creu-a-chredu, ac yn dilyn eu hesiampl.

Mae gormod o gyfarwyddyd fel rheol yn golygu llai o ryngweithio.

Pan fyddwch chi'n ymuno ac yn chwarae, mae'r rhyngweithio yn cynyddu.

Pan fyddwch chi'n ymuno gyda chwarae dramatig-gymdeithasol plant ac yn cyfrannu ymhellach bydd mwy o gyfle i:

- fodelu ymddygiadau chwarae sy'n ehangu ac yn ymestyn y rhyngweithio
- annog mwy o sgwrsio o fewn rôl esgus, a
- ychwanegu syniadau a fydd yn cyfoethogi dealltwriaeth y plant o'r thema chwarae
  (e.e. cynnig prop newydd neu gyflwyno problem i'w datrys neu bosibilrwydd i drafod).

Mwynhau Dysgu Iaith

Gadewch i ni weld sut mae Leslie yn ychwanegu at y chwarae pan fydd hi'n ymweld â 'Bwyty' y plant.

Mae Leslie yn ymuno trwy esgus bod yn gwsmer. Mae hi'n modelu ymddygiadau chwarae sy'n ehangu'r chwarae.

Mae Leslie yn cael ei gwahodd i ymuno â'r grŵp, ac mae hi'n gwneud hynny. Gan fod y plant yn chwarae rôl oedolion mewn bwyty go iawn, mae Leslie yn modelu sgwrs oedolion go iawn ac yn gofyn am fwydlen, gan ehangu'r ddrama ymhellach.

Mae dynwarediad realistig Leslie o gwsmer mewn bwyty yn cynnig syniadau ychwanegol ac yn helpu'r plant i gyfoethogi eu chwarae.

Mae Leslie yn modelu'r math o iaith y mae oedolion yn ei defnyddio mewn bwytai, gan annog defnydd iaith mwy aeddfed a mwy o sgwrsio sy'n gysylltiedig â chwarae.

E. Annog chwarae esgus yn ystod gweithgareddau synhwyraidd-greadigol

Gan fod gweithgareddau synhwyraidd-greadigol mor benagored, mae ganddyn nhw botensial mawr ar gyfer meithrin chwarae esgus a chwarae dramatig. Mae plant yn aml yn rhoi gwybod i chi eu bod yn barod i chwarae esgus.

Mae Manny yn barod i chwarae esgus, ond mae ffocws ei athrawes yn dal yn y presennol.

Edrychwch faint o hwyl y maen nhw'n ei gael pan fydd yr athrawes yn dilyn arweiniad Manny ac yn ehangu ar y creu-a-chredu.

Crynodeb

Mae chwarae esgus yn rhan bwysig o fywydau plant. Mae'n meithrin datblygiad gwybyddol ac yn darparu cyd-destun rhagorol ar gyfer datblygiad iaith. Chwarae dramatig-gymdeithasol, sy'n cynnwys chwarae rôl cydweithredol ar themâu gan grŵp o blant, yw'r ffurf fwyaf datblygedig o chwarae esgus. Mae'n hollbwysig i ddatblygiad sgiliau cymdeithasol ac iaith plentyn. Mewn lleoliadau plentyndod cynnar, mae angen i athrawon baratoi'r llwyfan ar gyfer chwarae esgus trwy ddarparu gofod, deunyddiau, amser digonol i chwarae, profiadau ysgogol, a model sy'n chwareus. Mae athrawon yn gallu annog datblygiad chwarae esgus trwy ei fodelu ar gyfer plant sy'n ymddangos nad ydyn nhw'n gallu esgus a thrwy arwain cyfranogiad mewn chwarae dramatig-gymdeithasol drwy gynnig sylwadau, awgrymiadau, modelau o'r elfennau coll, a syniadau creadigol ar gyfer ehangu thema'r chwarae.

Canllaw Arsylwi 4:
Datblygiad chwarae esgus

Cyn y gallwch hyrwyddo ffurfiau mwy aeddfed o chwarae esgus neu ddefnyddio chwarae esgus o fewn cyd-destun ar gyfer gwella sgiliau iaith plentyn, mae'n rhaid i chi fod yn gyfarwydd â'i cham chwarae esgus.

I benderfynu beth yw cam chwarae esgus y plentyn gallwch wirio hynny drwy ddefnyddio'r siart isod sy'n disgrifio sut mae'r plentyn yn chwarae.

Cam	Disgrifiad	Arsylwadau'r athro ar ymddygiad y plentyn
Chwarae hunan-esgus Mewn Defnyddwyr Geiriau Cyntaf rhwng 12 a 18 mis sy'n datblygu'n nodweddiadol	☐ Y plentyn yn chwarae fel y plentyn ei hunan ☐ Y plentyn yn perfformio gweithredoedd esgus ar ei hunan, gan ddefnyddio gwrthrychau neu deganau sy'n edrych yn realistig	
Chwarae esgus syml Mewn Cyfunwyr rhwng 18 mis a dwyflwydd sy'n datblygu'n nodweddiadol	☐ Y plentyn yn perfformio gweithredoedd • sengl ar bobl neu deganau; neu'r • un weithred ar ddau berson, doli neu degan gwahanol ☐ Y plentyn yn cyfnewid y tegan yn lle'r peth go iawn cyn belled â bod y tegan yn edrych yn ddigon tebyg i'r gwrthrych go iawn. ☐ Y plentyn yn esgus gwneud pethau y mae'n gweld oedolion yn eu gwneud.	
Dilyniant esgus o ddigwyddiadau cyfarwydd a dechrau chwarae rôl mewn Defnyddwyr Brawddegau Cynnar rhwng dwyflwydd a dwy a hanner sy'n datblygu'n nodweddiadol	☐ Y plentyn yn perfformio cyfres o weithredoedd esgus (o ddigwyddiad cyfarwydd) yn y drefn iawn ☐ Y plentyn yn dechrau chwarae rôl person arall y mae hi'n ei adnabod yn dda ☐ Y plentyn nawr yn gallu cyfnewid un gwrthrych am un arall cyn belled â'i fod yn debyg o ran siâp ☐ Y plentyn yn gallu rhoi rôl mwy gweithredol i degan yn y chwarae fel ei fod yn perfformio gweithredoedd drosto'i hun	

Dilyniant esgus o ddigwyddiadau llai cyfarwydd gan gyfnewid gwrthrychau annhebyg mewn Defnyddwyr Brawddegau Cynnar rhwng dwy a hanner a thair oed sy'n datblygu'n nodweddiadol	☐ Y plentyn yn dechrau actio digwyddiadau llai cyfarwydd ☐ Gallai'r plentyn siarad tra bydd yn chwarae ond nid yw siarad yn rhan hanfodol o'r chwarae esgus ☐ Y plentyn yn chwarae esgus gyda gwrthrychau sydd ddim yn edrych fel y gwrthrychau y maen nhw'n eu cynyrchioli ☐ Y plentyn yn creu gwrthrychau dychmygol i gefnogi ei chwarae. Efallai y bydd hi'n defnyddio meim neu ystum ('meimio dwylo gwag') a/neu eiriau i ddangos beth mae hi'n esgus ei wneud.	
Chwarae dramatig-gymdeithasol: themâu esgus wedi'u cynllunio mewn Defnyddwyr Brawddegau Hwyrach rhwng tair a phum mlwydd oed sy'n datblygu'n nodweddiadol	Y plentyn yn ymuno ag un neu fwy o gyfoedion i: ☐ ddatblygu themâu dychmygol ac yn cymryd rôl creu-a-chredu ☐ rhyngweithio a chydweithredu mewn sesiwn chwarae am gyfnod estynedig (o leiaf 10 munud) ☐ defnyddio creu-a-chredu yn lle gwrthrychau realistig ☐ dynwared yr hyn y mae pobl yn ei ddweud a'i wneud a chwarae rôl cymeriadau sy'n dod at ei gilydd i ddatrys problem neu i ddod i rhyw ganlyniad ☐ cydlynu a rheoli'r chwarae: trafod problemau, egluro safbwyntiau, trafod, datrys problemau ☐ defnyddio iaith i sefydlu beth yn union yw'r gwrthrychau ac esbonio gweithredoedd ar lafar sydd heb eu perfformio ☐ datblygu 'stori' gyda phlot, dilyniant o ddigwyddiadau, a chanlyniad.	

Mwynhau Dysgu Iaith

Llyfryddiaeth

Bretherton, I. (1984). Representing the social world in symbolic play: Reality and fantasy. Yn I. Bretherton (Gol.), *Symbolic Play: The development of social understanding* (tt. 3–41). Efrog Newydd: Academic Press.

Bretherton, I. (1986). Representing the social world in symbolic play: Reality and fantasy. Yn A.W. Gottfried a C. Caldwell Brown (Gol.), *Play interactions: The contribution of play materials and parental involvement to children's development*. Proceedings of the eleventh Johnson and Johnson Pediatric Round Table (tt.119–148). Lexington, Mass: Lexington Books.

Christie, J.F. & Wardle, F. (1992). How much time is needed for play? *Young Children*, 47(3), 28–31.

Copple, C., Sigel, I.E. & Saunders, R. (1984). *Educating the young thinker: Classroom strategies for cognitive growth*. Hillsdale, NJ: Lawrence Erlbaum Associates.

Fenson, L. (1986). The developmental progression of play. Yn A.W. Gottfried a C. Caldwell Brown (Gol.), *Play interactions: The contribution of play materials and parental involvement to children's development*. Proceedings of the eleventh Johnson and Johnson Pediatric Round Table (tt.53–65). Lexington, Mass: Lexington Books.

Garvey, C. (1990). *Play*. Cambridge, Mass: Harvard University Press.

Johnson, J.E., Christie, J.F. & Yawkey, T.D. (1987). *Play and early childhood development*. Glenview, IL: Scott, Foresman.

McCune, L. (1986). Play-language relationships: Implications for a theory of symbolic development. Yn A.W. Gottfried & C. Caldwell Brown (Gol.), *Play interactions: The contribution of play materials and parental involvement to children's development*. Proceedings of the eleventh Johnson and Johnson Pediatric Round Table (ptt. 67–79). Lexington, MA: Lexington Books.

McCune-Nicolich, L. (1981). Towards symbolic functioning: Structure of early pretend games and potential parallels with language. *Child Development*, 52, 785–797.

Nelson, K. & Seidman, S. (1984). Playing with scripts. Yn I. Bretherton (Gol.), *Symbolic Play: The development of social understanding* (tt. 3–41). Efrog Newydd: Academic Press.

Paley, V. (1990). *The boy who would be a helicopter*. Cambridge, Mass: Harvard University Press.

Pellegrini, A.D. (1985). Relations between preschool children's symbolic play and literate behavior. Yn L. Galda & A.D. Pellegrini (Gol.), *Play, language and stories: The development of children's literate behavior* (tt. 79–97). Norwood, NJ: Ablex.

Pellegrini, A.D. & Galda, L. (1990). Children's play, language and early literacy. *Topics in Language Disorders*, 10(3), 76–88.

Segal, M. & Adcock, D. (1981). *Just pretending: Ways to help children grow through imaginative play*. Englewood Cliffs, NJ: Prentice Hall.

Smilansky, S. & Shefatya, L. (1990). *Facilitating play: A medium for promoting cognitive, socio-emotional and academic development in young children*. Gaithersburg, MD: Psychosocial and Educational Publications.

Weininger, O. (1988). 'What if ' and 'As if ': Imagination and pretend play in early childhood. Yn K. Egan & D. Nadaner (Gol.), *Imagination and Education* (tt.141–149). Efrog Newydd: Teachers College Press.

Westby, C. (1980). Language abilities through play. Language, *Speech, and Hearing in the Schools*, 11, 154–168.

Wetherby, A. (1991). *Profiling communication and symbolic abilities: Assessment and intervention guidelines*. Presentation at Toronto Children's Centre, Toronto, Ontario.

Wetherby, A. (1991b). Profiling pragmatic abilities in the emerging language of young children. Yn T. M. Gallagher, (Gol.), *Pragmatics of language: Clinical practice issues* (tt. 249–281). San Diego, CA: Singular.

Sut mae iaith yn arwain at lythrennedd

Mae plant yn dysgu am lythrennedd o'r crud, ac maen nhw'n dysgu amdano yn yr un ffordd ag y byddan nhw'n dysgu am iaith lafar.

Mewn rhyngweithio naturiol, dyddiol, mae plant yn gweld eu gofalwyr yn defnyddio print mewn ffyrdd ystyrlon – ac maen nhw'n darganfod bod y marciau hynny ar bapur yn golygu rhywbeth. Unwaith y byddan nhw'n darganfod bod print yn ffordd i gyfathrebu, byddan nhw am wybod sut.

Fel athrawon, rydych chi'n chwarae rhan hanfodol wrth helpu plant i ddatblygu'r agweddau, y sgiliau a'r wybodaeth sy'n arwain at lythrennedd.

Rhaid helpu plant i'w galluogi i ddweud:

- Gallaf siarad am yr hyn rydw i'n ei wneud, ei weld, ei glywed neu ei gyffwrdd
- Gallaf ysgrifennu am yr hyn rydw i'n siarad amdano, neu mae rhywun arall yn gallu ysgrifennu ataf fi
- Gallaf ddarllen yr hyn sydd wedi'i ysgrifennu, neu mae rhywun arall yn gallu ei ddarllen i mi

Wrth ymdrin â llythrennedd fel hyn, mae plant yn datblygu sgiliau darllen ac ysgrifennu wrth iddyn nhw gymryd rhan mewn digwyddiadau llythrennedd ystyrlon, bywyd go iawn a chyfathrebu amdanyn nhw. Mae'r dull hwn, sy'n seiliedig ar y cysylltiad cryf rhwng datblygiad iaith a llythrennedd, yn gallu bod o fudd i bob plentyn, gan gynnwys plant sydd ag oediad iaith.

Mae pennod 10, 'Paratoi'r ffordd ar gyfer darllenwyr ac ysgrifenwyr ifanc,' yn rhoi gwybodaeth fanwl am sut mae athrawon yn gallu gosod seiliau llythrennedd trwy wneud darllen ac ysgrifennu yn rhan naturiol, ystyrlon o fywyd bob dydd. Gan fod cysylltiad cryf rhwng datblygiad sgiliau llythrennedd a datblygiad iaith, bydd y bennod hon yn cyfeirio'n ôl at lawer o'r strategaethau sgwrsio a ddisgrifiwyd mewn penodau cynharach, sydd hefyd yn dod yn rhan annatod o rannu llyfrau.

Ym mhennod 11, 'Amser cylch: creu profiad rhyngweithiol o ddysgu iaith,' byddwch yn darllen am amser cylch ac amser grŵp sy'n ysgogi ac sy'n rhyngweithiol a fydd yn meithrin y sgiliau iaith sydd eu hangen ar blant er mwyn dod yn llythrennog.

Mwynhau Dysgu Iaith

Paratoi'r ffordd ar gyfer darllenwyr ac ysgrifenwyr ifanc

> Dyma oedd fy hoff lyfr pan oeddwn i'n ferch fach!

Fel athrawon, rydych chi'n chwarae rhan bwysig wrth helpu plant i ddatblygu'r agweddau, y sgiliau a'r wybodaeth sy'n arwain at lythrennedd.

A. Gosod seiliau llythrennedd

Mae paratoi plant ar gyfer ennill sgiliau llythrennedd yn golygu eu trochi mewn amgylchedd lle mae rhyngweithio â darllen ac ysgrifennu yn rhan naturiol o fywyd bob dydd. Ar un adeg, addysgu'r wyddor i blant oedd man cychwyn sefydlu llythrennedd cynnar. Dim mwy. Mae gan blant lawer mwy o bethau pwysig i'w dysgu fodd bynnag am iaith lafar, darllen ac ysgrifennu cyn eu bod yn barod i ddeall pwrpas yr wyddor.

Gallwch chi baratoi pob plentyn ar gyfer llwyddiant yn yr ysgol trwy eu helpu i ddysgu a datblygu'r sgiliau canlynol. Rhaid i blant:

- ddatblygu agweddau positif tuag at ddefnyddio print
- meithrin eu gwybodaeth gyffredinol a'u sgiliau iaith
- datblygu ymwybyddiaeth, trwy 'chwarae' gyda geiriau, deall bod iaith yn cynnwys llawer o rannau
- meithrin ymwybyddiaeth o brint, a
- dod i gysylltiad â llyfrau a dod yn gyfarwydd ag 'iaith' arbennig llyfrau.

Nid oes angen i chi addysgu'r sgiliau hyn yn uniongyrchol. Bydd plant yn eu dysgu trwy ddod i gysylltiad â phrint, llyfrau, ac iaith mewn ffyrdd sy'n dangos iddyn nhw pa mor rhyfeddol o ddefnyddiol, ystyrlon a phleserus yw print mewn gwirionedd.

Helpu plant i ddatblygu agweddau positif tuag at ddefnyddio print

Mae'r agweddau y mae plant yn eu datblygu tuag at ddarllen ac ysgrifennu – agweddau sy'n cyfrannu at y dasg o ddatblygu llythrennedd – yn hynod o bwysig. Er mwyn dod yn ddarllenwyr ac yn ysgrifenwyr cymwys, rhaid i blant fod eisiau darllen ac ysgrifennu.

Mae agweddau positif tuag at ddarllen ac ysgrifennu yn cael eu trosglwyddo i blant gan eu rhieni a'u gofalwyr. Mae plant actorion, cantorion a chwaraewyr tennis yn aml eisiau bod yn actorion, cantorion, a chwaraewyr tennis. Yn yr un modd, mae plant y mae eu rhieni'n darllen ac yn ysgrifennu'n aml hefyd eisiau bod yn ddarllenwyr ac yn ysgrifenwyr.

Fel athrawon, rydych chi'n anfon negeseuon cryf at blant (hyd yn oed at fabanod a phlant bach) am ba mor bwysig yw darllen ac ysgrifennu i chi. Mae hynny'n golygu ei bod yn bwysig gadael i'r plant yn eich ystafell ddosbarth weld eich agwedd bositif tuag at ddarllen ac ysgrifennu.

Er mwyn gadael i blant weld eich agwedd bositif tuag at ddarllen ac ysgrifennu, gallwch:

- ◆ fod yn gyffrous iawn am lyfrau
- ◆ siarad am y llyfrau rydych chi'n eu darllen
- ◆ dangos y llyfrau a oedd yn ffefrynnau yn ystod eich plentyndod i'r plant
- ◆ cyflwyno lluniau neu erthyglau o bapur newydd neu gylchgrawn, a
- ◆ gadael i'r plant weld bod ysgrifennu yn rhan naturiol o'ch diwrnod.

Byddwn yn trafod mwy o'r syniadau hyn yn nes ymlaen yn y bennod hon.

Dyma oedd fy hoff lyfr pan oeddwn i'n ferch fach!

Pan fyddwch chi'n cyffroi am lyfrau, bydd y plant hefyd yn teimlo'n gyffrous

Pwysigrwydd gwybodaeth gyffredinol a sgiliau iaith i ddarllen

Er mwyn i blentyn ddod yn ddarllenwr llwyddiannus, mae arno angen sgiliau iaith da a storfa ddatblygedig o wybodaeth gyffredinol. Er bod gwybodaeth am berthynas sain-llythyren (ffoneg) hefyd yn bwysig, nid yw ffoneg yn unig yn ddigon i helpu plant i ddeall yr hyn y maen nhw'n ei ddarllen. Mae darllenwyr llwyddiannus yn dibynnu ar eu gallu ieithyddol i wneud synnwyr o'r hyn y maen nhw'n ei ddarllen. Gallan nhw ragfynegi pa eiriau a ddaw nesaf mewn brawddeg, ar sail eu 'teimlad' o iaith a'u gwybodaeth o ramadeg a ffoneg.

Er mwyn datblygu'r math o sgiliau iaith a fydd yn eu gwneud yn ddarllenwyr llwyddiannus, rhaid i blant:

- ◆ gael geirfa eang
- ◆ cael gafael ar reolau gramadeg fel eu bod yn gallu darllen brawddegau sy'n cynnwys gramadeg sy'n fwy cymhleth na'u gramadeg nhw
- ◆ bod yn gyfarwydd ag iaith llyfrau, sy'n fwy cymhleth a ffurfiol nag iaith lafar, a
- ◆ defnyddio iaith dysgu i egluro, rhagfynegi, uniaethu a dychmygu. Rhaid iddyn nhw ddadansoddi'r hyn y maen nhw wedi'i ddarllen yn gyson, penderfynu beth mae'n ei olygu, dychmygu'r olygfa yn eu meddyliau, a chywiro eu rhagfynegiadau neu ragdybiaethau pan fyddan nhw'n cael eu profi'n anghywir.

Darllenwch y stori isod i weld sut rydych chi'n defnyddio eich sgiliau iaith a'ch gwybodaeth gefndir i lenwi'r hyn sydd ar goll.

Diwrnod Diflas Miranda

Ni chanodd cloc larwm Miranda a nawr roedd hi'n hwyr i gyfarfod pwysig. Dydy hi ddim yn gallu fforddio colli ei (i)_____ac roedd hi'n gwybod pe bai'n colli'r cyfarfod hwn, roedd siawns dda y byddai hi'n (ii) _____. Cloeodd (iii) _____ ei fflat a rhuthrodd allan. Ceisiodd alw (iv)_____, ond roedd ei hymdrechion yn aflwyddiannus. O'r diwedd, penderfynodd gymryd y (v) b_____, ond roedd hi 20 munud yn hwyr yn cyrraedd ei swyddfa. (vi) Srigodd i fyny'r grisiau ac i mewn i'r ystafell gyfarfod. Yno, gyda wyneb difrifol, eisteddai Mr Crimp, a ddywedodd, (vii) '_____!'

Gadewch i ni weld sut y gwnaeth eich sgiliau iaith a'ch gwybodaeth o'r pwnc eich galluogi i:

- Ddod i gasgliadau
- Rhagweld geiriau sy'n dod nesaf mewn brawddegau
- Dyfalu geiriau gan ddefnyddio eich gwybodaeth o:
  - reolau gramadegol
  - ffoneg a sillafu, a
  - y cyd-destun
- Deall ymadroddion sy'n rhan o iaith llyfrau
- Rhagweld beth fyddai'n digwydd nesaf a
- Dychmygu golygfa yn eich pen

Dod i gasgliadau

Mae'n debyg eich bod wedi darganfod beth oedd y stori o'r teitl – 'Diwrnod Diflas Miranda' – ac o'r frawddeg gyntaf: 'Roedd Miranda yn hwyr i gyfarfod pwysig.'

Gwnaeth y teitl a'r geiriau 'hwyr' a 'cyfarfod' i chi feddwl bod y stori'n ymwneud â phroblemau Miranda yn y gwaith. Roeddech chi'n gallu dod i'r casgliad hwn yn weddol hawdd oherwydd eich bod chi'n gyfarwydd â'r thema hon o ddarllen nofelau, gwylio ffilmiau, ac, efallai, profiad personol. Roedd eich gallu i ddefnyddio iaith yn eich galluogi i wneud y rhagdybiaeth hon a dod i'ch casgliad.

Rhaid i blant, hefyd, ddysgu i wneud rhagdybiaethau a dod i gasgliadau am yr hyn y maen nhw'n ei ddarllen. Mae eu gallu i ddefnyddio iaith i feddwl, datrys problemau, a rhesymu yn eu galluogi i ddeall pethau nad ydyn nhw'n cael eu crybwyll yn benodol yn y stori. Er enghraifft, pe bai plentyn â sgiliau iaith da yn darllen y frawddeg, 'Rhedodd Michael i mewn i'w ystafell, estyn am y switsh, a dechrau chwilio am y fodrwy ar unwaith,' byddai'n dod i nifer o gasgliadau ar unwaith: mae hi'n nos (oherwydd i Michael estyn am y switsh), rhoddodd Michael y golau ymlaen (fel y gallai chwilio am y fodrwy), ac roedd y fodrwy ar goll (am fod Michael yn chwilio amdani).

Mwynhau Dysgu Iaith
© 2024, *Hanen Early Language Program*. Cedwir pob hawl.

Gan nad yw awduron byth yn cynnwys pob manylyn yn eu straeon, mae'n rhaid i blant ddod i sawl casgliad ar eu pen eu hunain. Os nad ydyn nhw'n gallu defnyddio iaith i ddod i'r casgliadau hyn, maen nhw'n debygol o fethu ystyr y stori a mynd yn rhwystredig. Felly, mae'r gallu i ddatrys problemau a chwilio am gysylltiadau ac esboniadau posibl – rhan bwysig o iaith dysgu – yn hollbwysig i ddod yn ddarllenwr effeithiol.

Mae meddu ar wybodaeth gyffredinol eang yn helpu plant i wneud y rhagdybiaethau a llunio casgliadau fel eu bod yn gallu deall stori mewn print. Os darllenir iddyn nhw'n rheolaidd, mae plant yn datblygu'r wybodaeth hon, ac yn mwynhau wrth wrando ar stori a'i darllen. Yn yr un ffordd ag y gwnaeth eich cysylltiad â'r pwnc 'problemau yn y gwaith' eich helpu i ddeall stori Miranda, bydd plant â rhywfaint o wybodaeth gefndirol am dditectifs, anifeiliaid y jyngl, deinosoriaid, neu adar ysglyfaethus yn ei chael hi'n haws deall llyfrau ar y pynciau hyn.

Rhagweld geiriau sy'n dod nesaf mewn brawddegau

Roeddech chi'n gwybod mai'r gair coll am rif (i) ('Dydy hi ddim yn gallu fforddio colli ei _____') oedd 'swydd' ac mai'r gair coll am rif (iv) ('Ceisiodd alw _____') oedd 'tacsi'. Fe wnaeth eich gwybodaeth o iaith eich helpu i benderfynu beth fyddai'n gwneud synnwyr yn y brawddegau hyn. O fewn y thema 'problemau yn y gwaith', byddech chi'n disgwyl i'r gair 'swydd' ddilyn 'colli ei ...' yn hytrach nag 'ymbarél' neu 'set o allweddi'. Mae'r gair 'tacsi' yn dilyn yr ymadrodd 'galw ...' yn y cyd–destun hwn. Gyda'ch gwybodaeth gefndirol o gyd-destun 'ceisio cyrraedd rhywle'n gyflym', nid oedd yn anodd ichi ddod i'r casgliad hwn.

Mae plant sydd â sgiliau iaith datblygedig hefyd yn defnyddio eu 'teimlad' am iaith i'w helpu i ragweld pa air sy'n dod nesaf mewn brawddeg. Maen nhw'n dysgu geirfa ac ymadroddion cyffredin yn ystod sgyrsiau gydag oedolion (gweler pennod 4) yn ogystal ag wrth ddod i gysylltiad rheolaidd â llyfrau.

Dyfalu geiriau gan ddefnyddio eich gwybodaeth reolau gramadegol

Roedd eich gwybodaeth o ramadeg Cymraeg yn dweud wrthych mai'r geiriau coll am rif (ii) ('... ac roedd hi'n gwybod pe bai'n colli'r cyfarfod hwn, roedd siawns dda y byddai hi'n colli _____.') oedd 'ei swydd' ac mai'r gair coll am rif (iii) ('Cloeodd _____ ei fflat a rhuthrodd allan.') oedd 'ddrws'.

Os mai Cymraeg yw eich iaith gyntaf, mae eich gwybodaeth reddfol o reolau gramadeg Cymraeg yn gwneud yr atebion hyn yn amlwg. Mae'r dasg hon yn anoddach i bobl sy'n siarad Cymraeg fel ail iaith ac nad ydyn nhw wedi dysgu rheolau gramadeg Cymraeg.

Pan fydd plant yn dysgu darllen, mae eu gwybodaeth reddfol o reolau gramadegol yn eu helpu i ddarganfod geiriau anhysbys yn yr un modd ag y gwnaeth eich gwybodaeth reddfol o reolau eich helpu chi yn yr enghreifftiau uchod. Mae plant yn cael cliwiau pwysig o safle geiriau mewn brawddegau ac o'r geiriau sy'n dod cyn ac ar ôl gair anhysbys. Er enghraifft, pe na bai plentyn yn gallu darllen y gair 'lluchio' yn y frawddeg 'Mae e'n lluchio'r bag i'r awyr,' fe fyddai, heb sylweddoli, dal yn gwybod llawer am y gair. Er enghraifft, byddai'n gwybod bod y gair 'lluchio' yn ferf oherwydd ei fod yn dod ar ôl goddrych y frawddeg (hyd yn oed os nad oedd yn gwybod union ddiffiniadau 'berf' a 'goddrych' eto). Gan mai person ac nid gwrthrych oedd goddrych y frawddeg, byddai'n gwybod bod y ferf yn ôl pob tebyg yn cynnwys gweithred o ryw fath, wedi'i pherfformio ar y bag. Byddai'r holl wybodaeth hon yn ei gwneud hi'n haws i'r plentyn ddeall ystyr y gair.

Mae plant ag iaith anaeddfed neu rai sydd ag oediad iaith – a dysgwyr ail iaith – yn aml yn cael trafferth dysgu darllen, yn rhannol oherwydd bod llyfrau'n cynnwys rheolau gramadegol nad ydyn nhw wedi'u deall eto. Er enghraifft, os nad yw plentyn yn gallu defnyddio'r amser goddefol, fel yn y frawddeg 'Cafodd y ci ei frathu gan yr aderyn,' nid yw'n debygol o ddeall brawddeg o'r fath. Felly, bydd yn dehongli'r frawddeg yn anghywir fel 'Mae'r ci wedi brathu'r aderyn' – sy'n dinistrio ystyr y stori. Mae angen cymorth ar y plant hyn i ddysgu rheolau gramadegol (gweler pennod 7) ac mae arnyn nhw angen llawer iawn o gyswllt â llyfrau y gallan nhw eu mwynhau a'u deall.

Dyfalu geiriau ar sail eich gwybodaeth am ffoneg a sillafu

Roedd eich gwybodaeth am ffoneg a sillafu yn ei gwneud yn amlwg bod yn rhaid i rif (v) ('O'r diwedd, penderfynodd gymryd y b_____, ond roedd hi 20 munud yn hwyr yn cyrraedd ei swyddfa.') fod yn 'bws'. Pe na bai'r llythyren 'b' wedi bod yno, byddai'r gair wedi gallu bod yn 'trên,' 'tram,' neu 'trên tanddaearol,' ond roedd y 'b' yn gwneud y dewis yn amlwg. Felly, fe wnaethoch chi ddefnyddio eich gwybodaeth am ffoneg i ddeall beth fyddai'n gwneud synnwyr.

Wrth i blant ddysgu'r berthynas rhwng sŵn llythrennau (ffoneg), maen nhw'n defnyddio'r wybodaeth hon i'w helpu i leihau'r nifer o bosibiliadau wrth ddarllen gair anhysbys. Fodd bynnag, nid yw gwybodaeth am ffoneg yn ddigon i'w helpu i ddeall yr hyn y maen nhw'n ei ddarllen (gweler isod am drafodaeth ar ystyr 'srigodd').

Dyfalu geiriau ar sail yr hyn sy'n gwneud synnwyr mewn cyd–destun

Mae gennych chi syniad da o ystyr 'srigodd' yn y frawddeg 'Srigodd i fyny'r grisiau ac i mewn i'r ystafell gyfarfod,' er nad ydych chi erioed wedi gweld y gair o'r blaen.

Nid oes y fath air â 'srigodd'! Ond roeddech chi'n gwybod beth fyddai'n gwneud synnwyr yn y cyd–destun a daethoch i'r casgliad bod 'srigodd' yn golygu rhywbeth fel 'rhuthrodd,' 'brasgamodd,' neu 'brysiodd.' Oherwydd ein bod ni'n chwilio'n gyson am ystyr yn yr hyn rydyn ni'n ei ddarllen, rydyn ni'n gwneud y math hwn o 'ddyfalu gwybodus' yn aml. Ac rydyn ni'n dod yn eithaf da am wneud hynny.

Oherwydd bod plant yn dod ar draws nifer fawr o eiriau nad ydyn nhw'n eu hadnabod pan maen nhw'n dysgu darllen, mae'n rhaid eu hannog i ddyfalu'n wybodus. Dydy 'seinio'r gair' ddim bob amser yn helpu; mae'n bosibl y bydd geiriau sy'n hawdd eu 'seinio' yn dal i olygu dim i blentyn. Er enghraifft, nid yw geiriau fel 'pair,' 'cnwd' a 'tolc' yn eiriau anodd eu darllen, ond dydyn nhw ddim yn rhan o eirfa'r rhan fwyaf o blant. Ac er y gall seinio geiriau fod yn ddefnyddiol, os mai dyna'r unig strategaeth y mae plant yn ei defnyddio, maen nhw'n aml yn colli ystyr yr hyn y maen nhw'n ei ddarllen. Mae plant sy'n cael eu hannog i weithio allan beth fyddai'n 'gwneud synnwyr' mewn cyd-destun penodol yn dod yn ddarllenwyr sydd bob amser yn ceisio deall yr hyn maen nhw'n ei ddarllen – ac wedi'r cyfan, dyna hanfod darllen.

Dyfalu ymadroddion sy'n rhan o iaith llyfrau

Roedd dod i gysylltiad ag 'iaith llyfrau' yn eich helpu i ddeall yr ymadrodd 'ond bu ei hymdrechion yn gwbl aflwyddiannus.' Er nad yw'r rhan fwyaf ohonom yn siarad fel hyn, rydym wedi darllen digon o lyfrau i'r mathau hyn o ymadroddion fod yn rhan o'n geirfaoedd derbyngar.

Mae plant sy'n cael eraill yn darllen iddyn nhw'n aml yn dod yn gyfarwydd ag iaith llyfrau, sy'n eu helpu i ddeall iaith fwy cymhleth.

Rhagweld beth fydd yn digwydd nesaf i'ch helpu i ddeall y stori

Mae'n debyg eich bod wedi dyfalu bod Mr. Crimp a'i wyneb difrifol wedi dweud, 'Dwi'n eich diswyddo!' neu, 'Rydych chi'n hwyr!' am rif (vii). Roedd eich dealltwriaeth o stori, a ddatblygwyd trwy ddarllen llawer o straeon ac o wylio ffilmiau a theledu, yn eich galluogi i ragweld yr hyn yr oedd Mr. Crimp yn debygol o'i ddweud.

Mae rhagweld yn sgil hanfodol i ddarllenwyr ei ddatblygu. Mae'n rhoi disgwyliadau iddyn nhw ynghylch beth fydd yn digwydd nesaf, sy'n rhan o'u hymdrechion parhaus i ryngweithio â'r stori a'i deall. Mae rhagweld beth fydd yn digwydd nesaf yn gwneud darllen yn fwy ystyrlon ac yn fwy diddorol (yn enwedig os nad yw eich rhagfynegiad yn gywir, a dyna pam mae llawer o bobl wrth eu bodd gyda stori ddirgelwch dda).

Mae plant sydd wedi mwynhau gwrando ar eraill yn darllen stori iddyn nhw ac sy'n cael eu hannog i ragweld wrth ddarllen stori yn dod yn rhagfynegwyr da.

Dychmygu golygfa yn eich pen

Wrth i chi ddarllen y stori, roeddech chi'n gallu defnyddio'r geiriau i'ch helpu chi i greu delwedd o'r olygfa hon yn eich meddwl. Fe allech chi ddarlunio Miranda yn ei hanobaith gyda'r Mr. Crimp llym. Roedd eich gallu i ddeall iaith a'i defnyddio i fynd y tu hwnt i'r byd go iawn yn eich galluogi i ddychmygu rhywbeth nad oeddech erioed wedi'i brofi.

Mae plant sydd â sgiliau iaith rhagorol a dychymyg byw yn ei chael hi'n haws dehongli'r hyn y maen nhw'n ei ddarllen; mae eu gallu i ddefnyddio symbolau yn eu helpu i drawsnewid disgrifiadau geiriol yn ddelweddau yn eu pen. (Gweler penodau 8 a 9 am sut i ddatblygu gallu plant i ddychmygu trwy ymestyn y pwnc ac annog chwarae esgus.)

> **Mae plant sydd â sgiliau iaith rhagorol a dychymyg byw yn ei chael hi'n haws dehongli'r hyn y maen nhw'n ei ddarllen; mae eu gallu i ddefnyddio symbolau yn eu helpu i drawsnewid disgrifiadau geiriol yn ddelweddau yn eu pen.**

Fel y gwelwch o'r ymarfer hwn, sgiliau iaith plentyn – ei wybodaeth o ramadeg, ei allu i ddefnyddio iaith dysgu, a'i ddealltwriaeth o iaith llyfrau – sy'n ei alluogi i ddod yn ddarllenwr llwyddiannus.

Bydd yr awgrymiadau hyn yn cael eu trafod yn fanylach yn nes ymlaen yn y bennod hon.

Annog plant i 'chwarae' gyda geiriau

Mae angen i blant ddysgu bod iaith yn cynnwys llawer o wahanol rannau, bod brawddegau'n gallu cael eu rhannu'n eiriau, a'i bod yn bosibl torri geiriau yn sillafau a synau. Rhaid iddyn nhw hefyd ddod yn ymwybodol o'r rheolau (gan gynnwys rheolau gramadegol, a ddisgrifir ym mhennod 7) sy'n penderfynu sut mae holl rannau iaith yn cyd-fynd â'i gilydd.

Mae'r broses o feddwl am iaith yn dechrau yn gynnar mewn bywyd. Mae hyd yn oed babanod yn dangos arwyddion o feddwl am iaith pan fyddan nhw'n ceisio 'datrys' diffyg cyfathrebu trwy newid y ffordd y maen nhw'n anfon eu negeseuon. Pan mae plentyn tair oed yn dweud 'chwyrligwgan' ugain gwaith, gan chwerthin yn afreolus oherwydd bod gan y gair sain mor ddoniol, mae'n meddwl am iaith mewn gwirionedd – ac yn well byth, mae'n chwarae gyda'r gair!

Gwrandewch ar blant tair a phedair oed wrth iddyn nhw:

- **newid geiriau rhigymau a chaneuon**: 'Roedd ci gan ffermwr yn y wlad, a'i enw ydoedd NATHAN, NATHAN, NATHAN, NATHAN, a'i enw ydoedd NATHAN.' (Doedd Nathan, pedair oed, ddim yn rhy hoff o hyn)
- **creu geiriau sy'n swnio'n ddoniol**: 'Mr. Boodleboodle fydd dy enw di!' (llond bol o chwerthin)
- **newid y synau mewn geiriau**: 'Rydw i'n bwyta nabana.' (banana)
- **creu geiriau sy'n odli**: 'Ti yw Siôn y ffôn, a ti yw Matt y bat.'
- **chwarae gydag ystyr y geiriau**: 'Yn yr haf, dylid galw gaeafgysgu yn hafgysgu.' (anhygoel i blentyn pedair oed)
- **dweud ymadroddion neu restrau o eiriau sy'n swnio fel ei gilydd**: 'Ci coch cyflym, ci coch cyflym ... mae'r rhain i gyd yn swnio'r un peth.'
- **adnabod gwallau ynganu**: 'Mae'n dweud 'top' yn lle 'stop.''

Mae'r plant hyn eisoes yn ymwybodol o sut y gellir torri geiriau a brawddegau a'u rhoi yn ôl at ei gilydd eto. Bydd plant sy'n gallu 'chwarae' gydag iaith fel hyn yn ei chael hi'n haws dysgu darllen, ysgrifennu a sillafu.

Mae athrawon sy'n paratoi plant ifanc ar gyfer darllen trwy ddysgu sgiliau ffoneg fel 'C–cath' iddyn nhw yn rhoi'r drol o flaen y ceffyl. Mae angen i blant ifanc 'chwarae' ag iaith yn y ffyrdd a ddisgrifiwyd uchod cyn iddyn nhw fod yn barod i ddysgu sut y gellir rhannu geiriau yn synau unigol. Mae hyn yn arbennig o bwysig i blant sydd ag oediad iaith oherwydd mae eu gallu i 'chwarae gyda geiriau' yn aml yn is na lefel oedran.

Gallwch annog plant i chwarae gyda geiriau trwy:

- ddilyn eu hesiampl wrth chwarae gyda geiriau! Ychwanegwch eich syniadau eich hun hefyd.
- chwarae gyda geiriau eich hun: 'Pryfyn mawr, ar y llawr!' 'Jac y do, ar ben to; llygoden fach, yn y _____.'
- creu caneuon newydd i hen donau
- canu caneuon y gellir newid eu penillion i wneud llawer o rigymau gwahanol: 'Siôn a Sian / Yn mynd i'r coed / Esgid newydd ar bob troed ... / Dicw bach o Felin y Wig / Welodd o 'rioed damed o gig ...'
- Tynnwch sylw at bethau diddorol am eiriau neu enwau: 'Hei! Mae gan Ryan a Rob enwau sy'n dechrau gyda 'rrrr'!' (Gwnewch y sain 'r' yn hytrach na dweud enw'r llythyren.) 'Mae fy enw i mor hiiiiir. Gwrandewch ar sawl rhan sydd ganddo – Ang-har-ad. Tair rhan!' (Tapiwch unwaith ar gyfer pob sillaf.)

Cofiwch: byddwch yn chwareus ac yn anffurfiol – dyna pam ein bod yn galw hyn yn chwarae gyda geiriau!

Helpu plant i ddatblygu ymwybyddiaeth o brint

O oedran cynnar, mae plant yn dod yn ymwybodol o'r print y maen nhw'n ei weld, ac maen nhw ceisio deall beth mae'n ei olygu. Dyma yw dechrau darllen.

Erbyn tair blwydd oed, mae llawer o blant yn gallu darllen arwyddion yn yr amgylchedd, fel 'EXIT,' 'STOP,' neu 'McDonalds' (wrth gwrs!). Wrth i eraill ddarllen iddyn nhw, maen nhw wedi dysgu lle mae llyfr yn dechrau, i ba gyfeiriad i droi'r tudalennau, bod y print yn dweud y stori a'r lluniau'n darlunio'r hyn sydd yn y testun. Maen nhw'n gwybod fod y stori yn parhau o dudalen i dudalen, a byddan nhw'n defnyddio geiriau fel 'darllen,' 'stori,' a 'tudalen' yn briodol.

Mae'r plant yn gwybod bod ysgrifennu yn golygu gwneud marciau ar bapur, ac mae eu hymdrechion cynharaf i ysgrifennu yn golygu sgriblo. Mae sgriblo yn rhan bwysig o ddysgu sut i ysgrifennu ac mae'n dangos dilyniant pendant: o sgriblo ar hap i sgriblo dan reolaeth i enwi sgriblau.

Ymhen amser, daw plant i sylweddoli bod ysgrifennu wedi'i drefnu mewn llinellau, a byddan nhw'n datblygu ymdeimlad o sut dylai llythrennau edrych. O ganlyniad, mae eu sgriblo'n dod yn ailadroddus ac yn mynd ar draws y dudalen, ac maen nhw'n mwynhau 'darllen' yr hyn maen nhw wedi ei 'ysgrifennu.' Cyn hir, maen nhw'n dechrau ysgrifennu ffug-lythrennau a geiriau. Yn olaf, maen nhw'n symud ymlaen i ysgrifennu llythrennau a geiriau go iawn (yn enwedig eu henwau). Maen nhw'n arbrofi, gan ysgrifennu'r hyn y maen nhw'n ei wybod dro ar ôl tro mewn sawl ffordd, yn copïo geiriau yn yr amgylchedd, ac yn y pen draw yn dysgu ysgrifennu o'r chwith i'r dde.

Mae datblygu ymwybyddiaeth o brint yn broses o ddarganfod, a gallwch annog y broses hon mewn ffordd naturiol iawn.

Mae sgriblo ac arbrofi gyda ffurfiau 'tebyg i lythrennau' yn rhannau pwysig o ddysgu ysgrifennu.

Beth allwch chi ei wneud i annog ymwybyddiaeth o brint

- Tynnwch sylw at brint yn yr amgylchedd ac mewn llyfrau: geiriau cyntaf stori, geiriau rhyfedd eu golwg, geiriau hir, geiriau byr, print anarferol, labeli ar focsys, arwyddion, ac ati.
- Darparwch ddigon o gyfle ar gyfer lluniadu a sgriblo gyda chreon, marciwr, pensil, paent bysedd ac ati.
- Anogwch blant i ysgrifennu yn eu ffordd eu hunain at ddibenion gwahanol (e.e., i labelu eu lluniau; i ysgrifennu at eu ffrindiau, rhieni, ac ati)
- Peidiwch â phoeni am sillafu cywir neu ffurfio llythrennau yn berffaith; mae ysgrifennu, fel siarad, yn broses ddatblygiadol ac yn gwella gydag amser a phrofiad. Mae cywiro sillafu a sut mae llythrennau wedi'u ffurfio yn rhy gynnar yn tynnu sylw plant oddi wrth bwrpas ysgrifennu, sef cyfathrebu.
- Rhowch help gydag argraffu, sillafu, neu ysgrifennu straeon dim ond pan fydd plentyn yn gofyn i chi.
- Rhowch wybod i'r plant eich bod yn ystyried bod gan eu hysgrifennu ystyr. Ymatebwch i'r hyn maen nhw am i'w ysgrifennu ei 'ddweud.'

Byddwn yn trafod sut i annog ymwybyddiaeth o brint yn fanylach yn nes ymlaen yn y bennod hon.

B. Darllen llyfrau: amser i rannu a dysgu

Mae llyfrau'n cysylltu plant â'r byd – eu byd eu hunain a bydoedd newydd. Mae'r darluniau a'r straeon yn eu cludo i sefyllfaoedd sy'n ehangu eu gwybodaeth, eu profiad a'u dychymyg. Bydd eu diddordeb mewn llyfrau yn dod â nhw yn ôl at eu ffefrynnau dro ar ôl tro.

Yn yr un modd ag y mae sgiliau iaith da yn cefnogi datblygiad sgiliau llythrennedd, mae llawer o ddysgu iaith yn digwydd trwy ddarllen a gwrando ar lyfrau (yn enwedig darllen yr un llyfr dro ar ôl tro). Trwy wrando ar straeon, a thrwy eu trafod gydag oedolyn sydd â diddordeb, mae plant yn datblygu storfa o wybodaeth am y byd ac yn dod i ddeall geiriau a chysyniadau na allen nhw eu dysgu mor hawdd o sgwrsio achlysurol. Mae ymchwil hefyd wedi dangos bod gan blant y darllenir iddyn nhw'n aml cyn iddyn nhw ddechrau'r ysgol well sgiliau llafar pan fyddan nhw'n cyrraedd yr ysgol na'r rhai lle nad oes neb wedi darllen iddyn nhw. Mewn gwirionedd, mae bod yn gyfarwydd â llyfrau o oedran ifanc iawn yn rhagfynegydd o lwyddiant darllen diweddarach.

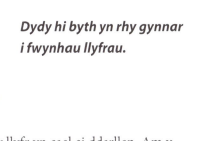

Dydy hi byth yn rhy gynnar i fwynhau llyfrau.

Oherwydd y cysylltiad cryf rhwng dod i gysylltiad â llyfrau a datblygiad iaith, mae'n hollbwysig darllen i blant sydd ag oediad iaith. Mae gan lyfrau fantais dros sgwrsio: nid yw iaith llyfrau yn 'diflannu' fel y mae iaith sgwrsio – mae'n dod yn ôl bob tro y mae'r llyfr yn cael ei ddarllen. Am y rheswm hwn, mae darllen llyfrau yn gyd-destun ardderchog lle mae plant yn gallu cynyddu eu sgiliau iaith. Wrth i blant glywed y straeon mewn llyfr dro ar ôl tro, maen nhw'n deall mwy am y llyfr, a daw ei iaith yn gyfarwydd. Mae'n dod yn haws rhagweld, mewn gwirionedd, nes bod y plentyn yn y pen draw yn cymryd drosodd ac yn 'darllen' y llyfr iddo'i hun. Dyma un o'r ffyrdd gorau o annog plant i ddarllen yn annibynnol: pan fyddan nhw'n adnabod y llyfr yn dda, maen nhw'n teimlo fel pe baen nhw'n gallu ei ddarllen. Ac, yn y pen draw, byddan nhw'n gallu gwneud hynny.

Pan fyddwch chi'n clywed plentyn yn siarad am Tyrannosaurus Rex neu'n defnyddio ymadrodd fel 'amser maith yn ôl' neu 'un tro,' a glywodd mewn llyfr, gallwch fod yn siŵr ei fod wedi dechrau ar y daith hollbwysig honno i mewn i iaith llyfrau.

Peidiwch â darllen y llyfr yn unig – gwnewch ymdrech i ddod â'r stori'n fyw!

Nid gweithgaredd yn unig yw darllen yn uchel i blant – mae'n berfformiad! Eich tasg fel darllenydd yw tynnu eich gwrandawyr i mewn i'r stori drwy greu'r naws iawn a thrwy fod yn ymwybodol o ymateb eich cynulleidfa ac addasu yn unol â hynny. P'un a ydych yn darllen yn anffurfiol i un neu ddau o blant neu i grŵp mwy o blant yn ystod amser cylch, y rhyngweithio rhyngoch chi a'ch gwrandawyr yw'r allwedd i lwyddiant.

> Ac fe redodd i ffwrdd oddi wrth ei fam gan ddwcud, 'Alli di ddim fy nal i.'

Felly gwnewch ymdrech fawr – byddwch yn ddramatig ac yn fywiog ac edrychwch yn gyffrous. Ychwanegwch leisiau gwahanol ar gyfer gwahanol gymeriadau a defnyddiwch effeithiau sain ar gyfer synau yn y llyfr. Gwnewch eich gorau i gynnwys y plant hefyd.

Dim ond darllen y mae'r athrawes hon ...

> Ac fe redodd i ffwrdd oddi wrth ei fam gan ddwcud, 'Alli di ddim fy nal i.' O-o! Fe fydd yna drwbwl nawr! Beth fyddai dy fam yn ei ddweud petaet ti'n rhedeg i ffwrdd oddi wrthi?!!!

... ond mae'r athrawes hon yn fywiog ac yn llawn mynegiant, ac mae hi wedi dal sylw'r plant.

Dewiswch lyfrau sy'n cyfateb i ddiddordebau'r plant a'u cam datblygu

Dydy pob llyfr plant ddim o'r un safon. Mae rhai yn rhagorol, rhai yn ganolig, a rhai ddim yn taro deuddeg! Os bydd plant yn aflonyddu mewn sesiwn darllen llyfrau, ystyriwch a yw'r bai ar y llyfr: efallai ei fod yn rhy syml, neu'n rhy ddiflas!

Wrth benderfynu pa lyfrau i'w darllen i blant, dim ond un canllaw pwysig sydd yna: dylai plant ddod i gyswllt â'r llyfrau gorau yn unig!

Mae darllen i blant yn bwysig er mwyn gosod y sylfaen iddyn nhw ddod yn ddarllenwyr, ond nid yw'n ddigon i'w troi'n ddarllenwyr brwdfrydig. Bydd llyfrau sy'n swyno, difyrru, symud, a phlesio plant yn eu hysbrydoli i ddod yn ddarllenwyr. Felly, dewiswch lyfrau yn ofalus, gan gadw mewn cof ddiddordebau plant a cham eu datblygiad iaith. (Cofiwch fod eu gallu i werthfawrogi llyfr yn dibynnu ar yr hyn y gallan nhw ei ddeall, nid ar yr hyn y gallan nhw ei ddweud.) Gan fod y plant yn 'darllen' y darluniau wrth ddarllen y llyfr, dylai darluniau'r llyfr fod yn ddiddorol, yn ddeniadol, yn glir, ac yn eithaf mawr, a dylen nhw gyfateb i gynnwys y llyfr.

> **Mae darllen i blant yn bwysig er mwyn gosod y sylfaen iddyn nhw ddod yn ddarllenwyr, ond nid yw'n ddigon i'w troi'n ddarllenwyr brwdfrydig. Bydd llyfrau sy'n swyno, difyrru, symud, a phlesio plant yn eu hysbrydoli i ddod yn ddarllenwyr.**

Os nad yw'r plant yn talu sylw, efallai eich bod chi'n darllen y llyfr anghywir.

Gwnewch amser darllen llyfr yn amser ar gyfer rhyngweithio a sgwrsio

Dylai darllen llyfrau fod yn llawer iawn mwy na darllen yn uchel i blant yn unig. Mae'n amser gwych ar gyfer rhyngweithio, sgwrsio, a dysgu. Gwyliwch yn ystod amser darllen sut mae plant yn rhyngweithio â chi a'r llyfr – maen nhw'n pwyntio at luniau, yn gofyn cwestiynau, ac yn gwneud sylwadau wrth iddyn nhw geisio gwneud synnwyr o'r llyfr a'i gysylltu â'r hyn maen nhw'n ei wybod yn barod (gan ddefnyddio nifer o'r strategaethau a ddefnyddiwyd gennych wrth ddarllen 'Diwrnod Diflas Miranda'). Dyma sut mae dysgu yn aml iawn yn arwain at ddeall a dysgu.

Gan fod darllen llyfrau yn amser mor ddelfrydol ar gyfer dysgu, rhaid gwneud mwy na darllen y llyfr yn syml tra bod y plant yn gwrando'n oddefol.

Wrth ddarllen llyfr, eich rôl yw:

- ◆ annog y plant i fod yn rhan o sgwrs er mwyn eu helpu i wneud synnwyr o'r llyfr
- ◆ darllen yn araf ac, ar adegau allweddol yn y llyfr, stopio ac aros yn ddisgwylgar i annog plant i wneud sylwadau a gofyn cwestiynau
- ◆ modelu iaith dysgu a defnyddio sylwadau a chwestiynau i annog y plant i'w defnyddio hefyd, a
- ◆ gwneud sylwadau a gofyn cwestiynau er mwyn i'r plant allu cysylltu'r llyfr â'u profiadau eu hunain. Os byddwch chi a'r plant yn cymryd rhan mewn trafodaeth ddiddorol am y llyfr, gallwch roi'r gorau i ddarllen y testun am ychydig gan fod y trafodaethau hyn yr un mor bwysig â darllen y testun.

C. Cyflwyno Darganfyddwyr a Chyfathrebwyr i lyfrau

Y peth cyntaf mae babanod yn ei wneud gyda llyfr yw ceisio ei fwyta. Cyn i blant ddeall bod lluniau mewn llyfrau yn cynrychioli gwrthrychau a phobl go iawn, maen nhw'n tueddu i fwynhau cnoi arnyn nhw. Mae ceisio 'darllen' y llyfr i blentyn yn y camau cynnar hyn o ddatblygiad iaith fel arfer yn golygu y bydd yn tynnu'r llyfr oddi wrthych a'i roi yn syth yn ôl yn ei geg!

Y peth cyntaf mae babanod yn ei wneud gyda llyfr yw ceisio ei fwyta.

Gadewch i ni ddarllen y llyfr Kelly. Alla i gael y llyfr?

Dewis llyfrau addas ar gyfer Darganfyddwyr a Chyfathrebwyr

Mae llyfrau cardbord gyda lluniau da, clir a llyfrau sy'n cynnwys casgliadau o hwiangerddi yn addas ar gyfer babanod ifanc iawn neu Ddarganfyddwyr a Chyfathrebwyr hŷn sydd ag oediad iaith.

Canllawiau ar gyfer darllen gyda Darganfyddwyr a Chyfathrebwyr

- **Gwylio, disgwyl a gwrando** (gweler pennod 3): Bydd gwylio, disgwyl a gwrando yn dweud wrthych beth am y llyfr sydd o ddiddordeb i'r plentyn. Gadewch i'r plentyn edrych ar un llyfr am amser hir os dyna beth mae am ei wneud.
- **Bod wyneb yn wyneb** (gweler pennod 3): Os ydych chi wyneb yn wyneb â'r plentyn, bydd e'n gallu rhoi sylw i chi yn ogystal ag i'r llyfr.
- **Dilyn arweiniad y plentyn** (gweler pennod 3): Dylech ddynwared synau'r plentyn; dehongli beth mae'n syllu arno, ei synau, a'i weithredoedd fel pe baen nhw'n ystyrlon; a gwneud sylwadau ar yr hyn sydd i'w weld o ddiddordeb i'r plentyn yn y llyfr.

- **Cymryd tro** (gweler pennod 4): Anogwch y plentyn i gymryd tro trwy aros yn ddisgwylgar ar ôl i chi gymryd eich tro i roi cyfle i'r plentyn wneud sŵn arall neu i edrych ar neu gyffwrdd â llun. Rhannwch lyfrau yn bennaf gydag un plentyn neu efallai dau blentyn ar y tro.
- **Gwneud eich iaith yn hawdd i'w deall** (gweler pennod 7): Gorliwiwch rhythm a goslef eich llais.

O, 'drycha. Mae'r babi'n cysgu. Mae'r babi'n cysgu yn y gwely.

Mae Beryl yn gwylio, disgwyl ac yn gwrando er mwyn i Tesni allu rhoi gwybod iddi beth sydd o ddiddordeb iddi yn y llyfr. Yna mae Beryl yn dehongli gweithred Tesni trwy wneud sylw diddorol.

Gweler tudalen 370 ar gyfer rhai enghreifftiau o lyfrau addas yn y Gymraeg ar gyfer Cyfathrebwyr.

Mwynhau Dysgu Iaith

CH. Adeiladu ar Ddiddordeb Defnyddwyr Geiriau Cyntaf mewn llyfrau

Mae Defnyddwyr Geiriau Cyntaf wedi dechrau defnyddio geiriau (dechrau defnyddio symbolau), ac maen nhw'n sylweddoli bod lluniau mewn llyfrau yn cynrychioli pobl a gwrthrychau go iawn (mae lluniau yn symbolau hefyd). O ganlyniad, maen nhw'n cael eu swyno gan lyfrau.

Dewis llyfrau addas ar gyfer Defnyddwyr Geiriau Cyntaf

Dylai llyfrau addas ar gyfer Defnyddwyr Geiriau Cyntaf gynnwys:
- llyfrau cardbord gyda lluniau sy'n annog y labelu a'r pwyntio sy'n nodweddiadol o blant yn y cam hwn o ddatblygiad iaith
- llyfrau gyda chaneuon darluniadol
- albwm lluniau teulu, a
- llyfrau rhyngweithio.

Dylai llyfrau:
- apelio at ddiddordebau a lefel dealltwriaeth y plant
- cynnwys lluniau clir, lliwgar ac apelgar
- cael ychydig o destun ar bob tudalen
- bod yn fyr, a
- bod yn hawdd eu trin.

Gweler tudalen 370 am enghreifftiau o lyfrau addas yn y Gymraeg ar gyfer Defnyddwyr Geiriau Cyntaf.

Canllawiau ar gyfer darllen gyda Defnyddwyr Geiriau Cyntaf

- **Gwylio, disgwyl a gwrando** (gweler pennod 3): Mae llawer o'r dysgu sy'n digwydd wrth ddarllen llyfrau yn digwydd wrth i'r plant ryngweithio â chi a thrwy hynny byddwch yn cyfathrebu gyda'ch gilydd am y llyfr. Mae'n bwysig eich bod yn arsylwi ar y plentyn ac yn sylwi sut maen nhw'n cyfathrebu â chi – yn ystod y cyfnod yma, efallai y byddan nhw'n defnyddio geiriau, syllu â'u llygaid, pwyntio, gwneud gwahanol synau ac ystumiau, neu gyfuniad o'r rhain. Peidiwch â rhuthro'r darllen. Darllenwch yn unol â diddordebau'r plant a rhowch amser iddyn nhw edrych ar bob tudalen (yn aml byddan nhw'n cael eu swyno gan un dudalen yn arbennig). Wrth aros, byddwch chi'n annog plant i gychwyn rhyngweithio. Os ydych yn gwrando'n astud, efallai y gwelwch fod gan blentyn tawel iawn lawer i'w ddweud (hyd yn oed os nad yw'r seiniau'n eiriau go iawn).

- **Bod wyneb yn wyneb** (gweler pennod 3): Os yw'n bosibl, gwnewch yn siŵr bod y plant yn eistedd fel y gallwch weld eu hwynebau a sylwi ar eu hysgogiadau. Gan fod y rhan fwyaf o blant ifanc wrth eu bodd yn eistedd ar eich glin wrth i chi ddarllen iddyn nhw (yn aml dau ar y tro), ceisiwch eu gosod ar ychydig o ongl fel y gallwch weld a ydyn nhw'n syllu'n astud ar lun neu'n pwyntio at rywbeth.

- **Dilyn arweiniad y plentyn a chymryd tro** (gweler pennod 3 a phennod 4): Ymatebwch i ysgogiadau'r plant drwy labelu, dehongli a gwneud sylwadau. Mae plant yn y cam hwn yn aml yn pwyntio at luniau ac eisiau i chi eu labelu. Ac maen nhw'n mwynhau hynny pan fyddwch chi'n gofyn iddyn nhw labelu'r lluniau y maen nhw'n gwybod eu henwau. Gallwch sgwrsio gyda nhw wrth i chi labelu lluniau neu ddynwared synau gyda'ch gilydd. Mae brawddegau llenwi'r bylchau hefyd yn gallu bod yn ffordd ddefnyddiol o roi ciw i Ddefnyddiwr Geiriau Cyntaf i gymryd tro (e.e., 'Mae'r fuwch yn dweud _____.'). O'r rhyngweithio hwn bydd plant yn dysgu bod llyfrau'n ddifyr a'i fod yn brofiad hyfryd i siarad amdanyn nhw.

- **Addasu eich iaith** (gweled pennod 7): Mae yna lawer o iaith na fydd Defnyddwyr Geiriau Cyntaf yn ei deall, felly mae'n rhaid i chi eu helpu i wneud synnwyr o'r llyfr. Mae hyn yn golygu na allwch chi bob amser ddarllen y llyfr yn union fel y mae wedi'i ysgrifennu! Yn yr un ffordd ag y byddwch yn addasu eich iaith pan fyddwch yn siarad â phlant i'w helpu i'ch deall, felly mae angen i chi addasu'r ffordd rydych chi'n darllen llyfrau iddyn nhw.

  - Dweud llai: Defnyddiwch iaith glir, syml i ddisgrifio lluniau i'r plentyn. (Efallai y bydd y testun yn y llyfr yn rhoi gormod o wybodaeth neu ddim digon.)

  - Pwysleisio: Ailadroddwch a phwysleisiwch eiriau allweddol. Defnyddiwch eiriau 'hwyliog' fel 'Bŵm!'

  - Siarad yn araf: Darllenwch yn ddigon araf fel bod y plentyn yn gallu prosesu'r hyn y mae'n ei glywed.

  - Dangos: Defnyddiwch ystumiau neu bantomeim. Dangoswch bropiau neu wrthrychau go iawn sy'n debyg i'r lluniau yn y llyfr.

> Mae Mami ar y ffôn.

Mae brawddeg syml, glir yn helpu'r plentyn i ddeall beth sydd yn y llyfr.

Mwynhau Dysgu Iaith

Mae Pantomeim yn helpu plant i ddeall beth mae geiriau'r llyfr yn ei olygu.

Defnyddiwch sawl prop i atgyfnerthu'r hyn rydych chi wedi'i ddangos i'r plentyn yn y llyfr.

- **Ymestyn y pwnc** (gweler pennod 7): Helpwch y plant i wneud synnwyr o'r testun a dechreuwch gyflwyno iaith dysgu. Cymharwch neu gyferbynnwch y wybodaeth yn y llyfr gyda rhywbeth sydd gerllaw. Er enghraifft, wrth ddarllen llyfr am blentyn yn gwisgo dillad i chwarae yn yr eira, gofynnwch i'r plant beth maen nhw'n ei wisgo pan fyddan nhw'n mynd allan i'r iard chwarae. Gallwch hefyd roi esboniadau syml (e.e., 'Rhaid i ni wisgo menig y tu allan fel nad yw ein dwylo'n oeri.').

D. Defnyddio llyfrau i ysgogi a bodloni chwilfrydedd Cyfunwyr

Mae Cyfunwyr yn hynod o chwilfrydig, ac mae llyfrau'n rhoi digon o symbyliad ac yn ffynhonnell y gallan nhw ddychwelyd ati unrhyw bryd. Nawr bod eu hiaith dderbyngar wedi cynyddu, gallan nhw fwynhau amrywiaeth ehangach o lyfrau.

Dewis llyfrau addas ar gyfer Cyfunwyr

Dyma'r math o lyfrau sy'n addas ar gyfer y cam Cyfunwr:

- llyfrau gyda chasgliadau o luniau
- llyfrau gyda thema ailadroddus a geiriau 'hwyliog'
- llyfrau thema ar bynciau fel anifeiliaid sw, babanod, teganau, 'pethau y gallaf eu gwneud fy hun,' ac ati.
- straeon byrion gyda phlot a stori syml iawn
- straeon sy'n ailadroddus ac yn rhagweladwy
- casgliadau o gerddi a hwiangerddi, a
- llyfrau cyfranogol (e.e., *Ble mae Smot?* gan Eric Hill).

Canllawiau ar gyfer darllen gyda Chyfunwyr

- **Gwylio, disgwyl a gwrando a dilyn arweiniad y plant** (gweler pennod 3): Cofiwch lefaru'n araf a chael saib aml yn ystod y stori i roi cyfle i'r plant wneud sylwadau a rhannu eu meddyliau ar lyfr. Adeiladwch ar ddiddordebau'r plant ac ymatebwch i'w hysgogiadau trwy gadarnhau a thrwy ehangu arnyn nhw.

Mae ysgogiadau plant yn ystod cyfnodau darllen llyfrau yn rhoi digon o gyfle i chi ehangu ar eu neges.

Mami.

Mae Mami'n rhoi cusan i'r ferch. Cusan fawr!

- **Cymryd tro** (gweler pennod 4): Gadewch i'r plant ymuno! Ni all unrhyw blentyn wrthsefyll apêl 'Pwy sydd wedi bod yn cysgu yn fy ngwely i?' neu 'Rhedwch, rhedwch, ar ddwy goes, wnewch chi byth ddal y Bachgen Bach Toes!' Mae'r straeon hyn yn sbort i wrando arnyn nhw, ac mae plant yn aml yn aros yn eiddgar i ymuno! Wrth i blant aros am y cyfle i weiddi allan y gair neu eiriau sy'n cwblhau'r frawddeg, maen nhw'n dysgu rhagweld beth ddaw nesaf. Ac, fel y trafodon ni yn 'Diwrnod Diflas Miranda,' mae rhagweld yn sgil darllen pwysig.

Unwaith y bydd y plant yn gyfarwydd â stori ragweladwy, rhowch gyfle iddyn nhw ymuno trwy gymryd saib ac aros yn ddisgwylgar yn y man priodol.

- Aralleirio'r testun: Gallwch aralleirio'r testun pan fo angen. Mae gan rai llyfrau luniau hyfryd ond testun anaddas. Ystyriwch a yw'r testun yn ymwneud â'r llun mewn ffordd y mae'r plentyn yn gallu ei ddeall. Os na, bydd angen i chi ei aralleirio.

Does dim sôn am y gair 'esgid'; bydd angen i chi aralleirio'r testun.

- Ymestyn y pwnc (gweler pennod 8): Modelwch ac anogwch blant i ddefnyddio iaith i berthnasu cynnwys y llyfr i'r hyn y maen nhw'n ei wybod yn barod, i egluro beth sydd wedi digwydd, i ragfynegi beth fydd yn digwydd nesaf, ac i siarad am deimladau'r cymeriadau. Pan fyddwch chi'n cysylltu cynnwys y llyfr â rhywbeth mae'r plant eisoes yn ei wybod a phan fyddwch chi'n darparu cyfle iddyn nhw ryngweithio â'r stori, rydych chi'n dod â'r llyfr yn fyw. Mae digon o gyfle i annog esgus a dychmygu. Er enghraifft, os ydych yn darllen Y Bachgen Bach Toes i grŵp o blant, gallwch ddod â dynion sinsir go iawn i mewn iddyn nhw eu bwyta. Unwaith y byddan nhw'n gyfarwydd â'r stori, gallwch chi roi dyn sinsir cardbord i bob plentyn a'u cael i 'actio' y stori wrth i chi ei ddarllen.

Gweler enghreifftiau o lyfrau darllen addas yn y Gymraeg ar gyfer Cyfunwyr ar dudalen 371.

Mwynhau Dysgu Iaith

DD. Annog 'iaith dysgu' gyda Defnyddwyr Brawddegau Cynnar a Hwyrach

Mae iaith wedi agor y byd i Ddefnyddwyr Brawddegau Cynnar a Hwyrach (rhwng tair a phump oed fel arfer). Gallan nhw fynd y tu hwnt i'r presennol, y tu hwnt i'w profiadau personol eu hunain, a thu hwnt i'r byd go iawn i fyd creu-a-chredu – ac mae llyfrau'n eu galluogi i wneud hynny. Maen nhw wedi datblygu'r 'iaith dysgu' (gweler pennod 8), y maen nhw'n ei defnyddio i feddwl am a deall llyfrau yn yr un ffordd ag y gwnaethoch chi pan wnaethoch chi ddarllen 'Diwrnod Diflas Miranda.'

Mae plant yn y cam hwn yn gallu deall a gwerthfawrogi testunau ffuglen a ffeithiol. Fodd bynnag, mae ganddyn nhw ystod eang iawn o allu a diddordebau o hyd, a rhaid i chi ddewis y llyfrau rydych chi'n eu darllen iddyn nhw yn ofalus er mwyn adlewyrchu'r gallu hwnnw a'r diddordebau hynny.

Dewis llyfrau addas ar gyfer Defnyddwyr Brawddegau Cynnar a Hwyrach

- **Dylai testun neu linell stori'r llyfr apelio at ddiddordebau, dychymyg a lefel dealltwriaeth y plant:** Wrth i blant ddatblygu sgiliau iaith derbyngar uwch, maen nhw'n mwynhau ac yn deall straeon gyda phlot mwy cymhleth a themâu dychmygol. Mae plant pedair a phump oed, sy'n cymryd rhan mewn chwarae dramatig a chwarae dramatig–gymdeithasol llawn dychymyg, yn gallu gwerthfawrogi llyfrau am ffantasi.
- **Darparu llyfrau gydag iaith ragorol**: Mae disgrifiadau graenus yn siŵr o swyno plant, a dangos ffyrdd dychmygus o ddefnyddio iaith iddyn nhw. Gadewch i'r plant glywed iaith sydd ag arddull, strwythur gramadegol, a geirfa mwy soffistigedig na iaith bob dydd. Gall cyfuniad hyfryd o ailadrodd a rhythm gyda geirfa newydd y mae plant yn ymateb iddi ac yn ei chofio, fod yn hynod gofiadwy a gwerthfawr.
- **Darllen straeon mwy manwl a chymhleth**: Mae'r plant yn datblygu strwythur stori neu 'ymdeimlad o stori' wrth iddyn nhw gael cyfle i wrando ar nifer dda o straeon. Mae strwythur stori (a ddangosir isod gan stori 'Y Tri Mochyn Bach') yn cynnwys y rhannau sylfaenol canlynol:
  - cyflwyniad i'r lleoliad a'r prif gymeriad(au) (y tri mochyn bach a'r blaidd mawr drwg)
  - digwyddiad neu broblem sy'n tywys y darllenydd at y stori (mae'r blaidd yn chwythu ac yn chwythu ac yn pwffian ac yn chwythu tŷ'r ddau fochyn yn rhacs)
  - ymateb gan y prif gymeriadau neu ymgais i ddelio â'r broblem (y trydydd mochyn yn adeiladu tŷ cryf, yn achub ei frodyr, ac yn rhoi tegell o ddŵr berwedig ar waelod y simnai)
  - canlyniad yr ymateb neu ymgais (y blaidd yn syrthio i'r dŵr berwedig ac yn marw), a
  - ymateb gan y prif gymeriadau (mae'r tri mochyn yn byw'n hapus wedyn).

Mae gan straeon tylwyth teg strwythur stori wedi'i ddiffinio'n dda sy'n helpu plant i ddatblygu ymdeimlad o stori, gan ei gwneud yn haws iddyn nhw ddilyn y plot a rhagweld beth fydd yn digwydd nesaf.

Ar ôl cael llawer o brofiad gyda darllen straeon, mae plant yn gallu gwerthfawrogi straeon sy'n fwy manwl a chymhleth. Ymhen amser, byddan nhw'n mwynhau straeon sydd â phroblemau mwy cymhleth, mwy nag un ymgais i ddatrys y broblem (gan gynnwys rhai ymdrechion ofer), a chanlyniadau llai amlwg.

- Darparu cymysgedd o destunau ffeithiol a ffuglen: Gallwch fodloni chwilfrydedd di-ben-draw y plant am y byd trwy ddarllen llyfrau iddyn nhw ar bynciau fel deinosoriaid, anifeiliaid a'u cywion, a chysawd yr haul. Dydyn nhw ddim yn rhy ifanc ar gyfer hyn – cyn belled â bod gan y llyfrau ddarluniau rhagorol a bod yr iaith yn glir ac yn briodol i'w lefel iaith. Trwy gyflwyno plant i arddull iaith llyfrau ffeithiol, rydych chi'n eu paratoi ar gyfer y mathau o lyfrau y byddan nhw'n eu darllen yn yr ysgol.

Gweler tudalen 372 ar gyfer rhai awgrymiadau o lyfrau darllen Cymraeg ar gyfer Defnyddwyr Brawddegau Cynnar a Hwyrach.

Canllawiau ar gyfer darllen llyfrau gyda Defnyddwyr Brawddegau Cynnar a Hwyrach

Cyn darllen y llyfr

- Edrychwch ar y llyfr
- Darllenwch deitl y llyfr, dangoswch y clawr i'r plant, ac anogwch nhw i ragweld beth mae'r llyfr yn sôn amdano
- Cyflwynwch yr awdur a'r arlunydd
- Crëwch bwrpas ar gyfer darllen y llyfr

Wrth ddarllen y llyfr:

- Cofiwch wylio, disgwyl a gwrando – gan ddilyn arweiniad y plant
- Cymerwch ddigon o amser i ymateb i gwestiynau a sylwadau
- Cymerwch eich tro a chofiwch gynnwys y plant yn y sgwrs
- Defnyddiwch 'SGAAN' gyda'r grŵp i annog yr holl blant i gymryd rhan yn y sgwrs
- Anogwch iaith dysgu trwy:
  - esbonio pethau nad yw plant yn eu deall
  - defnyddio cwestiynau'r plant i'w helpu i wneud cysylltiadau
  - meddwl beth allai ddigwydd nesaf, a
  - ymestyn y pwnc.

Ar ôl darllen y llyfr

- Anogwch y plant i wneud sylwadau digymell
- Helpwch y plant i wneud cysylltiadau rhwng hwn a llyfrau eraill
- Cynigiwch rai gweithgareddau dilynol diddorol
- Anogwch y plant i 'ddarllen' y llyfr eu hunain

Cyn darllen y llyfr

Edrychwch ar y llyfr

Darllenwch y llyfr ymlaen llaw i wneud yn siŵr ei fod yn briodol. Pan fyddwch chi'n gyfarwydd â'i gynnwys a'i eirfa, byddwch chi'n gallu ymateb yn well i gwestiynau a sylwadau'r plant.

Darllenwch deitl y llyfr, dangoswch y clawr i'r plant, ac anogwch nhw i ragweld beth mae'r llyfr yn sôn amdano

Anogwch y plant i ddyfalu beth yw pwrpas y llyfr o edrych ar y llun ar y clawr a gwrando ar y teitl. Wrth wneud hynny, rydych chi'n modelu sut mae darllenwyr yn chwilio am ystyr cyn iddyn nhw hyd yn oed ddechrau darllen llyfr.

Cyflwynwch yr awdur a'r arlunydd

Dywedwch wrth y plant enwau'r bobl a fu'n gyfrifol am awduro ac am arlunwaith y llyfr ac, os oes rhai ar gael, dangoswch lun o'r awdur a'r arlunydd iddyn nhw. Atgoffwch nhw o lyfrau eraill a ysgrifennwyd gan yr un awdur. Gadewch iddyn nhw weld bod llyfrau'n cael eu hysgrifennu a'u harlunio gan bobl gyffredin. Os yw'r plant yn y grŵp wedi ysgrifennu ac arlunio eu straeon eu hunain, rhowch wybod iddyn nhw eu bod nhw hefyd yn awduron ac yn arlunwyr.

Crëwch bwrpas ar gyfer darllen y llyfr

Dechreuwch trwy greu pwrpas ar gyfer darllen y llyfr. Er enghraifft, os ydych chi ar fin darllen llyfr sy'n ymwneud â gwneud addewidion, efallai y byddwch chi'n gofyn, 'A oes unrhyw un ohonoch chi erioed wedi gwneud addewid, neu ydy'ch rhieni erioed wedi gwneud addewid i chi?' Ar ôl ychydig o drafod ar y pwnc hwn, anogwch y plant i weld sut mae'r addewid y maen nhw'n mynd i glywed amdano yn y llyfr yn debyg neu'n wahanol i addewid a wnaethon nhw neu addewid a wnaeth rhywun iddyn nhw. Mae cyflwyniad o'r fath yn ysgogi'r plant i fynd at y llyfr gyda theimlad o bwrpas, gan eu hannog i fynd ati i chwilio'n barhaus am ystyr.

Wrth ddarllen y llyfr

Manteisiwch i'r eithaf ar bob cyfle i gynnwys Defnyddwyr Brawddegau Cynnar a Hwyrach mewn sgyrsiau wrth ddarllen llyfrau. Defnyddiwch 'iaith dysgu' i'w helpu i wneud synnwyr o'r llyfr a'i gysylltu â'r hyn y maen nhw'n ei wybod amdano'n barod. Cofiwch:

Gwylio, disgwyl a gwrando (gweler pennod 3)

Darllenwch yn arafach ac arhoswch yn ddisgwylgar i roi cyfle i blant bwyntio at wahanol luniau, gofyn cwestiwn neu wneud sylw – ac yna dilyn eu harweiniad. Dyma'r ffordd y mae plant yn ceisio gwneud synnwyr o lyfrau a'u cysylltu â'r hyn y maen nhw'n ei wybod amdano'n barod.

Cymryd tro (gweler pennod 4)

Defnyddiwch amrywiaeth o sylwadau a chwestiynau ac arhoswch yn ddisgwylgar i gynnwys y plant mewn sgwrs am y llyfr. Siaradwch am yr hyn maen nhw'n meddwl sy'n mynd i ddigwydd yn y llyfr a sut mae'r llyfr yn berthnasol i'w profiadau eu hunain, a chael eu hymateb i'r stori. Yn lle gofyn cwestiynau sy'n 'profi' ac sy'n gofyn am ffeithiau syml, gofynnwch gwestiynau diddorol sy'n annog y plant i feddwl a defnyddio eu dychymyg i barhau â'r sgwrs. (Gweler pennod 4, tudalennau 133–140: 'Defnyddio cwestiynau i barhau, nid rheoli'r sgwrs.')

Dydy cwestiwn sy'n gofyn am 'ffeithiau' yn unig ddim yn ysgogi plant i feddwl am y stori.

Mwynhau Dysgu Iaith

Fe fyddai'n teimlo mor od i fod mor fawr a thrwm ag eliffant. Sut fyddech chi'n hoffi bod mor fawr a thrwm â hyn?

Fyddwn i'n hoffi achos fi fyddai'r anifail cryfaf yn y byd!

Fyddwn i ddim yn hoffi hynny. Fyddwn i'n rhy drwm i redeg yn gyflym.

Fyddwn i'n hoffi achos gallwn estyn at y dail ar y coed talaf gyda fy nhrwnc.

Mae'r cwestiwn hwn yn annog plant i ddefnyddio iaith i ddychmygu, gan wneud iddyn nhw fynd y tu hwnt i'r llyfr a meddwl am y stori mewn ffordd newydd.

SGAAN (gweler pennod 5)

Mae Defnyddwyr Brawddegau Cynnar a Hwyrach yn aml yn dod i gysylltiad â llyfrau yn ystod amser grŵp neu amser cylch. Fodd bynnag, mae trafodaeth mewn grwpiau mawr yn gallu bod yn anodd. Felly mae'n bwysig darllen llyfrau ar adegau heblaw amser cylch, pan fydd hi'n haws i chi allu rhyngweithio â phlant unigol.

Yn ystod y rhyngweithio hwn, cofiwch gymryd sylw o'r plant mwyaf tawel. Efallai eu bod yn cychwyn rhyngweithio yn eu ffordd eu hunain neu efallai y bydd angen rhywfaint o anogaeth arnyn nhw i gymryd rhan. Efallai mai sylw neu gwestiwn tyner yw'r cyfan sydd ei angen er mwyn i gyfathrebwr amharod ymuno.

Os edrychwch chi'n ofalus, fe welwch fod pob plentyn yn cychwyn rhyngweithiad, a gallwch wedyn ymateb i bob un.

Fi pêl.

- ◆ Esbonio pethau nad yw'r plant yn eu deall
- ◆ Defnyddio cwestiynau'r plant i'w helpu i wneud cysylltiadau
- ◆ Meddwl beth allai ddigwydd nesaf
- ◆ Ymestyn y pwnc
- ◆ Cael y plant i feddwl am y llyfr

◆ **Esbonio pethau nad yw'r plant yn eu deall:** Nid oes angen i chi stopio bob tro y bydd gair anghyfarwydd yn ymddangos. Mae plant yn dysgu darganfod beth mae pethau'n ei olygu o'r cyd-destun (fel y gwnaethoch chi gyda'r gair 'srigodd' yn 'Diwrnod Digalon Miranda'). Fodd bynnag, mae plant weithiau'n gofyn beth yw ystyr gair neu rydych chi'n teimlo bod angen esboniad.

Er enghraifft, mae Julie Rudi yn ei llyfr *Dyma Faint Dwi'n dy Garu* yn ailadrodd rhai geiriau sawl tro. Mae'n debyg, fodd bynnag, na fydd y plentyn yn deall ystyr pob gair. Gyda geiriau felly gallwch roi esboniad cryno o'r gair hwnnw neu fe allwch ddefnyddio'r gair mewn cyd-destun sy'n gwneud yr ystyr yn fwy amlwg. Wrth i'r gair gael ei ailadrodd o fewn ei gyd-destun yn ogystal â chyd-destunau eraill, mae'n debygol iawn y bydd y plentyn yn deall ystyr y gair neu'r geiriau hynny cyn diwedd y stori.

Er mwyn helpu plant i ddeall ystyr lluniau, gallwch chi dynnu sylw at linellau symudiad a mynegiant wyneb y mae'n bosibl nad yw plentyn ifanc yn eu deall.

Eglurwch i'r plant beth yw arwyddocâd y llinellau bach sy'n awgrymu symudiadau a'r blanced sy'n edrych mor flêr.

Mwynhau Dysgu Iaith

- **Defnyddio cwestiynau'r plant i'w helpu i wneud cysylltiadau**: Er nad yw'n ddymunol torri ar draws llif y stori yn rhy aml, mae yna ffyrdd o sicrhau parhad a dal i annog plant i fod yn chwilfrydig a rhyngweithiol. Weithiau y cyfan sydd ei angen yw cadarnhau sylw plentyn yn gyflym (e.e., 'Ydy, mae e'n fawr, on'd yw e?') neu ateb byr i gwestiwn (e.e., 'Dydy ef ddim am fynd i gysgu, dyna pam.') i helpu plant i wneud cysylltiadau.

  Er y bydd angen i chi ateb rhai cwestiynau ar unwaith er mwyn helpu plant i ddeall y stori, weithiau bydd y llyfr ei hun yn rhoi'r ateb. Mae dweud, 'Gadewch i ni aros i weld. Bydd hynny'n y llyfr!' fel arfer yn bodloni plentyn. Pan fydd hi'n well gadael cwestiwn neu sylw i'w drafod ar ôl i chi orffen darllen y llyfr, fe allech chi ddweud, 'Dyna gwestiwn diddorol. Beth am i ni siarad am hynny ar ddiwedd y stori' – a gwnewch yn siŵr eich bod chi'n gwneud hynny!

- **Meddwl beth allai ddigwydd nesaf**: Daliwch ati i chwilio am ystyr. Mae gwneud sylw fel, 'Tybed beth fydd e'n ei wneud ar ôl dod o hyd i'r trysor' yn dangos i'r plant eich bod chi'n ceisio rhagweld a bydd hynny yn eu hannog i wneud yr un peth.

- **Ymestyn y pwnc**: Bydd angen i chi ddenu'r plant i sgwrsio am y llyfr gan ddefnyddio'r 'iaith dysgu' i fynd y tu hwnt i'r llyfr ac i feddwl am y stori mewn sawl ffordd wahanol.

- **Cael y plant i feddwl am y llyfr trwy eu hannog i:**
  - ragfynegi beth fydd yn digwydd nesaf
  - amlygu eu gwybodaeth a'u profiadau eu hunain a pherthnasu'r rhain i'r llyfr (e.e., 'A oes unrhyw un yma erioed wedi mynd ar goll fel y bachgen yn y llyfr hwn?')
  - siarad am sut y gallai'r cymeriadau fod yn teimlo
  - disgrifio sut y bydden nhw'n teimlo neu'n ymddwyn yn y sefyllfa honno
  - esbonio pam y digwyddodd rhywbeth neu pam y dywedodd neu y gwnaeth un o'r cymeriadau rywbeth, a
  - esgus/dychmygu (e.e., dychmygu diweddglo gwahanol neu ddychmygu beth ddigwyddodd y tu hwnt i ddiwedd y stori).

Allwch chi ddim gwneud yr holl bethau hyn ar unwaith. Fodd bynnag, dylid darllen ac ailddarllen llyfrau y mae'r plant yn eu mwynhau. Bydd hyn yn ei dro yn gadael i'r plant feddwl am y llyfr mewn gwahanol ffyrdd yn ystod y darlleniadau dro ar ôl tro. Ar ôl sawl darlleniad, mae plant yn dod i gasgliadau, rhagfynegi, uniaethu, a dychmygu yn llawer haws nag y gallan nhw ar y darlleniad cyntaf.

Ar ôl darllen y llyfr

Anogwch y plant i wneud sylw neu ofyn cwestiwn

Peidiwch â gorffen y rhyngweithio cyn gynted ag y byddwch wedi gorffen darllen y llyfr. Rhowch amser i'r plant ymateb iddo. I wneud y stori'n fwy ystyrlon, helpwch nhw i gysylltu ei thema neu bwnc â'r hyn maen nhw'n ei wybod ac wedi'i brofi.

Helpwch y plant i wneud cysylltiadau rhwng y llyfr maen nhw newydd ei ddarllen a llyfrau eraill

Gofynnwch i'r plant os ydy'r llyfr yma yn eu hatgoffa o lyfrau eraill y maen nhw wedi'u darllen. Manteisiwch ar yr hyn maen nhw wedi'i ddysgu o lyfrau eraill a helpwch nhw i weld y cysylltiadau. Rhowch wybod iddyn nhw o ba lyfrau y mae'r llyfr penodol hwn yn eich atgoffa ac ym mha ffordd. (Gallwch hefyd wneud cysylltiadau â llyfrau eraill tra byddwch yn darllen y llyfr.)

Gofynnwch gwestiynau diddorol (e.e., 'Ydy Viola Swamp yn *Miss Nelson is Missing* yn eich atgoffa o'r blaidd yn *Yr Hugan Fach Goch*? Sut maen nhw yr un peth a sut maen nhw'n wahanol?' 'Cafodd Thomas yn *Thomas's Snowsuit* ac Alexander yn *Where the Wild Things Are* yr un fath o drafferth gydag oedolion. Pa fath o drafferth gafodd pob un? Beth fyddai eich Mam neu Dad yn ei wneud pe baech chi'n dweud neu'n gwneud yr hyn a wnaeth Thomas ac Alexander? Beth fyddech chi'n ei wneud pe baech chi'n Thomas/Alexander?'). Mae trafodaeth fel hon yn helpu plant i fynd y tu hwnt i'r llyfr, sef yr hyn y mae darllenwyr meddylgar yn ei wneud.

Cynigiwch rai gweithgareddau dilynol diddorol

Beth am i bawb gerdded ar eu pengliniau a'u dwylo ac esgus bod yn anifail gwyllt neu anghenfil ar ôl darllen llyfr am anifeiliaid gwyllt neu rhyw anghenfil. Neu efallai gwneud drama bysedd am lindys a glöynnod byw ar ôl darllen *Y Lindysyn Llwglyd Iawn*? Fe allech chi i gyd esgus bod yn ddeinosoriaid ar ôl darllen am ddeinosoriaid, neu gofynnwch i'r plant actio'r stori wrth i chi ei darllen gyda phob plentyn yn chwarae rhan.

Mae defnyddio eu cyrff yn ogystal â'u meddyliau wrth iddyn nhw ryngweithio â'r stori yn dod â'r llyfr yn fyw i blant ac yn gadael iddyn nhw ddychmygu a dehongli'r llyfr mewn gwahanol ffyrdd. Mae esgus bod yn ddeinosor yn rhoi mwy o syniad i'r plentyn am sut brofiad y gallai bod yn Tyrannosaurus Rex ffyrnig fod wedi bod.

Gallwch hefyd ddarparu deunyddiau sy'n annog y plant i greu rhywbeth sy'n gysylltiedig â'r llyfr y maen nhw wedi'i ddarllen. Efallai yr hoffai plant wneud mwgwd o gymeriad hyll ar ôl darllen llyfr am gymeriad hyll neu wneud lindys gydag olion bawd a thyllu tyllau ynddyn nhw ar ôl darllen *Y Lindysyn Llwglyd Iawn*. Neu efallai y byddan nhw'n mwynhau ail-greu stori yn y ganolfan bypedau, gyda chymeriadau ffelt neu ddefnyddio prop neu ddau y maen nhw'n eu creu eu hunain.

Mae esgus bod yn 'bethau gwyllt' yn dod â llyfr darllen yn fyw.

Anogwch y plant i 'ddarllen' y llyfr eu hunain

Ar ôl i chi ddarllen llyfr i'r plant, gadewch y llyfr allan iddyn nhw, gan ddweud 'Mae'r llyfr yma os hoffai unrhyw un ei ddarllen.' (Fe fyddai'n syniad da cael mwy nag un copi o'r llyfr.) Bydd llawer o blant yn cymryd y llyfr ac yn ei 'ddarllen'. Wrth gwrs, dydyn nhw ddim yn darllen mewn gwirionedd, ond maen nhw'n ymarfer adrodd straeon, defnyddio iaith llyfrau, a chael ymeimlad o ddarllen, sydd i gyd yn gamau pwysig ar gyfer dod yn ddarllenydd.

E. Y ganolfan lyfrau neu'r llyfrgell

Mae'r ganolfan lyfrau neu'r llyfrgell yn aml yn ardal o'r ystafell ddosbarth sy'n cael ei hesgeuluso. Yn aml, mae'r ganolfan yn wynebu allan ar y man chwarae rhydd, a heb gael ei chau mewn oddi wrth gweddill y lleoliad ac yn aml heb le cyfforddus i eistedd a gyda detholiad cyfyngedig o lyfrau darllen.

Mae'r rhan fwyaf o bobl yn hoffi darllen mewn lle clyd, tawel sydd â seddi cyfforddus. Ceisiwch greu lle o'r fath i'r plant. Bydd lle clyd yn eu hannog i fynd i ddarllen.

Llenwch eich ystafell ddosbarth gyda llyfrau: llyfrau mawr, llyfrau bach, llyfrau anferth, llyfrau stori, llyfrau hwyliog, llyfrau hawdd, llyfrau caled – llawer o lyfrau! Dylech ddewis a darparu amrywiaeth eang o lyfrau o safon.

Rhai awgrymiadau ar gyfer llyfrau:

- llyfrau stori (gan gynnwys y rhai rydych chi wedi'u darllen i'r grŵp)
- llyfrau sy'n hawdd rhagweld be sy'n digwydd neu sydd â phatrwm cyfarwydd. Gyda llyfrau o'r fath bydd plant yn eistedd i lawr ac yn eu 'darllen'.
- llyfrau ffeithiol am ddeinosoriaid, anifeiliaid, pryfed, peiriannau, ac ati.
- llyfrau heb eiriau (sy'n annog plant i ddarllen ar eu pen eu hunain)
- llyfrau mawr iawn, sydd fel arfer yn ailadroddus iawn ac yn hawdd eu rhagweld
- llyfrau rhyngweithiol, lle mae'n rhaid i'r plentyn berfformio rhyw fath o weithred ar y llyfr
- catalog siop (yn enwedig y rhai gyda theganau)
- hysbysfwrdd yn y lleoliad sydd wedi'i osod ar lefel llygad y plentyn, llyfrau barddoniaeth a hwiangerddi
- cylchgronau plant (e.e., *Wcw, Cip, Mellten*)
- llyfrau wedi eu paratoi gan athrawon a phlant gyda'i gilydd
- llyfrau ar dâp (recordiwch eich hun yn darllen y llyfr a darparwch recordydd tâp gyda chlustffonau)
- pamffledi teithio
- llyfrau rhyngweithiol (e.e., llyfrau codi fflap)
- llyfrau barddoniaeth a hwiangerddi.

Aaaaah! Dyma hyfryd!

Mwynhau Dysgu Iaith

F. Y ganolfan ysgrifennu

Mae angen canolfan ysgrifennu ar bob dosbarth mewn cylch a meithrinfa. Mae canolfannau llyfrau yn annog darllen, ac mae canolfannau ysgrifennu yn annog ysgrifennu.

Mae ysgrifennu a darllen yn datblygu ar yr un pryd, ac yn adeiladu ar ei gilydd. Wrth i blant ddysgu darllen, mae eu hymwybyddiaeth o brint yn eu helpu i ysgrifennu, ac mae eu gallu i ysgrifennu, yn ei dro, yn gwella eu darllen. Mae canolfannau ysgrifennu yn annog plant i arbrofi gyda lluniadu ac ysgrifennu ac i rannu'r hyn y maen nhw'n ei ysgrifennu ag eraill.

Trefnwch eich canolfan ysgrifennu mewn ardal gymharol dawel, efallai ochr yn ochr â'r ganolfan lyfrau, a sicrhewch fod amrywiaeth o ddeunyddiau ysgrifennu ar gael a fydd yn siŵr o ddenu sylw'r plant, fel:

- bwrdd du gyda sialc lliw
- llythyrau magnetig
- papur heb linellau a phapur gyda llinellau o wahanol liw, maint, siâp a gwead
- llyfrau papur wedi'u styffylu ar gyfer ysgrifennu stori
- cyfrifiadur
- cardiau, cardiau post, a phapur ysgrifennu o wahanol siâp a maint
- marcwyr, pensiliau, creonau, a beiros
- stampiau ac amlenni, a
- stampiau inc, tâp, styffylwr, glud, a siswrn.

Dylai'r deunyddiau yn y ganolfan ysgrifennu fod mor ddiddorol ac mor amrywiol fel bod plant yn gweld posibiliadau diddiwedd ar gyfer eu defnyddio.

Cadwch enghreifftiau o waith ysgrifennu plant dros y flwyddyn. Bydd y newidiadau yn y ffordd y maen nhw'n ysgrifennu yn eithaf trawiadol.

FF. Gwneud i brint siarad yn eich ystafell ddosbarth

Gan fod cylchoedd a lleoliadau gofal plant yn cynnig cymaint o resymau da i ddefnyddio print a chymaint o bobl i'w rannu â nhw, maen nhw'n lleoedd gwych i blant ddysgu am y gair printiedig. Pan fydd rhyngweithio plant â'u gofalwyr yn cynnwys y gair printiedig – a phan fydd gofalwyr yn dangos eu bod yn defnyddio print yn ystod y rhyngweithiadau hyn – mae plant yn dechrau ymddiddori mewn print. Maen nhw'n ceisio darganfod beth yw ystyr geiriau ac yn dechrau arbrofi gyda darllen ac ysgrifennu.

Os nad yw'r print yn eich ystafell ddosbarth ar lefel llygad y plant, dydyn nhw ddim yn gallu elwa ar hynny. Os ydych chi eisiau i blant geisio darllen print, peidiwch â'i roi mewn lle sy'n hawdd i chi ei ddarllen ond mewn lle y gall y plentyn ei ddarllen!

Er mwyn ennyn diddordeb plant mewn print, mae'n rhaid i chi ddangos iddyn nhw fod print, mewn gwirionedd, yn 'siarad.' Felly peidiwch â gwneud arwyddion a rhestrau pan fydd y plant yn cysgu neu gartref! Mae angen iddyn nhw wybod pam a sut y mae print yn cael ei ddefnyddio a beth mae'n ei ddweud.

Pan fyddwch chi'n gwneud i brint siarad, gadewch i'r plant eich gweld chi ar waith er mwyn iddyn nhw allu gwylio, gofyn cwestiynau, gwneud sylwadau, a gweld pwrpas print. A chofiwch: os nad yw'r print yn eich ystafell ddosbarth ar lefel llygad y plant, dydyn nhw ddim yn gallu elwa ar hynny. Os ydych chi eisiau i blant geisio darllen print, peidiwch â'i roi mewn lle sy'n hawdd i chi ei ddarllen ond mewn lle y gall y plentyn ei ddarllen!

Bydd print yn 'siarad' yn eich ystafell ddosbarth os byddwch yn darparu:

- amgylchedd sy'n llawn o'r gair printiedig (nid yn unig yr wyddor ond hefyd print sydd ag ystyr)
- llawer o enghreifftiau o sut y mae print yn cael ei ddefnyddio
- cyfle i ryngweithio ynghylch defnyddio print, a
- cyfleoedd i blant ddefnyddio ac arbrofi gyda phrint.

Gwneud i brint 'siarad' yn eich ystafell ddosbarth ...

- Yn ystod gweithgareddau a rwtîn o ddydd i ddydd
- Er mwyn pleser a rhyngweithio cymdeithasol
- I gyfathrebu ag eraill
- I gofnodi gwybodaeth
- I ennill gwybodaeth

Noder: Mae'r adrannau canlynol yn cynnwys awgrymiadau ar gyfer gweithgareddau a strategaethau sy'n addas i Ddefnyddwyr Brawddegau Cynnar a Hwyrach (dros dair blwydd oed fel arfer). Fodd bynnag, bydd y rhai ohonoch sy'n gweithio gyda phlant ar gamau is yn gweld bod modd defnyddio nifer o'r gweithgareddau a'r strategaethau hyn gyda'r plant hyn hefyd.

Defnyddio print yn ystod gweithgareddau a rwtîn bob dydd

Mae oedolion yn defnyddio print fel rhan o'u bywydau bob dydd, ac felly hefyd plant.

Arwyddion a labeli

Defnyddiwch arwyddion i gyfleu rheolau a chyfarwyddiadau ac i ddarparu labeli. Yn union fel y mae arwyddion 'Dim Parcio' a 'Mynedfa' yn y byd go iawn, codwch arwyddion sy'n ymwneud â'ch rwtîn a'ch gweithgareddau o ddydd i ddydd. Cofiwch osod yr arwyddion ar lefel y mae'r plant yn gallu eu darllen! Dyma rai syniadau ar gyfer arwyddion:

- labeli ar gyfer dror, cwpwrdd, bocs teganau a lleoliadau tebyg
- arwyddion am nifer y plant a ganiateir mewn canolfan weithgareddau
- cyfarwyddiadau ar gyfer gofalu am anifeiliaid anwes a phlanhigion
- arwyddion sy'n darparu gwybodaeth angenrheidiol (e.e., 'Pysgod wedi cael eu bwydo' / 'Pysgod heb gael eu bwydo')
- arwyddion sy'n rhestru rheolau y mae athrawon wedi'u trafod a'u paratoi gyda phlant (e.e., 'Cadwch y teganau yn eu lle')
- posteri mawr o bapur gyda ryseitiau wedi'u hysgrifennu arnyn nhw (e.e., ar gyfer peintio â bysedd neu chwarae gyda thoes), y mae'r plant yn eich gwylio'n eu hysgrifennu, a
- arwyddion y mae plant yn eu gwneud at eu pwrpas eu hunain (e.e., 'Peidiwch â Chyffwrdd' neu 'Dim Mynediad').

Mae gwybodaeth bwysig yn werth ei darllen.

Taflenni cofnodi

Mae taflenni cofnodi yn rhoi cyfle i blant ysgrifennu neu geisio ysgrifennu eu henwau. Gellir eu defnyddio i neilltuo 'swyddi' yn yr ystafell ddosbarth, ar gyfer canolfannau gweithgareddau neu i gadw trefn ar lyfrau ac adnoddau. Gellir eu defnyddio hefyd ar gyfer cynnal arolwg, gyda phlant yn llofnodi eu henwau i nodi eu hateb i gwestiwn.

Beth ti'n hoffi ei fwyta ar dy frechdan?	
Jam	Caws

Labelu gwaith celf

Anogwch y plant i ysgrifennu eu henwau ar eu gwaith celf. Cofiwch ymateb i'w hymdrech i ysgrifennu eu 'henwau,' hyd yn oed pan na allwch eu darllen.

Cofiwch ymateb i ystyr ysgrifen y plentyn, hyd yn oed os na allwch ei ddarllen.

Mwynhau Dysgu Iaith

Presenoldeb

Gallwch gofnodi presenoldeb mewn nifer o ffyrdd y mae plant yn eu mwynhau. Pan fydd plant yn cyrraedd yn y bore, er enghraifft, gallan nhw:

- osod eu cardiau enw ar siart yn y lleoliad
- ysgrifennu eu henwau ar ddarn mawr o bapur, neu
- rhoi tic wrth eu henwau ar restr fawr.

Pan fydd taflenni presenoldeb yn weladwy, mae plant yn gallu gweld pwy sy'n absennol trwy edrych ar y rhestr. Bydd hyn yn annog darllen.

Tocynnau

Gadewch i'r plant eich helpu i ddod o hyd i i docyn pris ar gyfer nwyddau rydych chi'n eu prynu ar gyfer y ganolfan. Dangoswch yr eitemau sydd eu hangen arnoch a rhowch daflen wybodaeth neu daflen o siop iddyn nhw gael edrych am y nwyddau a beth ydy eu pris. Mae hyn yn llawer o hwyl – ac yn wers dda mewn cynllunio cyllideb!

Rhestrau

Mae gan restrau bwrpas pwysig mewn bywyd (os gallwch ddod o hyd iddyn nhw pan fydd eu hangen arnoch), a dylai plant ddod yn gyfarwydd â nhw yn gynnar yn eu bywydau. Dangoswch i'r plant sut rydych chi'n defnyddio rhestrau i'ch atgoffa pa nwyddau i'w prynu neu pa nwyddau sydd eu hangen arnoch chi. Ysgrifennwch mewn print bras a chadwch eich rhestrau mewn mewn man sy'n hawdd i'w weld. Gadewch i'r plant eich helpu i wneud y rhestrau, hyd yn oed os yw'n golygu tynnu lluniau'r nwyddau y mae angen i chi eu prynu. Yna gallwch chi ysgrifennu'r gair wrth ymyl y llun.

Cwblhau ffurflenni

Mae plant wrth eu bodd yn dynwared 'gwaith oedolion.' Gyda hyn mewn golwg, penderfynodd athrawon un ganolfan gofal plant adael i'r plant wneud 'gwaith' yr athro o lenwi eu cofnodion dyddiol. Aethon nhw ati i lunio ffurflenni, a oedd yn cynnwys lluniau a phrint, i'r plant eu llenwi. Ar y ffurflen, roedd pob plentyn yn nodi a oedd wedi bwyta gormod neu heb gael digon o fwyd amser cinio, a oedd wedi cysgu am gyfnod hir neu gyfnod byr, a'r hyn yr oedd yn ei wneud y tu allan, ayb. Am ffordd wych o ddefnyddio print!

Wrth lenwi eu cofnodion dyddiol eu hunain, mae plant yn cael profiad o ddefnyddio print i bwrpas go iawn – ac maen nhw wrth eu bodd yn gwneud hynny!

Defnyddio print er mwyn pleser a rhyngweithio cymdeithasol

Helpwch blant i brofi'r pleser a ddaw o ddefnyddio print a'r cyfleoedd y mae'n eu darparu ar gyfer rhyngweithio cymdeithasol.

Gwneud llyfrau

Mae llawer o hwyl i'w gael wrth wneud llyfrau eich hunain yn y cylch cyn eu darllen gyda'ch gilydd, yn enwedig pan mai'r plant yw testun y llyfr a phan ddefnyddir eu ffotograffau fel darluniau. Felly ewch ati i dynnu lluniau o'r plant ar daith maes, yn ystod Calan Gaeaf, yn y parti gwyliau blynyddol, neu'n cymryd rhan yn eu gweithgareddau cyffredin bob dydd. Yna, ynghyd â'r plant, gwnewch lyfr, gan adael iddyn nhw ddweud wrthych beth i'w ysgrifennu. Rhowch y cynnyrch gorffenedig yn y ganolfan lyfrau a gwyliwch pa mor aml maen nhw'n 'darllen' eu llyfr.

Gwnewch y llyfr gyda'ch gilydd ...

... ac yna gwyliwch y plant yn ei ddarllen dro ar ôl tro!

Mwynhau Dysgu Iaith

Dylid annog plant hefyd i greu eu straeon eu hunain. Darparwch lyfrau gwag yn y ganolfan ysgrifennu a rhowch wybod i'r plant cich bod ar gael os ydyn nhw am ddweud stori wrthych. Gallwch chi eu helpu i feithrin eu sgiliau adrodd stori trwy ysgrifennu'r straeon maen nhw'n eu hadrodd, ac yna darllen eu straeon yn ôl iddyn nhw. Yn ogystal â gwneud sylwadau ar gynnwys diddorol eu straeon, gofynnwch gwestiynau adeiladol (gweler pennod 8) i roi gwybod iddyn nhw pa wybodaeth y mae angen iddyn nhw ei chynnwys neu ei hegluro.

Anogwch y plant i geisio ysgrifennu eu straeon eu hunain. Sicrhewch nhw nad oes rhaid i'w hysgrifen edrych fel un oedolyn, ac anogwch nhw i ddefnyddio iaith sy'n golygu sillafu geiriau yn y ffordd maen nhw'n eu clywed. Mae sillafu, fel iaith, yn datblygu dros amser sy'n dilyn patrwm y gellir ei ragweld. Yn yr un ffordd ag y mae plant yn chwilio am batrymau gramadegol wrth ddysgu siarad (gweler pennod 7), maen nhw hefyd yn chwilio am batrymau mewn dilyniannau llythrennau y gellir eu defnyddio ar gyfer sillafu geiriau. Rydym yn disgwyl i frawddegau cynnar plant fod yn fyr ac yn anramadegol, a dylem hefyd ddisgwyl eu hymdrechion cynnar ar sillafu i fod yn gyfyngedig. Er enghraifft, edrychwch ar y newidiadau yn sillafu un plentyn o'r gair 'train' ar wahanol oedrannau:

> **Rhowch amser i'r plant actio'r straeon maen nhw'n eu hysgrifennu – gadewch iddyn nhw neilltuo rolau a chyfarwyddo'r 'cynhyrchiad' eu hunain. Dyma ffordd wych iddyn nhw ddatblygu eu gallu i adrodd straeon a gweld eu geiriau'n cael eu trawsnewid yn ddrama go iawn.**

- HN (5 mlynedd, 6 mis)
- HAN (5 mlynedd, 9 mis)
- CRHAN (5 mlynedd, 11 mis)
- TRANE (6 mlynedd, 3 mis)
- TRAIN (6 mlynedd, 9 mis)

Ar y dechrau, efallai y bydd plant yn dechrau trwy ysgrifennu un llythyren y gair yn unig (ac efallai nad dyma'r llythyren gywir hyd yn oed), ond gydag ymarfer a chysylltiad â geiriau, bydd eu sillafu yn newid ac yn datblygu. Os bydd plant yn gofyn i chi sut i sillafu gair, gofynnwch iddyn nhw pa synau y gallan nhw eu clywed yn y gair ac anogwch nhw i ysgrifennu'r rhain i lawr (maen nhw'n dueddol o anwybyddu'r llafariaid, ac mae hyn yn normal). Os ydych yn sillafu gair ar eu cyfer, ysgrifennwch y gair ar ddarn o bapur tra byddwch yn ei sillafu'n uchel. Mae'n siŵr bod gweld y gair cyfan yn haws i blentyn ifanc na gwrando ar y llythrennau'n cael eu sillafu un ar y tro.

Anogwch y plant i ddarlunio eu llyfrau, ac yna rhowch y llyfrau yn y ganolfan lyfrau – wedi'r cyfan, egin awduron ifanc sy'n ysgrifennu'r llyfrau hyn.

Rheolau a chyfarwyddiadau

Gadewch i blant weld sut mae darllen yn angenrheidiol ar gyfer rhai gweithgareddau pleserus, fel chwarae gemau gyda rheolau neu gemau cyfrifiadurol, neu ar gyfer gosod tegan at ei gilydd. Gadewch iddyn nhw eich gweld yn darllen y cyfarwyddiadau, a phwyntio at y print wrth i chi eu darllen.

Chwarae dramatig

Bydd plant yn cynnwys y defnydd o brint yn eu chwarae dramatig – os gwnewch chi ddarparu'r deunyddiau angenrheidiol. Dylai fod pad papur a phensiliau ar gael ym mhob man chwarae dramatig. P'un a yw'r man chwarae dramatig yn siop, yn fanc, neu'n swyddfa bost, bydd y plant yn mwynhau labelu gwrthrychau, ysgrifennu prisiau ar nwyddau, gwneud slipiau blaendalu banc, neu ysgrifennu cyfeiriadau ar lythyrau.

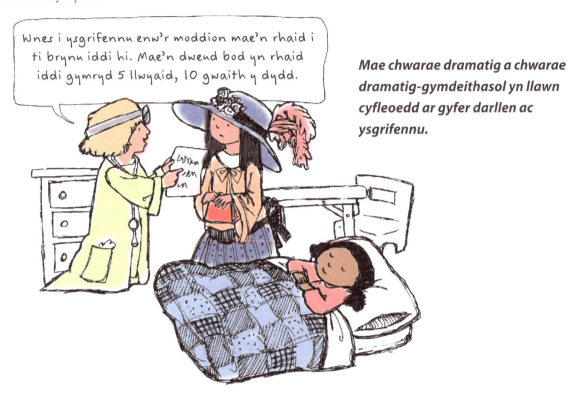

Mae chwarae dramatig a chwarae dramatig-gymdeithasol yn llawn cyfleoedd ar gyfer darllen ac ysgrifennu.

Defnyddio print i gyfathrebu ag eraill

Mae'n gyffrous ysgrifennu llythyr neu gerdyn a chael rhywun i'w ddarllen a'i werthfawrogi. Mae hefyd yn gyffrous derbyn post gan rywun arall. Mae'n bosibl i'r ddau brofiad hyn fod yn nodwedd reolaidd o'ch ystafell ddosbarth.

Llythyrau a chardiau cyfarch i ffrindiau a theulu

Er y dylech bob amser sicrhau bod deunyddiau ar gael i'r plant sy'n mwynhau ysgrifennu llythyrau a chardiau, gall gwneud cardiau fod yn weithgaredd arbennig adeg Dydd Gŵyl Dewi, gwyliau tymhorol, Sul y Mamau a'r Tadau, a phenblwyddi ffrindiau.

Os byddwch yn sicrhau bod deunyddiau ysgrifennu ar gael bob amser, efallai y byddwch hyd yn oed yn cael cerdyn pen-blwydd eich hun.

Llythyrau o ddiolch a gwahoddiadau

Mae llythyrau gwahoddiad i westeion arbennig neu lythyrau o ddiolch yn ffyrdd da o gael plant i ymwneud â defnyddio print i gyfathrebu ag eraill. Gadewch i bob plentyn gyfrannu at lythyr a ysgrifennir ar ddalen fawr o bapur. Gallan nhw naill ai arddweud eu negeseuon i chi neu eu hysgrifennu eu hunain.

Cael bocs postio yn y dosbarth

Ewch ati i wneud bocs postio lle mae'r plant yn gallu postio eu llythyrau atoch chi neu at eu ffrindiau. Yna gellir dosbarthu'r post i ddroriau'r plant sydd wedi'u labelu. Gwnewch yn siŵr eich bod yn ysgrifennu llythyrau at y plant yn rheolaidd hefyd. Rhowch wybod iddyn nhw eich bod wedi gweld sut y gwnaethon nhw fwynhau chwarae yn y gornel flociau neu eich bod yn falch eu bod yn ôl o'u gwyliau.

Rhaglen ffrindiau post

Ystyriwch sefydlu rhaglen ffrindiau post gyda chylch cyfagos. Yn y rhaglenni hyn, mae pob plentyn yn cael ei baru â phlentyn arall o'r un oedran yn y ganolfan arall, a chyfnewidir llythyrau bob ychydig wythnosau. Mae'r plant yn ysgrifennu neu'n tynnu llun rhywbeth i'w ffrind post, yn rhoi'r llythyr mewn amlen, ac yn cael cymorth i ysgrifennu'r cyfeiriad. Pan fyddan nhw'n cael eu post, mae 'postmon' yn cael ei ddewis i ddosbarthu'r post i ddroriau'r plant sydd wedi'u labelu – mae'n ddigwyddiad cyffrous iawn.

Mae plant bob amser yn gyffrous i dderbyn llythyrau oddi wrth eu ffrindiau mewn canolfan gofal plant gyfagos – ac maen nhw'n dysgu llawer am brint ar yr un pryd.

Anfon llythyrau adref

O bryd i'w gilydd, ysgrifennwch lythyrau personol at rieni, gan ddweud rhywbeth a ddigwyddodd i'w plentyn y diwrnod hwnnw (e.e., adeiladu rhywbeth diddorol gyda Lego neu fwynhau llyfr newydd). Trafodwch gyda'r plentyn pam eich bod yn ysgrifennu'r llythyr a gadewch iddo eich helpu i'w gyfansoddi. Gwnewch iddo deimlo'n bwysig yn ei rôl fel 'postmon.'

Bathodynnau

Gwnewch fathodynnau cardbord gyda'r plant sy'n mynegi teimladau neu anfon negeseuon personol (e.e., 'Dwi'n hapus bod fy ffrind Catrin yn ôl' neu 'Gofynnwch i mi pam dwi'n edrych ymlaen at yfory'). Mae bathodynnau fel hyn, wedi'u gosod ar frest y plant, yn sicr o gael llawer iawn o sylw gan oedolion a phlant.

Defnyddio print i gofnodi gwybodaeth

Dangoswch i blant sut mae print yn ein galluogi i gofnodi a chofio gwybodaeth. Cofnodwch bethau ar siartiau ar lefel llygad y plant.

Penblwyddi

Paratowch restr o enwau a phenblwyddi'r plant er mwyn iddyn nhw allu pwyntio atyn nhw a chymharu dyddiadau a blynyddoedd. Gallwch wneud 'siart pen-blwydd' gyda'r plant yn eich ystafell ddosbarth, gan adael iddyn nhw ddweud wrthych beth yw eu dyddiadau geni ac ysgrifennu eu henwau os ydyn nhw'n gallu gwneud hynny. Cofiwch: dim ond pan fydd ar lefel llygaid plant y mae'r math hwn o siart yn ddefnyddiol.

Tywydd

Mae'n ddiddorol i blant mewn cylchoedd meithrin gofnodi patrymau tywydd a thymheredd er mwyn iddyn nhw allu gweld sut mae'r rhain yn newid o dymor i dymor. Mae'r gweithgaredd hwn hefyd yn helpu i ddatblygu cysyniadau rhif ac yn annog adnabyddiaeth o eiriau mewn print fel 'eira,' 'heulog,' 'poeth,' ac 'oer.' Os oes gennych chi gardiau gyda'r geiriau hyn arnyn nhw, gallai'r plant ddewis y gair priodol a'i osod ar y siart tywydd. Mae'n well gwneud hyn yn anffurfiol ac yn gyflym (ac nid fel rhan o bob amser cylch) er mwyn cynnal diddordeb y plant.

Arsylwi

Nid oes angen i gofnodion gael eu cyfyngu i'r tywydd. Gallwch gofnodi presenoldeb, nifer y llyfrau a gymerwyd o'r llyfrgell, hoff fwyd, hoff lyfrau, nifer y brodyr a chwiorydd, yr ieithoedd a siaredir, ac ati.

Cyhoeddiadau

Croeso'n ôl, Eric!

Cofiwch, fyddwn ni'n mynd ar ein trip i'r sw fory!

Pen-blwydd hapus yn 5 oed, Mohammed!

Mae Cadi wedi cael chwaer fach newydd!

Gwyliwch blant yn rhuthro i mewn a cheisio darllen eich cyhoeddiad, yn enwedig os yw eu henw arno! Mae cyhoeddiadau yn gyffrous ac yn ddiddorol – defnyddiwch nhw yn aml!

Caneuon a cherddi

Pen-blwydd hapus i ti,
Pen-blwydd hapus i ti,
Pen-blwydd hapus i Sioned,
Pen-blwydd hapus i ti.

Ysgrifennwch y geiriau i gân adnabyddus, fel 'Pen-blwydd Hapus,' ar ddarn mawr o bapur. Mae gweld y geiriau wrth iddyn nhw ganu yn annog plant i bwyntio atyn nhw a'u 'darllen'. Cyflwynwch ganeuon neu gerddi ysgrifenedig yn ystod amser grŵp neu amser cylch a gadewch i'r plant ddarllen gyda chi. Yna gludwch nhw ar y wal ar lefel llygad y plant. Trwy 'ddarllen' caneuon a cherddi iddyn nhw eu hunain, mae plant yn dechrau darganfod ble mae geiriau'n dechrau ac yn gorffen, a pha lythrennau sy'n gwneud pa synau. Yn fuan byddan nhw'n dechrau adnabod rhai geiriau.

Hysbysfyrddau agored a bwrdd awgrymiadau

Gellir gadael eich hysbysfwrdd yn wag – gadewch i'r plant ei lenwi â'u gwaith celf, llythyrau, straeon ac arwyddion eu hunain.

> **Mae hysbysfyrddau rhyngweithiol yn llawer o hwyl, ond i fod yn wethfawr, mae'n rhaid i chi siarad amdanyn nhw gyda'r plant a dylen nhw eich gweld yn ysgrifennu eu syniadau.**

Codwch fwrdd awgrymiadau er mwyn i'r plant allu ysgrifennu neu dynnu llun unrhyw syniadau sydd ganddyn nhw ar gyfer gweithgareddau, trip, rheolau, eitemau ar y fwydlen, ac ati. Lle bo modd, ceisiwch weithredu ar eu hawgrymiadau.

Gallwch hefyd greu byrddau bwletin neu siartiau sy'n gysylltiedig â thema, neu â stori rydych chi wedi'i darllen gyda'r plant. Er enghraifft, os ydych chi wedi darllen *Y Lindysyn Llwglyd Iawn*, fe allech chi gael hysbysfwrdd sy'n dweud 'Plant Llwglyd Iawn y Cylch: Edrychwch beth wnaethon nhw fwyta!' Gallai pob plentyn dynnu llun neu ysgrifennu rhai o'r pethau y mae wedi'i fwyta. Os bydd angen gallwch ysgrifennu'r gair o dan y llun. Mae hysbysfyrddau rhyngweithiol yn llawer o hwyl, ond i fod yn werthfawr, mae'n rhaid i chi siarad amdanyn nhw gyda'r plant a dylen nhw eich gweld yn ysgrifennu eu syniadau.

Straeon y dosbarth

Gallai'r plant greu stori fel grŵp, ac yna ei hadrodd i chi. Wedyn rydych chi'n ei hysgrifennu ar ddarn mawr o bapur fel maen nhw'n ei hadrodd, gan ddarllen yn uchel wrth i chi ysgrifennu. Er mwyn i'r gweithgaredd hwn fod yn effeithiol, darllenwch y stori fel grŵp ar ôl iddi gael ei hysgrifennu. Wrth i chi ddarllen, pwyntiwch at y geiriau, gan symud eich bys yn llyfn ar draws y llinellau. Bydd y plant yn teimlo fel pe baen nhw'n darllen, oherwydd eu bod mor gyfarwydd â'r stori (wedi'r cyfan, nhw wnaeth baratoi'r gwaith!). Pan fydd y gweithgaredd hwn drosodd, rhowch y stori ar fwrdd neu wal, a bydd y plant yn ei darllen a'i hailddarllen iddyn nhw eu hunain.

Defnyddio print i ennill gwybodaeth

Mae ar blant angen llawer iawn o brofiad o ddefnyddio print i ddysgu am bethau newydd a diddorol.

Papurau newydd, cylchgronau, a thaflenni

Cyflwynwch erthyglau papur newydd gyda lluniau mawr, diddorol i'r lleoliad a darllenwch nhw i'r plant. Gwnewch yn siŵr bod y testun yn ddiddorol ac addaswch yr iaith i lefel y plant. Darparwch gylchgronau plant a hysbysebion a allai fod o ddiddordeb iddyn nhw.

Mapiau

Mae mapiau'n hynod ddiddorol i blant, yn enwedig os ydyn nhw'n nodi mannau o ddiddordeb personol, fel lle mae'r plant nawr yn byw a lle roedden nhw neu eraill yn arfer byw. Gosodwch fap o'r byd ar lefel llygad y plant a chyfeiriwch ato i ddod o hyd i lefydd y sonnir amdanyn nhw mewn llyfrau, lle mae pobl yn mynd ar wyliau, llefydd sydd yn y newyddion, ac ati.

Mae'n bosibl i blant ddarganfod nifer o bethau diddorol wrth iddyn nhw ddarllen mapiau.

Llyfrau ffeithiol

Llyfrau yw'r ffynhonnell fwyaf o wybodaeth, a dylai plant eich gweld yn aml yn dangos sut i'w defnyddio fel pethau i gyfeirio atyn nhw. Dangoswch sut rydych chi'n defnyddio llyfr i gael gwybodaeth. Gadewch i'r plant weld y rhestr cynnwys a'r mynegai.

Ni ddylid gosod llyfrau yn y ganolfan lyfrau yn unig. Fe ddylen nhw hefyd gael eu gosod wrth y bwrdd gwyddoniaeth ac unrhyw le arall y gallan nhw gynnig gwybodaeth i blant. Er enghraifft, roedd athrawon mewn cylch oedd â chompostiwr mwydod wedi gosod llawer o lyfrau am fwydod ger y compostiwr. Roedd y plant oedd â diddordeb yn y compostiwr wedi mwynhau darllen y llyfrau hyn yn fawr.

Dyma'r mathau gorau o lyfrau ar gyfer Cyfathrebwyr:

(Cofiwch mai rhai syniadau'n unig sydd yma. Mae'n werth cadw golwg ar yr amrywiaeth eang o deitlau eraill sydd ar gael ynghyd â theitlau newydd sydd wedi eu cyhoeddi gan y gwahanol weisg yng Nghymru.)

- **llyfrau bwrdd gyda thudalennau trwchus** sy'n haws i law eich plentyn eu troi – er enghraifft, Cyfres Babis Bach (Rily), e.e. *Anifeiliaid*, *Y Fferm*, Cyfres Babi Cyffwrdd a Theimlo (Dref Wen).
- **llyfrau byr gydag odl, rhythm ac ailadrodd** – *Mae'r Cyfan i ti* gan Luned Aaron (Atebol), *Dwi Eisiau bod yn Ddeinosor* gan Luned Aaron (Atebol), *Meddyliau Bwni Bach* gan Steve Smallman (Graffeg), *Diwrnod Prysur Twts* (Gomer).
- **llyfrau gyda lluniau lliwgar, realistig** o bobl (yn enwedig plant), anifeiliaid, gwrthrychau bob dydd a gweithgareddau fel amser bath, amser gwely a bwyta – *Diwrnod Prysur Llygoden Fach* gan Leoni Servini (Rily), *Yn Gynnar yn y Bore* gan Lawrence Schimel (Canolfan Peniarth), *Cwtsh a Chyffwrdd: Cofleidio* gan Natalie Boyd (Rily).
- **llyfrau rhyngweithiol** gyda phethau i'w cyffwrdd neu eu gwneud fel gwneud synau, codi fflap neu wneud i luniau symud – *Nos Da Llew* gan Joshua George (Rily), Cyfres Newydd Smot y Ci gan Eric Hill (Atebol), *Codi Fflap Pi-Po! Bwystfilod*, addasiad Eurig Salisbury, *Rôr! Rôr! Deinosor Ydw I!* (Atebol), *Deg ar y Bws* gan Huw Aaron (Broga), *Y Ddoli Orau yn y Byd* gan Fiona Watt (Y Lolfa), *Annwyl Sw* gan Rod Campbell (Dref Wen), Cyfres Cyffwrdd a Ffeindio (e.e. Sw, Dref Wen), *Traed Pwy?* (Dref Wen).
- **llyfrau gyda hwiangerddi**, rhigymau eraill a chwarae bysedd (fel 'Un bys, dau fys, tri bys yn dawnsio') – *Amser Canu, Blant* (Rily).
- **llyfrau wedi eu creu gartref** gyda lluniau o'ch plentyn.
- **llyfrau lluniau heb eiriau** – fel *Good Dog, Carl* gan Alexandra Day a *Good Night, Gorilla* gan Peggy Rathmann.

Dyma'r mathau gorau o lyfrau ar gyfer Defnyddwyr Geiriau Cyntaf:

(Cofiwch mai rhai syniadau'n unig sydd yma. Mae'n werth cadw golwg ar yr amrywiaeth eang o deitlau eraill sydd ar gael ynghyd â theitlau newydd sydd wedi eu cyhoeddi gan y gwahanol weisg yng Nghymru.)

- **llyfrau cadarn a llyfrau clwt gyda lluniau a ffotograffau syml, lliwgar** – er enghraifft, Cyfres Llyfrau Clwt (Atebol)
- **llyfrau gyda rhigymau, rhythmau ac ailadrodd hwyliog** – *Mae'r Cyfan i ti* gan Luned Aaron (Atebol), *Dwi Eisiau bod yn Ddeinosor* gan Luned Aaron (Atebol), *Meddyliau Bwni Bach* a *Ffrindiau Bwni Bach* gan Steve Smallman (Graffeg), *Dawnsio Dawns y Deinosor*, addasiad Eurig Salisbury, *Dwylo'n Dawnsio* gan Elin Meek (Broga).
- **llyfrau rhyngweithiol** – Cyfres Newydd Smot y Ci gan Eric Hill (Atebol), Cyfres Peiriannau Mawr Swnllyd (Dref Wen), *Annwyl Sw* gan Rod Campbell (Dref Wen), *Dwmbwr Dambar*, addasiad Elin Meek (Dref Wen), Cyfres Chwarae a Chwilio, e.e. *Yn y Jyngl*, *Ar y Fferm* (Rily),

Beth Ydw I? Tractor (Gomer), *Diwrnod Prysur Popi'r Gath* gan Lara Jones (Gomer), *Teigr, Teigr, Amser Cael Bath* (Dref Wen).

- **llyfrau thema** – *Jambori'r Jyngl* gan Jo Empson, Cyfres Criw'r Coed gan Carys Haf Glyn (Y Lolfa), *Pwy Sy'n Cuddio ar y Fferm*, addasiad Elin Meek (Dref Wen).
- **llyfrau stori byr, syml** – *Broga ar y Fferm* (Dref Wen), *Tomi a'i Ffrind Newydd* gan Sally Chambers (Dref Wen), *The Snowman* (llyfr heb eiriau) gan Raymond Briggs, Cyfres Cyw (Y Lolfa) a llyfrau bwrdd Sali Mali, e.e. *Cacen Sali Mali*, *Hoff Le Sali Mali* a *Jac y Jwc ar y Fferm* (Gomer).
- **albwm lluniau teuluol a llyfrau sy'n cynnwys lluniau sydd wedi'u casglu a'u harddangos gan aelodau'r teulu gan amlaf.**

Detholiad o lyfrau addas ar gyfer Cyfunwyr

Dyma rai enghreifftiau o lyfrau a allai fod yn ddefnyddiol ar gyfer ysgogi a bodloni chwilfrydedd Cyfunwyr yn ogystal ag amrywiaeth ehangach o lyfrau fel y mae eu hiaith yn datblygu.

Mae'n bwysig eich bod yn edrych pa gyhoeddiadau hen a newydd eraill sydd ar gael. Gallwch naill ai ymweld â'r siop lyfrau leol neu edrych ar wefannau'r cyhoeddwyr neu wefan Cyngor Llyfrau Cymru sef *gwales*.

Llyfrau Lluniau

- *Lliwiau Byd Natur* gan Luned Aaron (Gwasg Carreg Gwalch); *123 Byd Natur* gan Luned Aaron (Gwasg Carreg Gwalch); *Tymhorau Byd Natur* gan Luned Aaron (Gwasg Carreg Gwalch); *ABC Byd Natur* gan Luned Aaron (Gwasg Carreg Gwalch)
- *Geiriau Cyntaf Cywion Bach* (Y Lolfa)
- *Diwrnod Prysur* gan Huw Aaron (Gwasg Carreg Gwalch)
- *Byd Bach dy Hun* gan Sioned Medi Evans (Y Lolfa)
- *Bach a Mawr* gan Luned Aaron (Gwasg Carreg Gwalch)

Cerddi a Hwiangerddi

- *Hoff Hwiangerddi / Favourite Welsh Nursery Rhymes* (Dref Wen)
- *Dwylo'n Dawnsio* gan Elin Meek (Broga)
- *O'r Môr i Ben y Mynydd – Rhigymau Rhyfedd* (Llyfr Mawr) (Gomer@Atebol)
- *Cyfres Darllen Mewn Dim: Ych a Fi a Cherddi Eraill* gan Angharad Tomos (Y Lolfa)
- *Byd Llawn Hud* gan Ceri Wyn Jones a Tudur Dylan (Gomer@Lolfa)
- *Cerddi Cyntaf* gan Myrddin ap Dafydd (Gwasg Carreg Gwalch)
- *Llond Drôr o Ddeinosoriaid* gan Haf Llewelyn (Cyhoeddiadau Barddas)
- *Dim Ond Traed Brain* gan Anni Llŷn (Gomer@Lolfa)
- *Chwarae a Chwilio: Ar y Fferm / Hide and Seek: On the Farm* (Rily)

Llyfrau Cyfranogol

- *Amser Chwarae'r Baban Bach* (Dref Wen)
- *Hwyl Smot yn yr Eira / Spot's Snowy Fun* (Dref Wen); *Smot Llithro-A-Chwilio Fferm* (Dref Wen)
- *Chwarae a Chwilio: yn y Jyngl / Hide and Seek: in the Jungle* (Rily)
- *Cyfres Gwthio, Tynnu, Troi: Gardd Brysur / Busy Garden* (Dref Wen); *Cyfres Gwthio, Tynnu, Troi: Parti Prysur / Busy Party* (Dref Wen)
- *Chwilia am Smot ar y Traeth / Find Smot at the Beach* (Dref Wen)
- *Pwy Sy'n Cuddio ar y Fferm* (Dref Wen)
- *Cyfres Smot: Parti Pen-blwydd Smot* (Atebol); *Cyfres Smot: Smot yn Mynd i'r Ysgol* (Atebol)
- *Cyfres Smot: Smot ar y Fferm* (Atebol); *Cyfres Smot: Ble Mae Smot?* (Atebol)

Llyfrau addas ar gyfer Defnyddwyr Brawddegau Cynnar a Hwyrach
Detholiad o lyfrau addas ar gyfer Defnyddwyr Brawddegau Cynnar a Hwyrach

Dyma ddetholiad bras o'r llyfrau sy'n cynnig stori neu gynnwys sy'n debygol o apelio at ddiddordebau, dychymyg a lefel dealltwriaeth y plentyn. Mae yma amrywiaeth o gyweiriau iaith ynghyd â straen mwy manwl a chymhleth.

Mae'r ddarpariaeth o lyfrau ar gyfer plant yng Nghymru yn ehangu'n gyson gyda theitlau newydd yn ymddangos yn gyson. Mae'n bwysig felly eich bod yn edrych pa gyhoeddiadau hen a newydd sydd ar gael. Cofiwch alw heibio eich siop lyfrau leol neu edrych ar wefannau'r cyhoeddwyr neu wefan Cyngor Llyfrau Cymru sef *gwales* i weld y cyfoeth o lyfrau newydd sydd ar gael.

Straeon Byrion

- *Pantosorws a Phŵer y Pants* (Rily)
- *Cynan a'r Sioe Haf* (Graffeg); *Cynan a'r Enfys* (Graffeg); *Dyna Faint Dwi'n dy Garu* (Graffeg); *Cynan a'r Sêr* (Graffeg)
- *Albert Ben i Lawr* (Graffeg); *Albert Anferth* (Graffeg); *Albert a'r Gwynt* (Graffeg); *Albert yn yr Awyr* (Graffeg)
- *Mae Rita Eisiau Robot* (Graffeg); *Mae Rita Eisiau Tylwythen Deg* (Graffeg); *Mae Rita Eisiau Draig* (Graffeg); *Mae Rita Eisiau Jîni* (Graffeg)
- *Nain-Gu-Sawrws / Grannysaurus* (Atebol)

Straeon Mwy Manwl

- *Cyfres fy Amser Stori Cyntaf: Jac a'r Goeden Ffa* (Rily)
- *Cawr Mwya Crand yn y Dre, Y* (Dref Wen)
- *Supertaten: Noson y Llysiau Byw* (Dref Wen); *Supertaten yn Cyflwyno Jac a'r Goeden Ffa* (Dref Wen)
- *Smis a'r Smws, Y* (Dref Wen)
- *Gryffalo, Y* (Dref Wen)
- *Cynan a'r Pwll Bach* (Graffeg)
- *Jac a'r Goeden Ffa / Jack and the Beanstalk* (Rily)

- *Cynan a'r Lindysyn* gan Julia Rawlinson (Graffeg)
- *Am Dro gyda Maia / Maya's Walk* (Rily)
- *Tri Mochyn Bach, Y / Three Little Pigs* (Dref Wen)
- *Hugan Fach Goch / Little Red Riding Hood* (Dref Wen)
- *Supertaten Swigod Hynod* (Dref Wen)
- *Tri Mochyn Bach, Y / Three Little Pigs, The* (Rily)

Thema Ailadroddus

- *Pam?* gan Luned Aaron (Y Lolfa)
- *Dyna Faint Dwi'n dy Garu* gan Julie Rudi (Graffeg)

Themâu ar Bynciau Penodol

- *Arwyr Go Iawn / Real Superheroes* (Rily)
- *O Diar! Oh Dear!* (Dref Wen)
- *Bwystfil Cosi, Y* (Rily)
- Cyfres Peppa: Peppa yn y Sw (Rily)
- *Dysgu gyda Sali Mali – Swydd*i gan Casia Wiliam (Atebol); *Dysgu gyda Sali Mali – Byd o Ddathlu* gan Casia Wiliam (Atebol); *Dysgu gyda Sali Mali – Byd Natur* gan Casia Wiliam (Atebol)
- *Cyfres Peppa Pinc: Peppa yn y Sw Môr* (Rily)
- *Annwyl Sw/Dear Zoo (Llyfr Bach)* (Dref Wen)
- *Annwyl Sw / Dear Zoo* (Dref Wen)
- *Beth am Sôn am … y Babi Newydd!* (Rily)
- *Pi-Po Fferm/Peekaboo Farm!* (Dref Wen)
- *Cyfres y Teulu Boncyrs: 7. Bili Boncyrs yn y Sw* gan Caryl Lewis (Y Lolfa)
- *Llyfrau Hwyl Magi Ann: Cadw'r Teganau* (Atebol); *Llyfrau Hwyl Magi Ann: Cwpwrdd Teganau* (Atebol)
- *Llyfrau Hwyl Magi Ann – Cyfres Pero; Cyfres Doli, Cyfres Tedi a Chyfres Dicw* (Atebol)

Crynodeb

Mae canolfannau gofal plant a chylchoedd yn amgylcheddau delfrydol ar gyfer dysgu am lythrennedd gan eu bod yn meithrin y sgiliau hynny sydd mor allweddol bwysig ar gyfer hybu darllen ac ysgrifennu. Er mwyn helpu pob plentyn i ddod yn ddarllenwyr ac yn ysgrifenwyr, dylai plant gael cyfle i ddod i gysylltiad â llyfrau o enedigaeth. Wrth i ddatblygiad iaith plant fynd yn ei flaen, rhaid i athrawon annog 'iaith dysgu' yn ystod sgwrs a chyfnod darllen llyfrau, gan sicrhau bod plant yn dod i gysylltiad ag amrywiaeth o lyfrau rhagorol.

Dylai'r profiad o ddarllen llyfrau fod yn rhyngweithiol, gyda phlant yn cael eu hannog i siarad a meddwl am y llyfr mewn nifer o wahanol ffyrdd. Dylai fod gan ystafelloedd dosbarth ganolfan lyfrau a chanolfan ysgrifennu, a dylai plant gael llawer o gyfleoedd i ddefnyddio print fel rhan o'u gweithgareddau dyddiol, e.e. darllen er mwyn boddhad a phleser, cyfathrebu ag eraill neu ar gyfer cofnodi a chael gwybodaeth. Wrth gymryd rhan mewn gweithgareddau print ystyrlon, pwrpasol, bydd plant yn dechrau defnyddio darllen ac ysgrifennu at eu dibenion eu hunain a byddan nhw ar y llwybr i fod yn ddarllenwyr ac yn ysgrifenwyr.

Llyfryddiaeth

Ahlberg. A. & Ahlberg, J. (1978). *Each peach pear plum*. Llundain: Penguin Books.

Allard, H. (1977). *Miss Nelson is missing*. Boston: Scholastic.

Applebee, A.N. (1978). *The child's concept of story*. Chicago: University of Chicago Press.

Blake, J. (2001). How early should parents start reading books with their infants? *IMPrint, Newsletter of the Infant Mental Health Promotion Project*, 30, 5–6.

Booth, D., Swartz, L. & Zola, M. (1987). *Choosing children's books*. Markham, Ontario: Pembroke.

Brown, M. W. (1947). *Goodnight moon*. Efrog Newydd: Harper and Row.

Butler, D. (1980). *Babies need books*. Efrog Newydd: Atheneum.

Cambourne, B. (1988). *The whole story: Natural learning and the acquisition of literacy in the classroom*. Auckland, Seland Newydd: Ashton Scholastic.

Carle, E. (1987). *The very hungry caterpillar*. Efrog Newydd: Scholastic.

Chafel, J.A. (1982). Making early literacy a natural happening. *Childhood Education*, Argraffiad Mai/Mehefin, 300–304.

Church, E.B. (1991). Reading aloud to children. *Scholastic Pre-K Today*, Argraffiad Ionawr, 38–40.

Cochrane–Smith, M. (1984). *The making of a reader*. Norwood, NJ: Ablex.

Dickinson, D.K. & Tabors, P.O. (2001). *Beginning literacy with language*. Baltimore: Paul H. Brookes Publishing Co.

Dickinson, D.K. & Tabors, P.O. (2002). Fostering language and literacy in classrooms and homes. *Journal of the National Association for the Education of Young Children*, Mawrth 2002, 10–18.

Forester, A.D. & Reinhard, M. (1989). *The learners way*. Winnipeg: Peguis.

Gillet, J.W. & Temple, C. (1986). *Understanding reading problems*. Boston: Little, Brown.

Goodman, K. & Goodman, Y. (1983). Reading and writing relationships: Pragmatic functions. *Language Arts*, 60 (5), 590–599.

Goodman, K. (1986a). Reading: A psycholinguistic guessing game. *Journal of the Reading Specialist*, 6, 126–135.

Goodman, K. (1986b). *What's whole in whole language?* Richmond Hill, Ontario: Scholastic.

Goodman, Y. (1984). The development of initial literacy. Yn H. Goelman, A. Oberg & F. Smith, (Gol.), *Awakening to Literacy* (tt. 102–109). Exeter, NH: Heinemann.

Graves, D. & Stuart, V. (1986). *Write from the start: Tapping your child's natural writing ability*. Efrog Newydd: Plume.

Hill, E. (1980). *Where's Spot?* Toronto: General Publishing.

Holdaway, D. (1979). *The foundations of literacy*. Sydney, Awstralia: Ashton Scholastic.

Jewell, M.G. & Zintz, M.V. (1986). *Learning to read naturally*. Dubuque: Kendall Hunt.

Kimmel, M.M. & Segel, E. (1983). *For reading out loud*. Efrog Newydd: Delacorte Press.

Kunhardt, D. (1962). *Pat the Bunny*. Racine, Wisconsin: Western.

Lamme, L.L. (1984). *Growing up writing*. Washington, DC: Acropolis Books.

Loughlin, C.E. & Martin, M.D. (1987). *Supporting literacy: Developing effective learning environments*. Efrog Newydd: Teachers College Press.

Mayer, M. (1968). *There's a nightmare in my closet*. Efrog Newydd: Dial Books.

Mayer, M. (1975). *Just for you*. Racine, Wisconsin: Western.

Mayer, M. (1987). *Just a mess*. Racine, Wisconsin: Western.

Miller, S.A. (1991). Whole language: It's an experience! *Scholastic Pre-K Today*, Argraffiad Ionawr, 44–72.

Munsch, R. (1985). *Thomas' snowsuit*. Toronto: Annick Press.

Munsch, R. (1987). *I have to go*. Toronto: Annick Press.

Munsch, R. (1988). *A promise is a promise*. Toronto: Annick Press.

Neuman, S.B., Copple, C. & Bredekamp, S. (2000). *Learning to read and write: Developmentally appropriate practices for young children*. Washington, DC: National Association for the Education of Young Children.

Perkins, A. (1969). *Hand, hand, fingers, thumb*. Efrog Newydd: Random House.

Sendak, M. (1983). *Where the wild things are*. Efrog Newydd: Scholastic.

Strickland, D. & Morrow, L.M. (Eds). (1989). *Emerging literacy: Young children learning to read and write*. Newark, DE: International Reading Association.

Taylor, D. (1983). *Family literacy: Young children learning to read and write*. Exeter, NH: Heinemann.

Teale, W.H. & Sulzby, E. (Gol.), (1985). *Emergent literacy: Writing and reading*. Norwood, NJ: Ablex.

Temple, C.A., Nathan, R.G. & Burris, N.A. (1982). *The beginnings of writing*. Boston, Mass: Allyn and Bacon.

van Kleeck, A. (1982). *Metalinguistics and language disorders in children: Does meta matter?* Miniseminar presented at the American Speech–Language Hearing Association Annual Convention, Toronto, Canada.

van Kleeck, A. (1990). Emergent Literacy: Learning about print before learning to read. *Topics in Language Disorders*, 10 (2), 24–45.

Amser cylch: creu profiad rhyngweithiol o ddysgu iaith

> Fydda i'n chwythu a phwffian,
> ac yn chwythu'r tŷ yn rhacs.

Mae amser cylch yn amser i'r plant i fwynhau a dysgu.

A. Amser cylch:
amser ar gyfer mwynhau a dysgu iaith

Rydym yn gwybod fod plant yn dysgu iaith yn naturiol yn ystod eu rhyngweithio â'u gofalwyr o ddydd i ddydd. Felly beth mae gweithgaredd ffurfiol, strwythuredig fel amser cylch (a elwir hefyd yn amser grŵp) yn cyfrannu at ddysgu iaith a llythrennedd?

Mae rhai athrawon yn dweud bod plant yn dysgu gwrando yn ystod amser cylch. Mae eraill yn anghytuno, gan ddweud bod plant yn gwrando'n well mewn grwpiau bach, anffurfiol.

Mae rhai athrawon yn dweud bod amser cylch yn annog plant i rannu syniadau a phrofiadau. Ond mae eraill yn anghytuno, gan ddweud bod llawer mwy o rannu yn digwydd wrth y bwrdd cinio ac mewn grwpiau bach, anffurfiol.

Mae rhai athrawon yn dweud bod plant yn gallu dysgu cysyniadau yn ystod amser cylch. Unwaith eto, mae llawer o rai eraill yn anghytuno, gan ddweud bod y rhan fwyaf o ddysgu'n digwydd pan fydd plant yn cymryd rhan mewn gweithgareddau ymarferol gydag athro sy'n dangos diddordeb gerllaw.

Er gwaethaf y gwahaniaethau barn hyn, mae llawer o athrawon yn credu bod amser cylch yn werthfawr ac yn chwilio am ffyrdd i'w wneud yn brofiad mor gyfoethog ac ysgogol â phosibl.

Pan nad oes gan blant ddiddordeb yn y pwnc a phan fydd amser cylch yn mynd ymlaen yn rhy hir, bydd pwrpas y sesiwn yn cael ei golli – a sylw'r plant hefyd.

Gadewch i ni dybio mai pwrpas amser cylch yw i blant fwynhau a dysgu. Os yw gweithgareddau amser cylch yn cael eu cynllunio gyda'r pwrpas hwn mewn golwg, yna bydd plant yn gallu:

- ehangu eu gallu i ddefnyddio iaith dysgu
- ehangu eu dealltwriaeth o bynciau cyfarwydd
- ehangu eu gwybodaeth gyffredinol i gynnwys pynciau anghyfarwydd
- cael eu hannog i ddefnyddio eu dychymyg
- dysgu rhannu gwybodaeth mewn grŵp, a
- ehangu eu gallu i adrodd stori.

Mae'r awgrymiadau sy'n dilyn ar wneud yn siŵr bod amser cylch mor hwyliog ac addysgol â phosibl ac yn hollol addas ar gyfer plant tair oed a hŷn.

Mae gofyn cwestiynau sy'n annog plant i ddefnyddio iaith dysgu ac sy'n rhoi cyfle i'r dychymyg yn bwysig iawn..

B. Paratoi ar gyfer amser cylch llwyddiannus

Mae amser cylch yn golygu llawer mwy na chael y plant yn eich ystafell ddosbarth i ddod at ei gilydd mewn grŵp. Byddwch yn paratoi ar gyfer llwyddiant drwy wneud yn siŵr eich bod yn ystyried yn fanwl beth ydy'r trefniadau gorau ar gyfer creu amser cylch llwyddiannus.

Grwpiau bach sydd orau

Mae grwpiau bach yn caniatáu mwy o ryngweithio, cymryd rhan a chynnig sylw unigol. Mae athrawon yn tueddu i'w chael hi'n llawer mwy cynhyrchiol a hylaw i gynnal amser cylch ar adegau gwahanol neu i gael dau grŵp bach, pob un ag un athro.

Dewiswch amser a lle priodol

Yr amser gorau ar gyfer amser cylch yw cyn i blant fynd yn flinedig ac aflonydd a chyn iddyn nhw ddechrau bod eisiau bwyd. Mewn llawer o ddosbarthiadau, mae amser cylch yn gynnar yn y bore, cyn chwarae rhydd.

Mae plant yn teimlo'n fwy cyfforddus yn ystod amser cylch os gallan nhw eistedd mewn cornel glyd ar fat neu garped meddal. Byddwch yn fwy tebygol o gynnal eu sylw os nad oes unrhyw degan neu offer gerllaw i'w temtio.

Dechreuwch weithgaredd diddorol cyn i'r plant ddod at ei gilydd

Yn hytrach nag aros i bawb ymuno â'r grŵp a mynd yn rhwystredig gyda'r plant sy'n cyrraedd yn hwyr, dechreuwch gyda chân hwyliog neu ddrama bysedd. Neu, fel yr awgrymodd un athro llawn dychymyg, crëwch long ofod creu-a-chredu a gwahoddwch y plant i gerdded ar hyd ramp creu-a-chredu, i fyny rhai 'grisiau,' ac i mewn i'ch llong ofod, sydd ar fin gadael ar antur! Fel hyn, mae'r plant sydd eisoes yn eistedd yn y grŵp yn cymryd rhan yn gyflym ac mae'r lleill yn prysuro i ymuno â nhw oherwydd nad ydyn nhw eisiau colli dim.

Byddwch yn frwdfrydig!

P'un a ydych chi'n adrodd stori, yn egluro gêm, yn disgrifio rhywbeth, yn cyflwyno thema, neu'n canu cân, eich steil chi o gyflwyno sy'n gosod y naws ar gyfer y grŵp. Bydd eich bywiogrwydd a'ch brwdfrydedd yn heintus a bydd diddordeb a chyfranogiad y plant yn adlewyrchu hynny.

Byddwch yn barod i newid eich cynlluniau

Nid yw pethau bob amser yn digwydd yn ôl y bwriad. Efallai na fydd gan y plant ddiddordeb yn y pwnc rydych chi wedi'i ddewis, neu efallai y bydd ganddyn nhw ddiddordeb mewn agwedd wahanol arno. Efallai y byddan nhw am barhau ag un gweithgaredd yn hirach nag yr oeddech wedi'i gynllunio neu mae'n bosibl y bydd yn rhaid i chi ei ailadrodd. Byddwch yn hyblyg ac yn barod i addasu neu newid eich cynlluniau – dyna'r ffordd i danio ac annog chwilfrydedd plant a chadw eu diddordeb.

Byr a chryno sydd orau

Cofiwch ddod â'r amser cylch i ben yn amserol. Peidiwch â gor-ymestyn amser cylch, hyd yn oed os yw un neu ddau o blant yn dal i dalu sylw. Darparwch ar gyfer y mwyafrif – ac mae hynny fel arfer yn golygu stopio tra bod y plant i gyd yn dal i dalu sylw, cymryd rhan a chael eu hysgogi.

Defnyddiwch bropiau mawr, deniadol

Mae propiau yn denu sylw plant ac yn darparu ciwiau gweledol ychwanegol. Dylen nhw fod yn fawr, yn glir, yn ddeniadol, ac yn briodol i lefel datblygiad y plant. Os nad yw propiau'n ddigon mawr, mae'r plant yn colli ffocws wrth iddyn nhw wthio eraill o'r neilltu i geisio eu gweld.

C. Chwe pheth i'w cofio: canllawiau ar gyfer cynllunio a chynnal amser cylch

Dyma ganllawiau ymarferol i chi ar gyfer cynllunio a chynnal amser cylch, sy'n ehangu iaith plant, eu gwybodaeth gyffredinol, eu dychymyg, eu gallu i rannu gwybodaeth mewn grŵp, a'u gallu i adrodd stori.

Chwe pheth i'w cofio

Mewn amser cylch neu grŵp, dylai'r pwnc fod yn:

- Ddiddorol
- Addysgiadol
- Cael ei gyflwyno'n dda
- Cysylltiedig (gyda phynciau a gweithgareddau eraill)
- Rhyngweithiol
- Dychmygus

Ennyn diddordeb y plant

Dewiswch thema neu bwnc sy'n briodol i oedran a diddordebau'r plant. Os yw eich pwnc yn ymwneud â thema'r wythnos (neu'r mis), gwnewch yn siŵr bod y thema honno'n seiliedig ar ddiddordebau'r plant. Efallai bod grŵp y llynedd wedi cael eu swyno gan chwilod, ond efallai y bydd gan y grŵp eleni ddiddordeb mewn deinosoriaid, ffermio, neu greaduriaid y môr. Anaml y mae'n syniad da ailadrodd yr un themâu flwyddyn ar ôl blwyddyn!

Pan fydd gan blant ddiddordeb yn y pwnc, maen nhw'n gwneud mwy na gwrando. Maen nhw'n chwilio am ystyr trwy ddadansoddi'r hyn y maen nhw'n ei glywed a dod i gasgliadau amdano. Maen nhw'n cysylltu'r hyn maen nhw'n ei glywed â'r hyn maen nhw'n ei wybod yn barod, yn rhagweld beth fydd yn digwydd nesaf, ac yn defnyddio eu dychymyg i ddelweddu'r hyn rydych chi'n ei drafod. Mewn geiriau eraill, maen nhw'n defnyddio iaith dysgu wrth iddyn nhw adeiladu eu gwybodaeth a'u dealltwriaeth gyffredinol o'r byd o'u cwmpas. (Gweler pennod 8 am fwy o wybodaeth am sicrhau bod plant yn dod i gysylltiad ag iaith dysgu.)

Addysgu'r plant

Yn rhy aml, mae athrawon yn dewis themâu amser cylch er mwyn addysgu cysyniadau fel lliwiau, siapiau neu anifeiliaid fferm. Yn aml, nid yw pynciau o'r fath yn dysgu rhyw lawer i'r plant (mae'r rhan fwyaf o blant cyn-ysgol eisoes yn gyfarwydd â nhw) ac maen nhw hefyd yn bynciau hynod o ddiriaethol. Gan fod dychymyg byw gyda phlant mor ifanc â thair oed a'u bod yn chwilfrydig iawn, dylai themâu amser cylch ganiatáu iddyn nhw feddwl y tu hwnt i gysyniadau diriaethol.

Nid yw hyn yn golygu bod yn rhaid i chi gefnu ar bynciau cyfarwydd. Os ydych chi'n trefnu amser cylch i addysgu plant yna mae themâu fel 'lliwiau' neu 'anifeiliaid' yn gallu darparu sylfaen ar gyfer ehangu gwybodaeth plant. Er enghraifft, er bod enwau lliwiau yn gyfarwydd i'r rhan fwyaf o blant cyn-ysgol a phlant meithrin, nid yw'r olwyn lliw a lliwiau cynradd ac eilaidd yn gyfarwydd i'r mwyafrif. Os ydych chi'n addysgu plant am liwiau cynradd ac eilaidd a rhoi cyfleoedd iddyn nhw gymysgu paent powdr i wneud lliwiau newydd, gallan nhw ddysgu mwy. Yn yr un modd, gallai thema am anifeiliaid anwes neu anifeiliaid fferm fynd y tu hwnt i enwau a disgrifiadau o anifeiliaid anwes i gynnwys arferion bwyta, nodweddion corfforol a symudiad.

Mae pynciau newydd yn hynod ddiddorol i blant, yn enwedig plant pedair a phump oed. Pan fyddwch chi'n ymchwilio i'r pynciau hyn, efallai y byddwch chi'n darganfod rhai ffeithiau newydd diddorol eich hun! (Wrth ymchwilio i'r thema 'creaduriaid peryglus yn y môr', synnodd un athrawes wrth ddarganfod nad yw'r rhan fwyaf o siarcod yn bwyta pobl a bod y siarc morfil, y siarc mwyaf i gyd, wedi caniatáu i ddeifwyr reidio ar ei gefn!)

Byddwch yn ofalus wrth ganolbwyntio ar wyliau neu themâu gwyliau, fel y Pasg neu Galan Gaeaf, wythnosau ymlaen llaw. Er bod peintio wyau a gwisgo fyny ar gyfer Calan Gaeaf yn hwyl, dydy'r pynciau hyn yn golygu dim i blant nad ydyn nhw'n deall y syniad o ddigwyddiad blynyddol a rhai na fyddan nhw'n cofio'r digwyddiad o'r flwyddyn flaenorol. Dydy plant tair oed ddim yn deall beth yw pwmpen yn gynnar ym mis Hydref. Ond os ydych chi'n siarad am bwmpenni ychydig cyn Calan Gaeaf ac yna'n sôn amdanyn nhw, yn ogystal â symbolau gwyliau eraill, yn y cyfnod wedi Calan Gaeaf, yna fe fyddan nhw'n fwy ystyrlon iddyn nhw. Fe fyddan nhw wedyn yn gallu dysgu mwy a chymryd rhan yn llawn.

> **Gan fod dychymyg byw gyda phlant mor ifanc â thair oed a'u bod yn chwilfrydig iawn, dylai themâu amser cylch ganiatáu iddyn nhw feddwl y tu hwnt i gysyniadau diriaethol fel lliwiau a siapiau.**

Cyflwyno'r pwnc

Cyflwynwch y pwnc yn glir i'r grŵp bob amser. Mae cyflwyniad yn cyfeirio'r plant ac yn eu hysgogi i dynnu ar eu gwybodaeth gefndirol er mwyn gwneud synnwyr o'r hyn sy'n cael ei drafod.

Mae angen i chi ailgyflwyno'r pwnc bob dydd y byddwch chi'n ei drafod. Dydy plant ddim yn deall yn aml bod trafodaeth neu stori heddiw yn gysylltiedig â ddoe. Bydd eich cyflwyniad yn eu helpu i wneud y cysylltiad hwn.

Cysylltu'r pwnc gyda phynciau a gweithgareddau eraill trwy gydol y dydd

Mae plant yn dysgu cysyniadau newydd pan fydd y cysyniadau hynny yn adeiladu ar yr hyn y maen nhw eisoes yn ei wybod. Cysyniadau sy'n cael eu cyflwyno fel rhan o gyfanwaith integredig (nid fel darnau unigol o wybodaeth). Dyna pam mae addysgu trwy themâu yn helpu plant i ddysgu.

Mae amser cylch yn rhoi cyfle i chi gyflwyno thema neu destun newydd, cysylltu gwybodaeth hen a newydd, ac atgyfnerthu ac adeiladu ar y cysyniadau a ddysgwyd.

> I roi ystyr i addysgu, cofiwch gysylltu gwybodaeth newydd gyda gwybodaeth y mae'r plant yn gwybod eisoes.

Wrth i blant ennill gwybodaeth newydd, maen nhw'n ad-drefnu eu golwg ar y byd ac yn datblygu dealltwriaeth fwy integredig ohono. Po fwyaf o wybodaeth sydd ganddyn nhw, y mwyaf o wybodaeth gefndirol fydd gyda nhw ar gyfer y llyfrau y maen nhw'n eu darllen a'r straeon y maen nhw'n eu hysgrifennu.

Mae amser cylch hefyd yn gyfle i baratoi plant ar gyfer pynciau a deunyddiau a fydd yn cael eu hymgorffori mewn gweithgareddau eraill, fel y chwarae dramatig. Trwy ddefnyddio amser cylch i sicrhau bod pob plentyn yn rhannu dealltwriaeth o weithgaredd, rydych chi'n cynyddu'r tebygolrwydd o allu cyfrannu a rhyngweithio â chyfoedion yn y gweithgaredd hwnnw. (Gweler pennod 6, tudalen 205–6, a phennod 9, tudalen 303, am fwy o wybodaeth am ddatblygu cyd-ddealltwriaeth.)

Er mwyn helpu plant i gydberthyn ac integreiddio eu gwybodaeth newydd, dylech ymgorffori themâu mewn nifer o brofiadau dysgu trwy gydol y dydd. Rhowch ddigon o gyfle i blant archwilio deunyddiau ac adnoddau ar y testun, a digon o amser ar gyfer gweithgareddau ymarferol, trafodaethau, arsylwadau, a chwarae dramatig sy'n ymwneud â'r thema.

Er enghraifft, os mai 'dŵr' yw eich thema, gellid cynnig cyfle i'r plant ar gyfer:

- chwarae gyda dŵr, eira a rhew a chymharu eu priodweddau
- arbrofi gyda'r hyn sy'n toddi a'r hyn nad yw'n toddi mewn dŵr
- arbrofi gyda gwrthrychau sy'n suddo ac yn arnofio a cheisio dod i gasgliadau am hyn
- gwneud cychod papur a'u hwylio ar y bowlen ddŵr
- darllen llyfrau am ddŵr
- edrychwch ar glôb i weld faint o'r Ddaear sy'n cynnwys dŵr
- peintio gyda gwahanol liwiau o ddŵr
- chwarae gyda swigod mewn dŵr
- creu llyfrau am ddŵr, neu
- chwarae dramatig ble mae'r lleoliad wedi'i drawsnewid yn llong neu'n draeth.

Sylwch fod y rhan fwyaf o'r gweithgareddau hyn yn cynnwys plant yn archwilio ac yn arbrofi gyda ffocws sy'n cael ei ddarparu gan y gweithgaredd ei hun. Po leiaf o strwythur a chyfeiriad y byddwch yn eu darparu, y mwyaf y bydd plant yn archwilio, yn arbrofi ac yn dysgu. Y rôl orau i chi ei chwarae yw fel 'cyfryngwr' sydd ar gael i ateb cwestiynau plant a rhoi arweiniad pan fydd ei angen arnyn nhw. Dylai gweithgareddau sy'n ymwneud â thema fod yn gymharol benagored bob amser a dylen nhw ganiatáu i blant unigol archwilio a darganfod yn eu ffordd eu hunain.

Annog rhyngweithio

Er eich bod chi'n cynllunio ac yn cyfeirio amser cylch yn ofalus, rhaid i blant chwarae rhan weithredol! Nid yw eistedd yn dawel a gwrando yn gwarantu y byddan nhw'n dysgu unrhyw beth. Po fwyaf y mae plant yn cymryd rhan, y mwyaf y byddan nhw'n ei ddysgu. Wrth gwrs, weithiau byddwch yn siarad a byddan nhw'n gwrando, ond dylai gweithgareddau grŵp rhyngweithiol ddilyn yr amseroedd hynny.

Mae profiad ymarferol gyda pharasiwt yn cael y plant i gymryd rhan weithredol yn y thema 'Hedfan.'

Cynllunio ar gyfer amseru gweithgareddau

Mae amseru gweithgareddau yn hollbwysig mewn amser cylch. Sicrhewch fod y plant yn cyfrannu ac yn cymryd rhan ar wahanol lefelau ac mewn gwahanol ffyrdd. Er enghraifft, cynlluniwch bod gweithgaredd egnïol yn dilyn amser gwrando, bod cyfle i blentyn siarad wedi i'r athro siarad, a bod rhywbeth newydd yn dilyn rhywbeth cyfarwydd. Gallwch wneud amser cylch yn fwy egnïol a rhyngweithiol trwy gynnal:

- trafodaethau grŵp byr
- gemau grŵp (yn enwedig gemau sy'n gofyn am gydweithio)
- adrodd stori (y mae'r plant yn cyfrannu ati)
- dramâu bysedd
- caneuon actol
- drama (actio rhywbeth sy'n gysylltiedig â'r thema neu'r testun)
- creu siartiau profiad
- darllen yn uchel mewn grŵp o stori neu siart, neu
- plant yn creu, tynnu llun neu'n ysgrifennu rhywbeth mewn ymateb i stori neu thema a'i rannu gyda'r grŵp.

Mae amrywio cyflymder gweithgaredd yn bwysig: mae plant yn arbennig yn mwynhau gweithgaredd egnïol ar ôl iddyn nhw eistedd yn llonydd am gyfnod.

Annog rhyngweithio trwy rannu syniadau a gwybodaeth

Yn ystod amser cylch, mae llawer o athrawon yn rhoi cyfle i blant rannu gwybodaeth gyda'r grŵp. Er enghraifft, gallai plant ddisgrifio profiad (fel ymweliad â'r doctor) neu siarad am wrthrych y maen nhw wedi dod gyda nhw ar gyfer Dangos a Dweud. Mae'r math hwn o 'rannu' yn wahanol i gyfnewid gwybodaeth yn ystod sgwrs anffurfiol oherwydd ei fod yn golygu annerch grŵp a chyflwyno gwybodaeth mewn ffordd glir a threfnus (yn debyg i'r math o iaith sydd ei hangen ar gyfer adrodd stori dda).

Mae 'rhannu' yn ystod amser cylch yn gallu bod yn brofiad gwerthfawr i blant, ond mae'n gallu bod yn ddiflas hefyd. Os yw pob plentyn yn cael tro yn yr un sesiwn, neu os yw'r athro yn gwneud y siarad i gyd neu'n gofyn cwestiwn ar ôl cwestiwn, fe fydd yr hwyl yn cael ei golli'n llwyr. Mae 'rhannu' yn ystod amser cylch yn gallu gweithio os:

- nad yw pob plentyn yn 'rhannu' ym mhob amser cylch, ond yn cael tro yn ystod yr wythnos
- mae'r plant yn gwneud cymaint o'r siarad â phosibl
- mae'r plant yn cael eu hannog i rannu profiadau a syniadau ac nid dim ond arddangos teganau, a
- mae plant yn cael y cyfle i gynnal eu hamseroedd rhannu eu hunain mewn grwpiau bach, gydag un plentyn yn gweithredu fel 'arweinydd' ac yn ateb cwestiynau a sylwadau gan y lleill. Gyda rhywfaint o gefnogaeth a chanllawiau penodol, mae plant lefel meithrin yn ddigon aeddfed i gynnal amser rhannu ar eu pen eu hunain. Mae hyn yn gallu gweithio, gydag ymarfer.

Defnyddio SGAAN i gadw golwg ar sylw a chyfranogiad

Defnyddio SGAAN ym mhob man:

Sefydlu grŵp bach yw'r dewis gorau.

Gweithgaredd wedi ei drefnu'n benodol.

Arsylwch bob plentyn yn ofalus.

Addaswch eich ymateb i anghenion pob plentyn.

Nawr, daliwch ati!

Ym mhennod 5, buom yn trafod pwysigrwydd cadw golwg ar gyfranogiad a diddordeb pob plentyn mewn gweithgareddau grwpiau bach. Trwy ddefnyddio 'SGAAN' mewn grŵp, gallwch chi ymestyn cyfranogiad a rhyngweithio.

Mae defnyddio SGAAN hefyd yn gweithio yn ystod amser cylch. Os ydych chi'n cadw golwg ar lefelau sylw a chyfranogiad plant, gallwch roi'r sylw a'r anogaeth sydd eu hangen ar bob plentyn. Er bod cadw golwg ar blant yn llawer anoddach mewn grŵp mawr na grŵp bach, mae ychydig yn haws os oes gennych bartner sy'n cyd-arwain amser cylch gyda chi, neu os ydych yn cyfyngu eich hun i gadw golwg ar y plant rydych chi'n gwybod sy'n cael anhawster gyda gweithgareddau amser cylch.

Pan fyddwch chi'n cadw golwg ar lefelau sylw a chyfranogiad plant, bydd gennych chi syniad da o'r hyn y gallwch chi ei wneud i helpu pob plentyn i gymryd rhan fwy gweithredol mewn gweithgareddau amser cylch. Gwyliwch am blant nad ydyn nhw'n talu sylw, plant sy'n talu sylw ond nad ydyn nhw'n cymryd rhan, a hyd yn oed am blant sy'n talu sylw ac yn cymryd rhan, ond a allai fod yn dominyddu'r cylch.

Plant nad ydyn nhw'n talu sylw

- Os nad yw'r rhan fwyaf o'r grŵp yn talu sylw, efallai bod y pwnc yn amhriodol neu fod gormod o eistedd a gwrando. Os felly, mae angen gweithgareddau sy'n fwy egnïol a rhyngweithiol ar y plant.

- Os mai dim ond un neu ddau o blant sydd ddim yn talu sylw, efallai na fydd ganddyn nhw ddiddordeb neu na allan nhw ddilyn y pwnc. Os nad ydyn nhw'n gallu dilyn y pwnc, efallai y bydd angen i athro arall eistedd gyda nhw ac egluro'r pwnc.

- Os byddwch yn cyflwyno pynciau neu weithgareddau amser cylch i blant penodol (fel y rhai sydd ag oediad iaith) yn unigol ychydig ddyddiau cyn i'r amser cylch hwnnw ddigwydd, gallwch sicrhau bod ganddyn nhw rywfaint o ddealltwriaeth o'r pwnc neu weithgaredd. Bydd eu dealltwriaeth well yn cynyddu'r tebygolrwydd y byddan nhw'n talu sylw ac yn cymryd rhan.

- Mae'n bosibl y bydd plant sy'n tarfu ar amser cylch yn aml yn dweud wrthych yn eu ffordd eu hunain nad ydyn nhw'n gallu deall y drafodaeth ac nad ydyn nhw wedi datblygu'r gallu i dalu sylw am gyfnod estynedig. Mae gwneud sesiynau amser cylch yn fwy egnïol a rhyngweithiol yn helpu'r plant hyn i barhau i gymryd rhan. Fodd bynnag, os ydyn nhw'n dal i amharu ar y grŵp, ystyriwch ganiatáu iddyn nhw chwarae'n dawel yn rhywle arall. Ymhen amser, wrth iddyn nhw aeddfedu a datblygu sgiliau iaith uwch, dylen nhw fod yn gallu talu sylw a chymryd rhan.

- Weithiau, nid yw plant yn talu sylw oherwydd eu bod yn rhy bell oddi wrthych. Efallai y bydd eu rhoi i eistedd gyferbyn â chi (nid wrth eich ymyl lle na fyddan nhw'n gallu eich gweld chi, y llyfr, neu'r prop) yn eu helpu i gymryd mwy o ran. Mae galw eu henwau er mwyn iddyn nhw deimlo eu bod yn cael eu cynnwys hefyd yn gallu eu helpu i ganolbwyntio ar y gweithgaredd. Weithiau, mae dweud rhywbeth personol, fel, 'Rwyt ti wedi bod i draeth fel hwn, yn dwyt ti, Matthew?' yn gallu tynnu plentyn i mewn i'r gweithgaredd.

Plant sy'n talu sylw, ond nad ydyn nhw'n cymryd rhan

- Rydych chi'n cael sylw'r plentyn, ond efallai bod y plentyn yn amharod neu'n rhy swil i ymuno. Rhowch y plentyn i eistedd ym mlaen a chanol y grŵp fel y gallwch chi wneud cyswllt llygad hawdd â hi.
- Mae angen amser ar blant sy'n gyfathrebwyr amharod i ddod yn gyfforddus. Cofiwch ei bod yn bwysig eich bod yn gwenu arnyn nhw gan annog y plentyn i gymryd rhan. Pan fyddan nhw'n mentro ymyno, fodd bynnag, peidiwch â gwneud gormod o ffws – daw eu gwobr o'r pleser o gymryd rhan, nid o ganmoliaeth.
- Efallai nad yw plant nad ydyn nhw'n cymryd rhan yn deall yn iawn yr hyn sy'n ofynnol ganddyn nhw, er eu bod wir eisiau ymuno. Gwnewch yn siŵr eich bod yn egluro beth yw natur y pwnc neu'r gweithgaredd – o bosibl yn unigol cyn cynnal yr amser cylch. Yn aml nid oes gan blant sy'n siarad Cymraeg fel ail iaith y sgiliau iaith derbyngar i gyfranogi'n llawn. Pan fydd eu sgiliau iaith derbyngar yn gwella, maen nhw'n debygol o gymryd rhan yn fwy gweithredol.

Plant sy'n talu sylw ac yn cymryd rhan lawn yng ngweithgareddau'r grŵp

Efallai bod y plant hyn yn cael eich sylw i gyd – felly byddwch yn ofalus! Gwnewch yn siŵr nad yw plentyn unigol yn dominyddu'r rhyngweithio drwy wneud yn siŵr eich bod yn:

- cyfeirio eich cwestiynau a'ch sylwadau at y plant tawelaf yn y grŵp
- cadw'r ardal ddysgu sy'n union o'ch blaen ar gyfer y plant mwy amharod a gosod y plant cymdeithasol iawn ar ochrau'r cylch
- cyfeirio sylwadau a chwestiynau gan y plant cymdeithasol yn ôl at y grŵp i annog plant eraill i gymryd rhan, a
- atgoffa plant o 'reolau' cymryd tro. Er enghraifft, os yw plentyn yn tynnu eich sylw oddi wrth blant eraill, defnyddiwch ystumiau neu rhowch giw llafar, fel 'Dwi'n gwrando ar Sara nawr,' i annog y plentyn i aros ei dro.

Cynnwys gweithgareddau dychmygus

Mae gallu plant i esgus a dychmygu yn chwarae rhan bwysig yn eu dealltwriaeth a'u gwerthfawrogiad o straeon yn ogystal â datblygiad llythrennedd y plentyn (gweler Pennod 10). Mae amser cylch yn gyfle gwych i gael plant i ddefnyddio iaith i greu-a-chredu a chymryd rhan mewn cyflwyniadau sy'n defnyddio elfennau dramatig.

Mae defnyddio drama mewn grŵp, lle mae pawb yn esgus heb bropiau realistig, yn hwyl ac yn helpu plant i ddatblygu'r gallu i ddefnyddio creu-a-chredu. Er enghraifft, gallwch fodelu'r defnydd o iaith i greu-a-chredu trwy ddweud wrth y plant bod y parasiwt wedi newid i fod yn beiriant gwneud popcorn mawr. Pan fyddan nhw'n dal y parasiwt a'i ysgwyd i fyny ac i lawr, maen nhw'n esgus gwneud popcorn. Unwaith y bydd y popcorn i gyd wedi 'popio,' maen nhw'n esgus ei fwyta.

> Rydyn ni'n mynd i ddychmygu ein bod ni wedi cael gwersi parasiwtio a'n bod ni i gyd yn barasiwtwyr profiadol. Rydyn ni'n mynd i esgus mynd i fyny i'r awyr mewn awyren a phan ydyn ni'n hedfan fry uwchben y cymylau, rydyn ni'n mynd i neidio allan o'r awyren a pharasiwtio i lawr i'r ddaear!

Mae iaith yn gallu dod â phrofiadau dychmygol cyffrous yn fyw!

Mae neidio allan o awyren ddychmygol gyda pharasiwt dychmygol yn brofiad gwirioneddol gyffrous.

Amser cylch yw'r amser perffaith ar gyfer chwarae ffantasi thematig (yn seiliedig ar stori, fel 'Yr Hugan Fach Goch,' neu rigwm), sy'n annog plant i ddefnyddio iaith i greu sefyllfaoedd creu-a-chredu. Ar ôl darllen stori, rhowch rôl i bawb ei chwarae a gadewch i'r plant actio'r stori. Fe fyddwch chi'n siŵr o gael lot o hwyl heb sôn am helpu'r plant i ddeall y stori'n well. Mae hefyd yn datblygu eu hymdeimlad o stori, sy'n bwysig ar gyfer deall straeon mewn llyfrau.

Mae chwarae ffantasi thematig yn tanio a hyrwyddo'r dychymyg ac yn gwneud stori yn brofiad byw.

Mwynhau Dysgu Iaith

© 2024, *Hanen Early Language Program*. Cedwir pob hawl.

Crynodeb

Pan fydd amser cylch yn ddiddorol, yn addysgiadol ac yn rhyngweithiol, mae athrawon yn hyrwyddo'r math o ddefnydd o iaith sy'n paratoi plant i ddod yn ddarllenwyr ac yn ysgrifenwyr llwyddiannus. Mae'n le braf i eistedd a gwrando. Mae plant yn cymryd rhan weithredol mewn gweithgareddau grŵp fel chwarae dramatig, adrodd stori, cân actol neu gêm ar gyfer grŵp. Bydd hyn i gyd yn adeiladu ar eu gwybodaeth gefndirol, yn ehangu eu gwybodaeth gyffredinol, ac yn eu hannog i ddefnyddio dychymyg. Er mwyn helpu pob plentyn i gymryd rhan, rhaid i athrawon ddefnyddio 'SGAAN' gyda'r grŵp i fonitro sylw a chyfranogiad pob plentyn. Pan fo angen, gallan nhw roi anogaeth a sylw ychwanegol i blant nad ydyn nhw'n cyfranogi'n llawn mewn gweithgareddau'r grŵp.

Llyfryddiaeth

Bredenkamp, S (Gol.). (1987). *NAEYC position statement on developmentally appropriate practice in programs for 4– and 5–year–olds*. Washington, DC: National Association for the Education of Young Children.

Hendrick, J. (1990). *Total learning: Developmental curriculum for the young child*. Columbus, OH: Merrill.

McCracken, R.A. & McCracken, M.J. (1987). *Reading is only the tiger's tail: A language arts program*. Winnipeg, Canada: Peguis.

Moyer, J., Egertson, H. & Isenberg, J. (1987). The child–centered kindergarten. *Childhood Education*, 63(4), 235–42.

Nash, C. (1989). *The learning environment: A practical approach to the education of the three-, four- and five-year old*. Don Mills: Collier McMillan Canada.

Siks, G.B. (1983). *Creative drama with children*. Efrog Newydd: Harper and Row.

Wilmes, L. & Wilmes, D. (1983). *Everyday circle times*. Elgin, IL: Building Blocks.

Mynegai